Friedl Volgger

Friedl Volgger

Mit Südtirol am Scheideweg

Erlebte Geschichte

Umschlaggestaltung: Benno Peter, Innsbruck
Bildnachweis: siehe Seite 312

Die Deutsche Bibliothek – CIP-Einheitsaufnahme

Volgger, Friedl:

Mit Südtirol am Scheideweg: erlebte Geschichte / Friedl Volgger.
3., erweiterte Aufl., – Innsbruck: Haymon, 1997
ISBN 3-85218-168-2

© Haymon-Verlag, Innsbruck 1984/1997
Alle Rechte vorbehalten / Printed in Austria

1. Auflage Mai 1984
2., durchgesehene Auflage (6. – 8. Tausend) September 1984
3., erweiterte Auflage (9. – 11. Tausend) 1997

Satz: Typomedia, Neunkirchen
Druck und Bindearbeiten: Wiener Verlag, Himberg bei Wien

Inhaltsverzeichnis

Es sei, wie es wolle, es war doch so schön 8

»Kehren Sie nach Südtirol zurück!« 13
*Jugend und Studium • Erste Bekanntschaft mit dem
Nationalsozialismus • Der »Anschluß und das Umsiedlungs-
abkommen • Bei den »Dolomiten«*

Das große Trauerspiel beginnt 30
*Der Deutsche Verband, der Völkische Kampfring Südtirols und
ihre Haltung zur Option • Propagandaschlager und Drohungen*

Ein polizeibekanntes Gesicht 40
*Erste Verhaftungen • Einsatz für Geheimschulen und
Sprachkurse im Sündenregister • Haltungsänderung der Italiener
in der Optionsfrage*

Warum der VKS die Fahne strich 52
*Gründe und Hintergründe • Verzweifelte Hoffnungen und
mißbrauchte Ideale • Schikanen und Haß gegen die Dableiber*

»Am Erker blühet wie immer« 61
*Der »Andreas-Hofer-Bund« • Italiens Kriegseintritt und
das Bemühen um Freistellung wehrpflichtiger Dableiber*

Das Verbrechen verhindern 70
*Umsiedlungs-Kommissar Mayr-Falkenberg als Gegner der
Umsiedlung • Interventionen in Rom • Denkschrift für Roosevelt*

Der Szenenwechsel kam über Nacht 82
*Besetzung Südtirols durch die Deutsche Wehrmacht • »Operations-
zone Alpenvorland « • Verfolgung führender Dableiber*

In den Fängen von Gestapo und SS 91
*Haft und Verhör in Bozen • Einlieferung in das Lager
Reichenau bei Innsbruck*

Nr. 66166 in Hitlers Todesmühle 101
Ein Jahr Dachau • Das Lagerleben in der »goldenen Zeit« •
Arbeit am Schreibtisch • Schreckensbilder vor der Befreiung

Heimkehr über die Berge 124
Abschied von Dachau und Gorbachs Appell • Herzlicher
Empfang in Innsbruck und in Südtirol • Wichtige Neuigkeiten

Die ersten Schritte der Volkspartei 131
Die Amerikaner und die SVP • Dableiber verzichten auf
Abrechnung • Schwierige Aufbauarbeit • Besuch in Wien

»Herr, mach' uns frei!« 144
Vergebliche Kundgebungen für das Selbstbestimmungsrecht •
Die Entscheidung der Außenminister • Auf Schleichwegen
zur Friedenskonferenz nach Paris

Das Entweder-Oder in Paris 152
Hinter den Kulissen der Friedenskonferenz • Das Gruber-
Degasperi-Abkommen und der Kampf um seine Aufnahme in
den italienischen Friedensvertrag

Auf dem römischen Parkett 162
Hochpolitische Besuche mit Kanonikus Gamper • Autonomie-
verhandlungen Anfang 1948 • Aufgaben und Tricks eines Abgeordneten

Von der Bozner Redaktionsstube
zum Wiener Ballhausplatz 178
Abschied vom Parlament und Eintritt in die »Dolomiten« •
Tod von Kanonikus Gamper • Gespräche und Pläne in Österreich

Ein schwerer Fehlgriff der Justiz 185
Verhaftung am 1. Februar 1957 • Sprengstoffanschläge als
Grund • Proteste aus ganz Europa und Freilassung

Die »Palastrevolte« in der SVP und der Tag von Sigmundskron 197
Führungswechsel in Südtirol und neue Männer in Wien • Härterer
Kurs unter der Parole »Los von Trient« • Die Spannung steigt

Ins Blickfeld der Welt gerückt 203
Das Südtirolproblem vor der UNO • Diplomatie auf höchster
Ebene • Informationsgespräche, Debatten, Resolutionen,
Abstimmungen • Wie es zum Erfolg kam

Im Landtag und unter Journalisten 224
*Vertreter des Bezirks Sterzing • Magnago wird Landes-
hauptmann • Kontakte zu Kollegen im deutschen Sprachraum*

Die Feuernacht und ihre Folgen 227
*Die Hintergründe der Anschläge von 1961 • Polizeiaktionen,
Folterungen und Familien in Not • Der Mailänder Prozeß*

Vom »Aufbau« abgebaut 237
*Die »Dolomiten« als Sprachrohr einer neuen »Richtung«
in der SVP: Der Chefredakteur muß gehen • Das Ende der Affäre
und neue Spaltungsversuche • Rückkehr nach Rom*

An allen Fronten der Paketschlacht 244
*Die Abstimmung vom 23. November 1969 und ihre Vorge-
schichte • Aus Vorschlägen, Gegenvorschlägen und Kompromissen
entsteht neue Autonomie • Im Eiltempo durchs Parlament*

Kommunist, Spion -oder was sonst? 258
*Kontakte zu jugoslawischen Politikern • Südtiroler Kriegs-
gefangene können heimkehren • Politische Verdächtigungen*

Freunde an Isar, Neckar und Rhein 271
*Fahrten nach und Besuche aus Deutschland • Wertvolle Hilfe
für Südtirol • Zuerkennung des Joseph-Drexel-Preises*

Das Beste in meinem Leben 279
*Familie, Politik und Journalismus • Mit Gedanken und
Problemen der Jugend konfrontiert • Kampf der Drogensucht*

Hoffnungsvoll in die Zukunft 282
*Beobachtungen und kritische Gedanken zur Situation
Südtirols und der Südtiroler in Gegenwart und Zukunft*

DER DIPLOMAT AUS DEN BERGEN 293
*Friedl Volgger im Gespräch mit Elisabeth Baumgartner
Gedanken zur heutigen Situation Südtirols und aktuelle
Präzisierungen zum Polit-Krimi Pariser Abkommen*

Zeittafel 309

Bildnachweis 312

Es sei, wie es wolle,
es war doch so schön!

Dieses Faustwort hat der berühmte Berliner Theaterkritiker und Schriftsteller Alfred Kerr zum Titel eines seiner Werke gewählt, das aus Tagebüchern, Erinnerungen und Gedanken zum Weltgeschehen entstand. Meine Lebenserinnerungen könnten die gleiche Überschrift tragen. Sie enthalten einen Dank an ein großes Lebensglück und einen Hauch von Schmerz.

Der Weg von der Wiege in der kleinen Stube des verwitterten Bodner-Häusleins im Bergdorf Ridnaun am Südabhang der Stubaier Alpen bis zum Glaspalast der Vereinten Nationen war lang und weit. Wie für jeden Menschen hatte er seine Höhen und Tiefen, seine Irrungen und Wirrungen. Südtirol stand in diesem Jahrhundert oft an einem Scheideweg. Mit dem Land mußte auch ich mich für einen Weg entscheiden.

Fünf Jahre, von 1914 bis 1919, durfte ich österreichischer Staatsbürger sein. Dann übernahm mich Italien, ohne daß mir damals die Wandlung schon bewußt wurde. Staatsbürger Hitler-Deutschlands wollte ich nicht werden, obwohl die Italiener gerne auf mich verzichtet hätten. Diese Weigerung im Jahre 1939 anläßlich der sogenannten Option brachte mir 1943 Hitlers Konzentrationslager Dachau ein.

Als ich mich dort nach dem schrecklichen Aus der braunen Diktatur vom späteren österreichischen Kanzler Alfons Gorbach verabschiedete, drückte er mir ganz fest die Hand. Und der Träger der Goldenen Tapferkeitsmedaille des Ersten Weltkrieges, die ihn nicht hatte vor dem KZ bewahren können, sagte nachdenklich: »Friedl, merk dir eines: Alle künftigen Lebenstage sind für uns beide geschenkte Tage. Eigentlich müßten wir wie Zehntausende anderer Kameraden durch den Kamin gegangen oder in einem Massengrab verscharrt worden sein.« Ich habe diese Worte Gorbachs nie vergessen. Sie blieben mir besonders in nicht leichter Stunde oberster Wegweiser. Nach Kriegsende hoffte ich, wieder Österreicher werden zu können. Aber die Sieger des Zweiten Weltkrieges machten mir einen dicken Strich durch die Rechnung. So lebte ich als Tiroler in Italien weiter.

Darf ich den Überheblichen spielen? Ich bin der einzige Südtiroler Politiker, der mit den faschistischen, den nationalsozialistischen und auch mit Italiens demokratischen Gefängnissen Bekanntschaft machte. Meine vier Verhaftungen widerspiegeln härteste Epochen der Südtiroler Geschichte. Unvergeßlich wird mir der Widerhall bleiben, den meine vierte Verhaftung im Februar 1957 auslöste, als ich als verantwortlicher Schriftleiter der Südtiroler Tageszeitung »Dolomiten« amtierte. Nicht nur in der deutschsprachigen Presse aller Schattierungen, sondern auch in den internationalen Blättern brach ein Sturm der Entrüstung aus. Pressevereinigungen protestierten, Dachauer Kameraden schrieben mir Solidaritätsbriefe, im englischen Unterhaus wurden Anfragen eingebracht. Die Italiener bliesen bestürzt zum Rückzug. Sie hatten wirklich einen bösen Fehlgriff gemacht. Nach zweieinhalb Monaten wurde ich mit allen Ehren nach Hause entlassen. Damals fühlte ich mich fast als eine europäische Persönlichkeit.

Unter den Südtirolern galt mein Wirken in erster Linie den Menschen, die auf der Schattenseite des Lebens geboren wurden und dort leben müssen. Das hat mir politisch wenig Lorbeeren eingebracht. Die herzlichen »Vergeltsgott« von armen Leuten, oft mit Tränen in den Augen, haben mich reichlich entschädigt.

Einen Dank sage ich dafür, daß mir vergönnt war, einen Beitrag zur Erhaltung meiner Südtiroler Heimat zu leisten. Einen Hauch von Schmerz verspüre ich, weil die politische Einheit des Landes Tirol trotz allen Einsatzes nicht erreicht wurde. Sie ist für mich ein Traum geblieben. Aber die Geschichte ist kein stehendes Wasser. Sie ist ein Fluß . . . Danken möchte ich für das große Glück, daß ich eine Frau an meiner Seite haben durfte, die mir in allen Lebenslagen nicht nur eine sehr liebe und sehr verständnisvolle, sondern auch eine sehr, sehr tapfere Wegbegleiterin war.

Es sei, wie es wolle! Wenn ich nochmals anfangen sollte, ich möchte das meiste noch einmal erleben. Mir war wirklich ein schönes Leben und eine schöne Aufgabe beschieden.

Was dieses Buch betrifft, möchte ich dem Vizepräsidenten des Südtiroler Kulturinstituts, Dr. Marjan Cescutti, sehr herzlich danken, daß er sich so tatkräftig für die Drucklegung eingesetzt hat. Dank gesagt sei auch Karl und Hilde Volgger vom Teiserhof in Teis im Villnöß für die liebevolle Gastfreundschaft. In ihrem Hotel, mit dem Blick auf die Wunderbergwelt der Geislerspitzen, habe ich den Großteil meiner Memoiren niedergeschrieben.

Mit den Erinnerungen aus meinem Leben wollte ich für die heutige Generation zur Geschichte Tirols in diesem Jahrhundert ein paar Streiflichter beisteuern. Vielleicht wird sie dann die jüngste Vergangenheit und damit auch die Gegenwart besser verstehen und unsere Erfahrungen mit einbeziehen, sollte auch sie einmal an einem Scheideweg stehen.

    Bozen, im März 1984   Friedl Volgger

EIN WORT ZUR 2. AUFLAGE

Nie hätte ich mir träumen lassen, daß mein bescheidenes Werk ein so reges Interesse breiter Bevölkerungsschichten in Südtirol, in ganz Österreich und weit darüber hinaus auslösen würde. Dafür möchte ich herzlich danken. Gefreut habe ich mich besonders über die positiven Reaktionen meiner Journalistenkollegen und verschiedener Rezensenten, nicht weniger über zahlreiche persönliche Briefe einzelner Leser. Es hat sich gezeigt, daß man in Südtirol viel mehr Information auch über heikle Kapitel der jüngsten Vergangenheit wünscht, als dies oft angenommen wird; erfreulich ist aber auch, daß außerhalb Süd-, Ost- und Nordtirols die Anteilnahme am Schicksal unserer Heimat nicht erloschen ist.

Für die viel früher als erwartet notwendig gewordene zweite Auflage habe ich das Buch noch einmal kritisch durchgesehen, mußte jedoch nur an wenigen Stellen eher unbedeutende Korrekturen anbringen. Sie betreffen einzelne Irrtümer und Druckfehler der Erstausgabe und einige Stellen, die zu Mißverständnissen Anlaß gaben.

    Bozen, im August 1984   *Friedl Volgger*

ZUM TOD VON FRIEDL VOLGGER
VORWORT ZUR DRITTEN AUFLAGE

Friedl Volgger hat die dritte Auflage seines Erinnerungswerks nicht mehr erlebt. Seit längerem geplant, hat sich der Druck mehrmals verzögert.

Am 14. Mai 1997 ist Alt-Senator Dr. Friedl Volgger im 83. Lebensjahr gestorben.

Südtirol hat damit einen verdienten Journalisten und Publizisten, einen seiner erfahrensten Politiker, einen Volksvertreter im eigentlichen und besten Sinne verloren. Auch wenn im politischen Tagesgeschehen schon länger nicht mehr aktiv, hat Friedl Volgger als stets präsenter Zeitzeuge und als Mahner zu einer ausgleichenden, die Interessen aller Südtiroler Volksgruppen berücksichtigenden Politik weiterhin eine wichtige Rolle gespielt.

Sein nunmehr in dritter Auflage vorliegendes Buch »Mit Südtirol am Scheideweg« hat nicht nur bei seinem ersten Erscheinen im Jahr 1984 viel Echo und Diskussion ausgelöst, sondern hat auch zu einer neuen Sicht auf eine der schwierigsten Epochen der Tiroler Geschichte beigetragen. Längst ist es zum zeitgeschichtlichen Standardwerk geworden, das allerdings seit Jahren nicht mehr im Handel erhältlich war. So stimmten wir gerne zu, als Friedl Volgger eine Neuauflage anregte. Die von ihm gewünschten – geringfügigen – Korrekturen im Text, einige kleine Irrtümer und neue historische Erkenntnisse betreffend, wurden eingearbeitet, und Frau Elisabeth Baumgartner hat durch die Wiedergabe mehrerer Gespräche mit dem Autor für eine aktuelle Ergänzung gesorgt.

So lag die neue Fassung druckfertig vor, als Friedl Volgger heuer im Frühjahr starb. Wir haben daran nichts geändert. Sie erscheint in memoriam an einen großen Tiroler.

Innsbruck, im Oktober 1997

Michael Forcher, Haymon-Verlag

»Kehren Sie nach Südtirol zurück!«

*Jugend und Studium • Erste Bekanntschaft mit
dem Nationalsozialismus • Der »Anschluß« und das
Umsiedlungsabkommen • Bei den »Dolomiten«*

Mit einem Ruck stand der kleine Mann hinter dem großen Tisch auf. Er blickte uns ernst, sehr ernst an. »Meine Herren, Sie haben mir eine heikle Frage gestellt. Ich will Ihnen die Antwort nicht vorenthalten. Als Parteigenosse müßte ich Ihnen sagen, Sie müssen dem Ruf des Führers folgen und ins Reich umsiedeln. Aber als Deutscher« – und seine Stimme schwoll an – »sage ich Ihnen, kehren Sie nach Südtirol zurück und bleiben Sie mir ja im Lande drinnen. Und wenn Sie keine Arbeit finden, gehen Sie auf eine Alm, um Schafe zu hüten.« Zwei schnelle, feste Händedrücke, der Mann fuhr sich mit der einen Hand über die Augen und drehte sich rasch um. Schon standen wir vor der Tür.

Der Mann war Univ.-Prof. Dr. Harold Steinacker, erster Rektor der Universität Innsbruck nach dem von Hitler erzwungenen Anschluß Österreichs an das Deutsche Reich. Vinzenz Oberhollenzer und ich standen vor der Promotion. Man schrieb Juni 1939. Da kam ganz böse Kunde. Wie ein Lauffeuer verbreitete sich auf der Hochschule die Nachricht von einem zwischen dem nationalsozialistischen Deutschland und dem faschistischen Italien abgeschlossenen Abkommen zur Umsiedlung der Südtiroler. Die Faschisten hatten die Tiroler südlich des Brenners, die nach dem Ersten Weltkrieg durch den Vertrag von Saint Germain (1919) von Österreich abgetrennt worden waren, durch brutale Entnationalisierungsmaßnahmen zu Italienern umziehen wollen. Am eisernen Widerstand des Volkes scheiterte dieser Versuch kläglich. Daraufhin wurden durch die Errichtung von wirtschaftlich unrentablen Fabriken in Bozen Massen von Italienern ins Land geschleust, welche die Südtiroler in der eigenen Heimat zur Minderheit machen sollten. Als auch dieses Programm nicht zum Ziele führte, beschlossen die beiden inzwischen befreundeten Diktatoren in Rom und Berlin, die lästige Südtirolfrage durch die Aussiedlung der Bevölkerung aus der Welt zu schaffen.

An der Innsbrucker Universität wollten manche diese Meldung zunächst als eine Hetzparole der »Schwarzen« hinstellen. Aber bald mußten sich alle eines Besseren belehren lassen. Nähere Einzelheiten erfuhr man vorerst noch keine. Man wußte nicht, ob alle Südtiroler ins Reich »heimgeholt« würden oder nur ein Teil. Man blieb im unklaren, ob alle ihre Heimat verlassen müßten oder nur die, welche einen Antrag stellten. Fest stand nur, daß ein Übereinkommen zur Umsiedlung zwischen Berlin und Rom getroffen worden war.

Die Empörung unter den Hochschülern kannte keine Grenzen. Am lautesten wetterten gegen die Preisgabe Südtirols die Kommilitonen, welche in SS- oder SA-Uniformen die Bänke der Hörsäle drückten. Wir wenigen Südtiroler Studenten standen im Mittelpunkt des Geschehens. Vinzenz Oberhollenzer und ich suchten um eine Aussprache mit Rektor Steinacker an, den wir als unseren Geschichtsprofessor immer schon hoch verehrt hatten. Er zeigte volles Verständnis, daß wir unter solchen Umständen nicht gewillt waren, zu der für die ersten Julitage anberaumten feierlichen Promotion anzutreten. Er erteilte den Auftrag, unsere Promotionsurkunden gleich vorzubereiten und uns auszuhändigen. Zuletzt fragten wir Steinacker, wie wir uns grundsätzlich zur geplanten Umsiedlung verhalten sollten. Da stand der Rektor auf und gab uns die eingangs zitierte Antwort.

Bei den »Dolomiten« in Bozen, bei denen ich schon 1938 als Praktikant gearbeitet hatte, wurde ich als Neodoktor herzlich willkommen geheißen. Die Faschisten hatten im Oktober 1926 mit dem »Volksboten«, einer Wochenzeitung, die letzte deutschsprachige Zeitung verboten. Das Tagblatt »Der Landsmann« hatte schon im Oktober 1925 sein Erscheinen einstellen müssen. Kanonikus Michael Gamper, dem Chef der Verlagsanstalt Athesia, der früheren Tyrolia, gelang es mit Hilfe des von Mussolini hochgeschätzten Jesuitenpaters Tacchi-Venturi, am Jahresende 1926 die Zustimmung der Regierung zur Wiederherausgabe des »Volksboten« und der Neugründung einer dreimal die Woche (Montag, Mittwoch, Samstag) erscheinenden Zeitung mit dem Namen »Dolomiten« zu erreichen. Die »Dolomiten« hatte es als einmal die Woche herauskommendes Sportblatt schon vorher gegeben. Es war von Josef Eisendle aus

Pflersch redigiert worden, der jetzt zum verantwortlichen Direktor des »Volksboten« und der »Dolomiten« ernannt wurde. Der »Volksbote« erschien am Donnerstag in einer Stadt- und einer Landausgabe, wobei sich die Stadtausgabe inhaltlich völlig mit den »Dolomiten« deckte; es war sozusagen eine verschleierte vierte Nummer.

Der Redaktionsstab umfaßte fünf Personen: Wir waren eine kleine Gemeinschaft und hatten untereinander ein selten herzliches Verhältnis. Da war der Direktor Rudolf Posch. Er übersetzte fleißig die politischen Nachrichten aus der damaligen amtlichen italienischen Nachrichtenagentur De Stefani, quälte sich mit Berichten über örtliche faschistische Veranstaltungen ab, um ja kein Wort zu viel, aber auch keines zu wenig zu schreiben. Lebhaft in Erinnerung ist mir noch, daß Posch sich zu Tode ärgern konnte über die langen Reden des Papstes und Hitlers. Wir mußten ja alles aus der italienischen Nachrichtenagentur übersetzen. Bei den Reden schätzte er sehr die Kürze und Knappheit Mussolinis. Meisterhaft verstand es Posch, zwischen den Zeilen zu schreiben und den Lesern neben dem amtlichen Klimbim doch auch wirkliche Tatsachen und Wahrheiten zu servieren. Zweimal im Monat wurde er vom Präfekten Giuseppe Mastromattei zum Rapport befohlen. Oft kehrte er sichtlich bedrückt zurück. Der »Allmächtige« hatte ihm wieder ernste Vorhalte gemacht wegen Mangel an patriotischer Gesinnung und mit Drohungen nicht gespart. Posch hatte aber in seinen Nöten einen seltsamen Bundesgenossen. Wenn er sich keinen Rat mehr wußte, ging er zu Mario Ferrandi, dem Chef der faschistischen Tageszeitung »Provincia di Bolzano« und gleichzeitig zweitem Mann in der faschistischen Hierarchie der Provinz. Ferrandi gebärdete sich nach außen als Oberfaschist, spielte den wilden Mann, tat aber in Wirklichkeit niemandem etwas zuleide und half seinem Kollegen Posch öfters aus dem Schlamassel.

Da war dann der Chef der Lokalredaktion, Anton Romen, die Höflichkeit, Liebe und Güte in Person. Er war eine lebende Chronik von Bozen, der alle Leute kannte, über alle Familiengeschichten Bescheid wußte, der sich an alle Geburtstage erinnerte und alle Hochzeiten schon vorausahnte. Dr. Luis Santifaller war das Ressort Wirtschaft anvertraut. Er half aber auch gern in anderen Sparten aus. Ich bewunderte ihn als schnellen und präzisen Arbeiter. Ich hatte vor ihm aber vor allem deswegen größten Respekt, weil er über Wirtschaft schrieb und ich von Wirtschaft überhaupt nichts verstand und mich auch später drinnen nie zurechtfand. Als freier Mitarbeiter, der fallweise im Urlaub auch Kollegen vertrat, waltete Professor Dr. Theodor Hoeniger des Amtes. Klein und mager, aber dafür umso lebhafter, Historiker und Schriftsteller, Volkskundler und blendender Erzähler. Dann gab es noch den Mitarbeiter für Sport, Theo Wiedenhofer, der sich durch Verseschmieden und Witzeerzählen besonders auszeichnete.

Das war der Redaktionsstab. Gelenkt und ausgerichtet wurde die Zeitung aber in allen grundsätzlichen Fragen und volkstumspolitischen Belangen von Kanonikus Michael Gamper. Er ließ sich kaum einmal in der Redaktion blicken. Dafür pilgerte Posch umso häufiger zu ihm ins Marieninternat. Dieses Institut, eine kleine Privatklinik in der Wangergasse, wurde von Tertiarschwestern geführt. Nach dem Kriege wurde sie zur heutigen Marienklinik vergrößert. Gamper hatte dort im Erdgeschoß seine Wohnung und sein Büro. Im Haus waren auch noch einige ältere Damen und einige besonders empfohlene Mädchen (Sekretärinnen, Verkäuferinnen) untergebracht. Ich nahm dort im Speisesaal mit ihnen zusammen Abend- und Mittagessen ein.

Kanonikus Michael Gamper hatte mich schon in den ersten Semesterferien 1938 probeweise bei den »Dolomiten« eingestellt. Zu verdanken hatte ich die Stelle dem Pfarrer meines Heimatortes Ridnaun am Südabhang der Stubaier Alpen. Pfarrer Stefan Engl hatte mich im Herbst 1925 im Alter von elf Jahren ins Bischöfliche Gymnasium Vinzentinum in Brixen »in die Studi« geschickt. Natürlich war ich als Geistlicher vorgeplant. Mutter war über diese Zukunftsaussicht überglücklich. Sie sah mich wohl schon am Altare stehen. Sicher war auch Vater nicht unglücklich, obwohl er etwas davon murmelte, er verliere mit mir seinen »besten Goaser«. Auch fiel mir der Abschied vom Bodner-Häusl und von den treuherzigen Tieren, die ich seit meinem sechsten Lebensjahr im Sommer als Hirte betreut hatte, gar nicht leicht. Doch ich sollte ja einmal eine viel größere Herde hüten ...

Mein Vater Josef Volgger, geboren 1878, besaß auf der Sonnenseite von Ridnaun ein kleines Bauernhöfl. Die um ein Jahr jüngere Mutter Notburga stammte vom Plankhof. Wir waren drei Brüder: Josef, Jahrgang 1911, David, geboren 1917, und ich, geboren am 4. September 1914. Wir konnten 5 bis 6 Stück Rindvieh-Kalbinnen mitgerechnet –, ein Dutzend Ziegen und ebenso viele Schafe halten. Das Einkommen reichte natürlich nicht, um die fünfköpfige Familie ernähren zu können. Vater pachtete jeden Sommer irgendeine Alm. Er war mit Leib und Seele Senner, wie überhaupt das Vieh bei ihm hoch im Kurs stand. Die Alm brachte einen kleinen zusätzlichen Verdienst. Vater war eher wortkarg, dafür erzählte uns die Mutter umso lieber alle Geschichten und Tagesneuigkeiten aus Ridnaun.

Mit sechs Jahren trat ich meinen ersten Beruf an: Ich wurde zum Ziegenhirten, zum »Goaser« bestellt. Den ganzen Sommer trieb ich jeden Tag die Tiere von uns und von den Nachbarn auf den Berg und abends wieder heim. Droben traf ich mich mit dem Kollegen anderer Höfe, meinem Vetter Leopold Faßnauer. Wir verstanden uns gut und halfen uns gegenseitig immer aus. Natürlich gingen wir immer barfuß. Unsere Fußsohlen wurden so hart, daß wir über Stock und Stein sprangen, ohne etwas zu spüren. Schuhe gab es nur im Winter und zum »Kirchen gehen«. Auch Mäntel waren für uns kein Begriff. Dafür trugen wir fleißig einen fast immer zu großen Hut. Das Mittagessen nahmen wir in einem kleinen Rucksack mit. Meistens bestand es aus Schmarrn oder Schwarzplenten.

Das Leben daheim sah ziemlich arm aus. In der Früh gab es Brennsuppe, abends Gerstensuppe oder Mus, mittags irgendein Mehlgericht oder Knödl. Fleisch kam nur in der Weihnachtszeit auf den Tisch und am Kirchtag, der am letzten Sonntag im August gefeiert wurde. Malzkaffee trug es höchstens an Sonn- und Feiertagen. Das Brot, das zweimal im Jahr gebacken wurde, war bald steinhart, aber es schmeckte. Im Frühjahr gaben die Kühe meistens zuwenig Milch, sodaß wir zur Schafmilch unsere Zuflucht nahmen. Geheizt wurden nur Stube und Küche. In den Schlafkammern, wenn man diese Räume überhaupt so nennen kann, herrschte bittere Kälte. Der Wind trieb den Schnee durch die Ritzen zwischen den Holzbalken. So lag in der Früh beim Aufstehen manchmal eine weiße Schicht auf den Betten. Trotzdem wuchsen wir auf und freuten uns des Lebens.

Der »Polt« und ich waren als gute »Goaser« bekannt. Nie ist es uns passiert, daß wir eine Ziege abends nicht heimbrachten. Der Vater schenkte mir für mein Hüten jedes Frühjahr ein Kitz. Mit den Eltern habe ich mich immer sehr gut verstanden. Der Vater schätzte mich wegen meiner Hüterqualitäten. Der Mutter war ich ans Herz gewachsen, weil ich ihr, auch noch als Hochschüler, immer die schweren Hausarbeiten abnahm, sooft ich daheim war. Für das Stubenbodenspülen entwickelte ich mich zu einem richtigen Fachmann.

Der Bruder Josef wollte das Tischlerhandwerk erlernen, aber der Vater erlaubte es ihm nicht. Bruder David begann drei Jahre nach mir sein Studium im Vinzentinum in Brixen. Er versuchte sich auch in Theologie, nahm aber schon nach einem halben Jahr Abschied vom Seminar. Später trat er als Angestellter bei der Verlagsanstalt Athesia ein. Zwischen uns drei Brüdern herrschte immer bestes Einvernehmen. Wir standen fest zueinander, wie es uns die gute Mutter immer ans Herz gelegt hat. Seppl übernahm nach dem Tode des Vaters im Jahre 1959 den Heimathof. Gleichzeitig blieb er aber weiter Straßenwärter. Diesen sehr begehrten und einträglichen Posten hatte ihm die Landesverwaltung 1950 übertragen. Seppl heiratete Marianne Wieser vom Sillerhof, die eine tüchtige Bäuerin war und fünf Kindern das Leben schenkte. Er starb 1968 an einem bösen Halsleiden. David erlag 1965 einem Herzinfarkt, ausgerechnet während der Ferien auf dem Ritten. Er hatte im Jahre 1944 Carla Calza geheiratet, die mich nach meiner Heimkehr von Dachau bis zu meiner Heirat sehr fürsorglich betreute.

An die ersten Jahre im Vinzentinum habe ich nur die besten Erinnerungen. Internat und Schule waren 1873 vom Fürstbischof Vinzenz Gasser als Stätte für die Heranbildung des Klerus gegründet worden. In der Faschistenzeit wurde das Vinzentinum zu einem wichtigen geistigen Zentrum und zur Ausbildungsstätte eines großen Teils der späteren Elite Südtirols. Neben der zweiten katholischen Privatanstalt, dem Johanneum im Dorf Tirol bei Meran, war das Vinzentinum die einzige höhere Schule, in der in deutscher Sprache unterrichtet werden durfte.

Ich lernte leicht. Besonders gern mochte ich das Fach Deutsch. Als Hausaufgabe schrieb ich einmal die »Geschichte eines Wassertropfens«. Meinem Professor Wilhelm Wassermann, dem späteren langjährigen Direktor der Anstalt, gefiel sie anscheinend so gut, daß er sie Pfarrer Engl zeigte. Dieser nahm sie an sich und gab sie Kanonikus Gamper zu lesen, mit dem er als Aktionär der Verlagsanstalt öfter zu tun hatte. Auch in den Augen Gampers fand die Geschichte Gnade. Als ich später als Hochschüler in Innsbruck für die Sommerferien 1938 eine Beschäftigung suchte, sprach Pfarrer Engl mit Gamper. Der Kanonikus zog den Wassertropfen aus irgendeiner Schublade. Und ich war angestellt. Ein Wassertropfen hat mich also zu meinem Beruf geführt.

Im 6. Schuljahr wurde mir das Vinzentinum immer mehr zu eng. Wir hatten in unserer Klasse vier Mitschüler, die jeden Tag vom Josefsmissionshaus in der Bahnhofsstraße zum Unterricht kamen. Sie genossen viel mehr Freiheiten als wir in der »Kiste«, wie das Vinzentinum im Studentenjargon vielfach genannt wurde. So brachen wir im 7. Schuljahr zu fünft auf und traten ins Missionshaus ein. Die St.-Josefs-Missionsgesellschaft war 1866 vom englischen Kardinal Vaughan gegründet worden. Ihr Mutterhaus stand und steht in Mill Hill, einem nordwestlichen Vorort von London. In Brixen und Absam in Nordtirol führt sie Internate. Die Schüler in Brixen besuchten sieben Jahre das Gymnasium im Vinzentinum und studierten dann vier Semester Philosophie am Brixner Priesterseminar.

Wir schwärmten von unserem künftigen Beruf. Schon allein das Wort Missionär hatte einen ganz anderen Klang als das Wort Pfarrer. Dazu kam noch ein guter Schuß Abenteuerlust. Im September 1934 zogen wir nach den zwei Jahren Philosophiestudium nach Mill Hill. Weil wir die Ausreisepapiere erst mit Verspätung erhielten, mußten Alfred Rieper, später langjähriger Pfarrer von Graun/Vinschgau, und ich mit der Abreise länger zuwarten als die anderen. Auf der Fahrt nach England schoben wir in München eine kurze Rast ein und besuchten das Oktoberfest. Wir sagten uns, daß wir uns vor dem Abschied von der bösen Welt doch noch einmal richtig unterhalten müßten.

In Mill Hill wurden wir mit Interesse, ja geradezu mit Spannung erwartet. Dies galt bei Gott nicht unserem wissenschaftlichen Können – sondern dem Fußball. Die Engländer durften sich damals rühmen, die besten Fußballer der Welt zu sein. Auch die Theologen in Mill Hill waren die reinsten Ballkünstler. Sie machten sich beim Spiel oft über die steifen, ungeschickten Tiroler Mitschüler lustig. Uns Neuankömmlingen aus Brixen eilte der Ruf voraus, daß wir ausnahmsweise auch im Fußball unseren Mann stellten. Wir mußten unserem Ruf also notgedrungen Ehre machen. Wir taten es auch.

Die Engländer hatten jetzt bei den Länderspielen mit Tirol nichts mehr zum Lachen. Wir bezahlten für unser Draufgängertum allerdings einen zu hohen Preis. Unser rechter Flügelstürmer, Rupert Wieland aus Kiens, holte sich infolge der Überanstrengung und des Klimas die Tuberkulose und starb ein halbes Jahr später. Mich trat ein Engländer, als ich gerade einschoß, mit dem Fuß in die Bauchwand. Zwei Monate lag ich im Spital in Dollis Hill, rührend betreut von Father Fink Alfred, dem Tiroler Vertreter in der Leitung der Gesellschaft. Trotz aller Fürsorge erholte ich mich nicht. So blieb mir im März '35 nur mehr die Heimreise.

Mit den englischen Mitschülern verstand ich mich ausgezeichnet. Nach außen gaben sie sich wohl kühl und reserviert. Wenn man aber einmal ihr Zutrauen gewonnen hatte, bewiesen sie eine Freundschaft und Kameradschaft, die kaum ihresgleichen findet. Man konnte sich auf sie in allen Lebenslagen verlassen. Vom Aufenthalt in Mill Hill rührt meine Wertschätzung und Sympathie für die Engländer her, die mich lebenslang begleitete und die auch die besten Freunde oft belächelten.

Wenn ich an den Fußball denke, kommt mir noch eine Episode in den Sinn. Im Oktober 1934 fand auf dem Londoner Arsenal-Platz ein Fußball-Länderspiel zwischen England und Italien statt.

In den englischen Zeitungen stand in Abwandlung eines berühmten Wortes des Admirals Nelson vor der Schlacht von Trafalgar gegen die Franzosen zu lesen: »England expects that every arsenalman will do his duty. – England erwartet, daß jeder Arsenal-Mann seine Pflicht tun wird.« Arsenal-Mann deswegen, weil sieben von den englischen Nationalspielern aus der Arsenal-Mannschaft kamen. Und die Engländer taten ihre Pflicht. Sie schlugen Italien mit 4:3. Wir Mill-Hiller hatten uns Karten besorgt. Die Tiroler standen natürlich beisammen und sie schrien und klatschten nach jedem englischen Tor so wild, daß wir allgemein Verwunderung auf den Rängen erregten. Schließlich fragte uns jemand, wer wir eigentlich seien. Wir zeigten die italienischen Reisepässe. Die Verwunderung wuchs noch mehr, bis wir die Fragesteller genügend aufgeklärt hatten. Sicher hatten wir für »South Tyrol« einige Sympathisanten gewonnen, wenn sich dies auch nicht auswirkte.

Ausgerechnet in England erwachte erstmals mein Interesse für die Politik. Eines Tages meditierten wir nachmittags bei der 5-Uhr-Andacht in der Kapelle. Da sah ich, daß mein Nachbar Ferdinand Wiedenhofer irgendein Buch in der Hand hatte, das auf den ersten Blick nicht gerade ein Gebetsbuch zu sein schien. Ich nahm es ihm aus der Hand. Der Titel lautete: »Tyrol under the axe«. Es war die englische

Übersetzung des berühmten Buches von Professor Dr. Reut-Nicolussi »Tirol unter dem Beil«. Sicher hat uns der Herrgott verziehen, daß wir beide rund vierzehn Tage lang mehr über das Schicksal Südtirols meditierten als über fromme Themen. Dazu kam noch, daß eines Tages in der englischen Presse gemeldet wurde, Baron Paul v. Sternbach, ein ehemaliger »deputy« im italienischen Parlament, sei von den faschistischen Behörden in den Süden Italiens verbannt worden, weil er sich für die Rechte der Südtiroler eingesetzt habe. Ich lernte den Namen Sternbach also in der Lesestube des Josefsmissionshauses in Mill Hill kennen.

Nach meiner Rückkehr nach Südtirol verbrachte ich das Frühjahr im Josefsmissionshaus in Brixen. Im Juni übersiedelte ich in das Heimatdorf Ridnaun. Dort überfiel mich im Sommer ein so starkes Nasenbluten, daß man um mein Leben bangte. Ich lag zeitweise schon bewußtlos. Es regnete in Strömen. In dem Hochtal war kein Arzt zu finden. Die Straße in die nächste Stadt Sterzing war von Muren verschüttet. Zum Glück hielt das italienische Militär damals gerade in Ridnaun Sommerübungen ab. Ein Militärarzt, den man im Hotel Sonklarhof auf der anderen Talseite benachrichtigt hatte, kam trotz des hochangeschwollenen Talbaches in unser Haus geeilt. Er überblickte die Lage sofort und verabreichte mir eine Spritze. Das Bluten kam fast augenblicklich zum Stillstand. So hat mir höchstwahrscheinlich ein unbekannter italienischer Militärarzt das Leben gerettet.

An eine Rückkehr nach Mill Hill war nicht mehr zu denken. Der Fußball hatte meine Missionslaufbahn beendet. So entschloß ich mich, doch Pfarrer zu werden. Ich meldete mich im Herbst 1935 im Priesterseminar. Damals – bis 1938 – besuchten auch noch die Nordtiroler Theologen das Brixner Seminar. Man schloß viele Freundschaften mit den Kameraden vom Norden, die bis heute andauern. Als Beispiel möchte ich nur Max Grießenböck, den langjährigen Pfarrer von Berwang im Außerfern, nennen. Im Widum des Onkels Max hat meine Familie viele schöne Tage verbracht. Durch ihn lernte ich auch die ganze westliche Hälfte Nordtirols kennen. Autofahren war sein Steckenpferd, und so kutschierte er mich durch alle Täler.

Langsam fesselte mich im Seminar das Studium der theologischen Fächer. Mein Weg schien also endgültig vorgezeichnet. Aber nochmals sollte es anders kommen. Durch den Leiter der Buchhandlung

Athesia in Brixen, Wilhelm Eppacher, kamen wir – das waren vor allem die Mitschüler Vinzenz Oberhollenzer, Alfred Rieper und Hartmann Winkler – in Kontakt mit dem Völkischen Kampfring Südtirols (VKS). Wir erfuhren, daß es sich um eine geheime Organisation der Jugend handle, die der faschistischen Unterdrückung energisch zu Leibe rücken wolle. Selbstverständlich waren wir bereit mitzumachen. Eppacher sandte uns Michl Tutzer aus Bozen, damals Präfekt der Marianischen Kongregation am Franziskanergymnasium in Bozen, als Vertrauens- und Verbindungsmann.

Nur Hitler könne uns vom faschistischen Joch retten, hieß es. Gewiß sei am Nationalsozialismus manches auszusetzen. Aber die angebliche Verfolgung der Kirche und der Klöster werde oft auch sehr übertrieben. Südtirol bleibe jedenfalls gar keine andere Wahl, als auf das Dritte Reich zu setzen, wenn es nicht untergehen wolle. So und ähnlich lauteten die Aufklärungen von »Much« Tutzer. Sie schienen uns im großen und ganzen auch einleuchtend. Bei einem Maiausflug nach Bozen trafen wir in der Kanzlei des Rechtsanwaltes Dr. Hermann Mumelter unter den Lauben mit einer Gruppe Theologen aus dem Seminar der Erzdiözese Trient zusammen, zu der damals (bis 1964) der größte Teil Südtirols gehörte. Sie hielten mit Befürchtungen über Hitlers Kirchenpolitik nicht hinter dem Berg, wollten aber doch, um der Zukunft des Südtiroler Volkes willen, beim VKS mitarbeiten. In den Ferien nahm ich Verbindung mit der illegalen Bewegung in Sterzing auf. Sie hatte ihre Zentrale im Gasthof »Roter Adler« in der Altstadt.

Im August 1936 gingen wir drei Freunde, Alfred Rieper, Hartmann Winkler (später Pfarrer in St. Jakob im Ahrntal) und ich, auf große Fahrt. Mit dem Fahrrad machten wir eine Deutschlandreise, die uns über Rosenheim und München bis nach Lindau und wieder zurück führte.

Die Ausstellung eines Reisepasses für einen Südtiroler war zu dieser Zeit gar nicht so einfach. Wir hatten diese Begünstigung dem Amtsdiener im Vorzimmer des Quästors (Polizeidirektors) zu verdanken. Ein eher bescheidenes Trinkgeld hatte Wunder gewirkt. Wir konnten uns die Fahrt nur leisten, weil damals »Reisemark« ausgegeben wurden, die um den halben Preis der richtigen Mark erstanden werden konnten. Wir kauften Reiseschecks und wechselten sie dann in Deutsche Mark ein. Die Reisemark hätte man natürlich alle in

Deutschland verbrauchen müssen. Auf der Wiederausfuhr standen schwere Strafen. Wir mußten aber einen guten Teil der Reisemark wieder herausschmuggeln, um die Kosten einigermaßen zu decken. Dieser Devisenschmuggel klappte dank der Mithilfe eines österreichischen Eisenbahners, der in Lindau wohnte und im Triebwagenverkehr Lindau-Bregenz Dienst machte, reibungslos.

Wir trugen also bei unserer Fahrt eine Menge Geld in unseren Taschen und mußten doch eisern sparen. Oft fiel es uns reichlich schwer. Aber wir hatten keine Wahl. Wir übernachteten in Kolpinghäusern, katholischen Jugendherbergen und Klöstern. Trotz unserer Unerfahrenheit fiel uns sofort die gedrückte Stimmung in diesen Häusern auf. Auf unsere Fragen über die Zustände im Dritten Reich verhielt man sich aber sehr wortkarg. Erst als wir ein Empfehlungsschreiben vom Regens des Priesterseminars in Freising-München ergatterten, das uns ein dortiger Theologe, Alois Fassnauer, der aus Ridnaun stammte, vermittelt hatte, tauten unsere Gesprächspartner auf. Und unser Bild über den Nationalsozialismus wandelte sich gründlich. Um es kurz zu machen: Meine Mutter sagte später immer: »Der Friedl ist früher ein großer Hitler gewesen. Aber als er von Deutschland zurückkam, wollte er von Hitler nichts mehr wissen.«

Wie oft wünschte ich im Jahre 1939, daß noch mehr Südtiroler Gelegenheit gehabt hätten, das Reich der Nazis an Ort und Stelle kennenzulernen.

Wieder zu Hause, strengten wir Theologen uns sehr an, den zunehmenden Einfluß des Nationalsozialismus im VKS einzudämmen. Unsere Mitarbeit gestaltete sich immer flauer. Höheren Orts war man darüber gar nicht unglücklich. Manche hatten uns schon früher nur als Störenfriede betrachtet. Das galt besonders für den Sterzinger Tischlermeister Franz Kiebacher, der sich im VKS langsam in den Vordergrund gearbeitet hatte und zum Kreisleiter aufrückte. Die Garde der ersten Stunde, für die Heimat noch ein höherer Begriff gewesen war als Führer, Volk und Reich, rückte dafür in den Hintergrund. Mit Kiebacher hatte ich wegen der ideologischen Ausrichtung des Kampfringes viele Auseinandersetzungen.

Trotz meiner Bekehrung vom Nationalsozialismus, wenn man es so nennen will, wurde ich nochmals aus der Laufbahn geworfen. Am 28. Juni 1937, am Vorabend des Festes der Apostelfürsten Peter und Paul, dem Tag der Priesterweihe im Brixner Dom, fand ich nach der

Heimkehr von einem Ausgang an meiner Zimmertür im Seminar ein Schild mit dem Ersuchen, zum Regens Dr. Josef Steger zu kommen. Mir schwante gleich nichts Gutes. Steger begrüßte mich nicht unfreundlich. Er hielt den »libellus praelectionum« (Schulzeugnis) wiegend in der Hand. Er machte keine lange Einleitung. Er sagte nur ein paar Mal: »Ein sehr, sehr schönes Zeugnis, sehr, sehr gute Noten«, um gleich hinzuzufügen: »Aber der Fürstbischof hat herausgefunden, daß Sie keinen ›Priesterberuf‹ haben.« Und er übergab mir den libellus. Ich fiel sicherlich nicht aus allen Wolken. Ich wollte aber wissen, warum ich an die Luft gesetzt würde. Er habe vom Bischof keinen Auftrag, entgegnete der Regens, mir das mitzuteilen. Ich ging zum Fürstbischof. Ich mußte meinen Leuten doch irgendeinen Grund für meine Entlassung angeben. Sonst konnten sie sich ja das Schlimmste denken.

Fürstbischof Dr. Johannes Geisler empfing mich sofort und war mehr als reizend. Aber die gewünschte Auskunft gab auch er nicht. Er betonte nur immer und immer wieder, daß auch in der Welt draußen gute Menschen sehr wichtig seien, daß ich draußen viel mehr Gutes tun könnte usw. Vom Bischof ging ich zum Generalvikar Dr. Alois Pompanin. Dieser machte weniger Umstände. Ich würde vielleicht, meinte er, anderswo ein ganz guter Priester werden, aber im Brixner Priesterseminar könne man gewisse Dinge nicht brauchen. Man dürfe die Existenz des Seminars nicht gefährden. Ohne daß er es ausdrücklich sagte, wußte ich nun, daß der Grund für meinen Abschub in der Politik zu suchen war. Für mich sicher ein Trost, besonders aber für den Pfarrer Stefan Engl von Ridnaun.

Im Oktober 1937 lud ich mein Gepäck auf das Fahrrad, und ab ging's über den Brenner nach Innsbruck. Dort begrüßten mich mit großem Hallo Sepp Hilber und Vinzenz Oberhollenzer, Mitschüler vom Vinzentinum. Oberhollenzer hatte sich ebenfalls als Theologe versucht. Bei ihm hatte der Bischof von Brixen aber schon ein Jahr früher herausgefunden, daß er »keinen Beruf« habe. Hilber war eine solche Feuerprobe von vornherein erspart geblieben. Er war außerehelich geboren, und ein solches »Kind der Sünde« hätte eine eigene Erlaubnis von Rom gebraucht, um zum Theologiestudium auch nur zugelassen zu werden. So streng waren damals die Sitten. Die beiden hatten mir den Einstand in Innsbruck zum Hochschulstudium geebnet. Sie hatten für mich eine »Bude« gefunden und zwar in der

Nähe der damaligen Kettenbrücke, die Mühlau mit Innsbruck verband. Man konnte das Zimmer nur durch die Küche erreichen, in der die Hausfrau Käthe mit vier Katzen schlief. Es war auch so klein, daß man sich nur zur Not umdrehen konnte; aber es war billig. Dieser Vorteil wog alle Nachteile auf.

Nun hieß es Kosttage suchen, Tage, an denen man in Familien ein Mittagessen erhielt. Vom Dompropst Prälat Josef Mutschlechner hatte ich Empfehlungsschreiben für den Landeshauptmann Dr. Josef Schumacher und für Univ.-Prof. Dr. Hermann Wopfner mitgebracht. Die Frau des Landeshauptmannes besorgte mir auch zwei gute Plätze in einem Gasthaus in der Maria-Theresien-Straße. Prof. Wopfner wußte in Frage Kosttage zuwenig Bescheid, drückte mir aber dafür etliche Geldscheine in Großformat in die Hand. Schließlich hatte ich meine sechs Tage beisammen. Sonntag mußte man sich anderswie behelfen. Wenn Oberhollenzer und ich abends einmal Hunger hatten, stellte die Hausfrau von Oberhollenzer, Frau Zäzilia Prock, eine gebürtige Antholzerin, immer einen großen Topf Suppe auf. Die gute Frau Prock vertrat überhaupt an uns beiden die Mutterstelle. Ihre Güte und Fürsorge kannte keine Grenzen, wenn wir sie manchmal auch gar nicht verdienten.

Auf der Universität hatte ich Geschichte und Deutsch belegt. Das Geschichtsstudium hatte mich schon immer interessiert. Jetzt fesselte es mich geradezu. Es war ein Genuß, die Professoren Hermann Wopfner und Harold Steinacker zu hören. Der erste las Volkskunde und der andere deutsche Geschichte des Mittelalters.

Im schönen Innsbruck am grünen Inn verbrachten wir die schönsten Zeiten. Wir waren ein an der Universität bekanntes Vierkleeblatt: Oberhollenzer, Hilber, Kohler, gebürtig aus Welschnofen, und ich. Keiner von uns war mit Glücksgütern gesegnet. Ja eigentlich hatte überhaupt keiner von uns Geld. Das tat unserem Humor aber keinerlei Abbruch. Wir teilten mitsammen den letzten Groschen, den einer von uns mit einer Stadtführung, mit Nachhilfestunden oder einer anderen Gelegenheitsarbeit ergattert hatte. Wir freuten uns des jungen Lebens und konnten wegen jeder kleinsten Kleinigkeit ganz herzlich lachen. Gerade dieses herzliche Lachen, so scheint mir, fehlt der heutigen Hochschuljugend. Die braucht keine Kosttage mehr zu betteln, die Studentenbeihilfe fließt reichlich. Aber das richtige frohe Lachen hat sie verlernt. Entweder blicken die Gesichter finster oder blasiert, oder der sogenannte Frohsinn kennt überhaupt keine Grenzen mehr.

Die Innsbrucker Zeit ließ uns politisch viel erleben. Wir standen unter der Menschenmasse, als der österreichische Bundeskanzler Kurt Schuschnigg, ein gebürtiger Tiroler, am 9. März 1938 die Volksabstimmung über die Selbständigkeit Österreichs verkündete und vom Balkon der Hofburg sein »Mander – es ist Zeit« rief. Es war aber nicht bloß höchste Zeit, es war zu spät. Schuschniggs verzweifelter Versuch zur Rettung Österreichs mißlang. Von keinem Nachbarstaat erhielt er in seinem Kampf um Unabhängigkeit irgendwelche Hilfe. Am 13. März rückten Hitlers Truppen in Österreich ein. Wir erlebten den Einmarsch in Innsbruck. Auf den Straßen tobten die Massen und jubelten den »Befreiern« zu. Die Menschen schienen von Hysterie erfaßt. Der Rundfunk meldete, daß sich ein Mangel an Hakenkreuzabzeichen bemerkbar mache. Aber neue Sendungen seien – so tröstete man – im Anrollen. Oberhollenzer und ich gehörten zu den wenigen, die ohne das Zeichen im Knopfloch abends durch die Maria-Theresien-Straße gingen. Man bedachte uns mit sehr vorwurfsvollen Blicken. Man konnte hören, daß wir Kommunisten oder Pfaffen sein müßten.

In den Häusern, hinter oft aus Angst verschlossenen Türen, saßen aber noch viel mehr Innsbrucker, als auf den Straßen feierten. Innsbrucker, die um Österreich trauerten, nur sah man diese andere, größere Hälfte nicht.

Etwas störte allerdings auch die feurigsten Tiroler Nazi: Die Wehrmacht ließ überall Gulaschkanonen aufmarschieren und verteilte Essen an die Bevölkerung. Man hatte dem Militär wohl vorgemacht, daß die armen Österreicher geradezu am Hungertuch nagten. Schließlich drängte der ganze Nazistab auf möglichst raschen Abbau der Ausspeisung. Während die Wehrmacht ihren Eintopf austeilte, füllte die Geheime Staatspolizei (Gestapo) die Kerker. Über Nacht verschwanden die Leute. In den seltensten Fällen wußten die Angehörigen, wohin man sie gebracht hatte. Vielfach kam erst Wochen später die kurze Nachricht: »Bin in Dachau, es geht mir gut.«

An der Hochschule machten wir einen guten Monat »Befreiungsferien«. Unser Geschichtsprofessor Harold Steinacker wurde zum Rektor ernannt. Das beruhigte uns. Einige Professoren verschwanden in der Versenkung. Sie mußten noch dem Herrgott danken, wenn sie nur den Lehrberuf einbüßten. Für sie traf Ersatz aus dem Reich ein. Dann ging der Hochschulbetrieb weiter. Aber die frühere Gemütlichkeit war weg. Interessant ist vielleicht, wie verschieden die Einstellung zum Nationalsozialismus in den einzelnen Fakultäten war. Die Mediziner galten zu 90 Prozent als Hitler-Anhänger. Bei den Historikern gab es hingegen überhaupt nur einen einzigen »alten Kämpfer«, wie sich die Mannen der illegalen Nazipartei nannten. Auf der Uni sprachen viele nur mehr im Flüsterton. Man befürchtete die braunen Spitzel. Und immer wieder erfuhr man, daß die Gestapo noch pausenlos an ihrer schmutzigen Arbeit war.

Wir Südtiroler hatten es jetzt viel besser. Uns konnte ja nicht viel passieren. Wir trugen unseren italienischen Reisepaß immer bei uns. In der Nacht hatten wir ihn griffbereit unter dem Kopfpolster liegen. Wir waren froh, als das Semester zu Ende ging und wir über den Brenner heimradeln konnten. Dort trat ich die Stelle bei den »Dolomiten« an. Mir gefiel die Arbeit. Mein erster Leitartikel trug den Titel »Der Friedensengel im Pulverfaß«. Sein Inhalt befaßte sich mit der Reise des Engländers Lord Runciman, den Premierminister Chamberlain in den kritischen Herbsttagen 1938 in die Tschechoslowakei entsandt hatte, um eine friedliche Lösung der Sudetenfrage zu erzielen. Ich verdiente auch ein schönes Geld. So wollte ich bei der Zeitung bleiben und mein Studium Studium sein lassen. Kanonikus Gamper machte mir aber einen dicken Strich durch die Rechnung: »Wir können keine Halbstudierten brauchen. Sie gehen also nach Innsbruck zurück, sonst haben wir keinen Platz für Sie mehr.« Meinen Einwand wegen des fehlenden Geldes ließ er nicht gelten. Dafür werde notfalls schon er sorgen.

So blieb mir nichts anderes übrig, als meine Koffer zu packen und nach Innsbruck zu fahren. Diesmal konnte ich mir sogar die Bahnfahrt leisten. In Innsbruck ließ sich alles besser an, als ich erwartet hatte. Das Deutsche Studentenwerk nahm uns Südtiroler unter seine Fittiche. Oberhollenzer und ich erhielten ein Zimmer im Studentenheim, Marken für das Essen in der Mensa und noch Bargeld. Wir mußten uns verpflichten, die vorgestreckte Summe nach Abschluß des Studiums ratenweise zurückzuzahlen. Leiter des Studentenwerkes war Hans-Martin Schleyer, der 1977 von Terroristen ermordete Chef des Verbandes der Deutschen Industrie. Schleyer war Nationalsozialist vom Scheitel bis zur Sohle. Aber er war ein großer Idealist, tat auch politischen Gegnern nichts zuleide und war uns Südtirolern besonders zugetan. Nach dem Krieg habe ich ihn mehrmals wiedergetroffen. Ich erzählte ihm, daß ich die vom Studentenwerk vorgestreckte Summe noch immer schuldig sei. Er klopfte mir auf die Schulter und lachte.

Unser ganzes Streben ging nun dahin, möglichst schnell das Studium zu beenden. Ich stand erst im dritten Semester, Oberhollenzer im fünften. Wir konnten aber sechs Semester Philosophiestudium im Priesterseminar vorweisen. Würde man uns dieses Studium anrechnen? Wir mußten es jedenfalls versuchen. Wir machten fleißig Nebenprüfungen und stellten unsere Dissertationen fertig. Im April 1939, also in der Mitte des vierten Semesters, fuhr ich nach Wien zum Unterrichtsministerium. Rektor Steinacker und Prof. Wopfner gaben mir die Bescheinigung mit, daß ich reif sei, zu den Abschlußprüfungen zugelassen zu werden. Das Unterrichtsministerium hatte in der von den Nationalsozialisten eingesetzten Regierung Seyß-Inquart der bekannte Tiroler Urgeschichtler Oswald Menghin übernommen. Das Ministerium sollte allerdings nur die Übergabe des ganzen Betriebes an Berlin durchführen und wurde dann aufgelöst.

Als ich nach Wien kam, hatte Menghin seine Arbeit bereits abgeschlossen. Der Minister a. D. empfing mich aber trotzdem sehr freundlich. Er teilte mir mit, daß mein Fall jetzt in die Zuständigkeit des Staatskommissars Prof. Ferdinand Plattner falle. Menghin reichte mich mit warmen Empfehlungen an ihn weiter. Plattner stammte aus Oberösterreich, wußte aber über Tirol bestens Bescheid, weil er von 1922 bis 1936 die Stelle eines Hochschulassistenten in Innsbruck bekleidet hatte. Der Staatskommissar, ein Herr in SS-Uniform, sah sich alle meine Dokumente genau durch. Dann fragte er, was ich nach dem Abschluß des Studiums machen würde, ob ich im Reich bleiben oder nach Südtirol zurückkehren wolle. »Natürlich gehe ich nach Südtirol zurück«, erwiderte ich. »Na schön, dann geben Sie uns das wohl auch schriftlich«, bemerkte Plattner. »Wissen Sie, wir brauchen die Südtiroler drinnen im Lande und nicht hier heraußen.« Ich unterschrieb den Revers gern, mit welchem ich erklärte, sofort nach Abschluß des Studiums nach Südtirol zurückkehren zu wollen.

Bald darauf erhielt das Rektorat in Innsbruck schriftlich den Bescheid, daß ich und Oberhollenzer zu den Schlußprüfungen antreten könnten. Ausgerechnet das nationalsozialistische Unterrichtsministerium hatte uns also sechs Semester Philosophiestudium im Priesterseminar anerkannt. Sicher ein großes Entgegenkommen. Ob es ein christlichsoziales Unterrichtsministerium auch getan hätte?

Die Geschichte schlägt oft die merkwürdigsten Purzelbäume. Wir mußten uns im April 1939 verpflichten, nach Südtirol zurückzukehren. Zwei Monate später beschloß man in Berlin die Umsiedlung, die »Heimbeförderung« der Südtiroler ins Reich. Und weitere drei Monate später wurde schon jeder ein Welscher und Volksverräter genannt, der nicht »heimkehren« wollte. Im Abkommen war die Möglichkeit der »Option« (d. h. Wahl, Entscheidung) vorgesehen. Die Südtiroler konnten für die deutsche Staatsbürgerschaft optieren und verpflichteten sich damit, in das Deutsche Reich abzuwandern; oder sie konnten sich für die Beibehaltung der italienischen Staatsbürgerschaft und damit für das »Dableiben« aussprechen. Auch wer keine Erklärung unterschrieb, blieb italienischer Staatsbürger.

Ich kehrte Anfang Juli 1939 nach Bozen zurück und durfte als neugebackener Doktor dem Kanonikus Gamper die Hand drücken. Wie dankte ich ihm, daß er mich zum Fertigmachen geradezu gezwungen hatte. Die Zeitumstände waren allerdings nicht zum Feiern angetan.

Das große Trauerspiel beginnt

Der Deutsche Verband, der Völkische Kampfring Südtirols und ihre Haltung zur Option • Propagandaschlager und Drohungen

Kanonikus Gamper schien trotz der Hiobsbotschaft über das Umsiedlungsabkommen guten Mutes. Er schilderte mir die Reaktion auf den Schandvertrag von Berlin: Er löse bei jedermann in Südtirol grenzenlose Verbitterung und einhellige Ablehnung aus.

Die Politik der unterdrückten Tiroler Minderheit in Italien wurde damals von zwei Organisationen getragen und bestimmt: dem Deutschen Verband und dem Völkischen Kampfring Südtirols (VKS). Im Deutschen Verband hatten sich nach dem Anschluß an Italien die christlichsoziale Partei und die Liberalen zusammengeschlossen. Natürlich wurde er von den Faschisten aufgelöst. Seine führenden Männer hielten aber trotzdem immer enge Verbindung zueinander. Als das geistige Haupt wurde Kanonikus Michael Gamper anerkannt. Ihm zur Seite standen u. a. die letzten freigewählten Abgeordneten Dr. Karl Tinzl und Baron Paul v. Sternbach, die beiden Brüder Erich und Walther Amonn, der ehemalige Abgeordnete des Tiroler Landtages Josef Menz-Popp. Als besonderes Verdienst des Verbandes muß die Schaffung der deutschen Geheimschulen, des »Katakombenunterrichts«, genannt werden. Die Faschisten hatten in Südtirol den Unterricht in der deutschen Sprache verboten und unter Strafe gestellt. Kanonikus Gamper zog daraufhin mit Hilfe mutiger Lehrkräfte über das ganze Land ein dichtes Netz von Geheimschulen auf, in denen der Jugend mindestens die Grundbegriffe ihrer Muttersprache beigebracht werden konnten.

Der VKS war unter der Bezeichnung »Südtiroler Heimatfront« am 18. Juni 1933 auf der Haselburg bei Bozen gegründet worden.

Die Gründer waren Robert Helm jun., Norbert Mumelter, Kurt Heinricher, Rolf Hillebrand und Wilhelm Eppacher aus Brixen. Eppacher hatte uns als Brixner Theologen für den Kampfring geworben. Erster Landesführer war Rolf Hillebrand. Er wurde noch 1933 ausgewiesen, zog nach Berlin und erhielt 1936 die Vollmacht, die Belange des Kampfringes bei allen amtlichen Stellen des Reiches zu vertreten. Er bekleidete eine führende Stellung im Amt des Reichsjugendführers. Hillebrand fiel 1943 einem Bombenangriff in Berlin zum Opfer. Wilhelm Eppacher leitete 1931 bis 1938 die Athesia-Buchhandlung in Brixen und wurde 1938 wegen illegaler Betätigung für 20 Monate auf die Insel Tremiti verbannt. Robert Helm war in Brixen als Arzt tätig, rückte zur Wehrmacht ein und fiel 1945 in der Tschechoslowakei. 1934 stießen Karl Nicolussi-Leck und Michl Tutzer zum VKS und rückten dort bald in führende Ränge auf. 1935 übernahm der Bozner Schneidermeister Peter Hofer, der aus dem Katholischen Jugendbund kam, die Führung des VKS.

Bei unseren ersten Unterredungen freute sich Gamper sehr darüber, daß zwischen dem Deutschen Verband und dem VKS völlige Übereinstimmung über das Vorgehen erzielt worden war: Wir optieren überhaupt nicht. Wir tun gar nichts. Wir bleiben, wo wir sind, bis sie uns holen. VKS-Führer Peter Hofer, ein großer Idealist, hatte am Ende einer Aussprache zwischen Vertretern beider Organisationen den Spruch getan: »Bevor wir umsiedeln, schicken wir unsere Kinder zur Balilla (Faschistische Jugendorganisation), ziehen wir das schwarze Faschistenhemd an und lassen alle Namen verwelschen!«

Die beiden Diktatoren mußten sich also auf schärfsten Widerstand gegen den verbrecherischen Aussiedlungsplan gefaßt machen. Über die Berliner Vereinbarungen wußte man allerdings keine Einzelheiten. Die erste gemeinsame Sitzung zwischen dem Deutschen Verband und VKS hatte am 28. Juni stattgefunden. Am 6. Juli wurde der damals gefaßte Beschluß erneuert. Etwa vierzehn Tage später ließ mich Kanonikus Gamper rufen. Diesmal fand ich ihn sehr erregt. Das war auch verständlich. Er hatte erfahren, daß die Leitung des VKS bei einer Sitzung am 22. Juli in einem Keller in Bozen-Dorf mehrheitlich beschlossen hatte, die Umsiedlung zu unterstützen. Für diese Wendung um 180 Grad innerhalb von 3 Wochen seien besonders Rechtsanwalt Dr. Robert Helm, der so etwas wie ein außenpolitischer Berater des Kampfringes war, und sein Sohn Robert eingetreten. Vater Helm, ereiferte sich Gamper, sei auch kein richtiger Tiroler, sondern erst aus Triest zugereist. Während er mir berichtete, schritt er unaufhörlich auf und ab. Schließlich faßte er sich. Er setze seine Hoffnung auf Peter Hofer. Man habe ihn wohl nur überrumpelt. Wenn es zum

Ernst komme, werde er zu seinem Ausspruch stehen. Aber wir mußten doch mit allen Möglichkeiten rechnen. Die gemeinsame harte Front war auf alle Fälle aufgerissen.

Die faschistischen Größen in der Provinz hatten in ihren Plänen härtesten Widerstand des Volkes gegen die Umsiedlung einkalkuliert. So verloren sie keine Zeit, um die Tiroler weichzuschlagen. Der verhaßte Präfekt, Giuseppe Mastromattei, fuchtelte mit Listen von Leuten herum, die auf alle Fälle verschwinden müßten; sie hätten nur die Wahl zwischen Sizilien und Deutschland. Die faschistischen Dorfgewaltigen in den Tälern luden maßgebende Bürger vor und bedeuteten ihnen ohne viel Umschweife, sie sollten sich ehestens über den Brenner absetzen, sonst blühe ihnen Sizilien. Gamper wurden laufend solche Einschüchterungen, solche Drohungen bekannt. Die allermeisten ließen sich aber nicht kleinkriegen. Ihr Zorn und ihre Entschlossenheit, unter keinen Umständen zu weichen, steigerte sich nur. So sagte Ignaz Kröss, nach dem Weltkrieg langjähriger Bürgermeister von Vöran oberhalb Meran, zum Podesta, dem faschistischen Amtsbürgermeister, der ihn zum Verschwinden aufforderte, ganz ruhig: »Ja, ja, wir gehen ja schon, aber wir gehen nur als Tote.« Und so wie Kröss dachten die meisten: Sie müssen uns vor der Haustür erschießen, lebend gehen wir nicht von Haus und Hof. Die Menschen verbissen sich geradezu in den eigenen Boden.

Von der breiten Öffentlichkeit unbemerkt vollzog sich hinter den Kulissen der große Stimmungsumschwung. Die VKS-Führung vergatterte ihre Mannschaft. Mit ganz wenigen Ausnahmen wurden alle auf Vordermann gebracht. Im September besuchte mich Johann Lanthaler aus Ratschings bei Sterzing, eines der ältesten Mitglieder des VKS und gleichzeitig einer meiner treuesten Gesinnungsgenossen. Er berichtete mir, der Sterzinger Kreisleiter, der Tischler Franz Kiebacher, habe ihn gebeten, alle einflußreichen Männer des Tales zu einer Besprechung etwas abseits vom Dorf zusammenzurufen. Die Versammlung habe stattgefunden. Kiebacher habe über das Berliner Abkommen gesprochen und es in Bausch und Bogen verdammt. Mehr denn je, habe er dann hinzugefügt, müßte jetzt das ganze Volk zusammenstehen. Er forderte die Anwesenden auf, sie sollten sich alle die Hände reichen und sich geloben, zusammenzuhalten, komme was dann komme. Der Kampfring werde alles aufbieten, um das Abkommen rückgängig zu machen. Sollte es nicht möglich sein, müßte man noch mehr zusammenhalten. Alle müßten gleich tun, nur so könnte das Südtiroler Volk überleben.

Später hörten wir, daß solche und ähnliche Versammlungen vom VKS auch in anderen Orten Südtirols einberufen worden waren. Der Kampfring war sich natürlich völlig bewußt, daß eine Rückgängigmachung des Berliner Abkommens überhaupt nicht mehr zur Debatte stand. Wenn man die Leute nun zum Gelöbnis aufforderte, zusammenzuhalten, komme was da kommen mag, so bereitete man sie taktisch sehr klug nur auf den Zusammenhalt für die Stunde vor, in welcher der Kampfring zur geschlossenen Option des ganzen Volkes aufrief, in der man das Trommelfeuer der Propaganda für die Umsiedlung, für das »Heim ins Reich« auf das verwirrte Volk losließ.

Die Italiener waren mit völliger Blindheit geschlagen. Sie hatten überhaupt keine Ahnung, was sich in Südtirol anbahnte. So fuhren sie mit ihren Drohungen und Schikanen munter fort. Im Juli verfügte die Regierung mit Dekret, daß die Gasthöfe und Gasthäuser sämtliches weibliches Personal entlassen und dafür männliches Personal aus den norditalienischen Provinzen Lombardei, Ligurien und Piemont einstellen müßten. Sämtliche Touristen mußten innerhalb kürzester Zeit Südtirol verlassen. Den Besitzern von Tabaktrafiken wurde verboten, mit den Kunden deutsch zu sprechen. So wickelte sich das Geschäft in den Trafiken zwischen Inhabern und Südtiroler Kunden meistens völlig schweigend ab. Man behalf sich mit Gesten und Zetteln. Italienisch zu sprechen, fiel niemandem ein. Eine Tabaktrafik in der Nähe der Redaktion in der Museumstraße lieferte uns jeden Tag die Zeitungen, und wir machten uns einen Spaß daraus, in das Geschäft zu gehen, dort möglichst umständlich in den Zeitungen zu blättern und zu hören, wie sich der Inhaber geschickt aus der leidlichen Affäre zog.

Vor den Italienern kapitulierten die Südtiroler nicht. Das Volk hätte allen Drohungen und allen Übergriffen zum überwiegenden Großteil standgehalten, wenn nicht von der anderen Seite mit einem Schlag, nach Vorbereitungen in kleinem Kreis, plötzlich die Werbetrommel für die Umsiedlung gerührt worden wäre. Erst dann begann in Südtirol das große Trauerspiel, wie es dramatischer sich kein Dichter hätte ausdenken können.

Was die Faschisten mit all ihren Drohungen nie zustandegebracht hätten, das schafften nun die Nazis leicht und schnell und gründlich. Heinrich Himmler, dem Chef der berüchtigten Geheimen Staatspolizei, war von Hitler nicht nur die »Endlösung« der Judenfrage, sondern auch die Endlösung der Südtirolfrage anvertraut worden, und bei der Lösung der beiden Fragen stellte Heinrich Himmler seinen Mann. Hatten die Faschisten in Südtirol nur die Intelligenz und einen Teil des Bürgertums loswerden wollen, so lautete Himmlers Devise jetzt: In Südtirol muß reiner Tisch gemacht werden. Alle Deutschen müssen heraus, damit es ja wegen dieser sturen Südtiroler zu keinem Mißverständnis mit dem großen Duce in Rom kommt. Und wer nicht zum Führer ins Reich heimkehren wollte, der wurde bald als Verräter gebrandmarkt.

Der VKS verfügte im Lande über eine festgefügte Organisation, von der man besten Gebrauch machte, als im Oktober die Propagandalawine für das »Heim ins Reich« losbrach. Heute erscheint es einem unbegreiflich, wie man einem ganzen Volk in kürzester Zeit die Preisgabe der jahrhundertealten Heimat schmackhaft machen konnte. Aber auf Propaganda haben sich die Nazis immer schon verstanden. Die Werbung für die Option wurde im besten Stil des Reichs-Propagandaministers Dr. Joseph Goebbels geführt. Was man den Leuten alles vormachte und was diese alles schluckten, grenzt ans Unglaubliche. Die Propagandalügen waren furchtbar primitiv, aber genau auf die von den Faschisten gequälte Seele zugeschnitten und leicht verständlich abgefaßt. Wir erleben es ja auch heute noch, daß die primitivste Propaganda die wirkungsvollste sein kann.

Zunächst zog man das ganze Gerüst verrücktester Versprechungen auf. Die Umsiedler, schwor man, würden draußen in einer genau gleichen Gegend angesiedelt werden. Allen würden genau die gleichen Täler zugewiesen werden, mit den gleichen Bergen. Auch die Städte würden die gleichen sein. Jeder einzelne würde genau das gleiche Haus erhalten, genau gleichviel Vieh, gleichviel Wald usw. Und die Leute glaubten es. Wenn man solches heute liest und hört, schüttelt jeder ungläubig den Kopf. Aber es war wirklich so. In einer Gemeinde des Wipptales war ich mit dem letzten Bürgermeister vor der Machtübernahme der Faschisten befreundet. Er hatte bei den Geheimschulen tapfer mitgeholfen und galt als ein außerordentlich heller Kopf. Als ich hörte, daß er zu den Hauptwerbern für die Option zähle, suchte ich ihn auf. Auf die Frage, ob er in der Fremde wohl nicht Heimweh haben werde, erwiderte er, die neue Heimat werde ganz so aussehen wie sein Tal. Aber der wunderschöne Felsberg, das stolze Wahrzeichen des Tales, werde ihm wohl abgehen, meinte ich. Nein, auch der sei dort vorhanden, nur 200 Meter niederer. Ob er das Tal gesehen habe, bohrte ich weiter. Nein, aber aus verläßlicher Quelle habe er gehört, daß dies alles stimme. Übrigens würde sofort nach Abschluß der Option in der neuen Heimat ein Südtiroler Musterdorf aufgebaut werden. Man wird verstehen, daß ich den Mann verließ, ohne einen ernsten Bekehrungsversuch gemacht zu haben.

Den gleich großen Wald werde man bekommen, hieß es. Die Eltern meiner Schwägerin, der Frau des älteren Bruders Josef, Besitzer vom Sillerhof in Ridnaun, besaßen wenig Wald, dafür aber ausgedehnte Erlenauen. Und weil man draußen schon ganz genau das gleiche bekomme, zählten die 10 Kinder des Sillerhofes tagelang die Erlen, um nach der Übersiedlung nicht zu kurz zu kommen. Mein Bruder Seppl in Ridnaun hatte auch optiert. Er glaubte die Märchen nicht, die man zum besten gab. Er wollte jedoch nicht allein zurückbleiben. Er machte sich einen Spaß daraus, die neuen Dorfgrößen mitunter auf die Probe zu stellen. »Ja Mander«, sagte er einmal, »das Bodnerhäusl, unser Heimathaus, ist viel zu klein für uns, wie ihr ja selber seht, wir haben keinen Platz. Könnte ich draußen nicht ein bißchen ein größeres bekommen?« – »Nein Bodner«, hieß es, »du mußt draußen ganz das gleiche bekommen, später kannst du es dann allerdings vergrößern.«

Ab und zu blitzten die Propagandisten mit ihren Märchen doch ab. In Villnöß konnte sich der Untermunterbauer Johann Obexer von einem Bergbauernhof ganz hoch oben nicht zum Gehen entschließen. Er wurde gebührend in die Behandlung genommen. »Du bekommst ja draußen ganz dasselbe«, lautete der unermüdliche Kehrreim. »Gewiß, gewiß«, meinte der Untermunter einmal nach einer stundenlangen Bearbeitung. »Ist alles recht. Aber wird der neue Hof auch so hoch droben stehen?« Selbstverständlich, ganz auf der gleichen Höhe. Da lachte der Bauer schmunzelnd: »Dann bleibe ich wohl am besten gleich da droben. So muß ich zuerst nicht so weit heruntergehen und draußen nicht wieder so weit hinaufgehen.« Und er blieb wirklich auf seinem Berg.

Daß die sonst doch nüchternen Südtiroler zum Großteil all den Unsinn für bare Münze nahmen, kann die heutige Generation überhaupt nicht mehr fassen. Aber die Nazipropaganda hatte nicht nur die Deutschen, die Österreicher und die Sudetendeutschen um den Haus-

35

verstand gebracht, sie machte auch die Südtiroler verrückt. Ein anderes Versprechen, das mit dem ersten ganz in Widerspruch stand, aber deswegen trotzdem seine Wirkung nicht verfehlte, lautete: Wenn wir alle geschlossen optieren, wird der Führer das Bekenntnis zu ihm so hoch werten, daß er das Land dann auch ins Reich heimholt. Wenn wir also geschlossen optieren, dann braucht niemand zu gehen.

Parallel mit den Versprechungen liefen die Drohungen. Lautstark wurde landauf, landab verkündet: In Südtirol darf überhaupt niemand bleiben. Wer nicht für Deutschland optiert, wird nach Italien zwangsverfrachtet. Ein Zufall kam diesem Slogan zu Hilfe. Im Oktober hatte die Regierung Mussolini ein Gesetz zur Aufteilung des Großgrundbesitzes in Sizilien zwecks Schaffung von neuen Bauerngütern erlassen. Seht ihr, so hieß es, in Sizilien stehen die Höfe für die Dableiber, für die Walschen, wie man sie nannte, schon bereit. Auf Familien mit mehreren Mädchen war folgendes Rezept zugeschnitten: Na, erbarmen uns die armen Gitschn, sie müssen alle Walsche heiraten. Und viele Mütter und Väter glaubten es, und auch viele Mädchen. Als letzten Trumpf spielte man dann die Beschimpfung aus, die Nicht-Optanten sind alles Walsche, die ihr Deutschtum verraten und ihre Kinder zu Walschen machen, und wer wollte schon ein Walscher sein?

Die VKS-Propaganda hatte es schon von allem Anfang an verstanden, den Sinn der Option völlig umzudeuten. Für sie gab es nur eine Wahl zwischen deutsch und welsch. Die Wirklichkeit lag natürlich ganz anders. Die Wahl sah folgende zwei Möglichkeiten vor: Man konnte für die deutsche Staatsbürgerschaft optieren mit der Verpflichtung, ins Deutsche Reich abzuwandern, oder man konnte dafür optieren, die italienische Staatsbürgerschaft beizubehalten, allerdings unter der Drohung, daß man dann keinerlei Schutz für sein Volkstum mehr in Anspruch nehmen könne.

Die Herren der »Amtlichen Deutschen Ein- und Rückwandererstellen« (ADERST), die in Bozen, Meran, Brixen, Bruneck und Sterzing errichtet worden waren, ließen alle Zweifler wissen, daß der Führer nicht das geringste mehr für sie tun würde, wenn sie sich entschließen sollten, in Südtirol zu bleiben. Wenn sie die Wahrheit gesagt hätten, hätten sie allerdings auch gleich hinzufügen müssen, daß das nationalsozialistische Reich und der Führer auch in der Vergangenheit für Südtirol nicht das geringste getan hatten. Und die Drohung, daß man keinen Schutz für das Volkstum mehr in Anspruch nehmen könne, konnte nüchtern gesehen wohl eher ein Witz genannt werden. In all den Jahren unter dem Faschismus hatten die Südtiroler keinen Schutz für ihr Volkstum genossen.

Wenn weder Versprechungen noch Drohungen zum Ziele führten, griffen die Propagandisten nach bewährten Nazimethoden zum letzten Mittel, zur Gewalt. Den Unbelehrbaren und Unbekehrbaren machte man das Leben sauer. Da und dort brannte ein Heustadel oder eine Scheune ab, da und dort wurde ein Hund erschossen, da und dort wurde ein Bienenstand zerstört, da und dort flogen die Fensterscheiben ein, da und dort wurden die Häuser mit allem möglichen Kot und Dreck beschmiert, wurden die Schulkinder, deren Eltern noch nicht optiert hatten, nach Hause gesteinigt. Die Liste der Gewalttätigkeiten wuchs von Woche zu Woche. Im Lande ging das Gespenst der Furcht um. Die Furcht vor den neuen Machthabern im Schatten des Dritten Reiches, vor den neuen braunen Machthabern, die an die Stelle der Schwarzhemden zu treten begannen. Die italienischen Gemeinde- und Polizeibehörden, Amtsbürgermeister und Carabinieri, wurden von den Männern der »Amtlichen Deutschen Ein- und Rückwandererstellen« (ADERST) sowie den Vertrauensleuten der »Arbeitsgemeinschaft der Optanten« (ADO) völlig überspielt und immer mehr an den Rand des Geschehens gedrängt.

Dieser generalstabsmäßig aufgezogenen Propagandalawine, die im Oktober richtig ins Rollen kam und ein immer rascheres Tempo annahm, hatten die Südtiroler, welche sich gegen die Aufgabe der Heimat wehrten, nichts Gleichwertiges entgegenzusetzen. Von Organisation konnte überhaupt keine Rede sein. Der anerkannte Kopf und Führer der Nicht-Optanten, der Dableiber, war Kanonikus Michael Gamper. Im Marieninternat trafen sich öfters Vertrauensleute aus dem ganzen Lande. Dort lernte ich bei einer Versammlung Ende September die früheren Abgeordneten Dr. Karl Tinzl, Baron Paul v. Sternbach, den Industriellen Dr. Leo v. Pretz, den Bozner Kaufmann Erich Amonn sowie den Bauernführer und gewesenen Landtagsabgeordneten Josef Menz-Popp aus Marling kennen. Von den Jüngeren wurden außer mir noch Hans Egarter, der spätere Leiter der Widerstandsorganisation Andreas-Hofer-Bund, Paul Brugger aus Innichen, Baron Lothar v. Sternbach, der Sohn von Paul, Josef Nock aus Lana und einige andere beigezogen. Nach dem Kanonikus machte mir

Erich Amonn den besten Eindruck. Seine Ausführungen waren immer sachlich und sehr präzise. Ein Mann, so schien mir gleich, der genau wußte, was er wollte. Bei den Sitzungen lernte ich auch Toni Ebner aus Aldein kennen, den späteren Landessekretär der SVP und meinen Kollegen in der italienischen Abgeordneten-Kammer nach 1948.

Ich erinnere mich noch recht gut, daß auch Dr. Tinzl bei der ersten Sitzung in bewegten Worten gegen eine Option Stellung bezog. Bei dem nächsten Treffen ließ er sich aber entschuldigen.

Und schließlich optierte er Ende Dezember für die deutsche Staatsbürgerschaft und wurde von den Optanten zu ihrem Paradepferd gestempelt. Für unser Häuflein unentwegter Dableiber stellte dies einen schweren Schlag dar. Nur Gamper blieb gelassen. Er äußerte sich einmal in dem Sinne: Tinzl sei eben aus viel weicherem Holz geschnitzt als ein Baron v. Sternbach.

Bei den Zusammenkünften im Marieninternat wurden Pläne entworfen, Propagandaschlager zurechtgeschneidert, Flugblätter verfaßt und Mitteilungen über die Vorgänge im Lande ausgetauscht. Die Zahl der Dableiber und Aktivisten blieb aber immer klein. Unsere Stützen im Volk waren die Pfarrer draußen in den Dörfern, die uns über Gamper immer wieder zu Aussprachen im kleineren Kreis einluden. Der Kanonikus trug die Hauptlast des Kampfes für das Bleiben. Mit seinem Kleinwagen war er Tag und Nacht unterwegs. Ihm zur Seite standen Baron Paul v. Sternbach, die Rechtsanwälte Dr. August Pichler und Dr. Josef Raffeiner, der spätere Senator im römischen Parlament, Erich Amonn, der Gründer der SVP, Josef Menz-Popp, der spätere erste Obmann-Stellvertreter der Volkspartei, und der Bauer Franz Strobl von Aufkirchen, der spätere Abgeordnete zum Südtiroler Landtag. Auf die Heimat von Strobl, Aufkirchen bei Toblach im Pustertal, blickten unsere Augen mit besonderem Stolz. Es war die einzige Ortschaft Südtirols, die sich unter dem Einfluß von Strobl geschlossen für das Bleiben entschied.

Von uns Jüngeren standen vor allem Hans Egarter, Paul Brugger, Lothar v. Sternbach, Josef Nock, mein Studienkollege Dr. Vinzenz Oberhollenzer und ich im Einsatz. Die Versammlungen konnten wir nur im kleineren Kreis abends halten. Unsere Mühe trug nur selten reife Früchte. Wie etwa in Reischach bei Bruneck, wo der spätere Landtagsabgeordnete Josef Graber-Treyer eine ansehnliche Dableiber-Gruppe um sich scharte.

Am 21. Oktober wurden endlich auch die genauen Richtlinien für die Umsiedlung veröffentlicht. Bisher hatte man noch immer über den Zeitpunkt der Option und der Umsiedlung ziemlich im dunkeln getappt. Die Richtlinien besagten nun, daß die Option bis 31. Dezember 1939 und die Umsiedlung bis 31. Dezember 1942 abgeschlossen sein müsse. Nach dieser Verlautbarung trieb nun der »Wahlkampf« seinem Höhepunkt entgegen. Der Fanatismus der Optanten nahm immer gefährlichere Formen an. Unsere Fahrten im Lande wurden immer riskanter.

VKS und ADO hatten ein dichtes Informationsnetz aufgebaut. Zeigte sich in einem Dorf ein Fremder, wurde sofort die Ortsgruppenleitung benachrichtigt. Der Besucher wurde beschattet, bis er die Ortschaft wieder verließ. Wollten wir in einer Ortschaft ein Haus wissen, bei dem wir unsere Werbung anbringen wollten, konnten wir nur mehr einen der wenigen Italiener, meistens einen Straßenwärter fragen, wenn wir nicht Gefahr laufen wollten, daß die neuen Dorfgewaltigen von unserer Ankunft schon erfuhren, bevor wir überhaupt am Ortseingang eintrafen. Und wir mußten damit rechnen, daß hinter einer Wegbiegung ein Schlägertrupp bereitstand, der Befehl hatte, uns »Walschen« eine Lehre zu erteilen. So wurde Dr. Pichler in Latzfons von etlichen Fanatikern in den Brunnentrog gestoßen. Kanonikus Gamper konnte in Reinswald nur mit knapper Not seinen Verfolgern entkommen, die dem »Pfaffen« den Tod geschworen hatten. Josef Menz-Popp wurde nach einer kleinen Versammlung in Partschins mit einem Steinhagel zur Töll hinuntergetrieben. Josef Nock, der in der Jugend von Lana bei Meran sehr beliebt war, mußte mehrere Wochen lang sein Heimatdorf verlassen, weil er seines Lebens nicht mehr sicher war.

Ein polizeibekanntes Gesicht

Erste Verhaftungen • Einsatz für Geheimschulen und Sprachkurse im Sündenregister • Haltungsänderung der Italiener in der Optionsfrage

Mich hatte man einige Zeit aus dem Ringen um das Für und Wider die Umsiedlung ausgeschaltet, und das kam so:

Am 28. Oktober brach ich mit einer großen Aktentasche voll Flugblättern gegen die Option nach Sterzing auf. Dort nahm ich das nächstbeste Taxi und fuhr nach St. Jakob/Pfitsch. Mein Freund und Namensvetter Stefan Volgger, damals Kreuzwirt, später Knappenhofwirt, schüttelte mir in seiner Gaststube die Hand und bewirtete mich bestens. Als ich ihm aber den Zweck meiner Fahrt nach Pfitsch erläuterte, schüttelte er den Kopf. Im Dorf und im ganzen Tal sei schon eine so starke Propaganda für die Option angelaufen und eine solche Hetze in Gang gesetzt worden, daß jede Gegenpropaganda nutzlos sei. Eine Verteilung von Flugblättern sei völlig zwecklos. Er könne das einfach beim besten Willen nicht tun. Wenn man ihm daraufkäme, müßte er mit Racheakten rechnen. Auch sonst würde mir in St. Jakob niemand die Flugblätter abnehmen, geschweige denn verteilen. Ich könnte es höchstens beim Pfarrer Bacher versuchen.

Dieser Pfarrer freute sich, daß man endlich auch die andere Glocke läuten höre, nahm mir die Hälfte des Materials ab und sicherte mir mit Handschlag zu, daß er die Zettel in der folgenden Nacht durch seine Häuserin an die Haustüren kleben lassen werde. Großen Erfolg versprach er sich dabei nicht, aber man müsse doch einen Versuch wagen, meinte er. Bacher hat, wie ich später erfuhr, sein Wort auch gehalten. Natürlich hatte man aber bald herausgefunden, wer bei der Verteilung der Flugzettel die Hand im Spiele hatte. Pfarrer und Wirtschafterin wurden deswegen viel angepöbelt.

Alles eher als in Hochstimmung fuhr ich mit meinem Taxi wieder talaus. In Wiesen stieg ich aus, bezahlte den Fahrer und probierte mein Glück bei Hans Bacher am Bodnerhof, dem langjährigen Bürgermeister der Nachkriegszeit. Mein früherer Professor Anselm Sparber hatte ihn mir empfohlen. Ohne große Einleitung erklärte ich ihm den Zweck meines Kommens. Bacher, jung und forsch, machte auch keine Zeremonien. Eine Option käme für ihn auf gar keinen Fall in Frage. Er habe sich auch bereits mit Gesinnungsfreunden im Dorf abgesprochen. Er dankte für die Flugblätter. Er werde sie mit seinen Helfern in der ganzen Ortschaft an den Mann bringen.

Der Lichtblick in Wiesen hatte mein Selbstbewußtsein bedeutend aufgemöbelt. Frohgemut wanderte ich die Straße entlang nach Sterzing. Auf halber Strecke stoppte vor mir ein Auto. Drei schwerbewaffnete Carabinieri sprangen heraus, fragten mich, wer ich sei und um das Woher und Wohin. Man schob mich kurzerhand in den Wagen, und im Eiltempo ging's nach Sterzing in die Carabinierikaserne. Man durchsuchte mich von Kopf bis zu den Füßen, fand aber anscheinend nichts Aufregendes oder Belastendes. Man war sichtlich enttäuscht, daß die Aktentasche leer war. Der Bezirkskommandant, Leutnant Garimberti Remigio, blickte mich in seinem Büro bitterböse an: »Ecco quella faccia ben conosciuta! – Da ist also dieses bekannte Gesicht!« lautete sein Willkommensgruß. Die amtlichen Bestimmungen über die Option, herrschte er mich an, seien so klar, daß ich mich um eine weitere Aufklärung der Leute nicht zu bemühen bräuchte. Er ließ mich gar nicht zu Wort kommen und befahl seinen Mannen: »Subito alle carceri! – Sofort ins Gefängnis!«

Zwei Mann führten mich von der Kaserne in das dunkle Gäßlein zum nahen Gerichtsgebäude. Der Gefängniswärter Vaccari, der mich recht gut kannte, war über mein Erscheinen in dieser Begleitung nicht wenig erstaunt. Natürlich gab er mir die »Fürstenzelle« und alarmierte eiligst alle Bekannten und Freunde. Emma Martini, die Frau des Leiters der Buchhandlung Athesia, schleppte sofort Bettzeug, Eß- und Rauchwaren herbei. Die Frau des Wärters wartete mit einem vorzüglichen Abendessen auf. Dann zündete ich aus Langeweile die erste Zigarette meines Lebens an. Ich habe das Rauchen also im Gefängnis von Sterzing, am 28. Oktober 1939 gelernt.

Gegen 21 Uhr rief mich der Wärter in die Kanzlei. Dort wartete ein einzelner Carabiniere. Er hatte Befehl, mich sofort zum Leutnant zu bringen. Auf dem Hinweg fragte er mich, was ich denn eigentlich verbrochen hätte. Er habe den Eindruck, daß man mich noch heute laufen lassen wolle, und dies sei sehr sonderbar, denn eine Nacht habe man noch jeden in der Zelle nachdenken lassen, wenn man ihn erst einmal eingeliefert hatte.

Der Leutnant stand diesmal hinter dem Schreibtisch auf. Er rang sich ein Lächeln ab: »Dottore«, ich hörte und staunte, »ci siamo sbagliati, ci scusi, Lei è libero e può subito andare. – Wir haben uns getäuscht; entschuldigen Sie uns, Sie sind frei und können sofort gehen.« Wahrscheinlich schaute ich nicht sehr geistreich drein. Ich sah mich etwas um, und des Rätsels Lösung war sofort gefunden. In einem Stuhl des Zimmers saß mein Taxifahrer, der mich nach Pfitsch gebracht hatte. Er war, was ich natürlich nicht gewußt haben konnte, ein Polizeispitzel. Als er abends von einer anderen Fahrt heimkehrte und erfuhr, daß man mich eingesperrt hatte, eilte er sofort zur Kaserne und klärte die Carabinieri darüber auf, daß ich gegen die Option Propaganda gemacht hatte und nicht für das Optieren, wie die Polizei von dieser »faccia ben conosciuta«, von diesem gut bekannten Gesicht natürlich von vornherein angenommen hatte.

Den Italienern war Ende Oktober endlich ein Licht aufgegangen. Die von ihnen eingefädelte, zunächst mit massiven Drohungen betriebene Option für die Abwanderung, wuchs ihnen langsam über den Kopf. Jetzt wollten sie die große Welle der Erklärungen für die deutsche Staatsbürgerschaft abfangen. Dementsprechend waren ihnen Propagandisten für die Option jetzt alles andere als willkommen.

Laut Polizeiakten war ich kein Unschuldsengel, sondern mit gar etlichen schwarzen Punkten versehen. Vermerkt war unter anderem, daß ich im Sommer 1935 im ganzen Wipptal Unterschriften von allen Eltern für die Einführung von deutschen Sprachkursen gesammelt hatte. Damit hatte es folgende Bewandtnis:

Die Österreicher hatten dem Bundeskanzler Engelbert Dollfuß seine Freundschaft mit Mussolini sehr übel genommen. Der wirksamste Propagandaschlager der Nazis gegen den Regierungschef lautete, daß er sich von einem Mann unterstützen lasse, der die deutschen Südtiroler ausrotten wolle. Dollfuß mußte irgendein Gegenmittel gegen diese Hetze finden, zumal die Tatsachen gegen ihn sprachen. Mussolini sah diese Notwendigkeit auch ein. Er machte dem Kanzler das Zugeständnis, daß er erlauben werde, für die Südtiroler Jugend zwar nicht eine deutsche Schule, aber doch deutsche Sprachkurse einzurichten. Mit Verordnung des Trientner Schulamtes vom 30. Mai 1934 wurden solche Kurse genehmigt. Ein Jahr lang geschah nach dem Erscheinen des Dekretes von italienischer Seite aber gar nichts.

Im August 1934 hatte der Nachfolger des im Juli ermordeten Dollfuß, der Bundeskanzler Kurt Schuschnigg, die Bemühungen um Erlaubnis des deutschen Sprachunterrichtes wieder aufgenommen. Schuschnigg stand unter schwerstem Beschuß der österreichischen Nationalsozialisten, die ihm vorwarfen, er habe aus Österreich ein italienisches Protektorat gemacht. Auf Drängen des österreichischen Regierungschefs raffte sich Mussolini nochmals zu einem Zugeständnis auf. Mit einer neuen Verordnung im Mai 1935 wurde die Einrichtung von Sprachkursen ein zweites Mal gestattet. Das Schulamt von Trient verfügte aber, daß bis 30. September 1935 jedes Kind ein in italienischer Sprache verfaßtes Einzelgesuch einbringen müsse. Diese Verpflichtung wurde erst drei Wochen vor Ablauf des Termins in einer ganz kurzen Zeitungsmeldung bekanntgegeben. Die Presse durfte darüber nichts weiteres berichten. Aufklärungen über den Termin wurden nicht gestattet. So hofften die Faschisten, daß ein Großteil der Kinder nicht mehr rechtzeitig die Gesuche einbringen würde. Sie sollten sich aber täuschen. Bis 30. September waren bei einer Gesamtzahl von etwa 30.000 Südtiroler Kindern 28.700 Anträge eingesandt worden. Bei der Sammlung der Unterschriften hatten der Deutsche Verband und die Jugendorganisation VKS an einem Strick gezogen. Es war dies die erste und blieb wohl auch die letzte größere gemeinsame Aktion.

Von den Gesuchen wurden schließlich nur 500 berücksichtigt. Die Gestaltung des Unterrichtes wurde so gehandhabt, daß er sich praktisch als völlig wertlos erwies. Das Zugeständnis der Sprachkurse entpuppte sich als ganz großer Bluff. Nach dem Ende des Schuljahres 1935/36 sprach niemand mehr davon.

Mich hatten die Carabinieri damals wegen der Unterschriftensammlung in der Heimatgemeinde Ratschings gesucht, verhört und einen Tag und eine Nacht lang eingesperrt. Mit der Aktion betraut hatte mich und meinen Bruder David der Ridnauner Pfarrer Stefan Engl. Er sagte uns, daß wir bei Schwierigkeiten mit der Polizei ganz ruhig seinen Namen nennen dürften. Er könne sich auf den Bischof berufen. Im Verhör nannte ich schließlich auch den Namen des Pfarrers. Der Carabinieribrigadier schäumte vor Wut, telefonierte irgendwohin, brüllte mich immer wieder an und behielt mich bis zum Mittag des nächsten Tages in der Kasernenzelle. Damals machte ich also meine erste Erfahrung mit Gefängnissen, die sich später noch öfters wiederholen sollte.

Für die Polizei war es auch kein großes Geheimnis, daß ich in der Heimatgemeinde Ratschings drei Mädchen als Hilfslehrerinnen hatte ausbilden lassen, die unseren Kindern in den »Katakomben« Geheimunterricht gaben. Die Carabinieri hatten mich deswegen auch schon oft befragt und verwarnt. Sie fanden aber nie einen schlagenden Beweis. Daß ich ausgerechnet in Innsbruck, der Zentrale des »Tiroler Irredentismus«, mein Studium absolviert hatte, war den faschistischen Gewaltigen ein besonderer Dorn im Auge. Auch gefiel ich mir mit den weißen Stutzen. Sie waren ein äußerlich sichtbares Bekenntnis zur Heimat und zur Freiheit. Mir wäre nie eingefallen, weiße Stutzen zu tragen, wenn man sie nicht als Symbol unseres Widerstandes angesehen hätte. Wenn man am Sonntagabend von einem Tagesausflug nach Bozen zurückkehrte, begann immer dasselbe Spiel. Polizei und Faschisten lauerten den Burschen mit weißen Strümpfen an den verschiedenen Orten auf. Die verstanden es aber meist, den Häschern zu entschlüpfen. Nur manchmal bekam man etliche Knüppelhiebe ab. Dies galt aber als ganz besondere Auszeichnung.

Wer wollte es nach dieser Vergangenheit den armen Carabinieri in Sterzing verdenken, daß sie sich über den Zweck meiner Pfitschfahrt geirrt hatten. Wer mich damals bei der Polizei verpetzt hatte, habe ich nie erfahren.

Am 4. November 1939 fuhr ich wieder mit Material nach Sterzing. Diesmal bearbeitete ich den westlichen Teil des Bezirkes. Es begann verheißungsvoll. In der Ortschaft Stange traf ich mich mit ein paar Ratschingsern, die unserer Sache Treue gelobten und sie auch hielten. Ihr Wortführer und geistiger Kopf war der Abram-Bauer von Ratschings, Johann Lanthaler, der nach 1945 jahrelang Gemeinderat gewesen ist und dessen Vater jahrzehntelang Lehrer in seinem Heimatort gewesen war. Weniger ergiebig erwies sich die Ausbeute in meiner Heimat Ridnaun. Der Vater lag auf der Ofenbank; wir hatten immer ein sehr gutes Verhältnis gehabt. »Ja, ja, Friedl«, so war das Fazit der Aussprache, »du wirst schon recht haben, aber wenn niemand dableibt, bleibe ich auch nicht da. Du weißt, ich habe immer viel zu kalt, das Klima in Sizilien würde mir besser tun. Aber weil ich kein Wort walsch kann, gehe ich doch lieber über den Brenner, aber nicht zu weit, vielleicht finde ich etwas in Obernberg.«

Mutter war ganz scharf fürs Bleiben gewesen, aber sie mußte wohl oder übel klein beigeben. Bei einem Abstecher nach Telfes gelang es mir, den sehr einflußreichen Gschließerbauer Josef Sparber, der bereits für das Optieren tätig gewesen war, zu bekehren. Er werde, versicherte er mir, gleich am nächsten Tag mit meinen Flugzetteln von Haus zu Haus gehen. Er hat es auch getan. Aber eine Woche später hatte ihn die Optantenpropaganda wieder im Griff.

Als ich gegen Abend bei meinem Rundgang nach Sterzing zurückkehrte, hielt mich ein Carabiniere in der Neustadt an: Der Leutnant wolle mich sofort sprechen. Ich fand den Herrn etwas verwirrt und aufgeregt. Er wußte nicht recht, wie er es mir beibringen sollte. Schließlich brachte er es aber doch heraus: Er müsse mich leider wieder einsperren, weil ich eine so heftige Propaganda gegen die Option entfalte. Die deutschen Behörden hätten sich darüber beschwert und er habe den Auftrag bekommen, mich der Quästur (Polizeidirektion) nach Bozen zu überstellen.

Mit dem Nachtzug fuhren wir los. Man gab mir zwei Carabinieri als Schutzengel bei. »Le catene Le risparmio. – Die Ketten erspare ich Ihnen«, sagte der Leutnant und schüttelte mir zum Abschied sogar die Hand. In Bozen lieferte man mich in der Quästur ab. Irgendeiner vom Nachtdienst sperrte mich in die Sicherheitszelle. Dort lagen schon zwei auf den Pritschen, eine dritte war noch frei.

Ich war reichlich müde, zog die Schuhe aus und versuchte zu schlafen. Daraus wurde aber nichts. Die Unterhaltung der beiden Kollegen war viel zu interessant. Das erste Mal war ich mit Menschen in nähere Berührung gekommen, die am Rande der Gesellschaft leben. Sie begrüßten mich herzlich. Mit Kennerblick hatten die beiden sofort erfaßt, daß ich in diesem Milieu ein Neuzugang war. Sie boten mir Zigaretten an, die sie irgendwie in die Zelle gerettet hatten. Sie fragten mich, was ich angestellt hätte. Als sie das Wort »politisch« hörten, schüttelten sie den Kopf. In diesem Fall wußten sie überhaupt nicht Bescheid, was mir blühen könnte. Aber es werde schon nicht so schlimm werden, meinten sie. Sie wollten mich offensichtlich trösten, obwohl ich nicht gerade einen niedergeschlagenen Eindruck zu machen glaubte.

Die beiden schienen, obwohl ich also ein »Politischer« war, Vertrauen zu mir gefaßt zu haben. Sie setzten ihre Fachgespräche unbekümmert fort. Ich fand auch bald heraus, daß ich zwei alte Hasen in ihrem Beruf vor mir hatte. Was sie diesmal angestellt hatten, weiß ich nicht mehr. Aber es ging nur um Kleinigkeiten. Sie wußten genauestens Bescheid über das Strafausmaß, welches die Gesetze für dieses oder jenes Vergehen vorsahen, sie unterrichteten mich, was mildernde und erschwerende Umstände seien. Ich hörte diese Ausdrücke zum erstenmal. Sie erörterten des langen und breiten, welche Ausreden sie irgendwie glaubwürdig vorbringen könnten, um nur die Mindeststrafe aufgebrummt zu erhalten. Sie belächelten einen Kollegen, der bereits im Gefängnis saß und sich unglaublich ungeschickt verteidigt hatte, so daß ihm der Richter gleich die Höchststrafe zugemessen hatte.

Erst lange nach Mitternacht schliefen wir ein. Um 9 Uhr rasselten die Schlüssel. Ein Polizist holte mich heraus. Die Kollegen riefen mir Glückwünsche nach. Man führte mich die Stiege hinauf und schob mich in ein elegantes Zimmer, in dem schon ein paar vornehme Damen in Pelzmänteln und Herren im Festtagsstaat saßen. Als ich eintrat, blickten einige etwas überrascht auf, sahen aber bald dezent wieder zur Seite. Gott sei Dank, denn ich kam mir auch vor wie ein Waldmensch: Unrasiert und ungewaschen, mit Hosen und Bergschuhen und auf und auf voll Dreck stand ich da. Ich wagte erst gar nicht, mich hinzusetzen, weil ich fürchtete, den Stuhl schmierig zu machen.

Lange mußte ich nicht warten. Eine Tür ging auf und ein Herr rief mich als ersten ins anliegende Zimmer. Die Herrschaften im Vorzimmer schauten etwas verdutzt drein. Drinnen stand ich vor dem Quästor Conte Alberto Belli, den ich bisher nur von weitem gesehen hatte. Er reichte mir die Hand und lud mich auf einen der schönen Polsterstühle zum Sitzen ein. Vor ihm lag ein Bündel unserer Flugzettel. Er fragte mich, ob ich sie kenne? Ich lächelte. Ob ich sie verfaßt hätte? Nein. Ob ich sie verteilt hätte? Ja. Wer sie hergestellt hätte? Keine Antwort. Er blätterte in den Akten. »Sie wissen«, bemerkte er dann, »daß jegliche Propaganda sowohl für als auch gegen die Option verboten ist. Wir haben ein paar Propagandisten für die Option festgenommen und werden sie über den Brenner stellen. Die Deutschen haben daraufhin als Gegenleistung Ihre Ausweisung aus dem Optionsgebiet verlangt. Unterschreiben Sie also eine Erklärung, mit welcher Sie sich verpflichten, innerhalb von zwei Tagen die Provinzen Bozen und Trient zu verlassen. Wenn nicht, muß ich Sie weiterhin in Haft behalten.«

Ich unterschrieb und schritt eilig durch die nunmehr angewachsene Zahl der im Vorraum Wartenden in den Gang. Kanonikus Gamper wußte bereits von meiner Festnahme. Der Freund Paul Brugger hatte mich in Begleitung der Carabinieri im Zug entdeckt. Gamper sah mich an: »Sie werden also die Provinz Bozen verlassen, nicht wahr? Und zwar ziehen Sie sich noch heute in das Franziskusheim der Tertiarschwestern in Jenesien (oberhalb von Bozen) zurück. Ich werde Sie sofort anmelden.« Das Franziskusheim diente den Schwestern des Marieninternats als Erholungsort.

Zwei Schwestern lieferten per Seilbahn eine Menge Papier und Schreibzeug, Bücher und einen Vervielfältigungsapparat hinauf. Ich folgte zu Fuß, um nicht mit Unerwünschten zusammenzutreffen. Die Schwestern im Heim waren um mein leibliches und geistiges Wohl sehr besorgt. Ich entwarf für Gamper Vorschläge für neue Flugblätter, vervielfältigte die alten und neuen zu Tausenden. Zur Entspannung las ich Hermann Rauschnings »Gespräche mit Hitler«, das Buch des früheren Danziger Senatspräsidenten und Vertrauten Hitlers, der sich abgesetzt hatte und jetzt dem Diktator die Maske vom Gesicht riß. Die Lektüre gab mir mächtigen Auftrieb in der Arbeit gegen das vom »größten Deutschen« an uns verübte Verbrechen. Schwestern brachten fast jeden Tag ein Brieflein mit Nachrichten und Fragen von Gamper und neues Material.

Nach 14 Tagen ließ mich der Kanonikus wissen, ich möchte spät abends zu ihm ins Internat kommen. Wir riskierten es. Ich verließ mein Asyl. Gamper versah mich mit dem Namen Dr. Baumgartner, und ich nahm die Pilgerfahrten durch das Land wieder auf. Was konnte mir schon passieren? Höchstens wieder ein paar Tage hinter Schloß und Riegel und dann Ausweisung aus der Provinz mit Polizeieskorte. Ich war damals im Lande auch nicht sehr bekannt. Nur in Sterzing durfte ich mich vorsichtshalber nicht mehr blicken lassen. Ich mied also meinen Heimatbezirk, zog aber im übrigen Tag für Tag durch das Land, manchmal allein, öfters in Begleitung von Paul Brugger oder Hans Egarter. Da wir so wenige waren, mußten wir aber meistens unsere Werbung im Alleingang absolvieren.

Auf Wunsch des Pfarrers Johann Terleth ging ich an einem Sonntag im Dezember nach Villnöß, ein Seitental des Eisacks zwischen Brixen und Klausen. Er nannte mir zwei bis drei Leute, die ich aufsuchen sollte. Er glaube, die wären noch »umzukehren«. Aus der Bekehrung wurde nichts, wenn ich mich auch bemühte, meine Argumente mit Engelszungen zu verkünden. Auf einem Bauernhof wollten Vater und Mutter mir beipflichten, der Sohn hatte aber bereits beim Militär optiert, und er war nicht mehr zu einer Änderung seiner Haltung zu bewegen. Solche Fälle kamen immer wieder vor. Im Jahre 1939 waren mehrere Jahrgänge zum italienischen Militär einberufen worden. Nach Bekanntgabe der Optionsvereinbarung riefen die Offiziere die Südtiroler Soldaten.

Sie teilten ihnen mit, daß sie die Möglichkeit hätten, für die deutsche Staatsbürgerschaft zu optieren. Falls sie eine solche Erklärung abgäben, würden sie sofort vom Dienst entlassen. Selbstverständlich machten die allermeisten von dieser Möglichkeit Gebrauch. Man kann es ihnen auch nicht verdenken, daß sie möglichst schnell dem italienischen Militär den Rücken kehren wollten. Sie kamen heim, und viele Familien wurden durch diese Vorentscheidung eines der Söhne wider Willen in den Optionsstrudel mitgerissen.

Auch jene Südtiroler, die aus politischen Gründen auf die Strafinseln oder in völlig abgelegene Ortschaften Süditaliens verbannt worden waren, konnten nach der Option für die deutsche Staatsbürgerschaft sofort nach Hause zurückkehren. Verständlicherweise benützten die Konfinierten diese Möglichkeit. Nur ein einziger sagte nein, und zwar ein Mädchen. Midl Kofler von Brixen erklärte, sie habe sich nicht deswegen für die deutsche Schule und die deutsche Jugend eingesetzt und dafür die Verbannung auf sich genommen, um jetzt das Land aufzugeben. Sie blieb. Den Italienern schien diese Haltung doch Respekt abzunötigen. Sie wollten sich nicht kleinlich zeigen. Durch eine Sonderverfügung konnte sie im Jahr 1940 vor Ablauf ihrer Strafzeit den Zwangsaufenthalt verlassen und mit der Heimat Wiedersehen feiern.

Abends trafen wir uns in Villnöß mit fünf bis sechs Leuten, die zum Bleiben entschlossen waren, im Pfarrwidum. Die Anwesenden, darunter auch der Gemeindearzt Dr. Psaier, haben alle durchgehalten. Um 11 Uhr nachts brach ich zu Fuß auf in Richtung Villnösser Haltestelle der Brennerbahn bei Klausen. Kein Mensch begegnete mir. Einige Tage später meldete der Pfarrer, besonders hitzige Optionsfanatiker hätten am nächsten Tag am Talausgang Posten bezogen und auf mich gewartet. Sie wollten mir mit einer Tracht Prügel eine Lehre erteilen. Sie harrten bis zum Mittag aus. Schließlich zogen sie gegen 13 Uhr ab, schwer verärgert, daß ihnen das Vöglein entkommen war. Sie hätten mir nie zugetraut, sagten sie später, daß ich ausgerechnet um die Geisterstunde vom wenig gastlichen Tal Abschied nahm.

(1) Dr. Friedl Volggers Vaterhaus in Ridnaun bei Sterzing, am Südabhang der Stubaier Alpen

(2/3) Die Eltern Notburga Volgger, geborene Inderst, und Josef Volgger

(4) Friedl Volgger (links) als Elfjähriger im Knabenseminar Vinzentinum in Brixen. Rechts sein Mitschüler Josef Troppmair aus dem Zillertal

(5) Im St.-Josefs-Missionshaus in Brixen (oberste Reihe, zweiter von rechts)

(6) Erinnerungsfotos von der Fahrt nach Mill Hill, aufgenommen im September 1934 in München. Links Friedl Volgger, rechts sein Studienfreund Alfred Rieper, später langjähriger Pfarrer von Graun/Vintschgau

(7) Als Student auf Besuch zu Hause: mit der Mutter und dem Bruder Josef (rechts)

(8) Schülergruppe und Lehrerin beim verbotenen deutschen Notunterricht

(9) Ein halbes Jahrhundert später: Altsenator Dr. Friedl Volgger bei einer Ehrung von »Katakombenlehrerinnen« und anderen Mitarbeitern im Bereich des organisierten Geheimunterrichts der zwanziger und dreißiger Jahre. Ganz rechts Kulturlandesrat Dr. Anton Zelger, dahinter Landeshauptmann Dr. Silvius Magnago.

Bei einer Versammlung am Lotterhof in Weitental, bei Vintl im Pustertal, zu der an die 50 Personen erschienen, wollten mich einige nach einer kurzen Vorstellung kurzerhand beim Fenster hinauswerfen. Eine Frau spuckte mich, »den walschen Fock«, immer und immer wieder an. Ich habe es zwei mir völlig unbekannten Burschen zu verdanken, daß ich weiterreden konnte und dann mit heiler Haut das Weite erreichte. Die beiden hatten energisch verlangt, daß man mich anhören und dann in Frieden ziehen lassen solle. Sie ließen keinen Zweifel aufkommen, daß sie im Falle der Fälle auch bereit wären, es auf eine Kraftprobe ankommen zu lassen.

Eine friedliche Episode: In Mitterolang im Pustertal sollte ich Paul Brugger helfen, ein mit ihm verwandtes Ehepaar zu bekehren. Sie hatten auch ein paar gute Bekannte zur Gesprächsrunde geladen. Unsere Argumente verfehlten nicht ihre Wirkung. Als sie keinen Einwand mehr wußten, sagte die Frau: »Aber wenn wir dableiben, müssen alle unsere Mädchen« – und es waren deren vier – »Walsche heiraten. So heißt es überall.« Da verlor selbst der Paul, der nicht so leicht aus der Ruhe zu bringen war, die Fassung. Er sprang hinter dem Tisch auf und schrie geradezu: »Jetzt hört sich aber wirklich alles auf. Der Staat kann viel befehlen, er kann aber doch niemandem vorschreiben, mit wem er zu Bette geht.« Das sah man ein, aber kaum waren wir abgezogen, tauchte schon die Gegenseite auf, und aus der Bekehrung wurde nichts.

Mitte November rief mich Kanonikus Gamper wieder einmal dringend zu sich. So verzweifelt wie damals hatte ich ihn noch nie gesehen. Was war geschehen?

Den Faschisten war die Entwicklung über den Kopf gewachsen. So sehr sie die Leute zuerst zur Option getrieben hatten, so sehr versuchten sie jetzt, Bremsklötze einzuschalten. Der Präfekt Mastromattei hatte seine Liste vergessen. In der Presse gefiel er sich jetzt in Verlautbarungen, daß jeder im Lande bleiben könnte. Daß man nie an eine Umsiedlung nach Italien gedacht habe. Diesem Mastromattei glaubte aber niemand auch nur ein Wort. Im Gegenteil, seine aufdringlichen Zusicherungen verstärkten nur das Mißtrauen: Wenn uns dieser Mann so schön tut, muß irgendeine böse Absicht dahinterstecken. Auch seine Sendboten, die er jetzt in alle Windrichtungen schickte, kehrten mit leeren Händen zurück.

In Niederdorf im Pustertal hatte ein Präfektursrat etliche Leute zusammengetrommelt. Seine Erklärungen tropften nur so von Honig. Unter den Teilnehmern saß auch der Dableiberführer von Aufkirchen, Franz Strobl. Als der italienische Beamte geendet hatte, stand Strobl auf und sagte: »Wenn Sie wollen, daß überhaupt noch jemand bleibt, dann fahren Sie sofort nach Bozen zurück und berichten Ihrem Chef, daß weder ihm noch seinen Helfershelfern auch nur ein Südtiroler noch ein Wort glaubt. Wenn Ihr mit der Propaganda für das Dableiben nicht aufhört, wird uns die Aufgabe nur erschwert.«

Führende Dableiber wurden jetzt öfters gefragt, warum Mussolini nie ein Wort sage. Ihm würde man noch glauben. Zur gleichen Auffassung kam auch Mastromattei. Man suchte um eine Audienz beim Duce an. Mussolini sagte den Empfang zu. Auch der Termin war schon festgelegt. Die Liste der Personen, welchen der Regierungschef die gewünschte Versicherung geben sollte, umfaßte an die 25 bis 30 Namen. Darunter waren der Fürstbischof Johannes Geisler von Brixen, die ehemaligen Abgeordneten im italienischen Parlament Graf Friedrich v. Toggenburg, Willi v. Walther und Baron Paul v. Sternbach, weiters Erich Amonn, Dr. Max Markart, langjähriger italienischer Amtsbürgermeister von Meran, usw. Ein Teil von ihnen befand sich bereits in Rom. Doch über Nacht ließ Mussolini die Audienz absagen. Himmler hatte am 11. November seinen persönlichen Adjutanten, SS-Obergruppenführer Karl Wolff, nach Rom gesandt. Er legte gegen die geplante Audienz schärfsten Protest ein. Die vom Duce in Aussicht gestellte Zusicherung stelle eine untragbare Einmischung in die Freiheit der Optionsentscheidung dar. Und der große Duce kapitulierte wieder einmal schmählich vor dem noch größeren deutschen Kameraden.

Die Folgen der Absage der Audienz kann man sich ausdenken. Sie waren verheerend. »Jetzt wissen wir, wie wir dran sind«, sagten auch Leute, welche der Abwanderungspropaganda noch immer Widerstand geleistet hatten. »Mussolini hat sich geweigert, uns die Zusicherung zu geben, daß wir im Lande bleiben dürfen, und lieber als nach Italien umgesiedelt zu werden, gehen wir schon doch noch nach Deutschland.« Viele treue Stützen der Nicht-Optanten brachen ein. Wir hatten bisher den Leuten immer empfohlen, überhaupt kein Optionsformular zu unterschreiben. Wir wußten nämlich, wie schwer es unseren Gesinnungsgenossen fiel, auch nur die Erklärung zu unterschreiben, daß man die italienische Staatsbürgerschaft beibehalten wolle. Jetzt mußten wir aber an alle appellieren, das Formular zur Beibehaltung der Staatsbürgerschaft doch noch zu unterfertigen, wenn wir wollten, daß wenigstens ein Bruchteil sich nicht für die Umsiedlung aussprach. Hätten wir uns früher zu diesem Schritt entschlossen, so hätten wir sicher einen höheren Prozentsatz von Nicht-Optanten verzeichnen können; denn wer sich einmal festgelegt hatte, ließ sich nicht mehr so leicht umstimmen.

Die Optantenführung frohlockte. »Haben wir Euch nicht immer gesagt, es gibt nur die Wahl: entweder hinaus oder hinunter. Jetzt hat Euch Mussolini selber die Quittung gegeben.« Wenn man an diese Tage nach der abgesagten Audienz zurückdenkt, muß man sich nur wundern, daß doch noch so viele dem Lande die Treue gehalten haben.

Endlich, endlich schlug am Silvestertag 1939 die Uhr vom Turm zwölf. Paul Brugger und ich verbrachten die letzte Nacht des Jahres beim Geistlichen Rat Johann Tschurtschenthaler im Kassianeum in Brixen. Der Rat war für uns Bleiber einer der stärksten Stützpfeiler im Klerus gewesen. Wir wußten noch keine Ergebnisse. Wir verhehlten uns aber nicht, daß die Zahl der Dableiber in den letzten Tagen noch bedenklich zusammengeschmolzen war. Unsere Bilanz sah recht arm aus. Wie später bekanntgegeben wurde, hatten von den 246.036 Optionsberechtigten im Bereich der heutigen Provinz Bozen 211.799 Personen oder 86 Prozent für Deutschland optiert. Wir waren aber froh, den guten Kampf gekämpft zu haben. Es mangelte uns auch nicht an Zuversicht. Wir Bleiber hatten eine Schlacht verloren, aber noch nicht den Krieg.

Warum der VKS die Fahne strich

*Gründe und Hintergründe • Verzweifelte Hoffnungen und
mißbrauchte Ideale • Schikanen und Haß gegen die Dableiber*

Wir blendeten die letzten sechs Monate zurück. Was hatte zu diesem Resultat geführt? Der in den ersten Wochen von den Faschisten ausgeübte Druck zum Abwandern hatte meistens die gegenteilige Wirkung erzielt. Man verbiß sich noch mehr in den eigenen Boden. Das Bild änderte sich, als die Führung des VKS unter der Regie der Sendboten aus dem Dritten Reich die Werbetrommel rührte. Wir suchten auch nach Gründen für diesen Frontwechsel. Am 17. April 1939, als die ersten Umsiedlungsgerüchte auftauchten, hatte die gesamte Führung des VKS an die Volksdeutsche Stelle (VOMI), eine von den Nationalsozialisten geschaffene Betreuungs- oder besser gesagt Befehlsstelle für alle Auslandsdeutschen unter der Leitung des SS-Obergruppenführers Werner Lorenz, eine Denkschrift gerichtet, in welcher sie sich schärfstens gegen alle derartigen Gedanken verwehrte.

»Es ist unverständlich«, heißt es darin, »daß man einen solchen Plan überhaupt in Erwägung ziehen kann, obgleich der Grundsatz unzertrennlicher Einheit von Blut und Boden zu den Leitsätzen nationalsozialistischer Weltanschauung gehört ... Ein Volk, das über ein Jahrtausend lang Bollwerk Deutschlands im Süden war und in allen Kämpfen um deutschen Lebensraum an vorderster Stelle seinen Mann stand, dessen Bauern vielfach seit Hunderten von Jahren in einer Familienfolge auf der ererbten Scholle sitzen, wird sich niemals freiwillig aussiedeln lassen. Eine gewaltsame Aussiedlung wird aber in allen ihren Auswirkungen auf das Reich zurückfallen. In diesem Falle wäre jedes Einwirken auf die Bevölkerung unmöglich. Blut und Feuerbrände würden das Fanal eines solchen Versuches sein.«

Drei Monate später strich der VKS-Generalstab die Fahne, ja ging mit fliegenden Fahnen ins Lager jener über, denen er mit Blut und Feuerbränden gedroht hatte. Und am 10. November war der Umschwung schon so weit vervollkommnet, daß der Verfasser eines Berichtes an Peter Hofer schreiben konnte: »Ich bin auf unser Volk nie so stolz gewesen, wie in diesen letzten zwei Tagen, wo ich Gelegenheit hatte, seine höchsten nationalen Werte zu bewundern ... Entschließt sich ein ganzes Volk, Hab und Gut und vor allem seine Heimat zu verlassen, ohne über seine Zukunft weiteres zu wissen, nur im Glauben und Vertrauen an Deutschland und an den Führer; bei Gott, solche Deutsche hat der Führer noch nirgends gefunden. Was dabei aber unsere Bewegung getan hat, werden Außenstehende nie erfassen können.« Eine solche Aussage zeigt, wie der Nationalsozialismus den Idealismus meist junger Menschen für seine wahnwitzigen Pläne zu mißbrauchen verstand.

Der überwiegenden Mehrzahl der Führer des VKS ist die Entscheidung sicher sehr, sehr schwer gefallen. Manchem hat sie schlaflose Nächte beschert. Aber die Bewegung, wie sich der VKS auch nannte, hatte von allem Anbeginn an alle ihre Hoffnungen auf das Dritte Reich gesetzt. Genauso wie es uns Theologen im Brixner Seminar schon Michl Tutzer auseinandergesetzt hatte. Nach der Auslöschung Österreichs richteten sich die Blicke der Südtiroler in ihrer volklichen Not überhaupt nur noch nach Berlin. Der Kampfring hatte das Heimatbewußtsein sehr in den Hintergrund gedrängt. Man sprach nicht mehr von Tirolern, sondern nur mehr von Volksdeutschen. Hitlers schroffe Absage an die Südtiroler wurde, soweit man sie überhaupt kannte, als geschickte diplomatische Tarnung der wirklichen Absichten gewertet. Sein Verzicht auf Südtirol wurde nicht als Warnung genommen, weil es einfach nicht wahr sein durfte. Hatte sich der »Führer« doch die Heimholung aller deutschen Gebiete außerhalb der Reichsgrenzen als oberstes Ziel gesetzt.

Als der Juni 1939 die Ernüchterung brachte, war es für ein Nein zum Willen des Reiches schon zu spät. Ein Teil der VKS-Führer waren überzeugte Nationalsozialisten. Kann man ihnen das verargen? Waren doch viel welterfahrenere Politiker auf Hitler hereingefallen. Lag doch bei den Olympischen Spielen im Jahre 1936 fast die halbe Welt Hitler zu Füßen. Umso weniger darf man sich wundern, daß sich die Südtiroler von Hitler täuschen ließen und sich von ihm die Rettung erwarteten. Sie wußten ja über das wirkliche Wesen dieses Systems kaum Bescheid. Sie kannten nur das brutale Gesicht des Faschismus, aber das noch viel brutalere Gesicht des Nationalsozialismus hatten sie nie kennenlernen können. Der schwarze Diktator in

Rom hatte dafür gesorgt, daß die italienische Presse, auch die Südtiroler Presse, ja nichts Abträgliches über seinen braunen Kumpanen veröffentlichte.

Als Himmler nun dem VKS den Wunsch des Führers zur Umsiedlung übermittelte, den Südtirolern ein geschlossenes Siedlungsgebiet zusagte und im Falle einer Absage mit dem völligen Entzug jeder deutschen Unterstützung zur Erhaltung des Volkstums drohte, sackte der Widerstand der Bewegung langsam zusammen. Wenn der Führer rief, mußte man eben folgen. Man fand sich bereit, das Wohl und Wehe einer tausendjährigen Heimat dem Wohl und Wehe eines tausendjährigen Reiches zu opfern. Und als der Damm einmal leck geworden war, stieg die Propagandaflut für das »Deutsch-Wählen« von Woche zu Woche.

Trotz aller Werbung fiel den meisten Südtirolern, besonders den Bauern auf den Bergen, der Entschluß noch immer ungeheuer schwer. Die Menschen überlegten hin und her. Sie drehten und wanden sich, sie drückten sich vor der Entscheidung, solange sie nur konnten. Und schlaflos wälzten sie sich in den langen Winternächten in ihren kalten Kammern. Die Besitzerin der Stadtapotheke von Sterzing, Elisabeth Kofler, erzählte mir einmal, daß sie nicht mehr genug Schlaftabletten herbeischaffen könne: »Wenn Bauern einmal ohne Pille nicht mehr schlafen können, dann weiß man, wie groß die Seelennot der Leute geworden ist, wieviel es geschlagen hat.«

Der VKS wollte ein hundertprozentiges Ergebnis der Option für die deutsche Staatsbürgerschaft. Er scheute vor keinen Schlagworten und keiner Einschüchterung zurück. Systematisch wurden die letzten Widerspenstigen bearbeitet. Kein Haus und keine Familie wurde vergessen. Man muß sich heute über das Standvermögen derer wundern, die sich nicht kleinkriegen ließen. Denn gleichzeitig mit der Propagandawelle rollte die Welle der deutschen Panzer in Polen und überrollte dieses Land. Der Feldzug dort ging so schnell, daß mancher Südtiroler Freiwillige – und es gab deren nicht wenige – befürchtete, zum Endsieg zu spät zu kommen. Hitlers Macht und Größe schienen keine Grenzen mehr gesetzt zu sein.

Mancher VKS-Mann mag gehofft haben, daß es sich Hitler nach seinem Endsieg in der Südtirolfrage doch noch einmal anders überlegen werde, wenn man sich bei der Option hundertprozentig zu ihm bekannt habe. Vielleicht würde er Italien irgendein erobertes Land schenken und sich dafür doch noch Südtirol einhandeln. Idealisten spielten mit dem Gedanken, daß die Südtiroler in der Wehrmacht nach Kriegsende nicht abrüsten, sondern dann mit der Waffe in der Hand das Land für das Großdeutsche Reich zurückerobern sollten. Zu diesen Idealisten zählte auch der bekannte Maler Heiner Gschwendt in Klausen. Als Landesjugendführer des VKS gehörte er dem Obersten Stab an. Er erzählte mir, er habe wirklich an solche Möglichkeiten geglaubt, bis zu dem Tag, an dem er auf dem Obersalzberg Hitler als Südtiroler vorgestellt wurde. Die eisige Kälte, mit welcher ihn der Führer begrüßte, habe ihm die letzte Illusion über diesen Mann genommen. Seitdem sei er felsenfest davon überzeugt gewesen, daß die Südtiroler im Falle eines deutschen Sieges erbarmungslos abtransportiert und als Wehrbauern im Osten angesiedelt worden wären.

Bedenkt man alle Umstände, so kann man die Option für die deutsche Staatsbürgerschaft doch begreifen. Urteilen sollte allerdings nur der, der sie auch miterlebt hat. Sehr richtig sagte der Gründer der Südtiroler Volkspartei und erste Obmann Erich Amonn auf dem ersten Parteikongreß am 9. Februar 1947: »Nur wer die Qual der Entscheidung, nur wer die Ereignisse des Jahres 1939, wie sie sich wirklich abspielten, wer den Druck einerseits, die raffinierte betrügerische Propaganda andererseits miterlebt hat, darf in dieser Frage ein Urteil fällen.«

Der Erzbischof von Trient, Dr. Cölestin Endricci, schrieb in einem Brief an den Vatikan am 10. Mai 1940 zum Thema Option: »Bei 80 Prozent der Bevölkerung hätten alle diese Argumente (der Nazipropaganda) keinen Erfolg gehabt, wenn nicht die ganze Option ein Ausbruch der Reaktion gewesen wäre gegen die Methoden der Regierung, die ihr suggeriert worden sind vom Senator Tolomei und ausgeführt vom Präfekten Mastromattei, Methoden, die heute selbst von italienischen Autoritäten als irrsinnig angesehen werden. Nur dieser Umstand kann die Heftigkeit der Leidenschaft erklären, welche die große Mehrheit der Bevölkerung erfaßt und selbst einfache Bauersleute dazu geführt hat, fremden Agitatoren Gehör zu schenken, dem eigenen Pfarrer ihr Ohr zu verschließen und auf den hundertjährigen Besitz Verzicht zu leisten, von dem sie bisher auch nicht einen Quadratmeter preisgeben wollten.«

Unbegreiflich und unentschuldbar bleibt der Fanatismus, mit welchem ein Großteil der Optanten die Bleiber schikanierte und verfolgte. Dieses Verhalten bildet wohl das übelste Kapitel in der Geschichte Tirols überhaupt. Man hat versucht, es mit der Zeit der Auseinandersetzung zwischen den Christlichsozialen und den Konservativen vor dem ersten Weltkrieg zu vergleichen. Zwischen den beiden Verhaltensweisen besteht aber ein himmelweiter Unterschied. Sie können überhaupt nicht verglichen werden.

Die erste Kostprobe für die »Behandlung« der Dableiber nach Abschluß der Option wurde mir im Marieninternat geliefert. Ich stand am Tage nach Neujahr mit Kanonikus Gamper im Hausgang. Vom ersten Stock kam ein bekannter Bozner Arzt. Als er an uns vorbeiging, rief er laut: »Buon giorno, Signor Canonico.« Gamper reagierte nicht, obwohl er diesem Arzt seinerzeit in Deutschland eine Studienbeihilfe besorgt hatte. Die Schwestern, denen das Internat gehörte, erteilten dem Doktor aber für die Zukunft Hausverbot.

Daß Bleiber von ihren Nachbarn, auch von ehemaligen Freunden, monatelang immer nur auf italienisch, also mit »Buon giorno« begrüßt wurden, ohne daß man sie eines weiteren Wortes würdigte, gehörte zum ganz normalen Tagesablauf. Das war noch das mindeste, was man in Kauf nehmen mußte. Schlimmer war schon, daß die Schulkinder der Dableiber von den anderen Kindern immer nur als »porchi italiani« tituliert wurden, daß sie verprügelt und mit Steinen nach Hause getrieben wurden. Wenn in einem Kirchenstuhl ein Dableiber kniete, blieb er mutterseelenallein. Kein Optant betrat den Stuhl mehr, und das monatelang! Wenn der Kirchenstuhl fast voll war und ein Dableiber sich noch hineingesellte, verließen alle anderen die Bank. Kein Optant lieh einem Dableiber seine Rösser zum Pflügen. Keinem Dableiber wurde von einem Optanten mehr das Korn gemahlen usw. Zu den Alltäglichkeiten gehörte es, daß man den »Walschen« nächtlicherweise die Fensterscheiben einwarf, die Haushunde erschoß, die landwirtschaftlichen Maschinen und Werkzeuge ruinierte, die Haustüren mit allem möglichen Kot beschmierte usw., usw.

Das alles wäre noch zu ertragen gewesen, viel schlimmer wirkte sich aus, daß den Dableibern, besonders den Dableiber-Firmen, alle Angestellten genommen wurden. Man drohte ihnen, daß sie sofort abwandern müßten, wenn sie bei einem »Walschen« weiter Dienst machen würden. Und da die wenigsten wirklich auswandern wollten, zogen sie es vor, den Dienst zu quittieren. So gerieten manche Dableiber-Betriebe in arge Personalnot. Manche mußten Zweigbetriebe verkaufen. Auch die Druckerei Athesia geriet in Nöte, weil man den Setzern mit der gleichen Drohung kam. Doch die meisten bewiesen Mut und blieben. Sie erwiderten auf die Drohung mit der Gegendrohung, daß sie – was möglich war – umoptieren, sich also wieder für die Beibehaltung der italienischen Staatsbürgerschaft erklären würden, falls man sie wirklich zur Abwanderung zwingen wollte.

Geschäfte, vor allem die Gastbetriebe der Dableiber, wurden von den Optanten systematisch boykottiert. Am Neujahrstag 1940 standen in der Nähe der Eingänge Posten, die die Besucher mit der Bemerkung, daß man nicht zu einem Walschen gehen dürfe, zur Umkehr brachten. Was die Juden im Dritten Reich waren, war jetzt ein Teil der Südtiroler in den Augen ihrer fanatisierten Landsleute.

Mein späterer Schwiegervater, Anton Pranter, besaß das Gasthaus »Funggas« in Naturns in der Nähe der Kirche. An den Sonn- und Feiertagen waren zwischen dem Frühgottesdienst und dem Hauptamt Küche und Stube immer voll besetzt, besonders von den Bauern des Sonnenberges, die sich mit der ganz vorzüglichen sauren Suppe meiner Schwiegermutter und dem berühmten Eigenbau des Vaters nach den Strapazen des Marsches und des Betens stärkten. Am Neujahrstag 1940 hatte die Mutter einen Kessel voll saurer Suppe bereitgestellt, aber sie wartete vergebens auf Kundschaft. Kein Mensch ließ sich blicken. Was war geschehen? Zwischen der Kirche und dem Gasthaus waren zwei Optantenhäuptlinge auf Posten gegangen. Zum walschen Wirt geht keiner, lautete ihre Parole. Manche blickten zunächst sehr verdutzt. Aber alle kehrten um. Jetzt hatte man vor den braunen Dorfgrößen Angst. Monatelang kamen nur mehr die wenigen Bleiber der Ortschaft als Gäste. Erst nach ungefähr einem Jahr wurde das »Hausverbot« für die Optanten nach und nach fallengelassen.

Am Dreikönigstag 1940 fuhr ich in mein Heimatdorf Ridnaun. Auf der Reise ging ich um die Mittagszeit in Sterzing in ein Gasthaus, das wir in der Studentenzeit ausgiebig besucht hatten, weil wir dort immer gut und billig bewirtet wurden. Die Gaststube im ersten Stock war ziemlich voll. Als ich eintrat, schauten einige auf und flüsterten sich etwas zu. Ich ergatterte einen leeren Tisch, setzte mich und bestellte meine Lieblingsspeise: Suppe mit Würstl. Die Kellnerin, die mich von früher kannte, nahm es kühl zur Kenntnis. Ich zog eine Zeitung aus der Tasche und begann zu lesen. Die Suppe wollte nicht kommen. Dreimal fragte ich bei der Serviererin nach. Sie erwiderte immer gleich reserviert, ich müsse nur etwas Geduld haben, das Bestellte sei noch nicht fertig. An den anderen Tischen steckte man die Köpfe zusammen und lachte immer lauter. Da ging mir endlich ein Licht auf. Ich stand auf und verließ das ungastliche Lokal. Hinter mir allgemeines Gelächter. Ein Walscher wurde eben in einem deutschen Gasthaus nicht mehr bedient. Und wenn schon einmal eine Ausnahme gemacht wurde, so wischte die Bedienung gründlich den Stuhl oder die Bank ab, auf denen dieser Walsche gesessen hatte.

In Plars bei Algund starb das Fräulein Anna Sonnenburger vom Riesguterhof. Sie war Dableiberin. Da sie ledig war, durften nach einem guten Burggräfler Brauch nur ledige Burschen ihren Sarg tragen. Aber von den jungen Optanten fand sich niemand bereit, dem toten Mädchen diesen letzten Dienst zu erweisen. Die Familie Gamper vom Brunnenmaierhof in der Nachbarschaft hatte nicht optiert. Sie stellte in der ganzen Gemeinde Algund übrigens die Säule der Dableiber dar. Aber als Sargträger standen nur die zwei ältesten Buben zur Verfügung, die zwei jüngeren mußten in Meran ihren Militärdienst ableisten. Sie suchten um einen Tag Urlaub an und erhielten ihn auch, einen Urlaub, um die tote Nachbarin zu Grabe tragen zu können. Die Optantennachbarn waren schwer verärgert, daß sich doch noch Sargträger gefunden hatten.

Der Träger der Goldenen Tapferkeitsmedaille vom Ersten Weltkrieg, Franz Innerhofer, Tannerhofbesitzer in Obermais, dessen Haus all die Jahre des Faschismus herauf eine Zufluchtsstätte für Bedrängte gewesen war, wurde von den Nachbarn mit Jauche übergossen, weil er es gewagt hatte, Südtirol, für das er im Ersten Weltkrieg schwer verwundet worden war, die Treue zu halten. Innerhofer gehörte nach dem Krieg zu den Gründern der SVP und war Jahre hindurch Obmann des Südtiroler Bauernbundes.

In der Ortschaft Niedertal im Antholzer Tal genoß Josef Pallhuber, Besitzer des Hellsteinerhofes, größtes Ansehen wegen seiner Hilfsbereitschaft und seines nie versiegenden Humors. Er war auch Kapellmeister und Dirigent des Kirchenchors. Er hatte sich nicht entschließen können, mit seiner Familie, die zwölf Kinder zählte, für die Aufgabe der Heimat zu optieren. So wurde er von der Dorfgemeinschaft ausgeschlossen. Im März 1940 konnte der Bauer einen Brand, der im Stadel gelegt worden war, mit größter Mühe gerade noch löschen, bevor es eine Katastrophe gab. Etliche Zeit später erhielt er einen Drohbrief, man werde den walschen Bauern doch noch von seiner Höhle ausräuchern. Monatelang mußten die Carabinieri Patrouillegänge machen, um Schlimmstes zu verhindern.

Wie weit Fanatismus des Menschen Sinn vergiften kann, zeigt wohl am besten ein Vorkommnis in der Gemeinde Rodeneck. Dort hatten nur drei Familien nicht für die deutsche Staatsbürgerschaft optiert, darunter die Familie Widmann vom Eggerhof hoch am Berg droben. Zwei Söhne studierten im Bischöflichen Gymnasium Vinzentinum in Brixen. Zuhause war neben dem alten Vater nur noch der Älteste geblieben. Dieser verunglückte beim Holzführen tödlich. Die Nacht über wurden in der ganzen Ortschaft Zettel verteilt, in denen es hieß, den Verräter habe die gerechte Strafe erreicht!

Mit solchen Schikanen könnte man ein ganzes Buch füllen. Ich habe nur ein paar Beispiele erwähnt, nicht um Ressentiments zu erwecken, sondern damit man daraus die Lehre ziehe, daß sich ähnliches nicht mehr ereignen darf!

Man verkündet heute öfters, daß beide Teile, Optanten und Nicht-Optanten, recht getan hätten. Hätte die überwiegende Mehrheit nicht für Deutschland optiert, so behauptet man, hätte man das als Bekenntnis zu Italien gedeutet. Ein solcher Protestschritt sei für die Zukunft Südtirols also nützlich gewesen. Allerdings gibt man zu, daß unser Volk nach dem Krieg gegenüber den alliierten Siegermächten über keine Sprecher verfügt hätte, wenn es keine Dableiber gegeben hätte, da nur sie als Antifaschisten und damit als demokratische Gesprächspartner anerkannt wurden. Auf einen so einfachen Nenner darf man aber die Tragödie der Option nicht bringen. Das ist zu billig. Durch die Option und die damit verbundene Abwanderung von über 70.000 Menschen, vor allem aus den Städten, erlitt unsere kleine Volksgruppe einen so schweren Substanzverlust, daß sie sich davon bis heute nicht ganz erholt hat. An die Stelle der ausgewanderten Südtiroler rückten natürlich die Italiener nach.

Im westlichen Ausland, besonders in England und in den Vereinigten Staaten, wurde die Massenoption der Südtiroler nicht so sehr als Absage an den Faschismus Mussolinis, sondern als Bekenntnis und Begeisterung für Hitlers Nationalsozialismus gedeutet. Die Italiener wirkten natürlich schon während des Krieges in diesem Sinne auf die maßgeblichen Politiker der Alliierten ein. Wir Dableiber können ein Lied davon singen, welche Überredungskünste wir aufbringen mußten, um den westlichen Verbündeten plausibel zu machen, daß man Option nicht mit Nationalsozialismus gleichsetzen dürfe. Trotz aller unserer Bemühungen behielten gewisse alliierte Kreise ihre Vorbehalte.

Rückblickend kann man heute sagen, daß die einzig richtige Entscheidung jene gewesen wäre, die Deutscher Verband und VKS nach Bekanntwerden des Umsiedlungsabkommens gemeinsam gefaßt hatten, nämlich der Beschluß, die Optionsabmachung einfach zu ignorieren und zu boykottieren. Wie gut wären die Südtiroler nach Kriegsende dagestanden, wenn sie sich hätten darauf berufen können, daß sie den beiden Diktatoren die kalte Schulter zeigten, als diese noch auf dem Höhepunkt ihrer Macht standen.

Noch etwas überraschte mich als jungen, unerfahrenen Menschen bei dieser Optionsgeschichte. Unter den ganz fanatischen Optanten fand man gar nicht wenige, die früher mit stolzgeschwellter Brust das Faschistenhemd getragen und mit Begeisterung die Hand zum Faschistengruß erhoben hatten. Jetzt hatten sie plötzlich ihr urdeutsches Herz entdeckt und mußten sich besonders eifrig gebärden, um die Vergangenheit vergessen zu lassen. Inzwischen habe ich gelernt, über solch wundersame Verwandlungen nicht mehr zu staunen. Sie sollen bei allen größeren Umwälzungen nicht wegzudenken sein. So fand ich es nach meiner Rückkehr vom Lager Dachau nur mehr interessant, wenn mir Landsleute, die sich einmal mit Heil Hitler heiser geschrien hatten, immer wieder beteuerten, es hätte ganz wenig gefehlt und sie wären auch noch in Dachau gelandet.

»Am Erker blühet wie immer...«

Der »Andreas-Hofer-Bund« • *Italiens Kriegseintritt und das Bemühen um Freistellung wehrpflichtiger Dableiber*

Im November 1939 hatten wir jungen Dableiber den »Andreas-Hofer-Bund als Widerstandsbewegung gegen Faschismus und Nationalsozialismus gegründet. Ich wurde der erste Obmann, aber die Geschäfte führte von allem Anfang an mein Freund Hans Egarter, der einer der härtesten Vorkämpfer für das Bleiben im Land war. Die Kerntruppe bestand aus drei Dutzend Südtirolern der jüngeren Generation. Sie schlossen sich zu einer verschworenen Gemeinschaft zusammen, um die vom schwarzen und vom braunen Diktator beschlossene Auslöschung unseres Volkes zu verhindern.

Jeder Mann der Kerntruppe übernahm die Verpflichtung, in seinem Kreis Gesinnungsgenossen zu werben. Die Führer der Nichtoptanten, Kanonikus Gamper, Baron Paul v. Sternbach und Erich Amonn, hielten sich etwas im Hintergrund. Sie wurden aber von uns über die meisten Pläne unterrichtet und gaben Ratschläge. Der Bund konnte keine großen Taten setzen, keine Wunder vollbringen. Die Bewegung hatte sich als erste Aufgabe gestellt, die Dableiber zu betreuen, damit diese aus Ärger über die Übergriffe der Optanten nicht ins italienische Lager überwechselten. Gleichzeitig wurden wir nicht müde, in den einigermaßen ansprechbaren Optanten den Widerwillen gegen die Abwanderung zu stärken.

Alle einzelnen Dableiber-Familien bis in die entlegensten Täler hinein wurden besucht und aufgemuntert. Wir trafen uns zuerst im kleinen Kreis, bald aber auch ganz offen zu größeren Veranstaltungen. Wir organisierten Ausflüge auf die Berge. Zu Dutzenden und Aberdutzenden marschierten die jungen Dableiber-Mädchen und -Burschen oft los und freuten sich über ihre Heimat; freuten sich über die Wahl, die sie, oder vielmehr meistens ihre Eltern, getroffen hatten. Besonders unvergeßlich geblieben sind mir die Wallfahrten zur Muttergottes des Dörfleins Aufkirchen bei Toblach, der Dableiberhochburg unseres Franz Strobl. An die 2000 Personen nahmen einmal teil.

Bald hingen auch in allen Dableiber-Stuben die schön eingerahmten Täfelchen, die auf der einen Seite eine blühende Geranie – im Volksmund »Brennende Lieb« genannt – schmückte und auf der anderen unseren Wahlspruch wiedergab. Unser Bekenntnis in zwei Strophen lautete:

> Am Erker blühet wie immer
> Die leuchtende »Brennende Lieb«.
> Die Treue zur Heimat war stärker,
> Wie jauchzen wir, daß sie uns blieb.
>
> O blühe und leuchte Du Blume –
> Ein Zeichen der Treue Du bist!
> Und künde, daß Glaube und Heimat
> Das Höchste für uns ist.

Unsere Brennende-Lieb-Verse waren die passende Antwort auf den Spruch der Optanten unter dem gleichen Blumenfoto, der sich so las:

> So reißet vom sonnigen Erker
> Die letzte brennende Lieb;
> Die Treue zu Deutschland war stärker,
> Das Heiligste, was uns blieb.
> Wir nehmen sie mit im Herzen,
> Für andre dereinst Symbol;
> Sie stille des Heimwehs Schmerzen:
> Leb wohl, du mein Südtirol!

Die Tafeln der Dableiber grüßen heute noch in vielen Stuben genauso wie einstmals. Die Optantentafeln sind nach dem Krieg allesamt rasch verschwunden. Hans Egarter war der Verfasser unserer Antwort. Die Optantenverse stammten ausgerechnet von Karl Felderer, dem Dichter des Bozner Bergsteigerliedes »Wohl ist die Welt so groß und weit«. Die beiden sich so widersprechenden Gedichte Felderers beleuchten besser als lange theoretische Erörterungen die tiefe Tragik der Option.

Damals lernte ich Südtirol kennen. Samstags und sonntags waren wir mit dem Fahrrad unterwegs, soweit wir nur irgendwie kamen. Dann ging es oft stundenlang zu Fuß weiter. Besonders die Kurven und Steigungen der alten Straßen nach Ulten und Martell sind mir unvergeßlich geblieben. Als die Gestapo mich im Oktober 1943 im Bozner Armeekorpskommando fragte, in welcher Ortschaft Südtirols ich noch nie gewesen wäre, um dort meine Propaganda zu betreiben, konnte ich nur das Langtauferer Tal am Reschenpaß nennen. Der SS-Hauptscharführer lächelte etwas und bemerkte, dies dürfte wahrscheinlich stimmen. Auch die andere Seite wußte also über meine Fahrten nicht schlecht Bescheid.

Am 2. Jänner 1940 zeigte uns Chefredakteur Rudolf Posch in der Dolomiten-Redaktion eine Depesche der italienischen Nachrichtenagentur De Stefani. Die Nachricht besagte, daß der Unterstaatssekretär im italienischen Innenministerium, Buffarini Guidi, zum Abschluß der Optionsarbeiten am Neujahrstag in den Sälen des Offizierskasinos in Bozen einen großen Empfang gegeben habe. Von italienischer und deutscher Seite war dazu alles erschienen, was in den Umsiedlungsgremien Rang und Namen hatte. Von den Südtirolern wurden als Teilnehmer Dr. Robert Helm und Rechtsanwalt Dr. v. Aufschnaiter genannt. Ausdrücklich hervorgehoben wurde, daß während der ganzen Dauer der Festlichkeit größte Herzlichkeit geherrscht habe. »Der Ball zog sich bis nach Mitternacht hinaus«, hieß es wörtlich. Gewisse Südtiroler schämten sich also auch nicht der Geschmacklosigkeit, auf den Trümmern ihres Volkes mit den Italienern noch bis nach Mitternacht zu tanzen.

Gleich darauf setzte die Umsiedlungswelle ein. Ein Zug nach dem anderen rollte über den Brenner. Insgesamt verließen noch im ersten Jahr über 50.000 Südtiroler ihre Heimat. Der größte Teil von ihnen ließ sich in Nord- und Osttirol sowie in Vorarlberg nieder.

Am 21. März 1940 meldete sich Mussolini zu Wort. In einer Audienz empfing er im Palazzo Venezia über 100 Vertreter aus allen Tälern Südtirols. Er wollte also den Empfang, den er im Herbst den Deutschen zuliebe abgesagt hatte, doch noch nachholen. In seiner Rede vor den Versammelten gab er auch die früher so dringend gewünschte Zusicherung. Er sagte: »Ich habe Euch hier zusammengerufen, um Euch in der ausdrücklichsten feierlichen Form folgende Erklärung abzugeben: Ihr werdet ruhig in Euren alten Wohnsitzen bleiben und Eure gewohnte Arbeit fortsetzen können. Niemand hat je daran gedacht oder wird daran denken, Euch von Eurer Heimat zu entfernen, um Euch in andere Teile des Königreiches oder des Imperiums zu verpflanzen.«

Sicher empfanden die Dableiber über diese Zusicherung Genugtuung, und manche Optanten haben wohl ihren getanen Schritt bereut. Doch am Ausgang der Option konnten Mussolinis Worte nichts mehr ändern. Dafür kamen sie leider zu spät.

Schon am 9. Februar 1940 hatte Mussolini den verhaßten Präfekten Giuseppe Mastromattei »in die Wüste« geschickt. Er wurde zum Vorsitzenden der Braunkohlengesellschaft ernannt. Mastromattei hatte sein Amt im August 1933 als Nachfolger von Präfekt Marziali angetreten. Unter seinem Regime war die Bozner Industriezone errichtet worden, um italienische Einwanderer in Massen in unser Land zu schleusen. Mastromattei hat den Krieg bestens überstanden und sich bis in die neueste Zeit herauf mehrmals in Interviews italienischer Tageszeitungen zu Wort gemeldet. Salbungsvoll beteuerte er in diesen Pressegesprächen, daß er ja nur immer das Beste für die Südtiroler gewollt habe; leider habe man ihn nicht verstanden. Diesen Mann kann man nur bedauern. Er hat aus der Geschichte wirklich nichts gelernt.

Franziskanerpater Prof. Dr. Franz Pobitzer, der damals eines reinen Zufalles wegen die besten Beziehungen zu den italienischen Behörden und auch zum Präfekten hatte und vielen Südtirolern helfen konnte, erzählte mir allerdings einmal, mit Mastromattei hätte man noch reden können. Viel gehässiger hätte sich sein Kabinettschef Guido Broise benommen. Wenn dieser einen Fall zur Behandlung bekommen hätte, wäre er immer negativ erledigt worden. Man kann sich vorstellen, wie erstaunt ich war, als ich als Abgeordneter im Jahre 1950 den gleichen Broise als Kabinettschef des christdemokratischen Innenministers Mario Scelba wiedertraf.

Die Stelle von Mastromattei übernahm 1940 der Präfekt Agostino Podesta, der gleichzeitig wie der deutsche Gesandte mit der Würde eines Hohen Kommissars für die Umsiedlung ausgestattet wurde. Der Neue entpuppte sich gleich als sehr kluger und geschickter Mann. Liebenswürdig und hilfsbereit warb er um die Sympathien der Dableiber. Er kam aus Perugia und war erst 35 Jahre alt. Er machte Besuche in Gemeinden, Tälern und auch auf Einzelhöfen. Er hörte sich auch die merkwürdigsten Wünsche der Nichtoptanten leutselig und

(10) Der Bozner Schneidermeister Peter Hofer, Leiter des VKS (Völkischer Kampfring Südtirols), auf Besuch im Sarntal. Nach der deutschen Besetzung Südtirols im Herbst 1943 wurde er zum Präfekten der Provinz Bozen ernannt.

(11) Giuseppe Mastromattei, von 1933 bis 1940 allmächtiger faschistischer Präfekt von Bozen

Am Erker blühet wie immer

Die leuchtende, brennende Lieb.

Die Treue zur Heimat war stärker,

Wie jauchzen wir, daß sie uns blieb.

O blühe und leuchte du Blume –

Ein Zeichen der Treue du bist!

Und künde, daß Glaube u. Heimat.

Das Höchste für uns ist.

(12) Schmuckblatt mit dem Gedicht der »Dableiber« von der »Brennenden Lieb«

(13) Kanonikus Michael Gamper, Kopf des Widerstandes gegen die faschistische Entnationalisierungspolitik und gegen die von Mussolini und Hitler ausgehandelte Umsiedlung der Südtiroler

(14) Unten: Ab Jänner 1940 verließ ein Zug mit Südtiroler Umsiedlern nach dem anderen den Heimatbahnhof »Bolzano«.

(15) Der Gesandte Dr. Ludwig Mayr-Falkenberg (links), der 1941 zum Hohen Kommissar für die Umsiedlung ernannt wurde, als heimlicher Gegner des NS-Regimes das Abkommen jedoch sabotierte und das Verbrechen an den Südtirolern durch alle möglichen Tricks zu verhindern suchte. Neben ihm sein italienischer Kollege Agostino Podestà, 1940 bis 1943 Präfekt von Bozen.

(16) Unten: Nach dem Sturz Mussolinis im Juli 1943 gab es in Südtirol gemischte Streifen aus deutschen Wehrmachtsangehörigen und Carabinieri, hier vor dem Bozner Hotel Bristol, wo die »Amtliche Deutsche Ein- und Rückwandererstelle« ihren Sitz hatte.

geduldig an. Einem Schnalstaler aus Katharinaberg mit einer Stube voll Kindern war die Kälberkuh eingegangen. Er schilderte sein Unglück Agostino Podesta. Dieser besorgte ihm tatsächlich ein billiges Jungtier. So half er in vielen Fällen.

Mir war die Freundlichkeit des Agostino Podesta etwas unheimlich. Ich mußte immer an den Rattenfänger von Hameln denken. Mich empfing er immer, wenn ich um eine Aussprache ersuchte. Er schlug mir auch selten eine Bitte ab. Bis eines Tages ein kleines Mißgeschick passierte: Ich hatte mich bei ihm angemeldet und saß im Wartezimmer. Die Tür ging auf und Podesta begleitete seinen deutschen Amtskollegen, den Gesandten Dr. Ludwig Mayr-Falkenberg, zum Ausgang. Dieser sah mich, ging auf mich zu, schüttelte mir kräftig die Hand und sagte, ich möchte bei ihm vorbeikommen, er hätte eine gute Nachricht für mich. Podesta schaute mich verblüfft an und konnte seine Verwunderung über diese herzliche Begrüßung nicht verbergen. Bei der nächsten Aussprache zeigte er sich erstmals reservierter. Von da an konnte ich deutlich ein Mißtrauen feststellen.

Bei all seinem Entgegenkommen in menschlicher Hinsicht hat dieser Präfekt aber nie auch nur das kleinste Zugeständnis in sprachlichen und kulturellen Belangen gemacht. Er hat es wohl nicht dürfen. In den Dableibern sah er Italiener, die zufällig deutsch sprachen. Sein Konzept zum Thema Option und Abwanderung kann man so zusammenfassen: Die Bauern in den Tälern sollten die Optionen widerrufen und bleiben. Die Städter und die Intelligenz sollten zum größten Teil möglichst bald über den Brenner das Weite suchen.

Am 10. Juni 1940 trat Italien in den Krieg ein. Wir saßen in der Redaktion der »Dolomiten« und warteten mit höchster Spannung auf die Rede Mussolinis, die angekündigt worden war. Und tatsächlich, der Duce erklärte Frankreich und England den Krieg. Wir sahen uns an, sprangen auf, fielen uns um den Hals und begannen zu tanzen. Wir, das sind Hans Egarter, Dr. Vinzenz Oberhollenzer, Hans Gasser, mein Bruder David und ich. Da klingelte das Telefon, und Kanonikus Gamper rief uns zu sich. Auch er strahlte über das ganze Gesicht: Jetzt haben wir gewonnen, jetzt kann uns nichts mehr passieren, jetzt werden sie beide den Krieg verlieren, nicht nur Deutschland allein. Und wirklich hatte Südtirol ein unverdientes Glück. Wäre Italien neutral geblieben und langsam an die Seite der westlichen Alliierten gerückt, so hätten die Sieger nach Kriegsende wahrscheinlich die meisten der Optanten ebenso über den Brenner geschickt, wie man Millionen Deutsche im Osten und Südosten Europas in das in Trümmer liegende Deutschland zwangsumsiedelte. Daran, daß Deutschland letzten Endes auch nach dem Blitzsieg in Polen in der Auseinandersetzung den kürzeren ziehen würde, daran hatten wir von allem Anfang an nicht gezweifelt.

Mir hatte diese Gewißheit der hochverehrte Geschichtsprofessor an der Innsbrucker Universität, Dr. Harold Steinacker, ins Leben mitgegeben. Steinacker wurde nach dem Anschluß Österreichs an Hitler-Deutschland zum Rektor ernannt. Bei seinen Vorlesungen liebte er es, auch geopolitische Betrachtungen einzuflechten. Nicht bloß einmal erläuterte er uns, daß Deutschland jeden Krieg gegen England verlieren müsse, wenn es nicht mit Frankreich oder Rußland verbündet wäre. Ebenso, fügte er hinzu, würde Deutschland in jedem Krieg gegen Rußland unterliegen, wenn es nicht mit England oder Frankreich ein Bündnis geschlossen habe. Daß es früher oder später zu einem großen Kräftemessen zwischen Hitler und Stalin kommen werde, daran konnte doch niemand den geringsten Zweifel hegen, der einmal Hitlers Buch »Mein Kampf« gelesen hatte. So waren wir völlig sicher, daß genauso wie im Ersten Weltkrieg die Deutschen alle Schlachten gewinnen, aber den Krieg verlieren würden. Und nun war das Schicksal Italiens an das des Dritten Reiches gekettet.

Zunächst brachte uns der Kriegseintritt allerdings viel Unangenehmes. In den Familien der Dableiber regnete es Einberufungsbefehle zum Militär. Für viele bäuerliche Familien bedeuteten sie eine Katastrophe. Die alten Eltern und die kleinen Kinder konnten die Höfe nicht mehr bewirtschaften, wenn die Burschen in den besten Jahren zu den Waffen gerufen wurden. Die Optanten, die als zukünftige deutsche Staatsbürger nicht mehr zum italienischen Militär einrücken mußten, verweigerten jede Hilfe in Hof, Feld und Wald. Im Gegenteil, die Nachbarn höhnten vielfach: »Jetzt erhaltet Ihr von den Walschen gleich den Lohn.« Die Optanten erhielten damals in Südtirol noch kaum Stellungsbefehle aus Deutschland. Die Wehrmacht begnügte sich vorerst mit den nicht wenigen Freiwilligen und der Einberufung der bereits ins Reich abgewanderten Südtiroler.

Der Bozner Kaufmann Walther Amonn sprach mit einer Abordnung beim Präfekten vor und schilderte diesem die unhaltbaren Zustände. Podesta schaltete schnell. Noch im Sommer erschien ein

Rundschreiben (circolare) des Kriegsministeriums. Darin wurde verfügt, daß die »Leiter von landwirtschaftlichen Betrieben« (conduttori di azienda agricola), welche ihren aktiven Militärdienst von 18 Monaten abgeleistet hatten, von einer Wiedereinberufung freigestellt werden. Nur die jungen Dableiber, welche gerade das wehrpflichtige Alter erreichten, mußten zum Präsenzdienst. Aber auch sie hatten nach 18 Monaten Anrecht auf Freistellung. Diese Verfügung war so weittragend, daß z. B. ein Karl Gamper von Plars, Gemeinde Algund, der zu den italienischen Truppen nach Rußland verschlagen worden war, am Tage nach Ablauf der 18 Monate direkt von der Frontlinie herausgeholt und heimbefördert wurde. Mit dieser Verfügung hat Präfekt Agostino Podesta den Bleibern einen großen Dienst erwiesen und ihnen viel Leid erspart. Dafür müssen wir ihm über das Grab hinaus Dankbarkeit zollen.

Was hieß nun »Leiter eines landwirtschaftlichen Betriebes«? Der Begriff wurde gleich äußerst weitmaschig ausgelegt. Er bezog sich nicht bloß auf Besitzer, sondern auch auf Pächter von landwirtschaftlichen Liegenschaften. Wir hatten die Situation bald im Griff. Landauf, landab wurden über Nacht Hunderte von Pachtverträgen geschlossen. Die Dableiber-Bauern ließen sich nicht lumpen. Sie verpachteten an Kaufleute, Handwerker, Freiberufler und Angestellte so viel Grundstücke, wie sie nur konnten. Es kam auch vor, daß der gleiche Grund an zwei oder gar drei verschiedene Interessenten verpachtet wurde. Kam die Einberufungskarte, machte man unter Berufung auf das Rundschreiben ein Gesuch, zeigte bei den Carabinieri den Pachtvertrag vor und ließ sich auf dem Antrag bestätigen, daß man ein Landwirt war. Mir ist kein Fall bekannt, daß die Carabinieri die Bestätigung verweigert hätten.

Ich hatte vorsichtshalber drei Pachtverträge geschlossen. Einen besorgte mir der liebe, treue Freund Hans Thurin, Kaufmann in Schlanders im Vinschgau, den zweiten ließ ich mir in Stilfes bei Sterzing aushändigen und den dritten schloß ich mit einem Besitzer in Gries ab. Die rote Einberufungskarte kam wie erwartet. Ich machte das Gesuch, schickte allerdings den mit uns sehr befreundeten Vizekommandanten der Bozner Stadtpolizei, Mario Calliari, zum Carabinierikommando. Dieser erhielt ohne weitere Umstände die Bestätigung. Ich trug das Dokument zur Militärbehörde und war wieder ein freies Vögelein. Ich konnte also auf die anderen Pachtverträge verzichten. Sie hätten mir nur eine Rückzugslinie freihalten sollen für den Fall, daß die Carabinieri in Bozen nicht gespurt hätten. Den Grund, den ich gepachtet hatte, habe ich nie gesehen. Mein Fall sei nur als Beispiel von hundert anderen gleichen oder wenigstens ähnlichen erwähnt. In der Redaktion der »Dolomiten« hatten sich Dr. Vinzenz Oberhollenzer, der im Jänner zu uns gestoßen war, und ich zu richtigen Spezialisten für die Freistellungen gemausert. Wir brachten es so weit, daß von den Dableibern, die ihre aktive Dienstzeit geleistet hatten, überhaupt niemand mehr einrückte.

Auch für die gerade wehrpflichtig gewordenen Aktiven fanden wir bald eine Medizin. Wir hatten im Einberufungsamt des Militärdistrikts zwei Freunde, einen »sergente« und einen »maresciallo«. Die beiden Unteroffiziere taten, was sie konnten. Sie kargten nicht mit Gefälligkeiten, soweit sie zuständig waren. Wir aber brauchten unbedingt noch einen Höhergestellten, einen Offizier. Den Durchbruch schaffte Hans Gamper von Plars, der nach 1945 Bürgermeister von Algund wurde und es bis heute blieb. Sein jüngerer Bruder Luis mußte einrücken. Hans begleitete ihn zum Militärdistrikt (Wehrkreiskommando). Dann kam er zu mir und erzählte, er habe herausgefunden, wer bei diesem Haufen der mächtige Mann sei: ein Hauptmann mit einem Spitzbart, der sich immer ganz wild und energisch gebärde. Er habe vom Sergente seine Adresse ergattert und sei bereits in der Wohnung gewesen, habe zwar nur die Frau getroffen, aber schon allerhand hinterlassen, was es damals auf einem Bauernhof noch reichlich gab und wovon in der Stadt Mangel herrschte. Sie habe nichts nehmen wollen von der Butter und dem Fleisch, weil ihr der Mann einen fürchterlichen Krach machen würde. Hans gelang es schließlich, die Frau zu bewegen, er mußte ihr aber versprechen, nachmittags, wenn der Offizier zu Hause sei, nochmals vorbeizuschauen. Er tat dies und konnte den zuerst sehr aufgebrachten Hauptmann besänftigen.

Aus dieser ersten Begegnung mit Hauptmann Arturo Betetto, Chef der Einberufungsabteilung des Militärdistriktes, wurde während des Krieges ein sehr freundschaftliches Verhältnis, mit allen den Vorteilen für unsere »Buben«. Der Hauptmann teilte unsere Schützlinge Einheiten zu, die in Südtirol Dienst taten, und damals war das eine noch fast undenkbare Begünstigung. Oder er sorgte dafür, daß die Einrückenden zu einer strengen Untersuchung ins Militärspital eingewiesen wurden. Dort wirkte Professor Dr. Hans Singer. Der damals schon bekannte Zahnarzt war absolut kein Herzspezialist. Aber dank der guten Beziehungen zu dem Sanitätsdirektor überließ man oft ihm die Entscheidung, ob man dem Rekruten noch ein paar Monate Erholungsurlaub zubilligen solle. Professor Dr. Hans Singer fand meistens ein Herzleiden und war mit Erholungsurlaub sehr großzügig. Er hat damit Dutzenden und Aberdutzenden von Südtiroler Bleibern den Todesgang in die Eiswüste Rußlands erspart. Weil die Südtiroler deutsch sprachen, wurden sie nämlich mit Vorliebe dem italienischen Hilfskorps zugeteilt, der ARMIR, die Mussolini seinem Freund Hitler im Rußlandfeldzug zur Verfügung gestellt hatte. Das italienische Rußlandkorps nahm bekanntlich ein schreckliches Ende. Im November 1942 durchbrach die Rote Armee westlich von Stalingrad die Front, an der neben der Wehrmacht auch italienische und rumänische Truppen standen. Die Einheiten wurden eingekreist. Nur ein Teil des insgesamt 220.000 Mann starken Korps konnte sich aus dem Kessel nach Süden und Südwesten retten. Die Italiener verloren hunderttausend Mann an Toten, Verwundeten und Gefangenen.

Während die Dableiber immer mehr vom Militärdienst losgeeist werden konnten, kamen für die Optanten ab 1941 bittere Zeiten. Die freiwilligen Meldungen hatten längst aufgehört. Nun wurden aber immer mehr und mehr Burschen aller möglichen Jahrgänge zur Deutschen Wehrmacht einberufen. Wer dem Befehl nicht Folge leistete, wurde von den Carabinieri am Brenner den deutschen Behörden übergeben und landete meistens in Straflagern. Die Soldatenurlauber malten im Familienkreis immer öfter schwarze Bilder von den Zuständen im Tausendjährigen Reich.

Das Verbrechen verhindern

Umsiedlungs-Kommissar Mayr-Falkenberg als Gegner der Umsiedlung • Interventionen in Rom • Denkschrift für Roosevelt

Die deutschen Umsiedlungs-Amtsstellen in Bozen arbeiteten mit ihren Außenstellen inzwischen weiter. Im Oktober 1941 wurde der Mailänder Generalkonsul Otto Bene, der ranghöchste Mann der deutschen Umsiedlungsbehörden, seines Postens enthoben. Bene hatte sich in der ganzen Umsiedlungsfrage als gehorsamer, pflichteifriger Beamter erwiesen, der nie irgendwelche eigene Meinung vertreten oder eigene Vorschläge entwickelt hatte. An seine Stelle trat – nun mit Sitz in Bozen – der Gesandte Dr. Ludwig Mayr-Falkenberg. Er wurde gleichzeitig mit dem italienischen Präfekten Agostino Podesta mit dem Titel eines Hohen Kommissars für die Umsiedlung ausgezeichnet. Mit dem neuen Mann, der sein Amt gegen Ende Oktober 1941 antrat, zog auch eine neue Luft in die Amtsstuben des Kommissariates ein.

Am 18. Oktober 1941 stellte Agostino Podesta das Erscheinen des »Volksboten« ein. Die deutschen Dienststellen in Südtirol hatten sich über Artikel dieser Zeitung schon mehrmals aufgeregt. Im Dezember 1940 etwa hatte das Blatt unter dem Titel »Ein furchtbarer Verdacht« die Stellungnahme der vatikanischen Zeitung »Osservatore Romano« zu der vom Dritten Reich praktizierten Tötung geistig Behinderter auszugsweise veröffentlicht. Noch mehr auf die Palme brachte sie aber der Artikel »Das große Wunder«, in welchem Michael Gamper in der Ausgabe vom 1. Mai 1941 einen Spaziergang in den Frühling im Etschtal beschrieb. Der Kanonikus schilderte das große Wunder des Blütenzaubers in einem Märchenland. Die Blütenschwärmerei, die alle Heimatgefühle wachrief, brachte der Zeitung kurz darauf eine Verwarnung im Sinne des faschistischen Pressegesetzes. Im Dekret begründeten die schwarzen Machthaber die Maßnahme damit, daß der Artikel die Beziehungen der Italiener zu den deutschen Kameraden (»camerati tedeschi«) störe. Der Präfekt hätte es wohl mit dieser Verwarnung bewenden lassen. Den Nazis in Bozen war aber die Geduld gerissen. Wie wir erfuhren, leiteten sie die Beschwerden an höhere Stellen weiter. So erreichten sie schließlich ihr Ziel. Der Präfekt kapitulierte, und die Zeitung verschwand von der Bildfläche. Die Vertreter des Großdeutschen Reiches in Bozen konnten es als ein besonders ehrenvolles Verdienst buchen, daß es ihnen gelungen war, eine Zeitung einzustellen, die in den härtesten Tagen der faschistischen Unterdrückung unserem Volke ein treuer Wegweiser gewesen war.

Ein paar Tage nach dieser Hiobsbotschaft ließ mich Kanonikus Gamper rufen. Er teilte mir mit, daß der Verkauf der »Dolomiten« im Reich verboten worden sei. Mit dieser Willkürmaßnahme habe man den bereits Umgesiedelten die letzte Verbindung mit der Heimat genommen. Ich meinte: »Diese Weisung muß sich doch widerrufen lassen. Herr Kanonikus, wenn Sie einverstanden sind, gehe ich zum neuen deutschen Gesandten.« Er schaute mich vielsagend an: »Ja, einverstanden, probieren Sie es nur, vielleicht empfängt er Sie sogar.« Ich eilte in die Redaktion, rief gleich im Sekretariat seines Amtssitzes im Nebenhaus des Hotels Stiegl an und ersuchte um eine Audienz bei Seiner Exzellenz. Zehn Minuten später wurde mir der Bescheid zuteil, Seine Exzellenz würde sich freuen, mich noch am gleichen Vormittag begrüßen zu können. So leicht und so schnell hatte ich mir eine Audienz nicht erwartet.

Natürlich meldete ich mich sofort an. In der Portierloge wußte man Bescheid und begleitete mich höflich in das Vorzimmer. Das Fräulein meldete mich, und ich durfte sofort hinein. Mayr-Falkenberg stand hinter seinem Tisch auf und blickte mich an: »Also Sie sind dieser Dr. Volgger. Ich hätte Sie mir doch etwas älter vorgestellt. Was führt Sie zu mir und womit kann ich dienen?« Ich berichtete über das Verkaufsverbot der »Dolomiten« und bat ihn sehr, sich für den Widerruf der Verordnung zu verwenden. Ja, er verurteile diese Vorgangsweise auch und werde gleich eine Eingabe nach Berlin machen, wenn ich darauf bestünde. »Was wird sie dort für einen Widerhall finden?«, fragte er weiter. Er könne sich vorstellen, daß man im Reichspropagandaministerium des Dr. Goebbels erst richtig darauf aufmerksam gemacht werde, daß diese »Dolomiten« überhaupt noch erscheinen, diese »Dolomiten«, die man schon längst gern kassiert hätte. Wenn er es trotzdem mit einem Schreiben versuchen solle, sei er gerne bereit, aber er müsse den »Dolomiten« zuliebe auch auf die

Kehrseite der Medaille aufmerksam machen. Die Eingabe wurde natürlich nie abgeschickt.

Ich war etwas verwirrt über diesen Mann, bedankte mich und wollte mich so schnell wie möglich verabschieden. Er lud mich aber zum Bleiben ein, da ich schon ein Bleiber sei, und plauderte mit mir in seiner spritzigen Redeweise, in der öfters ein ironischer Unterton mitklang, über alles mögliche. Ich fiel von einem Staunen ins andere. Daß es sich bei diesem Mann, der die deutsche Leitung der Umsiedlung innehatte, um einen erklärten Gegner der Abwanderung und um alles eher als um einen rechtgläubigen Parteigenossen handelte, war mir bald sonnenklar. Er würde sich freuen, bemerkte er beim Abschied, mich öfters zu sehen. Er stünde mir immer zur Verfügung.

Ich berichtete Gamper selbstverständlich sofort über das Ergebnis dieser Unterredung und über diesen seltsamen Kommissar. Er hörte aufmerksam zu, äußerte nicht viel und riet mir nur, mit dem Mann weiter in Verbindung zu bleiben. Die Kontakte rissen dann auch nicht mehr ab. Im Gegenteil, sie festigten sich immer mehr. Oft mußte ich ihm ein Anliegen vorbringen. Manchmal rief aber auch er einfach an und lud mich zu einem Besuch ein. Er fühlte wohl das Bedürfnis, mit jemandem ganz offen reden zu dürfen. Und er nahm sich wirklich kein Blatt vor den Mund. Erst im Jahre 1945 erzählte mir der Kanonikus, daß Mayr-Falkenberg schon wenige Tage nach seinem Amtsantritt bei Nacht und Nebel im Marieninternat erschienen sei und ihm versichert habe, daß er alles in seiner Macht Stehende tun werde, um das Verbrechen der Umsiedlung zu verhindern. Und Mayr-Falkenberg hat dieses Versprechen auch gehalten.

Der Hohe Kommissar mußte alle Monate nach Berlin melden, wie viele Südtiroler ins Reich abgewandert seien, und er hatte immer ganz beachtliche Zahlen bei der Hand, obwohl die Umsiedlung gegen Ende des Jahres 1941 fast zum Stillstand gekommen war. Wie er das fertigbrachte? Er erklärte einfach alle Einberufenen als abgewandert, alle Kinder, die im Reich studierten und alle, die einmal aus diesem oder jenem Grund mit einem deutschen Dokument nach Deutschland gereist waren, »ex auctoritate sua« als umgesiedelt. Der Mann verstand also sein Geschäft. Ein offener Widerstand hätte nichts genützt.

Wenige Wochen nach der ersten Unterredung mit Mayr-Falkenberg kam der Fall Amalia Müller von Sterzing auf mich zu. Die Frau Müller war geborene Sterzingerin, besaß dort ein gutgehendes Modegeschäft, hatte einen Innsbrucker geheiratet und war nach dem Anschluß Österreichs automatisch deutsche Staatsbürgerin geworden. Die Amalia war bekannt wegen ihres hervorragenden Mundwerkes. Sie verfügte über ein unerschöpfliches Reservoir an wenig schmeichelhaften Titeln. Und mit diesen bedachte sie die damaligen Optantengrößen des Wipptaler Städtchens. Sie hatte zwar eine Vorsichtsmaßnahme getroffen und um die italienische Staatsbürgerschaft angesucht. Der Antrag wurde aber abgelehnt, weil eine Abmachung bestand, daß ein deutscher Staatsbürger für den Erwerb der italienischen Staatsbürgerschaft die Zustimmung der deutschen Behörde brauche. Und die Deutschen dachten nicht daran, diese Zustimmung zu geben. So geriet Frau Müller in arge Bedrängnis. Die Mächtigen in Sterzing beschlossen, sie als Reichsdeutsche mit Gewalt über den Brenner zu verfrachten. Amalia verschwand. Sie schloß sich untertags in einem Zimmer ihrer Wohnung ein und schlüpfte, wenn sie Schritte im Hausgang hörte, gleich noch in einen Kleiderkasten. Zu mitternächtlicher Stunde brachten ihr dann die beiden Schwestern Liesl und Flora Thaler (Inhaberinnen der bekannten Tabaktrafik) das Essen für den kommenden Tag.

Frau Müller hielt wochenlang durch. Schließlich war sie aber am Ende ihrer Kräfte. Flora Thaler erzählte mir eines Tages von der Frau Müller. Ich dachte gleich an Mayr-Falkenberg. Als ich ihm mitteilte, daß ich für eine Frau Müller seine Unterstützung nötig hätte, lachte er hell auf: »Auch Sie kommen wegen der Amalia?« Er läutete der Sekretärin und sagte: »Bringen Sie mir den Akt Amalia.« Auch das Fräulein begann sofort zu lachen. Die Akte war sehr umfangreich. In den Seiten waren Sätze rot angestrichen. Der Gesandte las mir die saftigsten Redewendungen der Frau Müller vor. »Ja, ja«, meinte er, »das Sündenregister ist wirklich dick. Es wird schwer werden, diese Frau aus der großdeutschen Gemeinschaft zu entlassen.« Rund drei Wochen später lud er mich zu sich, stellte sich in Positur und sagte feierlich: »Ich mache Ihnen die amtliche Mitteilung, daß das Großdeutsche Reich keinen Wert mehr auf die Staatsbürgerschaft der Frau Amalia Müller legt.« Lachend fügte er hinzu, es wäre schon ein schweres Stück Arbeit gewesen. Bei dieser Gelegenheit ließ er mich wissen, daß er mir natürlich nicht alle Wünsche erfüllen könne, mir aber bei besonderen Anliegen in der Heimat Sterzing immer helfen werde.

Gestützt auf diese Zusage, machte ich dem Sterzinger Kreisleiter Franz Kiebacher das Leben wirklich sauer. Weil sein Vater »umgewählt«, also die Option für Deutschland zurückgezogen hatte, ließ Kiebacher einen Vetter meiner späteren Schwägerin Carla Calza zur Wehrmacht einberufen. Ich unterrichtete den Gesandten. Der schritt ein und ließ den Stellungsbefehl durch den deutschen Standortoffizier, Major Lüdecke, widerrufen. Solche Vorfälle sprachen sich trotz aller auferlegten Schweigepflicht rasch herum. Und ab Mitte 1942 grüßten auch die Optanten wieder ganz manierlich. Gar mancher ersuchte mich auch um Hilfe. Mayr-Falkenberg hat viele Einberufungen im Sterzinger Gebiet aufschieben lassen und viele schon festgesetzte Umsiedlungen unterbunden. Kreisleiter Kiebacher beschwerte sich bitterlich bei der ADERST, der Amtlichen Deutschen Ein- und Rückwandererstelle. Den Gesandten störte das aber nicht. Ich kann es gut verstehen, daß Franz Kiebacher sich freute, als mich die Gestapo 1943 endlich in Schutzhaft nahm.

Im Frühjahr 1942 ließ mich Mayr-Falkenberg wieder einmal rufen: »Sie müssen sofort nach Rom zum Duce und auch zum Papst. Die Italiener haben angeordnet, daß alle Reichsdeutschen (in Südtirol wohnhafte Personen, die schon vor der Option die deutsche Staatsbürgerschaft besessen hatten) bis Monatsende das Land verlassen müssen. Jemand muß diesen Personenkreis an höchster Stelle angeschwärzt haben.« Ich meinte, es wäre wohl seine Zuständigkeit, in Berlin und Rom zu intervenieren. Er hätte dort ein ganz anders gewichtiges Wort zu reden als ich. Ein Schritt von ihm, entgegnete er, würde die Sache nur noch verschlimmern. In diesem Falle könnten einzig und allein die Nichtoptanten etwas erreichen.

In den nächsten Tagen fuhren wir los. Kanonikus Gamper hatte mir den Athesia-Angestellten Alois Duregger zugeteilt, weil man zu zweit doch besser reise. In einem Hospiz am Petersplatz bezogen wir Quartier. Im Campo Santo Teutonico suchte ich einen Freund und Mitschüler, den Josefsmissionar Dr. Hans Brugger, auf. Ich hatte die richtige Hausnummer erwischt. Brugger war eng befreundet mit dem irischen Monsignore Hugh O'Flaherty, der beim Sant' Uffizio arbeitete und über beste Beziehungen zum Vatikan verfügte. Bereits für den übernächsten Tag besorgte er uns eine Sonderaudienz bei Pius XII. Wir bereiteten schnell und kurz eine Denkschrift vor und stiegen mit geschwellter Brust die vatikanischen Stiegen empor. Im vorletzten Vorzimmer klärte uns ein Offizier der Schweizer Garde über das Protokoll auf: zuerst Fußkuß und dann . . . Vom Fußkuß aber wollten wir nichts wissen. Der Gardist zeigte Verständnis, aber das Protokoll schreibe es vor. Wir schauten uns an und waren uns ohne Worte einig, daß wir das Protokoll in diesem Punkt nicht einhalten würden. Es kam auch zu keinem unangenehmen Eklat. Der Papst hielt selber vom Protokoll anscheinend sehr wenig. Als wir hineingeführt wurden, streckte er uns sofort beide Hände entgegen. Zu einem Kniefall hätten wir gar keine Zeit gehabt. Wir übergaben das Promemoria. Pius XII. überflog es schnell. Er sicherte uns sein ganzes Wohlwollen zu, segnete uns mit den besten Wünschen für das ganze Volk »vom guten Südtirol«. Die letzten Worte sprach er in perfektem Deutsch. Wir waren tief beeindruckt.

Die Papstaudienz gab uns Auftrieb. Also gleich auch zum Duce. Luis Duregger schritt, ohne mit der Wimper zu zucken, auf den Palazzo Venezia zu. Ich wartete in einem Kaffee der Dinge, die da kommen würden. Luis kehrte bald mit dem Bescheid zurück, daß man um Audienzen beim Duce in einem eigenen Sekretariat beim Innenministerium ansuchen müsse. Wir meldeten uns dort in der Portierloge. Zur Vorsicht hatten wir das nötige Kleingeld für eine beschleunigte Behandlung mitgebracht. Es muß für die damaligen Verhältnisse reichlich bemessen gewesen sein. Denn mit einem Mal waren wir wichtige Persönlichkeiten. Alle in der Portierloge kümmerten sich nur mehr um uns zwei. Man telefonierte hin und her, man rannte Stiege auf und Stiege ab.

Wir brauchten uns gar nicht lange zu gedulden. Da begleitete man uns schon in das Sekretariat. Dort begrüßte uns ein verhältnismäßig junger Mann. Er fragte uns um unsere Wünsche. Wir sagten, wir möchten vom Duce empfangen werden, und zogen einen Brief heraus, den uns Kanonikus Gamper in weiser Voraussicht mitgegeben hatte. Es handelte sich um ein Empfehlungsschreiben der Baronin Maria Luisa Di Pauli an den Privatsekretär des Duce, Dr. Osvaldo Sebastiani. Die Baronin, eine geborene Baronesse Hippoliti, hatte 1911 in Borgo Valsugana im Trentino den Baron Andreas Di Pauli aus Kaltern geheiratet. Sie war eine begeisterte, ja eine abgöttische Verehrerin von Mussolini und hatte jederzeit freien Zutritt zum Duce. Maria Luisa hat diese Freundschaft oft dazu benützt, Südtiroler gegen die Übergriffe örtlicher Faschistengrößen zu schützen.

Der Mann im Büro nahm den Brief und setzte sich ans Telefon. Nach einem längeren Gespräch sagte er uns, Dr. Sebastiani habe sein Amt im Palazzo Venezia. Er hätte heute aber ohnehin hier im Innenministerium allerhand zu erledigen. Wir könnten also am Nachmittag in das Sekretariat wiederkehren. Sebastiani empfing uns wirklich. Diesmal wußte man in der Portierloge über uns auch schon Bescheid. Wir brauchten gar nicht mehr stehenzubleiben.

Wir übergaben den Brief der Baronin und das gleiche Promemoria wie dem Papst. Wir äußerten, daß von der befürchteten Aufhetzung der Südtiroler durch die Reichsdeutschen keine Rede sein könne. Sebastiani las beide Schriftstücke durch. Dann bemerkte er fast bedauernd, eine Audienz beim Duce sei derzeit leider nicht möglich. Er werde ihm aber die Denkschrift übergeben und ihm auch unsere Äußerungen vorbringen. Der Privatsekretär hat sein Versprechen wohl auch gehalten. Von der befürchteten Austreibung der Reichsdeutschen ging nie mehr die Rede. Die Verfügung wurde zwar nie widerrufen, sie wurde aber auch nicht durchgeführt: eine echt italienische Lösung.

Wir kehrten zufrieden nach Hause zurück. Sowohl der Gesandte Mayr-Falkenberg wie auch Kanonikus Gamper sprachen uns Lob und Anerkennung aus. Luis und ich fühlten uns fast schon als wichtige Persönlichkeiten.

Der Wechselkurs von Option und Abwanderung sank rasch. Die Optanten strichen immer mehr von ihrer früheren Überheblichkeit ab. Immer mehr Einberufungskarten zur Deutschen Wehrmacht flatterten in die Familien. Immer öfter las man Partezettel mit der »stolzen Trauer«. Für die Einberufung waren die Dorfgewaltigen, der Ortsgruppenleiter, der Bauernführer und deren Mitarbeiter zuständig. Sie entschieden, wer einzurücken hatte und wer daheim bleiben durfte. Solch große Verantwortung überstieg wohl die moralischen Kräfte der meisten. Nur die wenigsten zeigten sich ihr gewachsen. In sehr vielen Fällen gaben Sympathie oder Antipathie den Ausschlag, besonders die politisch nicht ganz einwandfreien Volksgenossen schickte man gerne an die Front. Berufung dagegen gab es nicht. Die Einseitigkeit und Parteilichkeit der braunen Dorfpaschas löste naturgemäß Zorn und Erbitterung aus. Die Spannung in den Dörfern wuchs. Jubel und Begeisterung schwanden. Das Stimmungsbarometer sank von Monat zu Monat.

Im Frühsommer 1942 suchte ich wieder einmal Peter Hofer auf, der inzwischen den Titel »Volksgruppenführer« trug. Ich war mit ihm in ziemlich enger Fühlung geblieben. Seine Frage: »Wie geht es dir?« Meine Antwort: »Ausgezeichnet, wie geht es dir?« »Nicht so gut wie dir. Weißt du«, und nachdenklich blickte er in die weite Ferne, »wenn ich so daran denke, daß z. B. St. Gertraud in Ulten auswandern soll, wo manche Leute noch nie mit einem Zug gefahren sind, da müßte man narrisch werden oder in den Bach hupfen.« Das war die Stimmung des Volksgruppenführers.

Selbstverständlich fehlte es aber nicht an Unentwegten, deren Glaube an das Dritte Reich unerschütterlich blieb. Der Organisationsleiter des VKS, Karl Nicolussi-Leck, rückte z. B. gleich nach Abschluß der Option zur Waffen-SS ein und zeichnete sich als Offizier besonders in Rußland aus. Im Konzentrationslager Dachau las ich einmal seinen Namen im Wehrmachtsbericht. Er hatte den Ausbruch aus einem Kessel geleitet und dafür das Ritterkreuz erhalten. Ich zeigte die Zeitung meinen Kameraden und war fast etwas stolz auf den Mann. Wenn er auf Urlaub kam, hatte Nicolussi-Leck keine Zeit zum Ausrasten, er zog von Ort zu Ort und warb um Freiwillige. Wer möchte einem solchen Menschen die Achtung versagen, auch wenn man zur anderen Feldpostnummer gehört?

Im Juni 1943 wurde der Kommissar Dr. Ludwig Mayr-Falkenberg von seinem Dienstposten in Bozen abberufen. Er wurde als Vertreter des Auswärtigen Amtes zum Deutschen Militärbefehlshaber in Belgien abkommandiert. Die SS-Dienststellen in Bozen hatten ihn zur Strecke gebracht. Die SS, welche von Himmler ja mit der Durchführung der Umsiedlung beauftragt worden war, hatte sich immer wieder beim Reichsaußenminister Joachim v. Ribbentrop beschwert, daß dieser Mayr-Falkenberg sich nicht an die Richtlinien der Umsiedlung halte, daß er einen völlig eigenwilligen Kurs steuere, daß er sich über die Weisung der SS-Dienststellen hinwegsetze, obwohl er eigentlich über gar keine klar definierten Vollmachten verfüge.

Nun, das letztere stimmte. Der Hohe Kommissar besaß überhaupt keine Vollmachten. Ihm war nur die Rolle des Verbindungsmannes zu den Außenministerien in Berlin und Rom zugedacht. Den ganzen Umsiedlungsbetrieb sollten die SS-Dienststellen führen. Mayr-Falkenberg schaltete sich aber immer wieder ein. Er verstand es vorzüglich, sich mit dem Nimbus des höchsten Vertreters des Dritten

Reiches zu umgeben. Der Mann, der nur als Statist im Umsiedlungsgeschehen vorgesehen war, griff immer wieder dem Rad in die Speichen. Er wurde zum großen Gegenspieler des SS-Gruppenführers Greifelt, der von Himmler mit der Umsiedlung der Südtiroler betraut worden war. Natürlich mußte er klug zu Werke gehen. Mit seinem scharfen Sinn und seiner Wendigkeit gelang es dem gebürtigen Bayern aber immer wieder, die steifen Nazi-Bonzen zu überspielen.

Und jetzt mußte er gehen. Für ihn war die Versetzung vielleicht ein Glücksfall. Sonst hätte er wohl seinen Mut und seinen Einsatz für die Südtiroler später noch teuer bezahlen müssen. Für uns war zu diesem Zeitpunkt die größte Gefahr bereits abgeklungen. Der Kriegsverlauf sorgte dafür, daß der Wahnsinn der Umsiedlung bald von selbst aufhörte. Zum Nachfolger von Mayr-Falkenberg wurde ein ziemlich farbloser Generalkonsul Strohm ernannt. Viel zu tun blieb ihm nicht mehr bis zum 8. September, dann wurde er mit dem Einmarsch der Deutschen Wehrmacht völlig arbeitslos.

In Belgien sah es Mayr-Falkenberg ebenfalls als seine Aufgabe an, sich schützend vor die Verfolgten zu stellen. Vor dem Einmarsch der alliierten Truppen verhinderte er den Abtransport von fünftausend bereits in die Züge verladenen politischen Gefangenen und zahlreicher Juden ins Dritte Reich. Damit rettete er vor allem die Juden vor dem Tode. Außenminister Ribbentrop befahl Mayr-Falkenberg zu sich. Dieser hatte sich aber von den Alliierten überrollen lassen und in Belgien um Asyl angesucht. Der Außenminister schäumte vor Wut, als er die volle Wahrheit erfuhr. Er wollte Mayr-Falkenberg wegen Hochverrats in Abwesenheit zum Tode verurteilen lassen. Aber dazu reichte die Zeit im allgemeinen Durcheinander nicht mehr.

Die Belgier entließen den Gesandten Mayr-Falkenberg in allen Ehren. Sie gaben ihm, wie er bei einem Besuch in Südtirol im Jahre 1950 schmunzelnd erzählte, sogar seinen Dienstwagen mit. Ribbentrop hatte der belgischen Regierung 1944 auch die Freilassung von drei in Deutschland seit 1940 internierten belgischen Ministern angeboten, wenn sie diesen Mayr-Falkenberg ausliefere. Von den Belgiern war es anständig, daß sie den Vorschlag zurückwiesen, kommentierte der Gesandte lächelnd. Mayr-Falkenberg wäre gerne in den diplomatischen Dienst zurückgekehrt. Doch aufgrund seines Alters war das nicht mehr gut möglich. Er ließ sich 1950 zum Landrat in Marktoberdorf wählen und starb im April 1962. Die Erinnerungen, die er mir fest versprach, hat er nicht hinterlassen, aber Südtirol sollte sich immer dieses Mannes erinnern, der Tausenden von Landsleuten das Verlassen der Heimat erspart hat.

Seine getreue Privatsekretärin und politische Vertraute Johanna Spring flüchtete 1948 aus der Sowjetzone in den Westen. Von dort kam sie über die grüne Grenze bis nach Sterzing, wo sie von der Polizei geschnappt wurde. Man wollte sie in ein Ausländerlager nach Süditalien abschieben. Sie nannte der Sicherheitsbehörde den Namen von Kanonikus Gamper, von Dr. Ebner und von mir. Die Polizei schaltete und brachte die Frau mit uns zusammen. Johanna Spring hatte während eines Aufenthaltes in Rom einen jungen Mann aus den Abruzzen, Mario Placidi, kennengelernt. Er hatte sich in sie verliebt. Jetzt baten wir ihn, nach Bozen zu kommen. Mario erschien wie der Blitz. Die Polizei gab Johanna auf unsere Intervention hin frei, denn Ebner und ich waren inzwischen ja zu »onorevoli deputati« aufgerückt, und ließ sie mit ihrem Verlobten nach Süden ziehen. In der Heimat des Mannes, in der Stadt L'Aquila, wurde bald festliche Hochzeit gefeiert. Die beiden erschienen kurz darauf einmal am Sitz der Abgeordnetenkammer, dem Montecitorio, um sich bei uns zu bedanken. Der Marchese Mario Placidi und die Dr. Johanna Spring sind ein sehr glückliches Paar geworden, geachtet und verehrt, vor allem von der Bevölkerung von S. Anatolia in den Abruzzen, wo sie ein großes landwirtschaftliches Gut besitzen und den Sommer verbringen.

Wir mußten uns langsam für die Zeit nach dem Kriege vorbereiten. Über dessen Ausgang konnte es lange schon nicht mehr den geringsten Zweifel geben. Kanonikus Gamper verfaßte eine Denkschrift an den amerikanischen Präsidenten Franklin Roosevelt, in welcher er ihn bat, nach dem Sieg der Alliierten das nach dem Ersten Weltkrieg von Präsident Wilson am Tiroler Volk begangene Unrecht wiedergutzumachen. Südtirol sollte in einer freien Volksabstimmung selber über seine Zukunft entscheiden können. Ich brachte die englisch verfaßte Denkschrift im März 1943 in den Campo Santo Teutonico in der Vatikanstadt zu dem bereits bekannten Monsignore Hugh O'Flaherty. Er stellte sich bereitwilligst für die Weiterleitung zur Verfügung. Die Iren genossen damals in Regierungskreisen der Vereinigten Staaten einen bedeutenden Einfluß.

Ich wußte allerdings nicht, welche Berühmtheit O'Flaherty noch erlangen sollte. Der irische Geistliche wurde während der deutschen Besatzungszeit in Rom zum Schutzengel für alle politisch Verfolgten. Er baute eine Organisation auf, die Geld und Verstecke besorgte. Man bezifferte die Zahl der Personen, die er vor den Häschern der Gestapo unter ihrem Chef Herbert Kappler retten konnte, auf über 4000. Zunächst konnte sich der Monsignore als irischer Staatsbürger auch außerhalb des Vatikanischen Staates ziemlich frei bewegen. Als die deutschen Besatzer jedoch seine Tätigkeit durchschaut hatten, drohten sie, den Monsignore außerhalb der Vatikan-Grenzen sofort festzunehmen und zu erschießen. Aber der Ire wußte Rat. Er tarnte sich mit allen nur möglichen Formen der Verkleidung, so z. B. als Straßenkehrer, als Briefträger, aber auch als Nonne und als SS-Offizier. Über sein Wirken wurde ein Buch geschrieben und ein Film gedreht.

Welche Achtung Monsignore O'Flaherty genoß, beweist die Tatsache, daß er bei einer Siegesveranstaltung der alliierten Truppen in Rom an der Seite des Oberbefehlshabers der 5. Armee Mark Clark stand. Die Alliierten bedankten sich beim Iren mit der Verleihung der höchsten Auszeichnungen. Die Amerikaner erkannten ihm die sehr selten verliehene »Medal of Freedom« (Freiheitsmedaille) zu. Großbritannien ernannte ihn zum »Commander of the British Empire«. Auch die Australier und Kanadier verliehen ihm ihren höchsten Orden.

Als ich ihn im Juni 1943 nochmals besuchte, teilte mir Monsignore O'Flaherty mit, daß es gelungen sei, die Denkschrift dem Präsidenten Roosevelt direkt zu übermitteln. Der Präsident habe sie aufmerksam gelesen und sei ganz gerührt (»touched«) gewesen, daß eine deutsche Volksgruppe in Europa sich schon jetzt an ihn um Hilfe wende. Er habe unter das Promemoria einfach ein »Yes« geschrieben. Ein zweites kräftiges »Yes« schrieb Roosevelt im Juli 1944 auch unter ein Dokument seines Außenministeriums, welches die Rückgabe Südtirols an Österreich vorsah. Mitte 1944 waren die Amerikaner also noch fest entschlossen, den Willen der Südtiroler zu respektieren.

Erich Amonn gelang es mit Hilfe von Schweizer Geschäftsleuten, sich eine Einreise in die Schweiz zu verschaffen. Dort konnte er Verbindung mit Persönlichkeiten der Alliierten aufnehmen und diesen einen Lagebericht über Südtirol geben. Vor allem galt es, die in englischen und amerikanischen Kreisen allgemein verbreitete Auffassung zu korrigieren, daß sich die Südtiroler mit ihrer Option zum Nationalsozialismus bekannt hätten. Dies sei eine sehr mühsame Aufgabe gewesen, sagte Amonn später einmal. Die von ihm in der Schweiz angeknüpften Beziehungen wurden später noch ausgebaut. Ich selbst war zu dieser Zeit bereits in Dachau.

Der Obmann des Andreas-Hofer-Bundes, Hans Egarter, hielt auch nach dem September 1943 engen Kontakt mit englischen und amerikanischen Dienststellen in der Schweiz. Egarter verfügte über ein Funkgerät, mit welchem er die Alliierten informieren und von ihnen Ratschläge entgegennehmen konnte. Die Rolle des Verbindungsmannes hatte Mr. McCaffery übernommen. Die Südtiroler Widerstandsgruppe ermöglichte nicht wenigen politisch Verfolgten die Flucht über die rettende Grenze. Der Bund hatte auch alle Vorbereitungen getroffen, um unserem Land ein schreckliches Kriegsende unter dem alliierten Bombenhagel zu ersparen, falls Hitler in seinem Wahn Tirol wirklich zu einer »Alpenfestung« ausgebaut hätte. Wegen der rechtzeitigen Kapitulation der Italienarmee ohne Wissen des deutschen Hauptquartieres erübrigten sich diese Pläne.

Nach Kriegsende wollte die alliierte Militärregierung in Bozen den Mitgliedern der Widerstandsbewegung – etwa 300 Personen – das sogenannte Alexanderpatent mit der damit verbundenen Geldprämie verleihen. Beim Patent handelte es sich um eine nach dem Oberbefehlshaber der alliierten Streitkräfte in Italien, Feldmarschall Harold Alexander, benannte Anerkennungsurkunde für die Mithilfe zur Befreiung Italiens. Hans Egarter und seine Freunde verlangten, daß die Urkunde in deutsch verfaßt werden und einen anderen Wortlaut erhalten müßte. Sie hätten nicht für die Befreiung Italiens, sondern für die Freiheit Südtirols gekämpft. Im alliierten Hauptquartier lehnte man dieses Ansinnen ab. Die Begründung lautete, daß die »Überreichung eines Patentes besonderer Art als Ansporn für die separatistische Bewegung in der Provinz Bozen gewertet werden könnte«. Die Südtiroler Widerstandsgruppe verzichtete nach diesem Bescheid mit einstimmigem Beschluß sowohl auf die Urkunde als auch auf die Geldprämie. Doch zurück in das Jahr 1943.

Der Szenenwechsel kam über Nacht

Besetzung Südtirols durch die Deutschen • »Operationszone Alpenvorland« • Verfolgung führender Dableiber

Über Nacht und doch nicht unerwartet kam der große Szenenwechsel in Rom. Am 25. Juli 1943 wurde Benito Mussolini gestürzt und in Haft genommen. Marschall Pietro Badoglio wurde zum Regierungschef ernannt. Der Marschall verkündete lautstark: »Der Krieg geht weiter.« Wer aber noch seine fünf gesunden Sinne besaß, dem mußte klar sein, wieviel die Uhr geschlagen hatte. Bei der ersten Gelegenheit würde Italien abspringen. Auch die Deutschen trauten dem Marschall nicht über den Weg und trafen Vorkehrungen. Im August rollten große deutsche Truppenverbände nach dem Süden – auch über die Straßen Südtirols. Einige Gruppen bezogen auch im Lande selbst Quartier. Die deutschen Soldaten wurden in Südtirol begeistert begrüßt, umjubelt und beschenkt. An militärisch wichtigen Stellen wie Eisenbahn, Bunker usw. zogen gemischte italienisch-deutsche Posten auf. Ich fuhr mit der Bahn von Bozen nach Brixen. In meinem Abteil saßen auch zwei Südtiroler Wehrmachtler auf Urlaub. Als sich der Zug der Bahnbrücke von Albeins näherte, sprangen beide zum Fenster. »Siehst du«, rief der eine ganz begeistert, »unsere Jager sind schon da. Jetzt werden wir es ihnen zeigen.« Ich zog es vor, zu schweigen. Ich mußte die beiden bedauern, die sich jetzt eine Wende im Kriegsgeschehen erwarteten, weil deutsche Truppen auch in Südtirol standen.

Bei den »Dolomiten« war die Zensur des Pressechefs der Präfektur gefallen. Wir mußten trotzdem größte Vorsicht walten lassen. Wir Bleiber hegten nicht den geringsten Zweifel, daß die Deutschen Italien besetzen würden, sobald Badoglio sich mit der anderen Seite arrangierte. Diesen Zeitpunkt konnten wir freilich nicht voraussehen. Wir mußten uns aber darauf vorbereiten. Kanonikus Gamper wurde dringend gebeten, sich sobald als möglich nach dem Süden abzusetzen. Dann sollte er sich von der Front überrollen lassen. Wir mußten unseren Sprecher im Falle der Besetzung Südtirols außerhalb des

deutschen Machtbereiches in Sicherheit bringen, damit er in der freien Welt seine Stimme für unser Land erheben könne. Gamper traf Vorkehrungen, sandte Dokumente und Akten nach dem Süden.
Wir hatten aber einen zu langsamen Gang eingeschaltet. Am 8. September war ich abends nach Oberbozen am Ritten gefahren. Am Bahnhof wartete Carla Calza, die spätere Frau meines Bruders David, die in Oberbozen auf Sommerfrische weilte. Ganz aufgeregt fragte sie mich, ob ich es schon wisse. Italien habe mit den Alliierten Waffenstillstand geschlossen. Der Rundfunk bringe dauernd diese Sondermeldung. In der Sommerwohnung der Familie Calza konnte ich mich von der Richtigkeit der Nachricht überzeugen.
Ich erreichte gerade noch den letzten Abendzug, der nach Bozen fuhr. Außer mir waren nur noch zwei Frauen eingestiegen, die Frau und die Tochter des jüdischen Primararztes Prof. Polacco. Sie waren höchst aufgeregt und flüsterten miteinander. Beim Aussteigen sagte ich zu den Frauen, ich würde dem Herrn Professor raten, heute nacht noch zu verschwinden, wenn ihm das Leben lieb sei. Sie fragten mich, wer ich sei und weshalb ich diesen Rat gebe. Dies alles sei uninteressant, entgegnete ich, wichtig sei nur, daß er sich sofort aus dem Staub mache. Nach dem Krieg begegnete ich öfters der Tochter auf dem Weg von Gries in die Stadt herein. Sie schaute mich immer sehr scharf an. Eines Tages hielt sie mich an und fragte mich, ob ich der Herr sei, der am 8. September mit ihnen im Rittner Zug heruntergefahren sei. Polacco hatte meinen Rat befolgt. Er wollte ursprünglich erst in der Früh abreisen, entschloß sich aber, keine Stunde mehr zu verlieren.
Ich ging ins Marieninternat. Kanonikus Gamper war in seinem Zimmer. Er werde im ersten Morgengrauen von Walther Amonn mit dem Auto abgeholt und nach Süden gebracht. Ob ich mit ihm kommen möchte? Ich sagte: »Nein, ich bleibe, die sollen mir nur kommen.« Aber Geld würde ich auf alle Fälle brauchen, meinte er und schob mir eine hohe Summe über den Tisch herüber. Jetzt erschien auch Chefredakteur Rudolf Posch. Für morgen, meinte er, würden wir wohl schnell eine Sonderausgabe der »Dolomiten« vorbereiten müssen. Gamper mußte ihm lange zureden, bis er einsah, daß wir keine Sondernummer mehr herausbringen würden. Der Abschied fiel dem Kanonikus und mir schwer. Würden wir uns noch einmal wiedersehen? Zwei Jahre hat es gedauert, bis diese Stunde schlug.

Vom Internat eilte ich in die Redaktion. Dort machte ich im Ofen Feuer und verbrannte alle Dokumente und Akten, die irgendwie kompromittierend hätten sein können. Kaum zu Hause bei der lieben Frau Reinstaller in Bozen-Dorf, wo ich seit 1938 wohnte, hörte und sah man schon den Feuerzauber. In drei Stunden hatte eine Handvoll Landser alle italienischen Truppenverbände im Lande entwaffnet und gefangengenommen. Der Armeekorpskommandant mit dem schönen Namen Gloria hatte es den Deutschen auch leicht gemacht. Er hatte alle höheren Offiziere zwecks Ausgabe von Weisungen und zwecks Beratung in der Nacht in das Gebäude des 8. Armeekorps jenseits der Talferbrücke gerufen. Um 3 Uhr früh rollte, von der Stadt kommend, ein Tigerpanzer über die Brücke. Ein Schuß auf die Vorderfront des Hauses, kurz darauf ein zweiter und noch ein dritter. Dann ging die weiße Fahne hoch. Gloria hatte mit seinem Stab kapituliert.

Am Mittag des 9. September suchte ich den Redaktionskollegen Dr. Vinzenz Oberhollenzer in seiner Wohnung in der Gumergasse auf. Wir beide beschlossen, doch in unsere Arbeitsräume zu gehen. Die Straßen boten ein fast alltägliches Bild. Wie immer stand in der Museumstraße da und dort eine Gruppe und diskutierte. Es fiel uns auf, daß etliche Männer Armbinden trugen mit der Beschriftung SOD. Wer waren die? Man gab uns die Auskunft, daß dies der neue Südtiroler Ordnungsdienst sei. Es handle sich um eine Hilfspolizei, die vom VKS bzw. von der Arbeitsgemeinschaft der Optanten für Deutschland (ADO) für diesen Fall bereitgestellt worden war. In der Redaktion fanden wir niemanden vor. Da kam der Hausmeister ganz aufgeregt und teilte uns mit schreckensbleichem Gesicht mit, daß man Rudolf Posch, der im Stockwerk über der Redaktion wohnte, verhaftet habe. In der Museumstraße erfuhren wir, daß auch der Rechtsanwalt Dr. Josef Raffeiner, einer der tapfersten Propagandisten gegen die Option, und der Jugendseelsorger Josef Ferrari in Haft genommen worden seien. Nach Rechtsanwalt Dr. Pichler werde gefahndet, hieß es. Na, schöne Aussichten!

Wir zwei wollten die ersten Wogen abklingen lassen und traten am Nachmittag den strategischen Rückzug auf den Ritten an. In Oberbozen wurden wir von Frau Emma Martini in ihrer kleinen Sommerunterkunft beherbergt und rührend betreut. Frau Martini war die Tochter eines österreichischen Finanzbeamten und 1907 im ladinischen Colle Santa Lucia, heute Provinz Belluno, geboren worden. Sie heiratete den Leiter der Sterzinger Athesia-Buchhandlung Karl Martini. Der Mann erkrankte Ende der dreißiger Jahre an Tuberkulose und starb im Mai 1943. Ich half der Witwe bei der Versorgung ihrer drei strammen Buben etwas mit. Wir hatten ja dank der Verbindungen auf dem Lande immer wieder Gelegenheit, Butter und Eier und dergleichen mehr herbeizuschaffen. Frau Martini hat mir das während meiner Haft in Dachau mehr als tausendfach vergolten. Sie starb leider, noch nicht 60 Jahre alt, im August 1966.

Am nächsten Tag stiegen wir doch wieder vom Ritten in die Stadt herunter und meldeten uns bei der Direktion der Verlagsanstalt. Ferdinand Seybold, ein früherer Angestellter der Athesia, war vom Besatzungsregime mit der kommissarischen Leitung betraut worden. Er behandelte uns gar nicht unfreundlich. Nachdem die Zeitung vorläufig nicht mehr erscheine, meinte er, könnten wir Redakteure Oberhollenzer, Romen und ich – uns als im Urlaub befindlich betrachten. Zum gegebenen Zeitpunkt werde man uns rufen lassen.

Ich besuchte in den kommenden Tagen ein paar Dableiber-Familien im Eisack- und Pustertal und machte ihnen Mut. Unter anderem sprach ich bei der Familie Hans Kofler in Brixen und bei Familie Peter Gatterer in Kiens vor. Schließlich landete ich auf dem Hellsteinerhof in Antholz/Niedertal bei der Familie Pallhuber. Dort erfuhr ich in den Abendnachrichten, daß die Deutschen Mussolini gefunden und befreit hätten. Der Duce sei bereits zum Führer gebracht worden. Er werde in dem von den Deutschen besetzten Teil Italiens eine neue Regierung bilden. Am nächsten Tag wollte ich nach Bozen zurückkehren. In Olang wartete ich am Vormittag auf den Zug. Zwei Herren mit SOD-Armbinden kamen auf mich zu. Sie verlangten meine Ausweispapiere und schienen mit dem Ergebnis ihrer Kontrolle außerordentlich zufrieden zu sein. Ich wäre nämlich der, den sie schon seit Tagen gesucht hätten. Sie übergaben mich einem Dritten, der den Befehl hatte, mich in die Carabinierikaserne nach Rasen zu bringen.

Mein Bewacher schien ein friedlicher, vernünftiger Mensch zu sein. Das Gewehr, das er schulterte, stand ihm außerordentlich schlecht. Er knüpfte mit mir ein Gespräch an. Nach einigen Worten über das Wetter meinte er, daß ich auch ein deutscher Mensch sei, und fragte mich, was ich denn eigentlich angestellt hätte. Ich erwiderte, ich sei ein erklärter Gegner Hitlers und des Dritten Reiches. Er zuckte leicht zusammen und sagte fast im Flüsterton, er möge Hitler auch nicht, aber das dürfe man ja nicht sagen. Plötzlich fiel ihm ein, daß er laut Order im Abstand von zwei Metern hinter mir marschieren müßte. Seine Neugier verführte ihn allerdings noch einmal zur Verletzung dieses Befehls. Bald ging er wieder neben mir her und wollte noch allerhand wissen. Als wir aber die Brücke erreichten, die über die Rienz führt, gab er sich recht militärisch und hielt den befohlenen Abstand streng ein.

In der Kaserne nahm er mir Papiere, Brieftasche und Rucksack ab und steckte mich in eine Zelle. Ein paar Stunden vergingen, dann holte man mich in das frühere Amtszimmer des Carabinierimaresciallos. Am Tisch saßen mit strengen Amtsmienen ein halbes Dutzend Männer. Zwei von ihnen kannte ich, weil ich bei der Dableiberversammlung in Oberrasen im Herbst 1939 mit ihnen schweren Krach gehabt hatte. In der Mitte saß der Maier, Kaserbauer in Oberrasen, der aus lauter Begeisterung für Hitler und sein Reich den Hof verpachtet, sich ein Büro eingerichtet hatte und jetzt zum Bürgermeister bestellt worden war. Die Einvernahme des Delinquenten begann ganz vorschriftsmäßig: »Wer sind Sie, wie heißen Sie, woher kommen Sie?« Ich konnte mir nicht helfen, ich mußte unwillkürlich lachen, als ich in diese Gesichter blickte. »Sie wissen ganz genau«, meinte ich, »wer ich bin.« Sie könnten mir doch nicht zumuten, daß ich mit ihnen überhaupt nur reden, daß ich auch nur eine einzige Frage beantworten würde. Wenn man von mir was wolle, solle die deutsche Polizei kommen. Über meine Worte waren sie zutiefst gekränkt. Zornig standen sie auf. Sofort wanderte ich wieder in die Zelle.

Am Nachmittag erschien dann wirklich ein Herr aus Bruneck. Nach einem kurzen, sachlichen Frage- und Antwortspiel wurde ich auf einen Lastwagen verfrachtet, den ein SOD-Mann steuerte, während ein zweiter auf den Bösewicht aufpassen mußte, damit er nicht die Flucht ergriff. Abends hielt ich Einzug ins Brunecker Bezirksgefängnis. Kaum hatte ich die Zelle in meinem neuen Heim betreten, hörte ich vom Tiefparterre schon eine bekannte Stimme: »Friedl, ich bin auch da.« Sie gehörte meinem Freund Josef Graber, Treyer in Reischach. Er hatte von meinem Einzug durch den Gefängniswärter erfahren. Eine Stunde später hatte er auch erreicht, daß ich in seiner Zelle untergebracht wurde.

Beim ersten Auslauf im Gefängnishof traf ich noch andere Bekannte: u.a. David Mayrhofer, Schlipfwirt in Uttenheim, und den

Pitzinger-Bauern von Gais, Josef Harrasser. Der Schlipfwirt war zusammen mit dem Baron Sternbach und dem Häusl-Schuster der einzige Dableiber von Uttenheim gewesen. Er war ein sprachgewandter Mann. Bei den Disputen in seinem Gasthaus hat er immer das letzte Wort gehabt. Seiner Frau hatte man sehr zugesetzt, daß die Familie auch optieren sollte. Die Frau ließ sich überzeugen und brachte ihren Mann dazu, mit ihr zwecks »Wahlaufklärung« zum Brunecker Dekan Padöller zu pilgern, der wegen seiner Sympathie für die Option bekannt war. Er redete dem David auch gut zu und entließ sie beide mit seinem Segen. Als sie auf der Straße standen, sagte der »Schlipf« zu seinem Weibe: »So, meine Liebe, jetzt bin ich mit dir zu deinem Dekan gegangen und jetzt gehst du zu meinem.« Schon saßen die beiden im Taufererbahnl und fuhren zu Dekan Eppacher von Taufers, einem erklärten Gegner der Option. Der Schlipf-Vater erklärte den Zweck des Kommens. Eppacher hörte geduldig zu. Dann stand er in seiner ganzen Größe hinter dem Tisch auf und sagte: »David, ich sage dir nur eines, behalte du die Hosen an.« So geschah es dann auch.

Im Brunecker Gefängnis verbrachte ich mit dem Treyer-Seppl goldene Tage und Wochen. Frau Graber, die gute Zilli, brachte jeden Tag ein ganz hervorragendes Frühstück, wie ich es mir in der Freiheit nie geleistet hatte. Mittags und abends kochte uns die Frau des Wärters Gerichte, die sich damals im besten Hotel hätten sehen lassen können. Von Dableiber-Freunden wurden wir mit Eß- und Rauchwaren so großartig versorgt, daß wir die Hilfe des Wärters und seiner Frau in Anspruch nehmen mußten, um mit allem fertig zu werden. Der Wärter Franz Neulichedl war, bevor er zur jetzigen Charge aufgerückt war, Wächter auf dem Rain-Turm gewesen. Er fand an seinem neuen Beruf wenig Freude, benahm sich gegenüber den Insassen ganz hervorragend. Uns zwei hatte er direkt liebgewonnen. Ich denke heute noch mit Dankbarkeit an diesen einfachen, geradlinigen, nach außen etwas schroffen, aber im Innern gutmütigen Mann.

Gleich am nächsten Morgen brachte er mir die Nachfolgerin der »bösen« Dolomiten, die vom jetzigen Regime herausgegebene »Landeszeitung«, die bald in »Bozner Tagblatt« umgetauft wurde. Die nationalsozialistische Verwaltung hatte das Athesia-Unternehmen in Beschlag genommen und übertrug die Vermögensverwaltung einem vom Tiroler Gauleiter Hofer bestellten Kommissär. Alle Betriebe wurden an den neugebildeten »Bozner Verlag« übergeben.

Mein Bruder David, der bei der Athesia Oberbuchhalter gewesen war, blieb merkwürdigerweise in seiner Stellung ungeschoren. Mit Buchhaltung, werden sich die neuen Herren gedacht haben, kann man ja politisch nicht viel verderben. Und einen Ersatz fanden sie auch nicht so leicht. Für mich erwies sich das Verbleiben des Bruders im Verlag später als sehr wertvoll. Denn dank dieses Postens war es ihm möglich, mir mit der Alpen-Dienstpost die für Dachau bestimmten Pakete wenigstens bis Innsbruck zu schicken. Man hat ihn bei dieser Tätigkeit nie ertappt, denn ansonsten . . .

Aus der Landeszeitung erfuhren wir, daß der Führer aus den drei Provinzen Bozen, Trient und Belluno eine »Operationszone Alpenvorland« gebildet habe. Zum Obersten Kommissar war der Gauleiter von Tirol-Vorarlberg, Franz Hofer, ernannt worden. Er bestellte den Volksgruppenführer Peter Hofer, mit ihm nicht verwandt, zum Präfekten der Provinz Bozen. Die »Operationszone« blieb italienisches Hoheitsgebiet, und der italienische Beamtenapparat wurde im großen und ganzen nicht angetastet. Aber in allen Gemeinden wurden Südtiroler als kommissarische Bürgermeister eingesetzt. Und alle höheren Verwaltungsposten wurden an Einheimische übertragen. Auch die Kinder der Dableiber durften jetzt deutsche Schulen besuchen. Für alle privaten Aufschriften konnte jeder nach Belieben seine Sprache wählen.

In der ersten Oktoberwoche durften wir von einem Fenster der Küche aus eine Großkundgebung im damaligen Stil genießen. Der Oberste Kommissar Franz Hofer stattete Bruneck den Antrittsbesuch ab. Das Spiel der Musikkapellen wechselte mit dem Dröhnen der Marschstiefel. Die Heil- und Jubelrufe der Jungen und Alten brandeten an die Gefängnismauern. Bruchstückweise erlauschten wir auch Hofers große Antrittsrede. Sie brachte wirklich wenig Neues. Die Schlager waren uns beiden alle schon bekannt: Durchhalten um jeden Preis, Glaube an den Führer und an den Endsieg, wilde Drohungen gegenüber allen, welche die Moral des Volkes untergraben möchten usw., usw. Der Beifall wollte natürlich kein Ende nehmen. Massenhysterie im besten Hitler-Stil!

Natürlich jubelten nicht alle. Nächtlicherweise kamen öfters SOD-Streifen an unser Fenster, Freunde von Graber aus Reischach, die zu Hilfspolizeidiensten abkommandiert waren. Sie berichteten uns von den Schikanen gegen die Dableiber. Die braunen Dorfgewaltigen fühlten sich jetzt wirklich allmächtig. Die Dableiber wurden zu

Dutzenden verhaftet, während man die früheren Faschistengrößen meistens ungeschoren ließ. Den Bleibern wurden alle Radios und Jagdgewehre abgenommen. In den Städten zog man sie auch zu Aufräumungsarbeiten heran. In der Öffentlichkeit wurden sie wie Parias behandelt. Sie hatten eben die unverzeihliche Sünde begangen, dem Ruf des Führers nicht zu folgen.

Nach dem Abendessen saßen wir oft bis 2 oder 3 Uhr mit dem Wärterpaar in der Küche, spielten Karten und ließen uns auch einen guten Tropfen munden. Wenn wir wollten, durften wir untertags im Garten arbeiten. Die Zellentür stand immer offen. Nur wenn Inspektion kam, was nie überraschend sein konnte, weil vorher bei einem Eisengitter vor dem Gefängnis geläutet werden mußte, machte der Franz scheinhalber auch bei uns den Riegel zu. Als wir einmal im Garten Kartoffeln gruben, ganz schön langsam und gemütlich, erhielt ich Besuch von meinem Bruder David und seiner Braut Carla Calza. Sie hatten sich um mich wohl Sorgen gemacht, aber nach gebührender Aufklärung kehrten sie beruhigt nach Hause zurück. Natürlich hatten sie uns Rauchwaren und Nahrungsmittel in großer Menge zurückgelassen, die von Dableiber-Freunden aus dem Vinschgau und dem Burggrafenamt stammten. Im Gefängnis tauchte ab und zu ein Herr Habicher, Hirschenwirt in Bruneck, auf und durchsuchte die Zellen nach verbotenen Waren. Dem Schlipfwirt beschlagnahmte er einmal sogar sein Gebetbuch. Das mußte er freilich wieder bringen. In unserer Zelle ließ sich der Hirschenwirt nie blicken.

Nach und nach wurden alle Insassen zu einem Verhör ins Hotel Post geholt. Mich hatte man anscheinend vergessen. Doch dann erschien eines Tages ein Wachtmeister der Gendarmerie. Er habe, erklärte er dem Wärter Franz, den Befehl, mich zu einer kleinen Einvernahme ins Gendarmeriekommando zu bringen. Dort begrüßte mich der Chef recht freundlich. In seinem Zimmer stand ein Mädchen, das ich damals sehr verehrte. Der Meister sagte, dieses Fräulein behaupte, mich gut zu kennen, und hätte um eine Besuchserlaubnis gebeten. Da für mich aber die Gestapo zuständig sei und nicht die Gendarmerie, könne er keine ausstellen. Deswegen habe er geglaubt, es sei gescheit, mich zu einem Verhör in die Kaserne bringen zu lassen, damit dem schönen Fräulein ihr Wunsch erfüllt werde. Und schon hatte er uns ins anliegende Zimmer geschoben. »Aber nicht mehr als eine halbe Stunde.«

Leider gingen die schönen Tage in diesem fidelen Gefängnis allzu schnell zu Ende. Am 30. Oktober 1943 hieß es plötzlich umziehen. Zwei Wachtmeister der Gendarmerie holten mich ab und brachten mich nach Bozen. Beide waren brave Burschen aus Osttirol. Sie machten mir gegenüber aus ihrer Gegnerschaft gegen das Regime gar kein Hehl. Mich trösteten sie mit der Versicherung, daß es sowieso nicht mehr lange dauern werde. In Bozen ließen mich die Wachtmeister einen Besuch im Athesia-Gebäude unter den Lauben machen. Dort rannte ich mit Oberhollenzer zusammen, der mir berichtete, daß er gerade heute Kanonikus Gamper von seinem Versteck im Widum von Wangen auf dem Ritten zur Straße ins Sarntal heruntergebracht habe. Dort habe Gamper ein Auto der Deutschen Wehrmacht bestiegen und sei nach dem Süden gefahren. Wohin die Reise ging, wisse er nicht. Ich wußte aber, daß die deutsche Militärische Abwehr des Admiral Canaris den Kanonikus in Sicherheit bringen wollte.

Im Gebäude der Athesia unter den Lauben hätte ich ohne weiteres durch einen Nebenausgang meinen Begleitern entwischen können. Einen Augenblick lang ging mir dieser Gedanke durch den Kopf. Dann sagte ich mir, ach, lassen wir es nur darauf ankommen, diesen beiden Burschen darfst du das nicht antun.

In den Fängen von Gestapo und SS

Haft und Verhör in Bozen • Einlieferung in das Lager Reichenau bei Innsbruck

Im Bozner Gefängnis wehte schon eine andere Luft. Das Haus war überfüllt. Wir waren zu fünft ziemlich eng zusammengepfercht in einer Zelle. Anderen ging es noch schlechter. Zwei der Zellengenossen waren Südtiroler und zwei Italiener. Alle hatten nur mehr oder weniger harmlose Vergehen auf dem Kerbholz. Ein Grieser hatte als SOD-Mann einige beschlagnahmte Decken nicht sofort abgeliefert, ein Salurner Handelsmann hatte eine alte Kuh gekauft und schwarz geschlachtet. Die italienischen Gefängniswärter waren geblieben. Sie gaben sich aber sehr eifrig. Sie fürchteten wohl, daß sie ansonsten Kollegen von uns werden könnten.

Bald wurden für mich auch im Bozner Gefängnis Pakete und nochmals Pakete mit guten Sachen abgegeben. Neben meinem Bruder David und der Frau Emma Martini, die sogar die erlesensten Leckerbissen herbeischaffte, war das Puff-Rosele von Gries, die Tochter des langjährigen Obmannes der Grieser Kellerei, eine besonders fürsorgliche Versorgerin. So wurde ich bald auch für die Aufseher im Bozner Gefängnis eine Respektperson, der man manche Vergünstigung, wie z. B. tägliches Rasieren, zubilligte. Sonst dauerten die Tage schon lang. Für einige Abwechslung sorgte nur die alliierte Luftwaffe. Wenn die Sirenen heulten, wurden wir alle von den aufgeregten Wärtern in die Kellerräume gelotst. Dort konnte man mit anderen Bekannten plaudern. Je länger der Alarm dauerte, desto angenehmer für uns. Unser erster Blick galt in der Früh dem Wetter. Wenn es schön war, konnten wir auf die Sirenen hoffen. Daß Bomben auch einmal in unseren alles eher als soliden Keller einschlagen könnten, an diese Möglichkeit haben wir eigentlich gar nie gedacht.

Eines Tages wurde ich abgeholt zum ersten Verhör bei der Geheimen Staatspolizei Himmlers im Gebäude des Armeekorps, dem früheren Sitz der italienischen Militärbehörde. Ein SS-Hauptscharführer Wörgater aus Salzburg bearbeitete meinen Fall. Er blieb während der ganzen Einvernahme immer sehr ruhig und sachlich. Es gab keinerlei Geschrei, geschweige denn Schlimmeres. Ich mußte ihm mein Leben erzählen, von dem er sowieso schon alles zu wissen schien. Warum ich so scharf gegen die Option agitiert hätte und wo Kanonikus Gamper sich aufhalte, wollte er wissen. Auf letztere Frage erwartete er gar keine Antwort. Ich hätte es auch nicht gewußt. Seine Frage bewies mir, daß der Kanonikus ihnen auf seiner Fahrt nach dem Süden durch die Maschen gegangen war.

Zum Schluß fragte Wörgater: »Sind Sie immer noch überzeugt, daß der Krieg verloren ist, so sicher wie zwei mal zwei vier ist?« In den Akten war wirklich alles vermerkt: Es war im Jänner 1941 gewesen. Ich saß mit meinem Freund Vinzenz Oberhollenzer, mit allen Dorfgewaltigen der Optanten seines Heimatdorfes Luttach im Ahrntal im Gasthof »Unterstock«. Wir debattierten heiß. Nach Mitternacht zogen wir uns in die Küche zurück. Dort gaben wir uns die Hand und gelobten, daß über die weiteren Aussagen strengstes Stillschweigen gewahrt werde. Ich verlieh meiner festen Überzeugung Ausdruck, daß dieser Krieg verloren sei, so sicher, wie zwei mal zwei vier ist. Die Entrüstung, welche diese Worte auslösten, kann man sich ungefähr vorstellen. Die Mannen sprangen von ihren Stühlen auf, schrien, einer erklärte, wenn dies der Fall sein sollte, werde er sich und seine ganze Familie ums Leben bringen. Gegen Morgengrauen beruhigten sich die Gemüter etwas. Bei einem durfte ich sogar übernachten. Und alle, bis auf einen, haben geschwiegen. Dieser eine, der einen besonderen Eifer an den Tag legte, plauderte. Und natürlich erfuhr es auch die Gestapo.

Auf die betreffende Frage von Wörgater erwiderte ich ganz offen: Die Entwicklung der letzten Jahre sei nicht dazu angetan gewesen, diese meine Meinung zu ändern. Ob ich mich freiwillig zur SS melden würde, wollte Wörgater wissen. Den Antrag lehnte ich mit dem Hinweis ab, daß ich mich dafür wohl nicht eigne. Auch dafür zeigte Wörgater Verständnis. Er reichte mir die Hand und ließ mich ins Gefängnis zurückbringen. Meine Bitte um eine Besuchserlaubnis hatte er mir abgeschlagen. Etliche Tage später stellte er aber Frau Emma Martini doch eine aus. Sie hatte ihm weisgemacht, daß ich nach dem Tode ihres Mannes 1943 ihr Wirtschaftsberater gewesen sei. Wahrscheinlich glaubte der SS-Hauptscharführer ihr kein Wort, aber gegenüber der Witwe wollte er eine menschliche Geste machen.

Mir schwante nach dem Verhör nichts Gutes. Es war so glatt über die Bühne gegangen, daß es sich doch wohl nur um eine Formsache handelte. Mein Schicksal war schon vorher entschieden worden, und ich sollte mich nicht getäuscht haben.

Am 2. Dezember 1943 fand der Volksgruppenführer Peter Hofer, der nach der Besetzung Südtirols zum Präfekten ernannt worden war, bei einem Bombenangriff den Tod. Hofer war in seinem Dienstwagen mit Freunden noch vor Ende des Alarms durch die Stadt gefahren, um sich einen Überblick über die Schäden zu machen und Hilfe zu leisten, wo eine solche besonders dringend notwendig war. Peter Hofer war aus ganz bescheidenen Anfängen zu einer führenden Persönlichkeit in Südtirol emporgewachsen. Bei den kleinen Leuten genoß er wegen seiner Einfachheit große Verehrung. Sein Wirken war von einem unerschütterlichen Idealismus getragen. Ich glaube heute, daß er sich mit der Umsiedlung innerlich nie ganz abgefunden hat. Wie manch anderer hoffte er wohl inbrünstig, daß das Kriegsgeschehen eine Wende bringen werde. Als mein Bruder David einmal bei ihm vorsprach wegen mir, erwiderte er fast lächelnd: »Ein paar Monate Kotter tun dem Friedl nur gut. Dann werden wir schon sehen.« Ich bin der Überzeugung, daß mir der Weg nach Dachau erspart geblieben wäre, wenn Hofer länger gelebt hätte.

Zum Nachfolger von Peter Hofer als Präfekt wurde Dr. Karl Tinzl ernannt. Auch Tinzl hat in diesem Amt vielen Leuten helfen können. Aber irgendwelchen Einfluß auf den Obersten Kommissar der Operationszone, den Gauleiter Franz Hofer, hatte er nicht. Er blieb auf die reine Verwaltungsarbeit beschränkt. Vom politischen Geschehen wurde er ausgeklammert. Er diente dem Regime nur als Aushängeschild.

Am 29. Dezember wurde mein Bruder David mit der Schwester seiner Braut, Xandra Calza, der späteren Chefsekretärin der Volkspartei, zu mir ins Gefängnis vorgelassen. David brachte mir die Nachricht, daß man mich am nächsten Tag nach Innsbruck verlegen werde. Was mit mir nun geschehen solle? Wörgater hatte mit einem recht hintergründigen Lächeln gesagt, man wolle mich von einem Leben unter kriminellen Gestalten erlösen. Ein weiteres Verbleiben an diesem Ort könne man mir doch nicht zumuten. Was dies heißen sollte? Wir blickten uns an und schwiegen.

In der Nacht legte man die fünf für den Transport bestimmten Männer in eine Sammelzelle. Um 9 Uhr früh wurden wir von Wörgater und anderen SS-Leuten, darunter einem Offizier, in drei Personenwagen abgeholt. Als ich gerade einsteigen wollte, tauchten zwei Freunde der Grieser Kellereigenossenschaft mit zwei Kartons voll von Flaschen und drei Obststeigen auf. Sie wollten mir einen schönen Silvesterabend bereiten. Die SS-Leute schauten sich fragend an. Wörgater, mein Verhörer, sagte etwas von einem fidelen Gefängnis. Er erhob aber keinen Einwand dagegen, daß ich mein ohnehin schon großes Gepäck mit Obst und Wein auffüllte. Die SS-Mannen fuhren, wie wir unterwegs den Gesprächen entnahmen, auf Urlaub ins Großdeutsche Reich und hatten uns bei dieser Gelegenheit gleichzeitig mitgenommen.

Die Einweisung in das »Hotel Sonne«, wie man das Polizeigefängnis in Innsbruck am Südtiroler Platz in einschlägigen Kreisen nannte, brachte keine Probleme. Gendarmen nahmen uns in Empfang. Meine Weinflaschen und Obststeigen beförderte man zusammen mit dem anderen Proviant unter Dach ins Magazin. Ich konnte aber jeden Tag etwas davon anfordern. Zigaretten durften wir behalten. Das Rauchen in den Zellen war allerdings strengstens verboten. Nur beim Waschen und beim Spaziergang durfte man sich eine anzünden. So lautete die Hausordnung. Sie wurde aber immer noch auf österreichisch gehandhabt. Einen der Wachtmeister kannte ich. Er war vor der Abwanderung Angestellter in der Buchbinderei der Athesia gewesen. Mir wurde mit einem Lehrer Piffer aus Laag bei Neumarkt eine recht saubere Zweibettzelle zugewiesen. Herr Susat, der Wachtmeister aus Bozen, zeigte sich schon am nächsten Tag von der besten Seite. Wie ich bald bemerken konnte, hatte er auch seine Kollegen über meine Person unterrichtet. Er begleitete mich gern und oft ins Magazin, wo wir uns zusammen den »Südtiroler« munden ließen, der in Nordtirol schon ausgesprochene Mangelware geworden war. Auch zu den anderen Aufsehern kristallisierte sich nach und nach fast ein kollegiales Verhältnis heraus. Niemand stieß sich daran, wenn ich auch in der Zelle rauchte.

Abends ließ mich der Chef des Hauses, ein Gendarmeriemeister, fast jeden Tag in sein Büro rufen. Als Vorwand dienten Übersetzungen vom Italienischen ins Deutsche oder umgekehrt. Diese waren immer in längstens 10 Minuten erledigt. Dann saß man aber noch weiter beisammen, plauderte, rauchte Zigaretten und trank ein paar gute Schluck des Südtirolers. Am 30. Jänner 1944 teilte mir der Meister mit ziemlich trauriger Miene mit, daß ich am nächsten Tag aus dem Polizeigefängnis entlassen würde. Allein sein besorgtes Gesicht sagte mir, daß es sich alles eher als um eine Entlassung handeln werde. Ich stellte Fragen. Der Meister zuckte die Achseln, er wisse auch nichts Näheres, ich brauche aber nicht den Mut zu verlieren. Im Raum stand das Wort »Gestapo«.

Ein Gendarm führte mich zum Gestapo-Hauptquartier in der Herrengasse. Dort ließ man mich ein paar Stunden in einem versperrten Raum warten. Ein junger Kerl mit einem bösen Blick befahl mir dann barsch, mit ihm in ein Auto zu steigen. Die Fahrt ging Richtung Hall. Nach ein paar Kilometern bog er über eine morsche Brücke nach rechts ab. Eine Reihe von Baracken tauchte auf, ein Schlagbaum ging hoch und ich war im Lager Reichenau. Hier spürte man sofort einen anderen, einen eiskalten Wind. In einem Büro nahmen zwei Herren, ein Zivilist und ein Bursche in einer etwas merkwürdigen Halbuniform, meine Personalien auf. Der Zivilist fragte mich nach meiner Nationalität. Ich sagte Südtiroler. Er stand gemächlich auf und befahl mir die Brille abzunehmen. Pitsch, patsch, pitsch, patsch . . . hatte ich schöne Ohrfeigen sitzen. »Sie sind kein Südtiroler, Sie sind Italiener«, so lautete die Begründung für die kräftige Belehrung.

In einem Raum mußte ich mich ausziehen, alle meine Kleider und Wäsche abgeben. Man warf mir ein paar Stücke vor die Füße, die als Unterhosen, Hemd, Hose, Rock, Mantel und Mütze gedacht waren. Nichts paßte mir, ein Stück war zu groß, ein anderes zu klein, aber ich mußte doch hinein. Nur die Schuhe wurden mir nicht weggenommen, weil ich im Koffer noch ein zweites Paar hatte. Ansonsten hätte ich mit ein paar Holzsandalen, die diesen Namen kaum verdienten, vorlieb nehmen müssen. Zigaretten, Seife, Zahnbürste, Sacktücher und andere Kleinigkeiten durfte man behalten. In einer der Baracken mit drei Stockbetten wurde mir meine Liegestatt gezeigt. Das Lager schien fast menschenleer zu sein. In einem Bad hieß es wieder warten. Dort erspähte ich einen halbblinden Spiegel. Ich schaute natürlich neugierig hinein – und ein richtiger Clown schaute heraus. Endlich hörte man die Schritte marschierender Kolonnen. Die Lagerinsassen kehrten von der Außenarbeit heim. Die Tür zum Bad wurde aufgerissen. Ein Hüne an Gestalt erschien im Rahmen. Und vor mir stand Luis Oberkofler von Percha, mit dem ich im Brunecker Gefängnis einquartiert war. Am rechten Arm trug er eine Binde mit der Aufschrift Capo. Er hatte im Lager also Karriere gemacht. Mir wurde bei seinem Anblick sofort wohler zumute. Der mit allen Salben gewaschene und mit allen Lagerraffinessen bereits vertraute Luis nahm mich sofort unter seine kräftigen Fittiche. Er sorgte dafür, daß ich eine Lagerstatt neben ihm zugeteilt erhielt. Er holte für mich auch gleich zwei Portionen Abendessen – es gab ein Stück Brot mit Margarine – und führte mich in die Geheimnisse des Lagerlebens ein. Reichenau war ein Arbeitserziehungslager.

Nach dem Kriege las ich, daß dieses Lager von der Gestapo am 21. Jänner 1942 errichtet worden war. In der Mitteilung über die Errichtung solcher Anstalten heißt es, daß sich Fälle von Arbeitsverweigerung in wichtigen Betrieben mehrten, denen im Interesse der Wehrkraft des deutschen Volkes mit allen Mitteln entgegengetreten werden müsse. »Arbeitskräfte, welche die Arbeit verweigern oder in sonstiger Weise die Arbeitsmoral gefährden, sind in besonderen Arbeitserziehungslagern zusammenzufassen und dort zu geregelter Arbeit anzuhalten.« Die Dauer der Haft war mit vier bis höchstens acht Wochen festgelegt. Falls nach Ablauf dieser Zeit der Haftzweck nicht erfüllt wäre, sei die Einweisung in ein Konzentrationslager zu beantragen. Die Häftlinge, heißt es in dem Erlaß des Reichsführers SS Heinrich Himmler, Chef der deutschen Polizei, vom 28. Mai 1941 weiter, sind zu stärkerer Arbeit anzuhalten, um ihnen ihr volksschädigendes Verhalten eindringlich vor Augen zu führen, um sie zu geregelter Arbeit zu erziehen und um anderen durch sie ein abschreckendes und warnendes Beispiel zu geben. Nun konnte ich lernen, wie die nationalsozialistische Erziehung zu geregelter Arbeit aussah.

Im Lager Reichenau befanden sich hauptsächlich Zwangsarbeiter aus den besetzten Gebieten, die ihre Arbeiten bei ihren Herren nicht fleißig genug verrichtet hatten oder gar ausgerissen waren. Die Mehrzahl der Insassen waren Russen, Jugoslawen und Italiener. Reichenau diente auch gleichzeitig als Durchgangslager für »Politische«, die für das KZ reif waren. Hier erhielten sie einen Vorgeschmack von dem, was sich in den eigentlichen Konzentrationslagern abspielte. Die Lagerkost war miserabel: wenig und das Wenige war schlecht gekocht. Wer auf sie allein angewiesen war, kam aus dem Hungern nicht heraus.

Der Lagerkommandant hieß Georg Mott. Er war ein Schwabe und

(17/18) Nach dem Krieg fotografiert: Das Konzentrationslager Dachau. Hier war Dr. Friedl Volgger von Ende März 1944 bis Ende April 1945 eingesperrt.

(19) Zwei Leidensgenossen Volggers im KZ Dachau: der steirische Landeshauptmann Karl Maria Stepan (links) und Alphons Gorbach, der spätere österreichische Bundeskanzler

(20/21) Zwei »Schutzengel« Volggers während seiner Dachauer Haft: der schon früher ins KZ eingelieferte Geistliche Walter Sparber, ein ehemaliger Studienkollege, und Anni Kneß in Innsbruck, vor 1938 und nach 1945 die rechte Hand mehrerer Innsbrucker Bürgermeister, die für den so wichtigen Paket-Nachschub sorgte.

```
Volgger        66166  Sch
Friedrich             4.9.14
Journalist     Ridnaun
25. März 1944  Bolzano
               Blindegasse 2
               1.-. r.k. Itl.
```

(22) Karteikarte aus dem Büro des Arbeitseinsatzkommandos in Dachau

(23) Zur Entlassung Volggers aus Dachau ausgestellte Bestätigung seiner Haft

```
Int.Pris.Com.                              Dachau, 13.5.45
K.L. Dachau
```

Dr. Volgger Frederic, born the 4.9.1914 in Ridnaun (South-Thyrol) has been in the Concentration Camp of Dachau from the 27.3.43 until the liberation of the Camp bye the 7. American Army the 29.4.1945 as a political prisoner.

The International Prisoners Committee
Das Internationale Häftlings-Komitee

(24) Amerikaner bewachen im Mai 1945 die Brennergrenze, über die man vom Süden her wieder nach Österreich kommt. In umgekehrter Richtung müssen Friedl Volgger und andere entlassene Südtiroler KZ-Häftlinge auf dem Heimweg den Grenzposten umgehen, um weitere Verzögerungen zu vermeiden.

schrie und polterte oft wie verrückt. Er teilte auch Prügel aus, war aber alles in allem doch kein Sadist, kein Unmensch. Sehr in acht nehmen mußte man sich vor den Gestapo-Leuten, die speziell abends durch die Baracken schlichen. Mott wurde nach dem Kriege festgenommen und von einem Schwurgericht in Hechingen zu lebenslänglichem Zuchthaus verurteilt. Die Anklage lautete, daß er einen russischen Häftling habe aufhängen lassen, dem vorgeworfen worden war, einen Diebstahl begangen zu haben. Mott hatte bestritten, an diesem Tag im Lager anwesend gewesen zu sein. Ich habe mich auf Bitten seiner Frau Irma mehrmals eingeschaltet, um seine Begnadigung zu erreichen, was schließlich zusammen mit anderen Fürbittern auch gelang.

Die Häftlinge waren in Kommandos (Arbeitsgruppen) eingeteilt, die alle ihre Aufgaben innerhalb und – zum größten Teil außerhalb des Lagers zu erfüllen hatten. U. a. gab es die Kommandos für Schneeräumung in Innsbruck, für den Bau von Splittergräben, für Aufräumungsarbeiten, ferner Postkommandos usw. Um 6 Uhr war Weckruf. In höchster Eile stürzten alle mit nackten Oberkörpern in die Waschräume. Dann hieß es schnell abtrocknen und gleich wieder raus. Die letzten »bissen nämlich die Hunde«. Beim Eingang stand der Mann in der merkwürdigen Halbuniform, den ich im Aufnahmebüro kennengelernt hatte, mit einem Gummiknüppel. Und die letzten bekamen immer eine tüchtige Tracht Prügel aufdiktiert. Der junge Mann war ein Slowene namens Janko. Er wäre – so hieß es – schon längst entlassen. Als Capo hatte er aber seine Mithäftlinge so schikaniert und mißhandelt, daß er es vorzog, im Lager zu bleiben und der SS weitere Dienste zu leisten. Er fürchtete, draußen könnte ihn die Rache der von ihm Geschundenen erreichen. Er schlug und prügelte auch sonst immer nach Herzenslust. Nur Luis Oberkofler ging er aus dem Weg, und damit war auch ich abgeschirmt.

Nach der rasanten Morgentoilette gab es ein Getränk, das sich Kaffee nannte, mit einem Stück Brot. Es folgte der Morgenappell. Die einzelnen wurden nicht bei ihrem Namen, sondern mit den Nummern aufgerufen, die auf ihrer Brust, wenn man es so heißen kann, prangten. Ich war Nr. 1189 geworden. Diese Nummern sollten uns zusammen mit der unmöglichen Bekleidung mürbe machen. Sie sollten uns zum Bewußtsein bringen, daß wir nicht mehr Menschen, sondern eben nur mehr Nummern waren. Das Aufrufen der Nummern war besonders für die Ausländer – und die waren ja in übergroßer Mehrzahl – eine besondere Schikane. Man flüsterte dem Nebenmann manchmal zu, daß er jetzt »Hier« schreien müsse, aber manchmal mußte die Nummer dreimal aufgerufen werden, bis sich einer meldete. Dies benützte dann ein kleiner bösartiger Zwerg von SS-Mann, der aus Ostpreußen stammte, dazu, um die Schuldigen ein paar Mal in die Schienbeine zu treten, daß sie hell aufschreien mußten. Um 7 Uhr rückten die Kommandos aus und marschierten gegen Innsbruck. Um 12 Uhr gab es immer einen Topf Suppe, meistens Steckrüben, und eine Viertelstunde Pause. Um 5 Uhr trat man den Rückmarsch ins Lager an.

Nachdem ich noch die üblichen Lagerformalitäten erledigt hatte, wurde ich am zweiten Tag dem Splittergrabenkommando zugeteilt. Wir marschierten mit zwei Posten in die Nähe der Innbrücke. Dort warteten zwei Zivilmeister der Stadtgemeinde, welche die Arbeit einteilten und überwachten. Der Capo unseres Kommandos war ein Slowene. Mich nahm er gleich abseits, stieg mit mir die Stufen zu einem bereits zugedeckten Graben hinunter, drückte mir einen Besen in die Hand und sagte: »Du hier bleiben, immer Besen halten, kehren nur, wenn jemand kommen.« Ich brauchte mich also nicht anzustrengen. Luis Oberkofler hatte mit dem Capo offenbar ein klares Wort gesprochen, und es hatte die richtige Wirkung erzielt. Die beiden Posten kümmerten sich um den Fortgang der Arbeit überhaupt nicht. Den Zivilmeistern hatte man auch schon reinen Wein über mich eingeschenkt.

Dies hatte ich dem Fräulein Anni Kness zu verdanken. Sie wurde 1902 in Innsbruck geboren, übersiedelte dann nach Bozen und war nach dem Ersten Weltkrieg die Sekretärin von Kanonikus Michael Gamper gewesen. Als österreichische Staatsbürgerin hatte man sie bald abgeschoben. In Innsbruck trat sie in den Dienst der Stadtgemeinde und rückte bis zur Chefsekretärin des Bürgermeisters Franz Fischer auf. Nach dem Anschluß verbannte man sie in irgendein Nebenbüro des Rathauses. Als die Ostmark wieder Österreich wurde, kehrte sie in das Bürgermeisterzimmer zurück und betreute nacheinander alle Chefs der Gemeinde von Melzer über Greiter bis Lugger. Mit Erreichung der Altersgrenze ging sie in Pension und starb allzu früh im Dezember 1974. Die Kness Anni kannte natürlich alle Zivilmeister und war, obwohl sie bei den Nazis in Ungnade gefallen war, bei den Angestellten geachtet und beliebt. Auf dem Weg über die Meister, denen die braune Farbe auch nicht sonderlich zusagte, ließ mir Anni nun Lebensmittel, Zigaretten und alles mögliche zukommen. So war ich bald auch in Reichenau gut gerüstet. Es versteht sich von selbst, daß ich meine Schätze mit Luis Oberkofler, dem slowenischen Capo und anderen Freunden teilte.

Mit Zivilisten zu sprechen, war den Häftlingen strengstens verboten. Ebensowenig durften Zivilisten sie anreden. Zwei riskierten trotzdem einen flüchtigen Besuch in meinem Splittergraben: Prof. Dr. Eduard Reut-Nicolussi, der große Vorkämpfer für Südtirol in der Faschistenzeit, und der von den Nationalsozialisten eingesetzte Rektor der Universität, Prof. Dr. Raimund v. Klebelsberg. Die Posten machten Stielaugen, als Klebelsberg mit dem »Goldenen Parteiabzeichen« am Knopfloch nach mir fragte. Sie riefen mich sofort aus meiner Höhle. Beide waren entsetzt über meine Bekleidung, beide versprachen, alles Erdenkliche für mich zu tun. Beide bemühten sich vergeblich. Mir ist es heute noch ein Rätsel, von wem sich Klebelsberg das Goldene Parteiabzeichen ausgeliehen hat, denn er selbst war eines solchen nicht würdig, ja er wurde vom Nazi-Regime nach Strich und Faden schikaniert. Aber man brauchte ihn eben als Rektor.

Das Nichtstun im Splittergraben wurde mir mit der Zeit doch zu langweilig. Ich ersuchte um Überstellung zum Kommando Schneeräumung, und sie wurde mir auch gleich bewilligt. Die Arbeitsgruppe rückte mit Pickel und Schaufel den Schnee- und Eismassen in Innsbrucks Straßen zu Leibe. Gar keine leichte Arbeit. Zusammen mit einem deutschen Häftling erwischte ich es wieder gut. Dafür sorgte unser guter Meister Pichler, bei dem Anni Kness besonders in Gnade stand. Wir brauchten nur die Schnee- und Eismassen, welche die Kameraden zusammengeschaufelt und gepickelt hatten und auf Karren herbeischoben, in die Kanalisierung zu schütten. Manchmal stiegen wir hinunter unter dem Vorwand, nachschauen zu müssen, und rauchten dabei tief unten mit Wohlbehagen eine Zigarette.

Ende Februar ging Luis Oberkofler auf »Transport«. Wir wußten alle, Transport hieß: Dachau! Einen Vorgeschmack von dem, was uns dort blühen würde, hatten wir im Lager Reichenau genügend zu spüren bekommen. Zu den Unterhaltungen der SS zählte die Prügelstrafe, das Bespritzen mit kaltem Wasser, das Exerzieren. Die Strafen wurden oft wegen ganz geringfügiger Verstöße gegen die Lagerordnung oder wegen Faulheit bei der Arbeit verhängt. Es genügte, daß einer nicht schnell genug die Mütze vom Kopf riß, wenn eine der SS-Größen vor ihm auftauchte.

Bei der Prügelstrafe wurde der Missetäter an eine Bank festgebunden und dann von einem SS-Mann oder einem Häftlings-Capo mit einem Gummischlauch auf das Gesäß geschlagen. Der Geschlagene mußte die Hiebe mitzählen. Wenn er sich einmal verzählte, begann die Prozedur von neuem. Im allgemeinen Waschraum wurden die Häftlinge mit einem Schlauch mit kaltem Wasser aus der Leitung die längste Zeit abgespritzt. Triefnaß mußten sie dann ihre Lumpen anziehen. Besonderen Spaß bereitete es der SS, die Insassen strafexerzieren zu lassen, wenn sie beim Appell nicht stramm genug gestanden oder beim Rückmarsch ins Lager nicht zackig genug marschiert waren.

Außer an den Lagerleiter Georg Mott erinnere ich mich noch an den SS-Untersturmführer Freiberger, der mich in der Aufnahmekanzlei so freundlich empfangen hatte. Später erfuhr ich, daß ich verhältnismäßig gut abgeschnitten hatte. Andere »Staatsfeinde« schlug Freiberger mit einem Ochsenziemer, bis sie zusammenbrachen. Auch die beiden »diensthabenden« SS-Unteroffiziere Hans Payer und Erwin Falch sind mir im Gedächtnis geblieben. Beide prügelten viel und gerne. Payer stolzierte meistens mit einem Schlüsselbund oder einer Hundepeitsche im Lager umher. Einen Funken Menschlichkeit hatte er sich aber noch bewahrt. Einmal schlug er einen Mann nach dem Abendappell einfach nieder. Aber offenbar bereute er seine Tat; denn sonst könnte man es sich nicht erklären, daß er noch am gleichen Abend mit einem Brot in der Baracke erschien und es dem Geschlagenen zuwarf. Falch hingegen war nach außen weniger grob, dafür aber viel hintertückischer.

Nr. 66166 in Hitlers Todesmühle

*Ein Jahr Dachau • Das Lagerleben in der »goldenen Zeit« •
Arbeit am Schreibtisch • Schreckensbilder vor der Befreiung*

Ich lag lange wach. Meine Gedanken flogen zurück. Ja, ich erinnerte mich genau daran: Im August 1936 war es gewesen. Auf unserer Radtour durch Bayern und Baden-Württemberg fuhren wir drei Südtiroler Freunde im gemütlichen Tempo von Freising, wo wir die Gastfreundschaft eines wortkargen Seminarregens genossen hatten, der Stadt München zu. An einer Kreuzung sahen wir ein Straßenschild: Dachau 22 km. Von Dachau hatten wir drei Südtiroler gehört, daß in solchen Lagern die Hitler-Gegner zu guten Staatsbürgern umerzogen würden. Wir hielten an und beratschlagten. Sollten wir nicht zum Lager fahren und fragen, ob wir uns den Betrieb ansehen könnten. Wir hatten aber doch etwas Angst vor dieser schwarzen SS. So fuhren wir unserem Ziel zu. Nie wäre mir damals in den Sinn gekommen, unter welchen Umständen ich mir acht Jahre später den »Betrieb« von innen ansehen würde. Jetzt lag ich hier, im Schlafraum der Stube 4, Block 15. Auf zwei für zwei Mann bestimmten Pritschen mußten sieben Mann für eine Nachtruhe Platz finden.

Am 23. März 1944 hatten wir im Lager Reichenau drei Scheine unterschreiben müssen. Was daraufstand, wurde uns nicht einmal gezeigt. Aber wir brauchten nicht zu fragen. Wir wußten es längst: Wir hatten den Fahrschein nach Dachau unterschrieben. Diesmal hatte es nur eine kleine Gruppe erwischt. Mit mir »reisten« der Sterzinger Karl Umbertini, ein Reichsdeutscher, zwei Jugoslawen und vier Russen. Man brachte uns sogar ohne Fesseln zum Bahnhof. Das Gepäck wurde von anderen Mithäftlingen transportiert. Als »Beschützer« hatte man uns bloß zwei Gendarmerie-Wachtmeister mitgegeben. Es mangelte schon an Personal. Rührend, wie einer der Wachtmeister, ein gewisser Westermann aus dem Oberinntal, uns auf der Bahnfahrt aufmunterte. Wir bräuchten keine Angst zu haben. Nach ein paar Wochen Umschulung würden wir wieder heimkehren, und Westermann meinte es wirklich so. Er wußte es nicht besser. Die Nacht verbrachten wir im Gefängnis von München. Dort gesellten sich noch vier Mann zu uns. Am 25. März 1944 gegen Mittag hielten wir unseren Einzug durch das Lagertor, auf welchem in großen Buchstaben stand: »Arbeit macht frei«.

Auf dem Appellplatz gebot uns die schnarrende Stimme eines SS-Mannes Halt. Wir wurden abgezählt und ins Bad gewiesen. Die Einlieferungsprozedur war mir in etwa schon von Reichenau vertraut: alle Kleider aus, in den ausgebreiteten Mantel gelegt und in ein Bündel verpackt. Kahlgeschorene Häftlinge in blauweißgestreiften Anzügen nahmen uns in Empfang. Barfuß und pudelnackt marschierten wir in einen Raum. Dort kamen unsere ohnehin schon kurzen Haare herunter, die Schamhaare wurden abrasiert. Dann wurden wir geduscht. Auf einer Bank lag bündelweise unsere neue Kleidung. Es waren die gleichen Klamotten wie in Reichenau, eher noch etwas schäbiger. Nichts paßte. Nach dem zivilen Zwischenspiel der Reise war ich wieder ein Clown geworden, wie nach der Einlieferung in Reichenau. Ich war auch wieder eine Nummer geworden. Jetzt hieß ich Nr. 66166.

Namen und Mensch hatte ich im Bad zurückgelassen. Ein Kamerad nähte mir die Nummer fachkundig auf Bluse und Hose, wenn man die Fetzen, die ich trug, so nennen kann. Zusammen mit den Nummern mußten zwei Winkel, d. h. zwei nach unten gerichtete Dreiecke angebracht werden. Die Winkel mußten genau in der Mitte der linken Brustseite so angenäht werden, daß der eine beim zweiten Knopfloch abschloß und der andere in der Mitte des rechten Hosenbeins, genau eine Handbreit unter der Stelle, wo die Fingerspitzen beim herabhängenden Arm aufhörten. Zwei Finger breit über den Winkeln mußten die weißen Stoffstreifen mit den aufgedruckten Nummern angenäht werden. An Winkeln gab es eine ganze Kollektion. Rot bedeutete politischer Häftling, rosa Homosexueller, schwarz »Asozialer«, grün Berufsverbrecher, lila Bibelforscher. Die Juden trugen unter dem Winkel noch den gelben Davidstern. In die rote Farbe waren für die verschiedenen Nationen noch Buchstaben eingedruckt; so hieß z.B. P – Pole und F – Franzose.

Nach dem ziemlich schnellen Verfahren unserer »Einkleidung« mußten wir im Freien warten. Wir sahen uns um. Der Platz sah aus wie ein Kasernenhof. Eine Straße führte nach rückwärts; links und rechts davon standen Baracken. Wie wir erst später erfuhren, waren es im ganzen 31. In Dachau nannte man sie Blocks. Jeder Block faßte normalerweise 400 Häftlinge, die sich auf vier »Stuben« verteilten. Jede Stube bestand aus einem Aufenthaltsraum und einem Schlafraum. Zwischen den Stuben befanden sich ein Waschraum und der Gemeinschaftsabort.

Ein Häftling, der die Armbinde mit der Aufschrift Dolmetscher trug, führte uns zu Block 15. Zum Unterschied von den anderen war der Zugang durch ein hölzernes Tor mit einem Gitterzaun darüber abgeschlossen. Er diente damals für alle Neuzugänge als Quarantäne-Aufenthalt. Außer dem Blockpersonal und der SS durfte niemand hinaus oder herein. Hinter dem Gittertor erwartete uns ein gutaussehender Häftling mit der Blockältesten-Binde am Arm. Er wies die Neuankömmlinge in die Stube 4 ein. Die Straße vor dem Block wimmelte von Clowns. In der Stube 4 herrschte ein unbeschreibliches Gedränge. Als Stubenältester fungierte ein kleiner schwarzer Häftling mit einem bösen Blick. Aber bisher hatte sich alles ohne viel Geschrei abgewickelt. Auch geschlagen war zum Unterschied von Reichenau noch niemand geworden. Wir waren eben in Dachaus »goldener Zeit« gekommen. Früher war, wie wir später hörten, schon die Einweisung schrecklich gewesen.

Nur Platz gab es keinen. Und er sollte in den nächsten Wochen noch weniger werden. Alle Stuben waren hoffnungslos überfüllt. Anstatt 100 Häftlinge hatte man in jede Stube über 200 bis 300 hineingezwängt. Im Schlafraum standen die hölzernen Militärbetten, vier Pritschen hoch, eine über der anderen. Natürlich gab es für die meisten kaum Schlaf, sondern nur Boxen und Stöhnen und die ganze Nacht über Streit um das bißchen Platz. Wenn einer sich rührte, mußten naturgemäß alle anderen aufwachen.

Als Abendessen hatte es nach dem Einzug ein Stück Brot und Wurst gegeben. Zu Mittag erhielten wir Rübensuppe und abends ein paar Kartoffeln. In der Früh gab es immer wieder Kaffee, der von diesem Getränk nur den Namen hatte, zu Mittag verließen uns nie die Steckrübensuppen, abends brachte man uns ein Stück Margarine oder Wurst oder ein paar Kartoffeln. In der Früh und abends hatten wir uns vor der Stube aufzustellen. Ein SS-Mann kam und nahm den Zählappell ab.

Am zweiten Tag durften wir unseren Zugangsbrief schreiben. Man gab uns ein liniertes Blatt Papier. Im Briefkopf hatten wir Namen,

Nummer, Geburtsdatum und Block des Häftlings anzuführen. Der Brief sollte nur als Nachricht an die Angehörigen dienen und ganz kurz sein. Etwa so: Ich bin in Dachau gut angekommen. Es geht mir gut. Über das Lager war jede Bemerkung strengstens verboten. Aber in unserer »goldenen Zeit« durften wir noch ganz kurz etwas ungemein Wichtiges hinzuschreiben. Wir durften die Angehörigen um Eßwaren und Wäsche bitten, was früher strengstens verboten war. Wir durften nämlich Pakete empfangen. Und diese Pakete haben Zehntausenden von Häftlingen das Leben gerettet. Ich schrieb an meine Studentenmutter in Innsbruck, Frau Zäzilia Prock, Mühlau, Kirchgasse 17. Ich wußte, Frau Prock würde Anni Kness verständigen und Anni würde die Nachricht nach Südtirol weitergeben. Diese Form des Briefwechsels hat die ganze Zeit über vorzüglich geklappt. Die Häftlinge durften alle Monate nur zwei Briefe schreiben und auch nur zwei empfangen.

Wenn nicht der Hunger und der Platzmangel gewesen wären, hätte man es aushalten können. Der Hunger ließ einen aber nicht einschlafen, selbst wenn man genug Platz gehabt hätte. Von der vielen Steckrübensuppe bekam ich so dicke Beine, daß ich meine Schuhe nicht mehr zuschnüren konnte.

Und eines Tages zeigte Dachau auch in unserer Stube seine Fratze. Wir sollten nicht vergessen, wo wir waren. Als einzelner Neuzugang war ein großer, wohlbeleibter Häftling eingetroffen. Zum Unterschied von uns trug er einen fast neuen weiß-blau gestreiften Anzug mit einem grünen Winkel; er war also ein Krimineller. Wir erfuhren, daß er schon lange im Lager gewesen sei.

Vor Monaten habe man ihn zu einem Verhör vor Gericht geholt. Jetzt, nach seiner Rückkehr, mußte auch er wieder in den Quarantäne-Block eingewiesen werden. Unter den Stubenkameraden war eine starke Gruppe von Lothringern, die aus dem berüchtigten KZ Natzweiler nach Dachau überstellt worden waren. Nach dem Mittagessen kam es einmal zu einem erregten Wortwechsel zwischen einem Lothringer, der die Nerven verloren hatte, und unserem Stubenältesten. Der beleibte Grüne mischte sich ein. Der Stubenälteste und er stießen den Lothringer in den Waschraum. Dort hörte man bald Klatschen und Schreie. Die beiden hatten den Mithäftling also in Behandlung genommen. Als der Lothringer wieder herauskam, war er grün und blau geschlagen und blutete über das ganze Gesicht.

Wir saßen erschrocken da. Was sollten wir tun? Da stand auf einmal der Blockälteste in der Tür. Jemand hatte ihn gerufen. Mit einem Blick hatte er sich ein Bild gemacht. Er begann zu toben. Er lasse in seinem Block nicht die Leute zusammenschlagen. Die Methoden der Grünen in Flossenbürg dürfe es in Dachau nicht geben. Dazu muß man wissen, daß das Lager Dachau im September 1939 aufgelöst worden war. Die Häftlinge waren auf die Lager Buchenwald, Flossenbürg und Mauthausen aufgeteilt worden. Im Dezember 1940 wurde Dachau wieder eröffnet, und die früheren Insassen kehrten nach und nach wieder zurück. In Flossenbürg und in den zwei anderen Lagern hatten die Kriminellen alle führenden Posten im Lager innegehabt und ihre Schreckensherrschaft ausgeübt.

Pitsch-patsch hatte der Grüne auch schon zwei sitzen. Der Blockälteste verschwand und kam bald mit einem SS-Mann, dem Blockführer, und einem anderen Häftling wieder. Der SS-Mann stellte uns den neuen Stubenältesten vor, der alte sei abgelöst. Alle in der Stube atmeten hörbar auf. Später erfuhr ich, daß der Blockälteste Bertl doch nicht ganz selbstlos, nicht nur aus Liebe zu den Häftlingen gehandelt hatte; er haßte unseren Stubenältesten und hatte schon lange Zeit krampfhaft nach einem Grund für seine Entfernung gesucht. Die Verprügelung des Lothringers hat ihm einen guten Vorwand geboten. Der neue Stubenälteste war ein Österreicher und gehörte zu den engsten Freunden des Blockältesten. Uns jedenfalls hatten diese Schläge gezeigt, daß Dachau immer noch gefährlich sein konnte. Auch wenn es von allen KZs mit Abstand das beste war. In Dachau bestand das Blockpersonal aus »Roten«, also aus politischen Häftlingen, während in allen anderen Lagern fast ausnahmslos die »Grünen«, also die Kriminellen, die Block- und Stubenältesten sowie auch den Großteil der Capos stellten.

Ich mußte mir etwas einfallen lassen. Wenn man einen alten Häftling kannte, dann war man fürs erste einmal über Wasser. Und dann fiel mir der Mann auch ein: mein Mitschüler Walter Sparber, der mit mir im Vinzentinum in Brixen studiert hatte. Sein Vater stammte aus Stilfes bei Sterzing, war in Mühlbach Lehrer gewesen, von den Faschisten seines Dienstes enthoben worden und dann nach Niederndorf in Nordtirol gezogen. Walter hatte sich nach dem Gymnasium im Vinzentinum dem Theologiestudium zugewandt und war Geistlicher in der Erzdiözese Salzburg geworden. Sein Onkel, der Augustinerchorherr Dr. Anselm Sparber, Professor der Geschichte im Vinzentinum und später der Kirchengeschichte am Priesterseminar in Brixen, hatte mir einmal ganz verstört mitgeteilt, Walter sei von der Gestapo nach Dachau gebracht worden. Aber lebte er noch? Und wenn, wie ihn finden? Ich wollte den Blockältesten fragen.

Da wurden wir Neuzugänge eines Morgens abgeholt. Wir marschierten ins naheliegende Krankenrevier. In Dachau ging alles ordnungsgemäß vor sich. Man untersuchte uns nach Herz und Lunge, fragte uns nach Krankheiten und Beschwerden. Man trug auch alles fein säuberlich in Karteiblätter ein. Fast als ob man in einem Sanatorium wäre. Gekümmert hat sich um diese Eintragungen später natürlich niemand. Auch wenn jetzt im Revier die Betreuung in den Händen von Häftlingsärzten lag, die sich um die Insassen bemühten. Früher hatten dort sogenannte Pfleger und Oberpfleger ein gnadenloses Regime geführt, Männer, die in ihrem Zivilberuf alles gewesen sein konnten, aber von Krankenpflege keine Ahnung hatten und auch keine zu haben brauchten. Im Oberpfleger, dem berüchtigten Heiden Sepp, hatte sich die SS jahrelang einen richtigen Massenmörder gehalten.

Zum Revier begleitete uns ein freundlicher, netter Häftling. Er hatte etwas von einem Geistlichen an sich. Ich fragte, er bejahte.

Er kannte Walter sehr gut und versprach mir, ihn zu verständigen. Ich wartete. Am nächsten Tag rief mich der Blockälteste Bertl. In seiner Stube, der ersten im Block, stand Walter. Er war ohne weiteres in den Quarantäne-Block eingelassen worden. Die alten Häftlinge wußten nämlich die verschiedensten Wege, um die noch so strengen Vorschriften zu umgehen. Er kannte den Blockältesten sehr gut. Auch hatte er mir Brot mitgebracht. Er versprach, öfters nach mir zu sehen. Mit dem Besuch von Walter war ich aus der Zahl der namenlosen Nummern ausgebrochen. Für das Blockpersonal war ich nicht mehr die Unperson.

Der Besuch trug mir auch gleich mein erstes Amt im Lager ein. Bertl beförderte mich zum Blockpförtner. Ich wechselte mich mit einem Niederösterreicher ab, der einen schwarzen Winkel trug. Strenge Weisung: wir durften die Pforte nur der SS und dem Lagerpersonal öffnen. Da uns das als Arbeit gewertet wurde, erhielten wir wie alle Häftlinge, die in Arbeit standen, vormittags auch Brotzeit in Form von einem Stück Brot und einem Stück Wurst. Wir nahmen unseren

Auftrag in den ersten Tagen sehr ernst. Wenn abends draußen auf der Lagerstraße Häftlinge auf und ab spazierten, die einen Blick in unseren Block werfen oder ein Wort mit einem Verwandten oder Freund wechseln wollten, die neu gekommen waren; wenn man uns von der Straße und von unserem Block anflehte, sie doch wenigstens einen Augenblick zusammenzulassen, blieben wir zunächst hart. Zigaretten weichten aber unsere Standfestigkeit nach und nach auf. So ließen wir den einen oder anderen auf ein paar Sekunden hinaus. Bald wurden aus dem einen zwei und später auch drei oder vier.

Eines Abends gab es großes Geschrei vor dem Tor. Durch das Guckloch sah ich, wie SS-Rapportführer Böttcher, der für die Ordnung im Lager verantwortlich war, einen Häftling am Kragen gepackt hielt und ihn zur Pforte schleifte. »Das ist ein Neuzugang«, zeterte er, »wer hat ihn hinausgelassen?« Ich stand stramm wie noch nie und wußte von nichts. Der Blockälteste eilte aufgeregt herbei. Er holte den zweiten Pförtner. Auch er leugnete. Böttcher stellte sein Fahrrad, mit dem er durch das Lager zu segeln pflegte, an die Wand. »So«, meinte er, »jetzt werden wir auf den ›Bär‹ warten (das Signal zum Einrücken in die Blocks). Dann werden wir ja sehen, wieviel noch draußen sind. Der Mann, der sie hinausließ, geht natürlich sofort auf Transport.« Transport hieß in diesem Falle Transport in ein Todeslager.

Noch zehn Minuten, und der Bär würde brummen. Dann war es um uns geschehen. Ich weiß noch, daß ich ganz verzweifelt betete. Da kam ein SS-Mann auf einem Rad angerast. »Herr Rapportführer«, meldete er militärisch knapp, »die Damen sind soeben eingetroffen.« Böttcher verzog sein Gesicht zu einem Grinsen, nahm sein Rad von der Wand und ging ab durch das Tor. Die Damen interessierten ihn noch mehr als die Neuzugänge auf der Lagerstraße. Gerade damals wurde im Lager ein Bordell eröffnet. Es sollte die Arbeitsleistung der Häftlinge steigern. Die Mädchen kamen aus dem Frauen-KZ Ravensbrück. Mir haben die Damen das Leben gerettet. Wären sie zehn Minuten später eingetroffen, wären diese Erinnerungen wohl nie niedergeschrieben worden.

Walter Sparber kam wieder einmal und fragte, ob ich Maschinschreiben könne. Als ich ja sagte, meinte er, er habe einen guten Arbeitsplatz für mich ausfindig gemacht. Im Kommando Arbeitseinsatz, dem Büro, welches die Zuordnung der Häftlinge zu den einzelnen

Arbeitskommandos (Arbeitsgruppen) vornahm, suche man einen Maschinschreiber. Folgendes hatte sich zugetragen: Einer der Geistlichen – sie wurden im Lager alle »Pfarrer« genannt –, der in der Schreibstube des Reviers arbeitete, hatte auf heimlichem Wege Informationen über das Lager in die Schweiz geschmuggelt. Die letzte Nachricht wurde abgefangen. Der Absender kam in den Bunker. Die Pfarrer flogen alle aus den Arbeitsplätzen in den verschiedenen Büros hinaus. Man suchte für sie Ersatz. Für mich war das der große Glückstreffer. Walter brachte mich in das Büro des Arbeitseinsatzes. Die Schreibprüfung, die ich bestehen mußte, war sehr einfach. Nachdem die vier Wochen Quarantäne abgelaufen waren, konnte ich die Stelle sofort antreten. Gleichzeitig wurde ich von Block 15, Stube 4, auf Block 6, Stube 1, verlegt, auf eine der vornehmsten Stuben des ganzen Lagers. Dank Walter hatte ich ein gutes Kommando und einen guten Block. Für Dachau bedeutete dies eine Lebensversicherung. Als eine Art »Halbprominenter« erhielt ich auch gleich einen neuen blau-weiß gestreiften Anzug und eine Schirmmütze.

Die meisten anderen Neuzugänge gingen auf »Transport«. Sie wurden in andere KZs überstellt (Flossenbürg, Buchenwald, Mauthausen) oder einem der über zwei Dutzend Außenlager von Dachau zugewiesen.

Auf Block 6 nahm mich der Stubenälteste ohne besondere Förmlichkeiten in Empfang. Er zeigte mir meinen Spind, mein Bett und gab mir mein Geschirr. Die Kameraden nahmen kaum Kenntnis vom Neuzugang. Sie gaben sich weder freundlich noch unfreundlich. Bevor sie sich mit einem Neuen näher einließen, wollten sie ihn besser kennenlernen. Die Erfahrung hatte sie vorsichtig gemacht. Später erzählten sie, mir gegenüber seien sie besonders zurückhaltend, ja mißtrauisch gewesen, weil es ganz ungewohnt war, daß ein Neuzugang gleich in einen Prominenten-Block eingewiesen wurde. Sie munkelten von irgendeiner bösen Absicht der SS. Abends traf ich in der Stube Richard Schmitz, den gewesenen Bürgermeister von Wien. Ich stellte mich vor, aber er blieb kühl reserviert. Erst nach etwa 14 Tagen tauten die Kameraden langsam auf. Schmitz hatte einen Weg gefunden, sich über meine Person und Vergangenheit zu vergewissern. Er sagte mir dies ganz offen. Jetzt wurden wir gute Kameraden.

Zur Hebung der Stimmung und meines Prestiges trug auch die Lawine von Paketen bei, die auf mich zurollte. Jede Woche traf wenigstens eines ein, oft auch zwei oder mehr. Frau Emma Martini, das gute Bozner Bemmele, und mein lieber Bruder David mobilisierten Himmel und Erde, um für mich Lebensmittel und Zigaretten zusammenzubringen. Die Dableiber kargten auch nicht mit Spenden. Anni Kness in Innsbruck leistete ihr Meisterstück mit der Weiterleitung. Sie fand mitten in der vom Bombenhagel angerichteten Verkehrsmisere immer neue Möglichkeiten, mir die Pakete, die sie von David per Dienstpost aus Bozen erhielt, zukommen zu lassen. Besonderes Aufsehen erregten die Pakete mit Zigaretten. Rauchwaren waren in Großdeutschland schon längst knapp. Selbst die SS mußte sich bescheiden. Und ich erhielt Hunderte von Schachteln mit besten italienischen Zigaretten. Natürlich benahm ich mich den Kameraden gegenüber nicht gerade kleinlich. Außerdem war ich als Südtiroler von allen gern gesehen, zumal ich nicht den geringsten Unterschied zwischen den Angehörigen der verschiedenen politischen Richtungen machte. Oft denke ich: die Welt ist doch überall ganz die gleiche. Das gleiche Gesetz gilt im KZ und in der goldenen Freiheit: Wer mit Gütern gesegnet ist, der wird geachtet, und wer ein armer Schlucker ist, der wird nur eben so geduldet.

Im Herbst wurde das ganze Personal von Arbeitseinsatz, Schreibstube und Lagerpolizei auf Block 4, Stube 4, verlegt. So mußte ich von den Kameraden auf Block 6 zu ihrem Leidwesen Abschied nehmen. Das Versprechen, sie oft zu besuchen, habe ich gehalten. Block 2 und Block 4 wurden das »Villenviertel« von Dachau genannt. Dort lebten fast nur Prominente in guten Kommandos. Dort litt niemand Hunger, es wurde nie geschlagen. Auf Stube 4 blieben wir bis zum heißersehnten Ende.

Im Kommando, welches das Büro des Arbeitseinsatzes führte, fand ich mich bald zurecht. Das Amt lag gleich in der ersten Baracke nach dem Toreingang. Neben ihm befand sich die Lagerschreibstube. Ich war der Karteiarbeit zugeteilt. Die Kartei war doppelt, jeweils alphabetisch geordnet, mit Namen und Nummern aller Lagerinsassen. In der einen Kartei waren Block und Beruf eingetragen, in der anderen die Kommandos, in welchen jeder arbeitete. Meine Aufgabe war es, alle Tage die Änderungen bei den Kommandos einzutragen. Die Unterlagen lieferten jeden Morgen die Blockschreiber. Mein unmittelbarer Chef war Hans Eichhorn aus Weimar, ein KPD-Mann. Er behandelte den Neuen sehr kameradschaftlich und führte ihn in die Geheimnisse der Kartei ein. Eichhorn verlor bald nach meinem Kommen die Lust an der Karteiarbeit. Er konnte ein noch besseres Kommando ergattern. So rückte ich nach seinem Weggang ganz automatisch zum Chef der ganzen Kartei auf.

Die Arbeit war absolut nicht schwer. Man mußte nur Aug und Ohr höllisch offenhalten, und immer auf Schlimmes gefaßt sein. Eichhorn hatte mir zum Abschied noch einen guten Rat gegeben. Die Stelle des Karteichefs sei sehr begehrt, sagte er. »Wenn du sie nicht verlieren willst, mußt du dir den Laden so einrichten, daß nur du dich auskennst, daß nur du sofort alle Karten findest.« Er zeigte mir ein paar einfache, aber sehr wirksame Tricks. Sie bewährten sich. Ich wurde wirklich unentbehrlich, wenn man ganz schnell eine Karteikarte brauchte.

Das Büro des Arbeitseinsatzes, meist kurz »Arbeitseinsatz« genannt, unterstand einem SS-Obersturmführer. Der machte sich aber Gott sei Dank sehr kostbar und ließ sich höchst selten blicken. Als Stellvertreter gab sich ein Hauptscharführer ungeheuer wichtig. Gut auskommen mußte man mit dem Oberscharführer Schmidt und mit dem Scharführer Schassberger, die beide eigentlich die ganze Arbeit taten. Beide waren Menschen geblieben. Schmidt ging einmal an mir im Büro vorbei, als ich gerade ein Paket mit Zigarettenschachteln öffnete. Er blickte einen Augenblick hin, ging weiter. Etwas später ließ er mich abseits rufen und fragte, weswegen ich eigentlich ins Lager gekommen sei. Ich erklärte ihm kurz die Option und gab zu, daß ich mich in Wort und Schrift gegen die Umsiedlung der Südtiroler gewehrt hätte. Schmidt blickte um sich und sagte, er kenne Südtirol von zwei Reisen her und an meiner Stelle hätte er das gleiche getan. Er bekräftigte die Aussage sogar mit einem verstohlenen Händedruck. Natürlich waren ihm Zigarettenpackungen sicher. Dank diesem guten Verhältnis konnte ich mich nicht bloß einmal für andere Mithäftlinge bei ihm erfolgreich verwenden.

Als Häftlingscapo im Arbeitseinsatz amtierte Kuno Rieke, gewesener sozialdemokratischer Landtagspräsident von Braunschweig. Als sein Stellvertreter fungierte der Kommunist Julius Schätzle. Arbeitseinsatz und Schreibstube waren früher einmal ausgesprochene Domänen der KPD gewesen. Diese hatte fast ein Jahrzehnt das Schicksal der Häftlinge im Lager maßgeblich bestimmt. Jeder, der unter ihrem Schutze stand, erhielt gute Blocks und gute Kommandos. Erst in den letzten zwei Jahren hatte man ihre Macht eingeschränkt. Vertreter anderer politischer Richtungen (Sozialdemokraten, Christlichsoziale aus Österreich, Heimwehrleute usw.) waren ebenfalls in Schlüsselstellungen aufgerückt. Auch die früher nach den Juden immer am schlechtesten behandelten Pfarrer hatten sich Ansehen und Respekt verschafft.

Im Arbeitseinsatz waren ca. 20 Mann beschäftigt: eine ganz internationale Gesellschaft, darunter zwei Polen, zwei Tschechen, ein Luxemburger, drei Slowenen, fünf Deutsche und drei Österreicher. Von den Tschechen war der eine ein Neffe des Ministers Karl Feierabend, welcher der tschechischen Exilregierung in London angehörte. Die Familie von Karl hatte die Verwandtschaft mit diesem Politiker teuer bezahlen müssen. Man hatte sie samt und sonders in die KZs eingeliefert. Ein Bruder von ihm arbeitete nebenan in der Lagerschreibstube. Den Vater hatte man nach Buchenwald verschleppt und die Mutter in das Frauen-KZ Ravensbrück.

Besonders herzlich begrüßte mich der Wiener Bruno Furch, ein Rotspanier. Die Spanienkämpfer der Internationalen Brigade im Bürgerkrieg waren nach dem Sieg des Generals Franco nach Frankreich geflüchtet. Dort hatte man sie in Sammellagern interniert, bis die Deutschen sie nach dem französischen Zusammenbruch im Juni 1940 ins Reich holten und allesamt in die KZs steckten. Furch, ein Schriftsteller und Maler, kannte Südtirol von mehreren Reisen. Er lud mich gleich am ersten Abend zu einem Spaziergang in der Lagerstraße ein. Als wir uns trafen, sagte er: »Über was reden wir nun?« Ich stutzte. Er lächelte: »Wir müssen zuerst ausmachen, über was wir reden. Es kann nämlich vorkommen, daß uns plötzlich ein SS-Mann anhält, in zwei verschiedene Winkel stellt und jeden fragt, über was wir uns unterhalten hätten. Wenn die Aussagen nicht übereinstimmen – und über Politik zu reden ist bekanntlich streng verboten –, gibt es Bock oder Baum.« Dachau war immer noch gefährlich.

Das Lager Dachau war ein riesiger menschlicher Verschiebebahnhof. Von allen Seiten wurden Häftlinge angeliefert und nach der Quarantäne wieder auf andere Lager oder auf Außenlager von Dachau verteilt. Im Juni rollten pausenlos Züge aus Slowenien ein. Vier der Neuankömmlinge wurden nach der Quarantäne dem Arbeitseinsatz zugewiesen, dessen Pensum wegen der vielen Neuzugänge rasch anstieg. Die Slowenen stammten zu einem guten Teil aus Beamtenkreisen und Bürgerschichten. Zusammen mit ihnen brachte man auch einige Vertreter der früheren politischen Elite von Laibach. Mit den Slowenen schloß ich sofort Freundschaft. Waren wir doch ganz natürliche Verbündete in der Abwehr gegen das faschistische Italien gewesen.

Novak Bogdan wurde mir als Gehilfe bei der Karteiarbeit zugewiesen. Er machte einen besonders feinen und intelligenten Eindruck. Bald erzählten wir uns aus unserem Leben. Er stammte aus einer Laibacher Professorenfamilie. Vor dem Zusammenbruch Jugoslawiens im April 1941 war er im diplomatischen Dienst gestanden. Sein Onkel, Drago Marusic, gehörte der Königlichen Jugoslawischen Exilregierung in London an. Als die Deutschen nach dem italienischen Waffenstillstand im September 1943 in Laibach einmarschierten, das bisher von den Italienern besetzt war, wurden die Soldaten begeistert begrüßt. Die Stadt war mit Hakenkreuzfahnen beflaggt. So froh waren die Slowenen, die verhaßten Italiener endlich losgeworden zu sein. Man hoffte, man werde sich mit den Deutschen schon arrangieren können. Die Männer der Befreiungsfront, die sich aus allen Parteien zusammensetzte, warteten zunächst Gewehr bei Fuß. Doch der Wehrmacht folgte wie überall Himmlers Geheime Staatspolizei. Sie begann mit Massenverhaftungen. Nachrichten von Folterungen sickerten durch. Die deutsche Polizei suchte überall nach Roten, nach Tito-Freunden, die in Slowenien damals noch eine Minderheit darstellten. Die Bevölkerung war in zwei Lager gespalten. Der Bischof Rozman und der größere Teil des Klerus waren für bedingungslose Zusammenarbeit mit den Deutschen, um die kommunistische Gefahr abzuwehren. Wegen der Untaten der Gestapo erhielt die Befreiungsfront, die unter der Regie des Kommunisten Boris Kidric stand, immer stärkeren Zulauf. Immer mehr Leute, besonders junge, flüchteten sich in die Berge. Und bald war in Slowenien ein genauso erbarmungsloser Partisanenkrieg im Gange wie in den übrigen Teilen Jugoslawiens. Die brutalen Gestapo-Methoden haben in allen besetzten Ländern zum Partisanenaufstand wesentlich beigetragen.

Im Bad sah ich, daß Novaks Rücken noch mit Striemen bedeckt war. Ja, er sei von der »bela garda«, der »Weißen Garde« der Anhänger des Bischofs im Namen Christi des Königs verhaftet und furchtbar geschlagen worden. Für ihn habe die Überstellung nach Dachau geradezu eine Erlösung bedeutet. Im Gefängnis von Laibach hätte er täglich auf den Tod gefaßt sein müssen. Wenn nämlich irgendwo ein deutscher Besatzer erschossen wurde, holte man aus einem Gefängnis 20 Mann und stellte diese an die Mauer.

Bogdan und ich wurden bald richtige Freunde und sind es bis zu seinem Tod im Frühjahr 1983 geblieben. Mit der Zeit wurde ich auch zum Anwalt der Slowenen im Lager. Novak war eher ängstlich eingestellt. Ich machte mir bedeutend weniger Skrupel, wenn es etwas zu tun gab, was laut Lagerregel nicht einwandfrei war.

Wir beide mußten im Bad immer mit unseren Schreibmaschinen die Nummern der Häftlinge aufschreiben, die auf Transport in andere KZs oder in Außenlager gingen. Wir im Arbeitseinsatzbüro wußten mehr oder weniger immer, ob es sich beim Lager, in das der Transport ging, um ein gutes, schlechtes oder ein richtiges Todeslager handelte. Und da hieß es eben manchmal Vorsehung spielen. Die SS trieb alle Leute, die keine fixe Arbeit hatten, ins Bad. Dort saßen wir mit unseren Schreibmaschinen. Die Häftlinge zogen langsam an uns vorbei. Und wir mußten auf langen Listen ihre Nummern klopfen. Hinter uns stand der Scharführer Schassberger oder der Oberscharführer Schmidt. Sie riefen uns die Nummern zu. Wenn eine Nummer gerufen wurde, deren Träger unbedingt vom Gang in ein Todeslager gerettet werden mußte, drehten wir einfach die Maschine nicht weiter, sondern klopften die alte Nummer noch einmal. Die SS ist uns auf diesen Trick nie daraufgekommen. So konnten wir doch manchmal Freunden den Gang in den fast sicheren Tod ersparen. Natürlich ging seit meinem Dienstantritt im Arbeitseinsatzkommando nie mehr ein Südtiroler auf irgendeinen Transport. Zu den slowenischen Prominenten, deren Verschickung wir verhinderten, gehörte auch der Arzt Dr. Lojz Kraigher, der Vater des späteren slowenischen Innenministers Boris Kraigher.

Abends und sonntags traf ich mich oft mit meinem »Schutzengel« Walter Sparber und ließ mir vom früheren Dachau erzählen. Er schilderte mir die drei bösen »B«, die Abkürzungen für Bock, Baum und Bunker:

Bock: Der Häftling wurde über einen Bock gelegt und von zwei SS-Männern mit zwei eingeweichten Ochsenziemern auf das Gesäß geschlagen. Man bekam 25 oder auch 50 auf den Arsch, »den Arsch vollgehauen«. Der Häftling mußte selber mitzählen. Verzählte er sich, so fingen sie wieder von vorne an. Nachher mußte man Kniebeugen machen. Viele wurden natürlich ganz aufgehauen und dann mit Jod eingepinselt. Nicht wenige sind an den Schlägen gestorben.

Baum: Du wirst mit den Armen nach rückwärts gefesselt und an Ketten, die um die Handgelenke gelegt werden, im Bad am Querbalken aufgehängt. Das ganze Körpergewicht hängt an den nach rückwärts gedrehten Armen. Das sind unvorstellbare Qualen. Die SS steht lächelnd dabei, zieht öfters an deinem Körper, schaukelt dich hin und her oder peitscht dich noch aus.

Bunker: Das ist das Lagergefängnis. Dort bleibst du 40 Tage in Einzelhaft, meist in einer Dunkelzelle, und darfst dich nur nachts hinlegen. Alle vier Tage erhältst du einmal ein warmes Essen. Im Winter frierst du erbärmlich mit einer einzigen dünnen Decke.

Baum und Bock konnte man früher wegen jeder Kleinigkeit bekommen. Auch wegen eines nicht geschlossenen Jackenknopfes. Beide Lagerstrafen gab es auch jetzt noch, doch schlugen anstelle der SS nur mehr die Blockältesten.

Walter erzählte mir von den schrecklichen Untaten der SS und den vielen Handlangern in den Personen der Blockältesten, der Capos und Hilfscapos. Er erzählte mir Beispiele von Sadismus, die einem fast das Blut erstarren ließen. Häftlinge mußten den ganzen Tag im Laufschritt hoch aufgefüllte Karren schieben, bis sie nicht mehr konnten und umfielen. Mit Prügeln schlug der Capo unter dem Gelächter des SS-Mannes so lange auf sie ein, bis sie kein Lebenszeichen mehr gaben. Diese Fälle gehörten in früheren Zeiten zur Tagesordnung. Er schilderte mir die wahnwitzigen Schikanen des Bettenbaues. Der Fußboden der Baracken mußte immer spiegelglatt und auf Hochglanz poliert sein. Nur in Strümpfen durfte man die Stube betreten. Jeder Fleck auf dem Boden, den der Blockführer bei seinen Inspektionen entdeckte, konnte Bock oder Baum kosten. Ebenso mußte das Holz der Spinde für das Geschirr fleckenlos geschmirgelt sein. Das Geschirr selber mußte blitzsauber und trocken sein. Fand der Blockführer auch nur einen Tropfen Kaffee, gab es Ohrfeigen und Hiebe, wenn nicht gar Bock. Die immer größere Auffüllung des Lagers haben den Alpdruck des Bettenbaues und der Sauberkeit in den Stuben hinweggefegt.

Die Häftlinge brauchten jetzt beim Ausrücken zu den Kommandos und beim Antreten zum Appell auch nicht mehr alle die unmöglichen Lieder zu singen, wie es früher vorgeschrieben war. Man konnte von

Tschechen, Polen, Franzosen und Italienern diese Gesänge doch nicht mehr gut verlangen. Geschlagen wurde allerdings auch jetzt noch. Besonders in den Blocks mit ungeraden Zahlen, in denen die Uneingeteilten, die Häftlinge ohne bestimmte Arbeit untergebracht waren. Geschlagen wurde auch noch in einzelnen Kommandos.

Doch ich schreibe ja kein Dachau-Buch. Das einzige authentische Werk über Konzentrationslager hat ein Freund von mir geschrieben, und zwar Edgar Kupfer-Koberwitz; es trägt den Titel »Die Mächtigen und die Hilflosen. Als Häftling in Dachau«. In meinem Leben war das Lager nur ein Abschnitt, wenn auch der, der mich am meisten geprägt hat. Die schlimmsten Grausamkeiten hatte SS-Obersturmbannführer Martin Weiß, Lagerkommandant von September 1942 bis 1. November 1943, zusammen mit dem Schutzhaftlagerführer v. Redwitz zu beseitigen begonnen. Hat im Lager früher die Parole geheißen: die Staatsfeinde haben zu verrecken, so lautete sie ab der Ära Weiß: die Leute müssen nicht so sehr als Staatsfeinde, sondern als billige Arbeitskräfte für den Endsieg betrachtet werden. Deswegen müsse man ihre Behandlung verbessern. Weiß machte beispielsweise den endlosen Appellen ein Ende. Die Lager-SS fand ein Vergnügen daran, mit den Appellen morgens und besonders abends nie fertig zu werden, auch wenn es regnete oder schneite. Die Häftlinge mußten dann stundenlang in Regen und Schnee stehen. Niemand durfte austreten, um seine Notdurft zu verrichten. Und die SS hatte eine besondere Freude daran, wenn einer es nicht mehr halten konnte und in die Hosen machte. Oft fielen mehrere Dutzend auf den Boden. Der SS-Mann kam und bearbeitete sie mit seinen Stiefeln. Einige Sadisten traten ihren Opfern mit genagelten Schuhen in die Gesichter.

Als Weiß Lagerkommandant wurde, kam er während eines Appells einmal durch das Lagertor und ging auf die SS zu, die stramm stand. Weiß fragte: »Wie lange stehen die Leute?« Die SS-Männer murmelten etwas, und daraufhin Weiß: »Wenn die SS in Zukunft nicht imstande ist, einen Lagerappell in einer Viertelstunde abzunehmen, dann wird sich die SS an der Front auszeichnen können.« Seit diesem Tag hat ein Appell nie mehr länger als eine Viertelstunde gedauert. Weiß setzte in Berlin auch durch, daß die Häftlinge von ihren Angehörigen und Freunden Pakete erhalten durften.

Seit seinem Weggang im November 1943 gab es den einen oder anderen Rückfall in die böse Vergangenheit. Mancher fanatische SS-

Mann wollte sich nicht an die geänderten Verhältnisse gewöhnen. Doch der neue Kommandant Weiter hielt an der Linie Weiß' fest. Und so wurde Dachau in den Augen der alten Häftlinge zu einem Sanatorium. Wie oft mußten wir uns aus ihrem Munde anhören, daß wir überhaupt keine Ahnung hätten, was eigentlich ein KZ sei. Manche gönnten uns die Vorteile der neuen Zeit wirklich nicht. Sie hätten es nicht ungern gesehen, wenn wir in die gleiche Hölle gekommen wären wie sie.

Weiß wurde später zum Generalinspektor aller KZs befördert. Als solcher kehrte er öfters nach Dachau zurück. In den vier im Frühjahr 1945 neu errichteten Außenlagern von Dachau, den Lagern in Kaufering, in denen zum Großteil die im Osten übriggebliebenen Juden untergebracht wurden, drohte er dem Lagerpersonal die »25« an, wenn jemand einen Juden anrühre. Aber sein Bemühen war ein Tropfen auf einem heißen Stein. Martin Weiß konnte die Todesmühlen Hitlers nicht stoppen.

Im August 1944 gab es große Neuigkeiten. Nach dem Attentat auf Hitler vom 20. Juli ging eine Verhaftungswelle durch das Reich. Viele bekannte Persönlichkeiten wurden wieder in »Schutzhaft« genommen. Zu ihnen zählte auch der frühere Führer der Vaterländischen Front in der Steiermark, Alfons Gorbach, und der gewesene steirische Landeshauptmann Karl Maria Stepan. Beide waren nach dem Anschluß mit den ersten furchtbaren Transporten nach Dachau geliefert worden. 1943 hatte man sie entlassen, und jetzt waren sie wieder da. Eichhorn hatte mir schon mehrmals von Gorbach erzählt, der zuletzt im Arbeitseinsatzbüro gearbeitet hatte. Gorbach sei zwar kohlrabenschwarz, aber ein ganz feiner Kerl. So war es bald ausgemacht, daß ihm wieder der Arbeitseinsatz als Kommando zugewiesen wurde. Er übernahm anstelle von mir die Kartei, und ich wurde zum Chef der Nachtschicht ernannt, die wegen der Arbeitsüberlastung neu geschaffen worden war. Ich hatte dabei einen guten Tausch gemacht. Die Nachtarbeit war viel gemütlicher. Man mußte nicht alle Augenblicke mit einem unangenehmen Besuch und mit Kontrollen rechnen. In der Nachtschicht arbeitete auch teilweise Walter Sparber, der Blockschreiber auf Block 30 geworden war.

Zum Unterschied von den Gefängnissen durfte man im Lager Zeitungen erhalten. Sie wurden natürlich von Hand zu Hand gereicht. Bis zur Katastrophe von Stalingrad hatte der Lautsprecher im Lager auch die Wehrmachtsberichte fleißig durchgegeben; seitdem nur mehr fallweise. In einigen Außenkommandos hörte man auch Feindsender ab. In den letzten Monaten sollen die SS-Bewacher fleißig mitgehört haben. Jedenfalls waren die Lagerinsassen über den Kriegsverlauf immer auf dem laufenden. So hatte man auch am 7. Juni 1944 mit kaum verhehltem Jubel die alliierte Invasion in der Normandie begrüßt.

Im Sommer 1944 kamen häufiger die »Fliegenden Festungen«. Stundenlang dauerten die Angriffe auf München. Die Baracken des Lagers zitterten. Wir vom Arbeitseinsatz, von der Lagerschreibstube und das Revierpersonal durften in die vor dem Revier aufgeworfenen armseligen Splittergräben. Abends sahen wir den Flammenschein des brennenden München. Kameraden, die nach einem Großangriff im Juli einen dringenden Auftrag in München ausführen mußten, sagten nach der Rückkehr: »Kinder, seid froh, daß ihr in Dachau seid.« So weit war es schon gekommen. Später ging man auch nicht mehr in die Splittergräben. Wir blieben in der Baracke. Die Alliierten steckten das Lager immer mit Leuchtraketen, die an Fallschirmen hingen, fein säuberlich ab. Nur einmal, im Oktober 1943, hatte sich ein Fallschirm nicht geöffnet. Die Rakete war brennend auf das Dach das Bades gefallen, und dabei verbrannte nicht nur das Dach, sondern auch ein Teil des Schubraumes, in dem die Kleider der Häftlinge aufbewahrt waren. Später fiel nie mehr auch nur der Splitter einer Bombe in das eigentliche Lager. Allerdings kamen bei einem Bombenabwurf auf mehrere Gebäude im äußeren Lagerbereich 25 Häftlinge, die dort arbeiteten, ums Leben.

Das Lager konnten wir also als den sichersten Luftschutzbunker Europas betrachten. Dafür kam ein anderes Gespenst auf uns zu: der Flecktyphus. Die ersten Fälle traten Mitte Dezember 1944 auf. Bald warnten überall große Plakate: Eine Laus – dein Tod. Diese Warnung war sicher angebracht, aber mit ihr konnte man den Typhus nicht bekämpfen. Medizinische Mittel gab es kaum. Die Krankheit griff wie ein Steppenbrand um sich und wurde für das überfüllte Lager, in dem oft vier- bis fünfhundert Menschen in einer Stube zusammengepfercht waren, zur Katastrophe. Die Listen der Abgänge, der Lagertoten, die wir an jedem Morgen erhielten, wurden immer länger. Von den ca. 30.000 Inhaftierten starben von Dezember 1944 bis Ende März 1945 über 12.000. Die von Hunger und Krankheit geschwächten Menschen welkten dahin wie die Fliegen. An etlichen Tagen waren es 250.

Die Blocks mit den ungeraden Nummern von 19 bis 29, in denen der Typhus am ärgsten wütete, wurden mit einem eigenen Drahtverhau eingezäunt. Man kam hinein, aber nicht mehr heraus. Drinnen spielten sich schreckliche Szenen ab. Man hatte die Holzstrohsäcke zwecks Desinfektion verbrannt. Die Leute lagen auf dem nackten Fußboden. Aus den Blocks kam ein Gestank, der einem fast den Atem nahm. Die Stuben starrten vor Schmutz und Dreck. Die halbtoten Gerippe lagen in ihrem eigenen Kot. Sie blickten einen mit verzweifelten Augen an. Manchmal hörte man ein leises, schwaches Stöhnen um Hilfe. Aber wer konnte einem solchen Jammer schon helfen? Am meisten Mut in dieser schrecklichen Zeit bewiesen die Geistlichen. Als Pfleger und Personal in den Todesblocks meldeten sich nur Pfarrer. Sie verschenkten auch einen Großteil der Pakete an die Kranken. Zwei oder dreimal mußte ich diensthalber zum Block 19. Den Anblick, der sich mir dort bot, werde ich mein Leben lang nicht vergessen.

Aber auch das Dachauer »Villenviertel« verschonte der Tod nicht. Der Capo des Arbeitseinsatzes, Kuno Rieke, kehrte aus dem Krankenrevier nicht mehr zurück. In unserer Stube auf Block 4 hatten Novak und ich unseren Platz in der zweiten Reihe im dritten Stock. Die beiden unter uns und die vier neben uns erkrankten. Die Hälfte davon starb. Wir blieben verschont. Man kann sich vorstellen, mit welcher Bange wir Tag für Tag und Nacht für Nacht Läusekontrollen machten. Auch Walter Sparber erkrankte. Er hatte im Lager schon einmal den Bauchtyphus überstanden und überlebte auch den Flecktyphus. Die Krankheit fällte auch ganz starke Männer wie den seinerzeitigen Blockältesten 15, Bertl, der es später zum Lagerältesten gebracht hatte und der zum Schluß technischer Leiter des Reviers war.

Zu den Dachau-Eindrücken, die mich mein ganzes Leben lang begleitet haben, gehören die Bilder von den Todestransporten, die im Lager eintrafen. Es begann schon im Juli 1944. Die Dachauer Häftlingsfeuerwehr – auch so etwas gab es im Lager – rüstete zum Ausrücken. Der Moorexpreß, der von russischen Häftlingen anstatt von Pferden gezogene große Gummiwagen, der auch die Verpflegung auf die Blöcke schaffte, stand am Lagertor. Man holte zwei Pfleger aus dem Revier, einen Mann aus der Schreibstube und zwei vom Büro

Arbeitseinsatz. Novak und ich wurden zugeteilt. Das große Lagertor öffnete sich. Nach etwa 200 Metern schritten wir durch ein zweites Tor. Jetzt standen wir im äußeren Lagerbereich, der ebenfalls von einer Mauer mit Stacheldraht umschlossen war. Diese Fläche hatte ein ungeahntes Ausmaß. Riesige Gebäude standen unmittelbar vor uns oder in der Ferne: SS-Kasernen, SS-Küche, SS-Lazarett, SS-Besoldungsstelle, von der aus alle SS-Leute bezahlt wurden, Fabrikhallen, das riesige Lagerhaus der sogenannten Holländerhalle, in dem die SS ihr Raubgut aus ganz Europa verwahrte. Schließlich gab es noch ein Bahngleis, auf welchem Züge mit Waren und Menschen einfuhren. Alle diese Gebäude waren mit Blut und Tränen von Häftlingen im Laufschritt gebaut worden. Ungezählte Menschen hatte man bei diesen Arbeiten zu Tode gehetzt.

Wir machten vor einem Zug mit Viehwaggons halt. Er kam, wie wir später erfuhren, aus Südfrankreich. Die Feuerwehrmänner öffneten die Waggons. Leichen über Leichen, die an der Tür gelehnt hatten, fielen heraus. Ein unerträglicher Gestank schlug uns entgegen. Die Feuerwehr setzte Gasmasken auf, um den Rest der Toten herauszuholen. Die Wagen waren voll von Kot und Erbrochenem. Die Feuerwehrmänner arbeiteten mit Feuerhaken, um die Leichen auseinanderzureißen. Niemand wußte, wie lange der Transport bei der Sommerhitze unterwegs gewesen war.

Manche der Toten wiesen Wunden auf. Man sagte, sie hätten sich im Wahnsinn gegenseitig getötet. Wir von der Schreibstube und vom Arbeitseinsatz mußten abzählen. Von den 1500 Mann waren 484 verhungert und verdurstet. Bei dem schauerlichen Anblick mußte ich für einen Moment zur Seite treten und mich erbrechen. Selbst die SS-Wachmannschaft stand betroffen. Niemand schrie, niemand redete. Wortlos wurden die Toten auf den Moorexpreß verladen und die noch Lebenden in Lastwagen ins Lager gebracht. Von den Lebenden sollen nachträglich noch wenigstens 500 gestorben sein.

Je näher die Front rückte, desto mehr Transporte kamen. Vor den Russen im Osten und Amerikanern im Westen wurden die Lager geräumt und die Insassen ins Reichsinnere, vor allem nach Dachau, verfrachtet. Der schrecklichste Transport, viel schrecklicher als der aus Südfrankreich, kam Ende Jänner vom KZ Groß-Rosen bei Breslau. Von den 1200 Mann waren zwei Drittel tot. Wieder mußte man Gasmasken anlegen, um die »Arbeit« auszuhalten. Diesmal gab man auch mir eine. Ich raffte mich auf und kletterte in den Waggon. Hätte ich es besser nicht getan! Noch lange verfolgten mich die entsetzt offenen Augen der toten Gerippe. Die noch Lebenden hatten den Toten Stücke Fleisch herausgebissen. Von einigen Leichen fehlte das Fleisch an den Oberarmen und Oberschenkeln. Nie werde ich das Gesicht des Jungen vergessen, der einem toten Kameraden ein Stück Oberarm abnagen wollte und dabei entweder erstickt oder an Erschöpfung gestorben war. Die Zähne steckten noch in den Muskeln.

Februar bis März 1945: Das große Typhussterben ging weiter. Der Tod kannte keine Gnade. Der Hunger wuchs von Woche zu Woche. Auch meine Pakete kamen nur mehr unregelmäßig. Aber sie kamen. Wir wußten, die Alliierten rückten ziemlich rasch näher. Welches wird unser Ende sein? Diese Frage lag auf unser aller Lippen. Wird man uns liquidieren, bevor die Alliierten kommen? Vor allem mußten wir von den Büros dies fürchten, weil wir ja so viel Einblick ins Lagerleben hatten.

Im Arbeitseinsatzkommando hatten wir viel Arbeit. Tagtäglich rollten Züge mit halb verhungerten Menschen an. Auch alle Außenkommandos von Dachau kehrten zurück. Wir mußten alle in den Karteien erfassen. In einem Block lagen jetzt bis zu 2000 Mann. Die SS wurde nervös und nervöser. Befehle wurden gegeben und sofort widerrufen. Oft herrschte ein heilloses Durcheinander. Mitte März gab es eine große Überraschung. Alle Dänen und Norweger wurden gesammelt. Sie wurden von schwedischen Sanitätsoffizieren abgeholt. Beim Abschied aus der Hölle von Dachau gab es erschütternde Szenen. Das Lager hungerte und wartete. Von der Ferne hörte man manchmal Kanonendonner. Ein Alarm löste den anderen ab. Die Heizung in den Baracken fiel zum größten Teil dem Mangel an Kohle zum Opfer. Man behalf sich stundenweise mit dem Verbrennen von alten Lumpen. Unter der Kälte litten besonders die Kranken im Revier.

Am 25. April wurden Novak und ich zum Lagertor gerufen. Wir mußten einen Transport abzählen. Da kamen sie herangeschritten aus einem hinter dem eigentlichen Lager liegenden Bau, in welchem die sogenannten Ehrenhäftlinge ihr Zwangsquartier hatten. Diese Häftlinge kamen mit den anderen nie in Berührung. Sie erhielten SS-Verpflegung und erfreuten sich einer ziemlichen Freiheit innerhalb ihrer Mauern. Wir beide vergaßen bald das Zählen. Von denen, die im

Zuge marschierten, kannte ich den ehemaligen österreichischen Bundeskanzler Kurt Schuschnigg mit Frau und den früheren französischen Ministerpräsidenten Leon Blum. Novak stieß mich in die Rippen und nannte Namen von hohen jugoslawischen Offizieren. Die Kolonne bestand also aus sogenannten Prominenten, die man zum Teil auch aus anderen Lagern nach Dachau herbeigeschafft oder aus dem Lager selbst ausgesucht hatte, wie den Prinzen Leopold von Hohenzollern, der auf unserer Stube 4 geschlafen hatte, Prinz Xaver v. Bourbon-Parma, den Bruder der ehemaligen österreichischen Kaiserin Zita, sowie den früheren Wiener Bürgermeister Richard Schmitz. Sie alle wurden mitgenommen, durchs Tor hinaus. Wohin es ging? Nach Südtirol! Doch das erfuhren wir erst daheim. Als wir ins Büro zurückkehrten, fiel uns ein, daß uns eigentlich kein Mensch um die Zahlen gefragt hatte. Der Befehl zum Abzählen war wohl einer augenblicklichen Laune eines SS-Gewaltigen entsprungen, der später wieder darauf vergessen hatte – so wie wir auf das Zählen. Aber über 100 waren es sicher gewesen.

Am nächsten Tag, am 26. April, kam plötzlich der Befehl, alles zusammenzupacken. Das Lager wird verlassen. Bis Mittag müssen alle auf dem Appellplatz stehen. Alles stürzte durcheinander. In allen Augen spiegelte sich Furcht und Schrecken. Vom Zusammenpacken und Wegwerfen in der Aufregung glichen die Lagerstraße und der Appellplatz bald einem Zigeunerlager. Wir standen wieder einmal und standen und standen. Und machten uns unsere Gedanken. Dann erlöste uns eine Gegenorder. Alle zurück in die Baracken. Nur die Deutschen und die Russen mußten am späteren Nachmittag noch einmal antreten. In Gruppen zu hundert Mann setzten sich die Transporte ins ungewisse in Bewegung. Am nächsten Tag wiederholte sich dieselbe Prozedur noch einmal. Die Spannung wuchs ins Unerträgliche.

Am 28. April gegen 10 Uhr vormittags heulte die Sirene und hörte nicht mehr auf. Sie schrillte fünf Minuten lang, unterbrach kurz und ging dann wieder fünf Minuten. Militärische Sachverständige riefen: Panzeralarm. Also mußten die Amerikaner bereits in nächster Nähe stehen. Doch wir hatten uns zu früh gefreut. Es passierte gar nichts. Von unserem Fenster im Büro aus sahen wir, wie die SS mit Lastwagen ganze Berge von Material durch das Tor hinausfuhr. Besonders viele Kisten stammten aus dem Revier. Und dann erblickten wir plötzlich – wir trauten unseren Augen nicht – den ehemaligen Lagerkommandanten Martin Weiß, der in einem weißen Auto mit einem roten Kreuz darauf über den Appellplatz fuhr. Die Anwesenheit von Weiß allein ließ unsere Stimmung steigen. Der Mann bildete nahezu eine Garantie, daß das Lager nicht in die Luft gesprengt oder bombardiert würde.

Sonntag, 29. April. Einer aus unserer Stube kam gerannt und rief: Auf dem Haupttor weht die weiße Fahne. Offenbar hatte man sie während der Nacht gehißt. Jetzt waren wir sicher, daß wir gerettet wären. Aber bald wäre es noch einmal schief gegangen: Um 9 Uhr erschien ein bisher völlig unbekannter SS-Untersturmführer im Arbeitseinsatz. Zwei Männer müßten sofort hinaus. Draußen stehe ein Transport. Das war mein und Bogdans Geschäft. Wir zögerten etwas. Da zog er die Pistole. Wir gingen zum Tor. Er mit der Pistole hinter uns. Der Moorexpreß war auch schon da. Die Lagerkommandantur schien wie ausgestorben. Nirgendwo blickten die bekannten Gesichter der SS-Leute heraus. Langsam, vorsichtig marschierten wir in den äußeren Lagerbereich. Da knatterten Maschinengewehre. Unser Untersturmführer war auf einmal wie vom Erdboden verschluckt. Das Feuer wurde stärker. Plötzlich stand ein anderer SS-Mann in voller Kriegsausrüstung vor uns. »Ihr Narren«, schrie er, »haut doch ab!« Das ließen wir uns natürlich nicht zweimal sagen. Wir eilten ins Büro. Alle Kameraden standen an den Fenstern. Wir warteten mit angehaltenem Atem. Unsere Geduld wurde auf eine lange Probe gestellt. Da: ein Panzerwagen mit einem Amerikaner und einer Frau in Uniform preschte durch das Tor. Andere Wagen folgten.

Sie sind da, sie sind da! Den Jubelschrei, der zum Himmel hallte, kann man nicht beschreiben, den muß man gehört haben. Die Jubelszenen, die sich abspielten, kann man nicht schildern, die muß man gesehen haben. Der Appellplatz und die Lagerstraße wimmelten von armseligen Gestalten, die sich alle umarmten und küßten. Auch aus dem Revier kamen die Halbtoten gehumpelt. Im Arbeitseinsatz lagen wir uns gleichfalls alle in den Armen. Es war Sonntag, der 29. April 1945, halb sechs Uhr abends.

Die SS-Wachen stiegen von den Türmen herunter und aus den Bunkern heraus. Sie kamen mit erhobenen Händen. Die Amerikaner schossen sie alle nieder. Zunächst schien uns diese summarische Hinrichtung wehrloser Männer unbegreiflich. Später verstanden wir sie. Die Truppe, die das Lager Dachau befreite, war beim Anmarsch auf einen Haufen von 400 erschossenen und erschlagenen Häftlingen gestoßen. Im äußeren Lagerbereich fanden sie dann die zwei Güterzüge, die wir noch hätten »aufräumen« sollen. Sie enthielten Menschentransporte aus Buchenwald-Kaufering. Zusammen waren es rund 3500 Häftlinge. Nur 32 waren in den fest verschlossenen Waggons noch am Leben. Von diesen 32 starben im Lager an Fleckfieber noch 30. Beim Anblick dieses Grauens hatte der Kommandant den Befehl erteilt, alle im KZ Dachau gefangenen SS-Angehörigen zu erschießen. Im ersten Sturm der Entrüstung wollte man sogar die Stadt Dachau in Brand stecken.

Heimkehr über die Berge

Abschied von Dachau und Gorbachs Appell • Herzlicher Empfang in Innsbruck und in Südtirol • Wichtige Neuigkeiten

Die Leute drehten sich um und schauten uns nach. Einige traten verstohlen zur Seite und flüsterten. Vom Innrain in Innsbruck, wo uns soeben ein Laster abgeladen hatte, steuerten wir durch die Anichstraße in die Maria-Theresien-Straße und dort auf das Rathaus zu. Novak und ich waren an unserer äußeren Aufmachung leicht als KZ-ler zu erkennen. Im Rathaus klopfte ich an die Tür zum Vorzimmer des Bürgermeisters. Niemand antwortete. Ich öffnete behutsam einen Spalt. Es war 5 Uhr nachmittags. Ja, da saß sie wirklich wieder an ihrem alten Platz wie vor 1938, unsere Anni Kness. Sie war wiedergekehrt. Sie telefonierte gerade. Dann schaute sie auf. Ihre Augen wurden größer und größer. Fast schien sie unter Schockwirkung zu stehen. Plötzlich schrie sie geradezu: »Friedl, ja Friedl, bist du es wirklich.« Aufspringen und um den Hals fallen ging blitzschnell. Sie weinte. Ich stellte etwas verwirrt Bogdan vor. Sie gab ihm gleich auch ein paar Busseln, weil es – sie war schon wieder die alte Anni – gleich in einem ging. Sie erzählte, niemand habe mehr geglaubt, daß ich noch am Leben sei, weil seit März kein Schreiben mehr eingetroffen war.

Fast im Generalstabsstil berichtete sie über den Stand der Dinge. In Südtirol habe eine Südtiroler Volkspartei das Selbstbestimmungsrecht ausgerufen. Obmann sei Erich Amonn. In Nordtirol hätten die Amis den Dr. Karl Gruber als Landeshauptmann eingesetzt. Er sei in der Öffentlichkeit ziemlich unbekannt, habe aber mit seiner Widerstandsbewegung Innsbruck von den Nazis gesäubert, noch bevor die Amerikaner die Stadt erreichten. In Wien sei inzwischen unter Karl Renner eine österreichische Regierung gebildet worden. Praktisch wie immer entwarf sie den Plan für unsere Unterbringung und Versorgung. Lebensmittel waren ja knapp. Wir konnten im Hause ihrer Tante Marie wohnen.

Gleich wurde auch das Landhaus von unserer Ankunft verständigt.

Dort traf ich Professor Dr. Reut-Nicolussi, den großen Vorkämpfer Südtirols. Man hatte ihn im Hinblick auf Südtirol zum Landeshauptmannstellvertreter ernannt. Dann stand ich Karl Gruber gegenüber. Er war 36 und ich 31 Jahre alt. Seine Aussagen klangen klar, überlegt. Ich würde aber lügen, wenn ich sagte, er habe gleich beim erstenmal auf mich einen besonderen Eindruck gemacht. Todmüde fielen wir in die von Tante Marie mit viel Liebe und Sorgfalt bereitgestellten Betten. Bogdan schrie zweimal im Schlaf auf: »Nein, nein, nein, laßt mich.«

Wir konnten mit unserer Leistung zufrieden sein. In vier Tagen hatten wir zu Fuß den Weg von Dachau nach Zirl bei Innsbruck geschafft. Nur die letzten paar Kilometer nahm uns ein Laster mit.

Im Lager Dachau war das Leben in den ersten Tagen nach der Befreiung für uns beide ohne sonderliche Aufregung weitergegangen. Wir brachten unsere wie durch ein Wunder erhaltene Kartei immer wieder auf den letzten Stand. Das Sterben in den Blocks nahm vorerst kein Ende. Auch die beste Pflege konnte die vielen Halbtoten nicht retten. Nicht wenigen brachte das viele Büchsenfleisch, das sie in ihrem Heißhunger verschlangen, den Tod. Der Magen machte nicht mehr mit. Man hätte die Halbverhungerten erst langsam wieder ans Essen gewöhnen müssen.

Wir warteten auf die Heimkehr. Es verlautete, daß das Rote Kreuz der einzelnen Länder mit der Aufgabe des Heimtransportes betraut worden sei. Das konnte für uns zwei allerdings lange dauern. Bogdan hatte in den letzten zwei Wochen vor der Befreiung verdächtig zu husten begonnen. In der Nacht litt er an Schweißausbrüchen. Ein paar Striche dauernd erhöhter Temperatur machten ihn besonders verzagt. Treuherzig hat er mir einmal gestanden, er habe in seinem Leben vor zwei Übeln immer Angst gehabt: vor ledigen Kindern und vor der Tuberkulose. Die beiden wollen zwar nicht recht zusammenpassen, aber Bogdan fürchtete gerade diese am meisten. Seine Mutter war an Tuberkulose gestorben. Nun wies er selbst alle Anzeichen der Krankheit auf. Ins Revier? Um Gottes willen! Da konnte man sich noch den Typhus holen. So blieb uns nur der eine Ausweg: schnellste Heimkehr aus eigener Kraft und auf eigenes Risiko. Den Entlassungsschein konnten wir uns in der Lagerschreibstube selber ausstellen. Lebensmittel organisierten wir genug; das war gar nicht mehr so schwer. Auch standen keine 25 Hiebe mehr darauf.

Wir verabschiedeten uns von allen Mitarbeitern im Büro des Arbeitseinsatzes und in der Schreibstube. Einen besonders herzlichen Händedruck tauschte ich mit Alfons Gorbach. »Servus, Alfons«, rief ich, »mach's gut. In Graz sehen wir uns wieder.« Kaum war ich ein paar Schritte gegangen, rief er mich noch einmal zurück: »Ich hab dir noch was zu sagen«, meinte er. »Ja, Alfons, was ist los?« entgegnete ich. »Gib mir noch einmal deine Hand.« Ich gab sie ihm. Er drückte sie fester als zuerst und legte seine zweite Hand darauf. »So«, sagte er, »Friedl, wir kehren jetzt heim. Du heute, ich vielleicht in ein paar Tagen. An dieser Stelle geloben wir uns: Wir werden nicht die anzeigen, die uns angezeigt haben. Die Spirale des Hasses darf nicht weitergedreht werden. Versprechen wir uns das.« Wir drückten uns noch einmal ganz fest die Hand. Noch einmal ein »Servus« und ab ging's.

1949 habe ich Gorbach bei einer Wahlversammlung der ÖVP in Innsbruck wieder getroffen. »Hast du dein Versprechen gehalten?« fragte er. »Ich glaube schon, und du?« – »Ja, Friedl, du weißt ja, daß ich der Schutzpatron aller Nazis von Österreich geworden bin.« Diese Episode zeigt, daß Gorbach von einer ganz seltenen menschlichen Größe war. Ich habe später, als er im April 1961 Bundeskanzler geworden war, öfters gesagt: Ich weiß nicht, ob Gorbach ein ganz großer Bundeskanzler ist, aber ich weiß von Dachau her, daß er ein ganz großer Mensch ist.

Am 17. Mai schritten wir mit großen Rucksäcken durch ein kleines seitliches Tor vom KZ Dachau hinaus in die Freiheit. In zwei Meter Entfernung stand ein amerikanischer Posten, welcher den Auftrag hatte, niemanden durch das Haupttor hinauszulassen. Er blickte uns lächelnd nach. Wer durch das Nebentor das Lager verließ, interessierte ihn überhaupt nicht. Das zu bewachen, hatte er ja keinen Befehl.

Im Städtchen Dachau erwartete uns Walter Sparber. Walter war drei Wochen vor Kriegsende zusammen mit einem Gutteil der deutschen Pfarrer entlassen worden. Ich hatte ihn damals zum Lagertor begleitet. Er war immer wieder stehengeblieben und hatte um sich geschaut. Ich trieb ihn zur Eile an: »Die anderen stehen schon am Tor, mach schnell, sonst lassen sie dich noch da.« Walter lächelte: »Sechs Jahre lang habe ich hier alles mitgemacht, jetzt möchte ich am liebsten auch noch das Ende erleben.« Ein letzter Händedruck: »Auf Wiedersehen!«

Walter Sparber hatte es daheim nicht ausgehalten. Die Sorgen um die Kameraden in Dachau ließen ihn nicht rasten. Er sammelte Lebensmittel und radelte von Niederndorf bei Kufstein zurück nach Dachau. Dort traf er fast gleichzeitig mit den Amerikanern ein. Er schlüpfte bei einer Familie unter, um notfalls immer zur Verfügung zu stehen. Uns sandte er seine Adresse. So brauchten wir uns nur bei ihm zu melden. Er hatte für uns bereits bei zwei alten Damen ein Zimmer reserviert. Verpflegt wurden wir von der großen Firma Baywa. Wir rasteten fünf Tage. Die Damen ließen uns nur ungern ziehen. Wir bildeten fast eine Art Schutzschild. In der Nacht trieben sich ausgebrochene Lagerhäftlinge herum, die plünderten und Leute mißhandelten. Auch zu unserem Haus kamen solche zweimal. Als sie uns sahen, zogen sie sofort ab. Sie wollten uns wohl nicht unser Geschäft verderben.

Am ersten Tag marschierten wir an den Resten der Stadt München vorbei. In der Nähe von Weilheim fanden wir bei einer Familie von Bibelforschern Quartier. Als wir uns am zweiten Tag Mittenwald und damit der wieder gültigen deutsch-österreichischen Grenze näherten, wurden wir von amerikanischen Posten an einer Straßensperre aufgehalten. Eine Anzahl von ca. 20 Personen, nach dem Äußeren in der Mehrzahl italienische Zwangsarbeiter, warteten dort schon. Wir zeigten unsere Papiere. »Very, very good«, aber wir sollten warten, man werde uns mit einem Jeep holen. In uns stieg ein ungutes Gefühl auf. Und wir sollten recht behalten. Der Jeep kam, wir alle wurden aufgeladen, und in rasender Fahrt ging's bergauf und dann links hinein in die große Kaserne der Gebirgsjäger. Der Platz und das Gebäude wimmelten von Heimkehrern.

Da saßen wir also richtig in der Falle. Bis man uns von hier holte, konnten Wochen vergehen. Wir stellten unsere Rucksäcke gar nicht nieder. Es mußte doch einen Ausweg geben. Beim Tor hinaus kam niemand. Also versuchten wir es auf der entgegengesetzten Seite. Und es klappte. Niemand interessierte sich für uns. Weit und breit kein Posten zu sehen. Wir sprangen über einen niederen Zaun, drückten uns eine Zeitlang dem Wald entlang weiter und betraten wieder die Straße. Amerikaner fuhren kreuz und quer, aber niemand hielt uns mehr an und niemand interessierte sich für uns. Den Auftrag zum Anhalten hatten nur die Posten an der Straßensperre gehabt. Wir sprachen im Pfarrhaus vor. Der freundliche Herr stellte uns ein Zimmer für die Nacht zur Verfügung. Der Grenzübergang war gesperrt. Wir mußten also über die »grüne Grenze«. Der Pfarrer gab uns am nächsten Tag einen seiner Ministranten mit. Der siebenjährige Bub wußte wirklich bestens Bescheid. Er führte uns auf die Berghöhe hinauf. »Jetzt seid ihr schon in Österreich, da unten liegt Leutasch, alles Gute.« Er winkte noch ein paarmal zurück.

Wir stiegen gemächlich ab. Gerade als wir den Wald verließen, standen – wie aus dem Erdboden gewachsen – zwei amerikanische Neger-Soldaten vor uns. Zwei Maschinengewehre waren auf uns gerichtet. Wir hoben natürlich schleunigst die Hände hoch und riefen: »Wir kommen von Dachau.« Die beiden blickten einander an. Sie senkten langsam die Waffe und ließen uns vorsichtig näher kommen. Wir hielten die Ausweise in der Hand. Einer nahm sie und buchstabierte lang und gründlich Wort für Wort. Er prüfte den Stempel und beide betrachteten unsere Häftlingsuniformen. Die Mienen tauten auf: »Very good, very good«. Am Lagerfeuer, das wir nicht gesehen hatten, mußten wir essen, essen und immer wieder essen. Dann luden sie uns auf einen ihrer Jeeps, und ab ging's nach Unterleutasch. Dort stürmten sie, die Maschinengewehre in der Hand, in ein Haus. Eine fünfköpfige Familie erhielt Order, sofort zu räumen. Wir zwei sollten die Wohnung erhalten. Die beiden »boys« konnten es gar nicht recht begreifen, daß wir uns mit einem Zimmer begnügen wollten und die »family« deshalb nicht ausziehen müsse. Sie ließen uns noch eine Menge Konserven zurück.

Frisch und fröhlich zogen wir am nächsten Tag von Leutasch Richtung Seefeld und Innsbruck. Bogdan ging es jeden Tag besser. Das Fieber hatte ihn schon am zweiten Tag verlassen. Am dritten verschwand auch der Husten samt den Schweißausbrüchen. Und die Röntgenaufnahme von Prof. Dr. Ruckensteiner an der Innsbrucker Universitätsklinik ergab, daß der Freund Glück gehabt hatte. Von Tuberkulose keine Spur. Es waren also doch nur die Nerven gewesen. Seitdem bin ich fest überzeugt, daß die Furcht vor einer Krankheit einen wirklich krank machen kann.

Nun wurden wir in Innsbruck nach allen Regeln der Kunst verwöhnt. Und doch drängte es uns heimwärts. Die Grenzübergänge waren für den Zivilverkehr immer noch fast hermetisch abgeriegelt. Wir hätten in das altvertraute Arbeitslager Reichenau gehen können, wo die italienischen Heimkehrer gesammelt wurden und einen Transport

(25) Dr. Friedl Volgger spricht im Mai 1946 auf einer Großkundgebung im Vinschgau, auf der die Bevölkerung den Wiederanschluß an Österreich verlangt.

(26) Spontane Demonstration zugunsten eines Anschlusses an Österreich am Kassianssonntag 1946 in Brixen. Der Redner inmitten der Menge ist wieder Dr. Friedl Volgger.

(27) Südtirol-Kundgebung am 22. April 1946 am Rennweg in Innsbruck

(28/29) Zwei Szenen von der großen Südtirol-Demonstration des Jahres 1946 in Wien; unten überbringt eine Abordnung dem Alliierten Kontrollrat die Mappen mit den rund 156.000 Unterschriften, die von den Südtirolern für den Anschluß an Österreich abgegeben worden waren.

(30) Dr. Friedl Volgger (ganz rechts) mit Österreichs Außenminister Karl Gruber (Mitte) auf dem Arc de Triomphe in Paris: Erinnerungsfoto von den für Südtirol so entscheidenden Verhandlungstagen im August und September 1946, dessen Ergebnis das Gruber-Degasperi-Abkommen war.

(31) Links: Handschlag zwischen Außenminister Karl Gruber (rechts) und Italiens Ministerpräsident Alcide Degasperi am 5. September 1946 nach Abschluß des Vertrags, der das Recht der Südtiroler auf Minderheitenschutz und Autonomie international verankerte.

abwarteten. Das brachten wir aber nicht übers Herz. Ein glücklicher Zufall nahm uns die Entscheidung ab. Am Sonntag, den 7. Juni, stießen wir vor der Servitenkirche in der Maria-Theresien-Straße auf die meisten Südtiroler »Dachauer«. Das Tiroler Rote Kreuz hatte sie mit den Nordtirolern gleich mitgenommen. Rudolf Posch und der Notar Max von Fioresi waren freiwillig zurückgeblieben. Mit Luis Oberkofler, der in den letzten Lagertagen vom KZ Natzweiler im Elsaß nach Dachau zurückgekehrt war, standen noch dort Pepi Paßler aus Antholz, Josef Schraffl aus Geiselsberg, Karl Umbertini aus Sterzing und Pepi Harrasser aus Gais. Paßler und Schraffl hatte ich nach ihrem Rücktransport vom Außenlager Saulgau in den letzten 14 Tagen noch betreuen können. Umbertini hatte in der Gurtenweberei gearbeitet. Pepi Harrasser hatte es in den letzten zwei Monaten mit einem kleinen Schubs meinerseits sogar zum Melker auf dem Pollenhof gebracht, welcher der SS gehörte und ganz in der Nähe des KZs lag. Wir berichteten den Kameraden von der Möglichkeit Reichenau. Da sagte Pepi Paßler, unser Benjamin: »Lieber als mit Italienern heimkehren, krieche ich über den Brenner!« Das nennt man Haltung nach drei Jahren KZ.

Als wir noch vor der Kirche debattierten, grüßte von der anderen Straßenseite her lächelnd ein Mann; und schon kam er auch zu uns herüber, der Aichner Toni von Ritten, der mit mir einige Wochen Lager Reichenau mitgemacht hatte wegen Schmuggels. Aichner kannte natürlich alle Wege über die Grenze auswendig. Auch er wollte schnellstens heim und war bereit, für uns Führer zu spielen. Bis Steinach brachte uns ein Lastwagen. Zu Fuß gingen wir weiter nach Gries und bogen dann ab nach Obernberg. Es war schon dunkel, als wir aufstiegen. Die Nacht verbrachten wir im Wald. Wir waren mit Dachauer Decken ja gut versorgt.

In dieser Nacht teilte mir Bogdan mit, daß im Dezember 1944 meine Mutter gestorben war. Anni Kness hatte es nicht übers Herz gebracht, es mir direkt zu sagen. Die gute, gute Mutter! Was hatte sie wegen der verrückten Option gelitten. Bogdan wußte auch schon, daß meine Mutter sich nie darüber Rechenschaft gegeben hatte, was Dachau eigentlich war. Sie war sogar froh, daß ich nicht mehr eingesperrt, sondern in einem Lager war. Meine alles eher als traurigen Briefe bestärkten sie im Glauben, daß es mir nicht schlecht ging. Ihr letzter Gruß galt mir.

Im Morgengrauen zogen wir weiter und stiegen gegen Gossensaß ab. Später, auf der fast nur von Militärwagen befahrenen Straße, schauten dem merkwürdigen Trupp neugierige Menschen nach. Niemand fragte uns etwas, niemand hielt uns an. Um die Mittagszeit erreichten wir Sterzing. Umbertini stürzte sofort nach Hause. Ich traf die ersten Bekannten. Sie sahen mich an wie ein Wesen aus einer anderen Welt. Zwei »Baselen« weinten. Ich schickte durch sie Grüße an Vater und Bruder Seppl. Zuerst wollte ich nach Brixen zu Bruder David und zu Emma Martini. Beide waren nach der Verlegung der Druckerei Athesia nach Neustift bei Brixen übersiedelt. Ich ging zum Sterzinger Büro der Volkspartei. Es gab ein freudiges Hallo. Als Bezirksobmann amtierte Dr. Leo v. Pretz aus Mittewald. Hirn und Herz der jungen Partei war damals aber Frau Dr. Elisabeth Kofler, Inhaberin der Stadtapotheke, eine begeisterte Dableiberin.

Bruno Kofler, ein Sohn des bekannten Tierarztes, war sofort bereit, uns mit seinem Wagen nach Brixen zu bringen. Emma Martini, das gute Bemmele, weinte fassungslos, als wir durch die Wohnungstür schritten. An ihrer Seite erlebte ich schöne Tage. Bruder David war auch rührend besorgt. Seine Frau Carla geb. Calza, die er im Jahre 1944 geheiratet hatte, war in Bozen geblieben. Auf einem Gang in die Stadt begegnete ich einmal der Dichterin Maria Veronika Rubatscher. Ich wollte ihr kräftig die Hand schütteln. Sie schaute mich durchdringend an und sagte: »Ja, bist du noch normal?« Ich erstaunt: »Ja, Mariele, warum soll ich nicht normal sein?« Sie kurz und bündig: »Ein Mensch, der von dort kommt, wo du warst, kann nicht mehr normal sein.« Und weg war sie.

Tage später besuchte ich Vater und Bruder Seppl in Ridnaun. Der 68jährige Vater, mit dem ich mich immer besonders gut verstanden hatte, war alles eher als ein weicher Charakter. Lange schaute er mich an, Tränen traten ihm in die Augen, dann sagte er rasch: »Ich bringe dir etwas zum Essen, du wirst Hunger haben, was magst du?« Die Ridnauner kamen scharenweise, mich zu grüßen. Ich hatte mit meinen Landsleuten wieder Frieden geschlossen, und damit war der Lebensabschnitt Dachau zu Ende.

Die ersten Schritte der Volkspartei

Die Amerikaner und die SVP • Dableiber verzichten auf Abrechnung • Schwierige Aufbauarbeit • Besuch in Wien

Das Essen verdiente für die damalige Zeit die Note eins. Wir saßen im Hotel Post in Bozen: Novak, ich, Hauptmann Tanner und Hauptmann Boris von der CIC (Militärischer Abwehrdienst der USA). Die Hauptleute hatten sofort von dem Eintreffen zweier Dachauer Häftlinge erfahren und uns gleich zum Mittagessen eingeladen. Heimkehrer aus einem KZ waren in Südtirol dünn gesät. So wurden wir herumgereicht wie eine seltene Spezies. Wir mußten des langen und breiten erzählen.

Tanner bat mich anschließend in sein Büro. Aus einer Schublade zog er einen Pack Namenslisten. Er habe gehört, daß ich in Südtirol sehr viele Leute kenne. Ich möchte ihm die Namen der größten Nazis ankreuzen. Ich las und las. Je weiter ich blätterte, desto mehr stieg mein Erstaunen. Schließlich mußte ich lachen. »Ja, dear captain«, sagte ich, »auf dieser Liste stehen doch auch Namen führender Dableiber und die waren doch, wie Sie wissen, bestimmt keine Nazis.« Ich zählte ihm einige auf: Dr. Leo v. Pretz, Valentin Gallmetzer von Klausen, Steinkeller von Auer, Ramoser vom Ritten, Heiss und Mair von Pens, Josef Graber von Reischach. »Wenn Sie mir nicht glauben, captain, lassen Sie nur in den Meldeämtern der Gemeinden nachprüfen, ob dies Dableiber waren oder nicht.« Er zögerte. Zwei Tage später bat er mich wieder zu sich. »You were right. And now I will burn all the lists. – Sie hatten recht. Und jetzt werde ich alle Listen verbrennen.« Vor meinen Augen warf er alle ins Ofenfeuer. Damit war ein Großmanöver der Italiener gescheitert. Sie wollten mit den von ihnen frisierten Listen die Dableiber als Nazis abstempeln, um sie aus dem politischen Geschehen auszuschalten. Mit den Optanten würden sie wegen der ungeklärten Staatsbürgerschaft dann leicht fertig werden.

Einige Tage nach dem CIC bat mich auch der alliierte Militärgouverneur William McBratney zu sich. Er gab sich außerordentlich freundlich. Ich mußte ihm erzählen und erzählen. Dann rückte er mit seinem wirklichen Anliegen heraus. Er forderte mich auf, eine Autonomistenpartei zu gründen. Die Volkspartei, so sagte er, übertreibe in ihren Forderungen. Sie könnten kaum erfüllt werden. Sie zähle auch schon viele alte Nazis in ihren Reihen. Man müsse einen zweiten Weg suchen, und ich sei dafür geradezu prädestiniert. Die Militärregierung werde mir jede Unterstützung angedeihen lassen. Lächelnd entgegnete ich, daß sein Angebot zu spät komme. Ich hätte grundsätzlich der Volkspartei schon die Mitarbeit zugesagt. Er stutzte, bestand aber nicht auf seinem Ansinnen. Beim Abschied drückte er mir warm die Hand und wünschte mir »good luck«. Mein Nein hatte ihn anscheinend sogar beeindruckt. Er hatte wohl auch nur über höhere Weisung seinen Versuch gemacht.

Bogdan drängte auf Heimreise, umso mehr, als ihm ein Bozner Mädchen immer besser gefiel und er seiner Braut Ksenia doch die Treue halten wollte. Mit welcher Andacht hatte er doch am Weihnachtsabend 1944 im Lager die Zigarette geraucht, an welcher Spuren von Ksenias Lippenstift zu sehen waren. Tanner hatte Novak ein Empfehlungsschreiben ausgestellt. Die Möglichkeiten einer Fahrt bis zur jugoslawischen Grenze waren aber sehr beschränkt. Wir konnten schließlich Pater Patrick gewinnen. Patrick Redolfi vom Franziskanerkloster fungierte als besonderer Vertrauensmann der Amerikaner bei der Entlassung der Südtiroler Kriegsgefangenen. Er verfügte über einen Wagen und in der Person eines deutschen Kriegsgefangenen über einen Chauffeur. Ehe wir Abschied nahmen, fragte mich Bogdan, ob er gleich der jugoslawischen KP beitreten oder doch noch zuwarten solle. Nach dem Bruch zwischen Tito und Stalin im Jahre 1948 dankte mir Bogdan sehr für meinen Rat, er möge noch zuwarten. Jetzt habe ich Ruhe, sagte er mir damals, jetzt werden die Parteimitglieder verhaftet. So hatte ich auch schnell die Gewißheit, daß es sich beim Krach zwischen Tito und Stalin nicht um ein Täuschungsmanöver handelte, wie man im Westen lange Zeit geglaubt hatte. Bogdans Onkel Alois Novak, Kanonikus an der Kathedrale von Görz, wollte seinen Augen nicht trauen, als er den schon totgeglaubten Neffen vor sich stehen sah. Novak war der einzige Geistliche gewesen, der nicht Reißaus nahm, als Titos Partisanen für einige Zeit Görz besetzt hielten. In der Faschistenzeit hatte er viele Landsleute vor Deportation und Tod gerettet.

In Bozen bezog ich wieder mein altes Zimmer bei Frau Maria Reinstaller in der Talfergriesgasse in Bozen-Dorf. Der Kanonikus hatte mich nach meinem Einstand bei den »Dolomiten« dort untergebracht. Frau Reinstaller und ihr getreuer Hausgeist Fräulein Resi Karbacher aus Taisten hatten mich immer rührend umsorgt. Natürlich waren die beiden Damen zu Tode erschrocken, als die Gestapo im September 1943 das ganze Haus durchsuchte und mein Zimmer für einen Monat versiegelte. Die Frau hielt es später trotz der Wohnungsnot in Bozen immer für mich reserviert. So fest rechnete sie mit meiner Wiederkehr. Jedes Möbelstück stand noch genauso am Platz, wie ich es verlassen hatte.

Meine Verpflegung nahm die liebe Schwägerin Carla in ihrer Wohnung in der Quireinerstraße in ihre erfahrenen Hände. Sie wartete mir zu Mittag und zum Abend mit dem Besten aus Küche und Keller auf. Ich mußte mich ja ihrer Ansicht nach erst einmal richtig erholen. Das kleine Töchterlein Rosmarie genoß es besonders, auf meinem Bauch herumzutrampeln, wenn ich auf dem Diwan eine kleine Mittagsrast hielt. Es war wirklich ein liebes nettes Mädele, das so schmeicheln konnte, wenn es etwas wollte. Mein Bruder und Schwägerin Carla lebten mit den Eltern der Frau in einer schönen Wohnung zusammen. Auch Mutter und Vater umhegten mich mit viel Liebe. Der Vater stammte aus dem Trentino und hatte bei den Kaiserjägern gedient. Oft erzählte er mir von seinen Kriegserlebnissen. Über die italienische Schlamperei konnte er sich manchmal zu Tode ärgern. So hatte ich in Bozen bald ein nettes Zuhause.

Die Volkspartei bestellte mich zum Organisationsleiter. Die Partei hatte ihre Büros in der Villa Brigl in der Diazstraße in Gries, in welcher früher das Deutsche Sondergericht seinen Sitz gehabt hatte, weshalb hier nicht wenige Todesurteile gefällt worden waren. Die Parteiführung hatte die nun freien Räume vom Besitzer gemietet. Den Auftrag des Organisationsleiters übernahm ich umso lieber, als die Schwester meiner Schwägerin Carla, Fräulein Alexandra Calza oder Xandra, wie wir sie nannten, die heutige Frau v. Klebelsberg, als Sekretärin des Obmannes Erich Amonn tätig war. Als Sekretär amtierte Dr. Toni Ebner aus Aldein, der spätere Abgeordnete und Chef der »Dolomiten«. Wir hatten uns in der Dableiberzeit angefreundet, und er hatte 1944 Martha Fließ, eine Nichte des Kanonikus Gamper, geheiratet.

Im Parteisitz arbeitete auch Dr. Karl Tinzl, den der Oberste Kommissar Franz Hofer nach dem Tode von Peter Hofer zum Präfekten der Provinz Bozen ernannt hatte. Man wird es verstehen, daß ich ihm gegenüber zunächst gewisse Vorbehalte hatte. Bald freundeten wir uns aber an, obwohl wir so ganz verschiedene Feldpostnummern gehabt hatten. Ebenso hielt sich der von den Nazis eingesetzte Bürgermeister von Bozen, Fritz Führer, viel am Sitz der Partei auf. Fast schien es mir, als ob er sich unter deren Schutz sicherer fühlte, obwohl Fritz Führer sicherlich sein Amt korrekt verwaltet hatte.

Die Partei war am 8. Mai 1945, unmittelbar nach dem Einmarsch der alliierten Streitkräfte, von einer Handvoll mutiger Männer unter Führung des Bozner Kaufmannes Erich Amonn gegründet worden. Ihr Programm umfaßte nur drei Punkte. Der dritte lautete, »seine Vertreter zu ermächtigen, unter Ausschluß aller illegalen Methoden den Anspruch des Südtiroler Volkes auf Ausübung des Selbstbestimmungsrechts bei den Alliierten zu vertreten«.

Die Alliierte Militärregierung, welche die Oberaufsicht über die Verwaltung in der Provinz führte und an deren Spitze zuerst Oberst Wray stand, anerkannte die Südtiroler Volkspartei als politische Partei und genehmigte trotz aller Proteste der Italiener auch den dritten Programmpunkt. Die Gründung der Partei war nur möglich gewesen, weil sie von Männern geführt wurde, deren antinazistische Einstellung den Alliierten bekannt war. Ohne die Vorarbeit der Südtiroler Widerstandsbewegung Andreas-Hofer-Bund hätte die Militärregierung die Südtiroler Volkspartei nie zugelassen.

Der Parteigründer Erich Amonn rief dies auf der ersten Landesversammlung der Südtiroler Volkspartei am 9. und 10. Februar 1947 ausdrücklich in Erinnerung. Langsam, jedes Wort betonend, stellte er in seinem Lagebericht fest: »Ich will bei dieser Gelegenheit mit völliger Eindeutigkeit erklären: Die SVP ist aus der antinazistischen Widerstandsbewegung hervorgegangen. Die Bildung der Partei und deren sofortige Genehmigung durch die Alliierten war nur aus diesem Grunde möglich.«

Die junge Partei sah sich in eine gar nicht rosige Lage hineingestellt. Option und Abwanderung hatten unserem Volk einen schweren Aderlaß zugefügt. Zehntausende von Südtirolern befanden sich noch in Kriegsgefangenschaft. Die Russen standen in Berlin und Wien, Deutschland und Österreich waren in vier Besatzungszonen aufgeteilt. Wir mußten rasch an die Arbeit gehen, wenn wir den Zug nicht von Anfang an versäumen wollten. Wir mußten die Partei organisieren. Diese Aufgabe bereitete uns viel Kopfzerbrechen. Wir brauchten viele Mitglieder, um im In- und Ausland unsere Berechtigung zur Vertretung aller Südtiroler unter Beweis zu stellen.

Trotz aller Mühen wollte der Aufbau der Partei so gar nicht recht vorankommen. Drei Haupthindernisse stellten sich uns in den Weg. Vor allem mußten wir die Kluft zwischen Dableibern und Optanten schließen. Diese Arbeit war aber alles eher als einfach. Begreiflicherweise fiel es den Dableibern nicht leicht, alle Beschimpfungen, Verfolgungen und alle Übergriffe, die man ihnen seit 1939 angetan hatte, einfach unter den Tisch zu wischen. Der Oberste Kommissar der Operationszone Alpenvorland, Gauleiter Franz Hofer, hatte im Dezember 1943 – wie ich jetzt erfuhr – die Aufstellung von vier Südtiroler Polizeiregimentern angeordnet. Unter krasser Verletzung der Bestimmungen des Völkerrechtes wurden auch Dableiber, also italienische Staatsbürger, zu den deutschen militärischen Einheiten einberufen. Für den Fall, daß einer dem Rufe nicht Folge leistete, hatte Hofer im besten Nazi-Stil Sippenhaft verfügt. Sämtliche Familienmitglieder des Flüchtigen wurden verhaftet und in das Arbeitsstraflager in der Kaiserau am Stadtrand von Bozen eingeliefert. Hauptsächlich im Passeier- und im Ahrntal weigerten sich trotzdem viele DableiberBurschen, für einen Führer in den Krieg zu ziehen, der das Land verkauft und verraten hatte. Dutzende von Familien wanderten in die Gefängnisse und dann in die Kaiserau. Und das sollte jetzt alles vergessen werden. Die braunen Dorfgrößen hatten sich geradezu darin gefallen, mit der wahllosen Einberufung von Dableibern ihre Allmacht unter Beweis zu stellen und ihr Mütchen zu kühlen. Notlagen fanden in seltenen Fällen Berücksichtigung.

Nur ein Beispiel: der Dableiber Johann Salutt, Jahrgang 1906, wohnhaft in Matsch im Vinschgau (Gemeinde Mals), Besitzer eines kleinen Bauerngütls, Vater von 5 Kindern im Alter von 24 Monaten bis zu 10 Jahren, wurde am 4. April 1944 zum Regiment Alpenvorland einberufen. Seine militärischen Vorgesetzten staunten. Warum denn die Heimatbehörde in seinem Fall nicht ein Gesuch um Freistellung eingereicht habe? Die Militärs forderten ein solches sogar von sich aus an. Aber die Gemeindebehörde schwieg. Am 7. Jänner 1945 erhielt Salutt in Plaus im Vinschgau Besuch von seiner Frau. Am späten Nachmittag machte sie sich auf den Heimweg. Bis Schlanders konnte sie mit dem Zug fahren. Von dort aus ging sie zu Fuß weiter. Sie kam aber daheim nie an. Am kommenden Morgen fand man sie erfroren auf einer Bank auf dem halben Weg zwischen Schluderns und Matsch. Sie war zu müde gewesen und hatte rasten wollen. Und war nicht mehr aufgewacht. Der Mann durfte zum Begräbnis. Am nächsten Tag mußte er aber wieder zurück zu seiner Einheit. In Mals gab man ihm auf seine Bitten um Verlängerung des Urlaubes Bescheid, daß man schon jemanden von der NS-Frauenschaft zur Betreuung seiner Kinder abkommandieren werde. Natürlich erschien nie jemand, und die Sorge über die Kinder oblag der alten Großmutter.

Und jetzt sollte er mit seinen Peinigern wieder an einem Strick ziehen. Solche und ähnliche Fälle könnte man zu Dutzenden aufzählen.

In den 21 Monaten des Bestehens der Operationszone Alpenvorland wurden 21 Südtiroler wegen Widerstandes gegen das Naziregime hingerichtet oder in den Vernichtungslagern des Dritten Reiches ums Leben gebracht. 166 Südtiroler wurden in Konzentrations- und Arbeitsstraflager eingeliefert. 140 landeten hinter Kerkermauern. 276 junge Südtiroler haben sich trotz massivster Drohungen dem Dienst in Hitlers Militärmaschine entzogen. Auf die flüchtigen Burschen wurden regelrechte Treibjagden veranstaltet. Aber nur einzelne konnten gefaßt werden, weil der größte Teil der Bevölkerung innerlich bereits auf ihrer Seite stand und sie unterstützte. Allerdings, wenn man einmal einen aufspürte, wurde er abgeknallt wie ein Hase.

Hans Egarter, Obmann des Andreas-Hofer-Bundes, sprach sicherlich vielen Verfolgten aus dem Herzen, als er am 22. November 1945 im »Volksboten« schrieb: »Die Bereichsleiter und Ortsgruppenleiter, die einstens feurige, haßerfüllte Kriegsreden schwangen und sich mitschuldig gemacht haben, daß Hunderte von Südtirolern in die Konzentrationslager kamen, die Jagd auf Deserteure machten, diese Leute, die Unglück über Unglück verursachten, schreiten hocherhobenen Hauptes durch die Straßen und tun, als ob nie etwas geschehen wäre . . . Tausende von Südtirolern haben die Heimat verloren und stehen als arme Bettler vor den Toren derselben. Tausende von Südtirolern sind in den Lagern und warten voll Sehnsucht auf die Heimkehr. Sie wurden von den obgenannten hineingepreßt in die Wehrmacht, in die Polizeiregimenter und SS-Einheiten, unter Androhung der schwersten Strafen. Wer sich ihren Machtsprüchen nicht beugte, wurde zum Tode verurteilt, verbannt, die Familien von Haus und Hof vertrieben. Es ist typisch nationalsozialistisch, wie sie sich jetzt benehmen. Kein Verantwortungsgefühl, kein Schuldbewußtsein regt sich in ihnen. Mit einer nie dagewesenen Frechheit drängen sie sich nach vorne. Sie kümmern sich in keiner Weise um die Opfer, haben für dieselben nur ein Achselzucken. Für sie ist die Hauptsache, wenn sie sich wieder einen einträglichen Posten sichern können. Aber alle diese Herren wissen, die Schuld kann nicht totgeschwiegen werden. Es gibt eine Gerechtigkeit und die fordert Sühne und Wiedergutmachung.«

Und doch durfte man nicht in der bösen Vergangenheit verhaftet bleiben. Wir mußten um des Fortbestandes unseres Volkes willen in die Zukunft blicken. Hätten wir damals nicht zusammengefunden, hätten wir nicht die Reihen geschlossen, wären wir ein zerstrittener Haufen von Gruppen und Grüppchen geblieben. Die Folgen kann sich jeder selbst ausmalen. Freilich hätte man von der anderen Seite eine gewisse Anerkennung für den Verzicht der Dableiber auf die Stellung von Gegenrechnungen erwarten dürfen. Solche Anerkennung blieb aus. Man nahm die Vornehmheit der Dableiber als eine Selbstverständlichkeit.

Die Größen der NS-Zeit in Südtirol kamen glücklicher davon als in den anderen deutschen Landen. In einigen Orten machte sich der lange aufgespeicherte Zorn allerdings Luft. So z. B. in St. Pankraz in Ulten. Dort wurden die früheren »Herrscher« regelmäßig in den Brunnen getaucht, wenn sie sich einmal im Dorf sehen ließen. Wollten sie sich das kalte Bad ersparen, mußten sie sogar auswärts den Gottesdienst besuchen. Ich fuhr einmal hinein, um Frieden zu stiften. Josef Gamper, Mairhofer, ein lieber Freund, zuerst fest im VKS tätig und dann ebenso fester Dableiber, rief ein paar Männer zusammen. Als ich mein Anliegen vorgebracht hatte, lächelte er. »Sie können sich nicht beklagen, Doktor, daß wir Ihnen nicht immer gefolgt hätten, aber diesmal folgen wir nicht. Das Brunnentauchen ist ein alter Brauch der Ultner Justiz. Wegen eines solchen Bades ist noch keiner gestorben. Wenn die Leute aber die eigene Justiz nicht mehr ausüben dürfen, dann gehen sie zu den Italienern und machen Anzeige. Das wollen wir nicht. Die Ultner werden niemanden anzeigen, aber sie werden noch ein paar Mal einen eintauchen. Und zwar sind viele Optanten auf diese Herren noch viel erboster als wir Dableiber.« Was sollte ich gegen eine solche Logik vorbringen? Wie man mir angekündigt hatte, geschah es auch. Aus dem Ultental kam nie eine Anzeige, obwohl gerade dort die Gemüter sehr erhitzt gewesen waren.

Unter die Räder der italienischen Justiz gerieten nur sehr wenige und das sehr vorübergehend. Das von der italienischen Regierung am 2. Februar 1948 erlassene Gesetzesdekret zur Regelung der Frage der Rückoptionen spielte freilich einigen Optanten übel mit. Es sah vor, daß gewisse Kategorien von Optanten, welche die deutsche Staatsbürgerschaft erworben hatten, vom Wiedererwerb der italienischen ausgeschlossen werden konnten, auch wenn sie das Land nie definitiv verlassen hatten. Die Zahl der Staatenlosen bewegte sich ursprünglich so um die Zahl 650. Doch im Laufe der Zeit nahm sie schnell ab. Zu leiden hatten wie immer bei solchen Verfahren nicht die Hauptverantwortlichen für die Option, sondern die armen Unterläufel in den Dörfern draußen, die über keine Beziehungen nach oben verfügten. Wer in Italien keine solche aufweisen kann, wird immer am Rande des Geschehens leben müssen.

Langsam, langsam gelang es uns trotz allem, die Leute wieder zueinander zu führen. Es wird immer ein großes Verdienst der Dableiber bleiben, daß sie in entscheidenden Stunden nicht an sich, sondern an Südtirol gedacht haben.

Aber nicht nur die Option machte uns Schwierigkeiten. Begreiflicherweise saß den Leuten auch noch viel Angst in den Knochen. Die Italiener gebärdeten sich schon wieder allmächtig im Lande, wenn auch das letzte Wort den Alliierten zustand. Es kam zu Übergriffen von seiten der italienischen Militäreinheiten, zu willkürlichen Verhaftungen usw. So zogen es nicht wenige vor, zunächst einmal aus dem Fenster zu schauen und die weitere Entwicklung abzuwarten. Manche erschraken schon allein vor dem Wort Partei. Nach den Erfahrungen der Vergangenheit stellte eine solche für viele von vornherein etwas Gefährliches dar. Wie oft konnte ich hören: »Sie haben doch alle draufgezahlt, die früher bei einer Partei waren. Gleichgültig ob bei der schwarzen oder braunen. Jetzt kommt er schon wieder mit einer Partei. Da werde ich mich aber in acht nehmen.«

Es war nicht einfach, den Leuten diese Furcht auszureden. Wir mußten uns in viel Geduld fassen, um sie zu überzeugen, daß zwischen der Einheitspartei einer Diktatur und einer Partei in der Demokratie ein wesentlicher Unterschied besteht.

Fast Tag für Tag zog ich als Organisationsleiter entweder allein oder mit Dr. Ebner hinaus in die Dörfer und Täler, um Ortsgruppen auf die Beine zu stellen. Im Burggrafenamt war der Bauernführer Franz Innerhofer von Obermais die treibende Kraft. Im Pustertal übertrafen sich Franz Strobl von Aufkirchen, Hans Baur von Toblach und mein seinerzeitiger Gefängniskollege in Bruneck, Josef Graber von Reischach, geradezu an Einsatzbereitschaft. Im Unterland, zwischen Bozen und Salurn, einem besonders gefährdeten Gebiet, warf der unvergeßliche Hans Tiefenbrunner von Entiklar (Gemeinde Kurtatsch) seine ganze Beredsamkeit und Begeisterung für unsere Sache in die Waagschale.

Aber Wochen sollten vergehen, bis uns der Durchbruch gelang. Im Juli 1945 tauchte der erste Bezirksobmann von Brixen, Hans Kofler, Sägewerkbesitzer in Zinggen, im Parteisitz in Bozen auf. Der machte nicht viele Umstände. Klar und deutlich ließ er uns wissen, daß alles Werben um Mitglieder vergebens sei, wenn in der wiedererstandenen Tageszeitung »Dolomiten« nicht eine Verlautbarung veröffentlicht werde, in welcher von der Alliierten Militärregierung ausdrücklich bestätigt würde, daß die Südtiroler Volkspartei eine ganz legale Partei sei.

Am 23. Juli suchten Dr. Ebner und ich den alliierten Presseoffizier Felix Gasbara auf, dem wir alle wichtigeren Verlautbarungen unterbreiten mußten. Wir legten folgende Erklärung vor: »Die Alliierte Militärregierung ermächtigt uns, der Bevölkerung mitzuteilen, daß die am 8. Mai gegründete Südtiroler Volkspartei eine legale, politische Partei ist.« Gasbara las den Text aufmerksam durch. Dann verschwand er durch eine Seitentür. Als er wiederkehrte, setzte er mit fester Hand ganz einfach sein »yes« darunter. Die Amerikaner hielten ja nie viel von Bürokratie.

Von da an war das Eis gebrochen. Am 24. September konnte ich der Parteileitung melden, daß die SVP bereits über 50.000 Mitglieder zähle. Nun konnten wir vor dem In- und Ausland mit Fug und Recht behaupten, daß wir das ganze Volk vertraten. Die Außenpolitik der Partei lag in erster Linie in den Händen des Obmannes Erich Amonn und des Generalsekretärs Dr. Josef Raffeiner. Nach seiner Rückkehr aus Rom am 1. Oktober 1945 schaltete sich auch Kanonikus Gamper immer mehr ein.

Am 26. September 1945 war der bisherige Landeshauptmann von

Tirol, Dr. Karl Gruber, in die am 20. Oktober endlich von allen vier Großmächten anerkannte österreichische Regierung berufen und zum Staatssekretär für Auswärtige Angelegenheiten ernannt worden. Beim energischen Gruber wußten wir unser Schicksal in besten Händen.

Mitte November machte ich meinen ersten Wien-Besuch in der Nachkriegszeit. Arrangiert hatte ihn Mister E. Leslie, ein Engländer, der für das Foreign Office immer wieder Lageberichte über Südtirol verfaßte. Er hatte sich in Igls bei Innsbruck schon früher ein Haus gebaut. Er war mit Karl Gruber und dem jungen Fritz Molden, einem der Führer der österreichischen Widerstandsbewegung, eng befreundet. Die Innsbrucker Stadtgemeinde stellte mir den für die Überschreitung der Zonengrenze nötigen Vier-Sprachen-Ausweis aus. Ich konnte mich eines etwas sonderbaren Gefühls nicht erwehren, als der Zug auf der Ennsbrücke von der amerikanischen in die russische Zone hinüberdonnerte. Doch die Kontrolle verlief glatt.

In Wien besuchte ich meinen Dachauer Freund, den Spanienkämpfer Bruno Furch, der in der KPÖ-Leitung tätig war. Er brachte mich mit dem damaligen Star der Partei, Dr. Ernst Fischer, zusammen, der erst aus der russischen Emigration heimgekehrt war. Fischer, später als kommunistischer Abgeordneter zum Nationalrat der beste Redner im österreichischen Parlament, brüstete sich, daß die Kommunisten als erste österreichische Partei das Selbstbestimmungsrecht für Südtirol verlangt hätten. Mich interessierte mehr, was Moskau dazu meine. Fischer wurde sichtlich verlegen und äußerte, noch sei ja nichts entschieden. Offenbar wollte er mir nicht sagen, daß der Kreml die österreichischen Genossen bereits zurückgepfiffen hatte. Die KPÖ ließ in Sache Selbstbestimmung für Südtirol nie mehr etwas von sich hören.

Freunde vermittelten mir eine Begegnung mit dem österreichischen Staatsoberhaupt Dr. Karl Renner, der damals den schönen Titel Staatskanzler führte. Der Sozialist Renner war mir natürlich aus den Schulbüchern bestens bekannt. Ich wußte, daß er bereits 1919 die österreichische Delegation bei den Friedensverhandlungen von Saint Germain angeführt hatte. Ich erwartete also, einen zittrigen Greis zu treffen. Wie gründlich sollte ich mich getäuscht haben. Vor mir saß ein quicklebendiger alter Herr von einer staunenswerten geistigen Frische. Er rauchte unentwegt seine geliebten Zigarren, deren Feuer immer wieder ausging. Beflissen reichte ich ihm Streichhölzer. Da sagte Renner: »Wissen Sie, Volgger, Rauchwaren findet man schon in Wien, aber Streichhölzer sind fast nicht aufzutreiben.« Das Staatsoberhaupt Österreichs litt also sieben Monate nach Kriegsende noch Mangel an Zündhölzern. Nichts könnte besser zeigen, wie es damals mit der Versorgungslage in Österreich bestellt war. Leslie hatte mir vor der Abreise aus Innsbruck geflüstert, welches in Wien die begehrtesten Artikel wären: Streichhölzer, Nähnadeln, Rasierklingen. Ich hatte mich mit Streichhölzern gut eingedeckt und konnte Dr. Renner etwa 20 Schachteln zuschieben. Der Staatskanzler wollte gar nicht mehr aufhören zu danken.

Als ich eines Morgens das Hotel »Graben« verließ, in dem ich logierte, war die Stadt übersät von Plakaten und Flugzetteln, die da lauteten: »Wer die Rote Armee liebt, wählt kommunistisch.« Ich sammelte einige Muster und brachte sie Bruno Furch. Ich meinte, daß solche Propaganda der KPÖ kaum Stimmen einbringen werde. Aufgebracht antwortete er: »So dumm sind die Kommunisten doch auch nicht, daß sie mit solchen Schlagern für sich Propaganda machen. Diese Zettel bedeuten für uns eine Katastrophe. Diese Sauerei hat sich dieser Figl ausgedacht.« Der Name Figl war für mich noch kein Begriff. Furch erklärte mir, daß es sich um den Chef der neugegründeten Österreichischen Volkspartei handle. Ich äußerte: »Wenn die Dinge so liegen, müßten ja die Russen diese Propaganda einstellen.« – »Ja, aber denen kann man das nicht beibringen«, war die Antwort. »Die Russen glauben wirklich, daß wir die Rote Armee lieben.«

Dieser Leopold Figl imponierte mir nun gewaltig. Furch behielt mit seinem Pessimismus recht. Die Wahl am 22. November brachte der KPÖ eine Katastrophe. Von den 165 Mandaten im Nationalrat konnte sie nur vier ergattern. 85 errang die ÖVP, und 76 entfielen auf die SPÖ. Dieses Ergebnis kam zustande, obwohl zwei Drittel der österreichischen Bevölkerung in der russischen Besatzungszone lebten. Und da spricht man noch oft von diesen schlappen Österreichern!

Ende Dezember 1945 ging die Verwaltung der Provinz Bozen von den Alliierten auf die Italiener über. Für uns ein schwerer Schlag, eine Geste, die nichts Gutes ahnen ließ. Für die Offiziere der englischen Truppen, welche die Amerikaner im Juli abgelöst hatten, gab die Führung der SVP noch eine Silvesterparty im Hotel Greif. Mit schneidigen Musikanten und feschen Mädchen in Tracht wurde es eine rauschende Ballnacht. Der Kommandeur der Truppen, Oberst Purvis, brachte ein dreifaches Hoch auf die Partei und auf South Tyrol aus. Der Militärkaplan, eine sehr fröhliche Natur, wurde nicht müde, immer wieder den »song« anzustimmen: »In München steht ein Hofbräuhaus . . .« Rührend entschuldigte er sich, daß er leider nur dieses eine Lied auf deutsch könne.

Mit den alliierten Truppen hatten wir immer ein sehr herzliches Verhältnis gehabt. Die Militärregierung, an deren Spitze als Nachfolger des Amerikaners McBratney der englische Oberst S. W. Miller stand, hielt sich dagegen sehr zurück. Den tatkräftigsten Freund und Fürsprecher unter den Engländern hatten wir in dem Captain I. F. Clarke gefunden, dem späteren Hochschulprofessor für English Studies an der Universität Strathclyde in Glasgow. Captain Clarke war Intelligence Officer (Offizier des Militärischen Nachrichtendienstes) und hatte als solcher eine wichtige Stelle inne. Diesem Offizier haben es die Südtiroler Wehrmachtsangehörigen zu verdanken, daß sie in Südtirol den Entlassungsschein erhielten und daheim bleiben konnten. Clarke hatte diese Entscheidung ohne Einverständnis seiner vorgesetzten Militärbehörde ganz aus eigener Verantwortung getroffen. Die Italiener hatten den Standpunkt vertreten, daß diese Südtiroler Wehrmachtler deutsche Staatsbürger geworden seien und sie deswegen kein Recht mehr hätten, in die Heimat zurückzukehren. Man stelle sich vor, was passiert wäre, wenn alle Heimkehrer nach Südtirol wieder hätten in die Gefangenenlager zurückkehren müssen, um nach Deutschland entlassen zu werden.

Captain Clarke hat sich also um Südtirol in schwerster Zeit ein geschichtliches Verdienst erworben. Der Captain hielt gegenüber den Italienern auch der Südtiroler Volkspartei immer und immer wieder die Stange. Er war es auch, der ein Geschenk aus Südtirol an den Kriegspremierminister Winston Churchill übermittelte. Damit hatte es folgende Bewandtnis: Der Bauer Sebastian Mair in Asten, dem letzten Weiler bei Pens im Sarntal, hatte während des Krieges eine Silberfuchszucht aufgebaut. Unter seinen Füchsen befand sich ein besonders schönes Exemplar. Der Wastl, wie Mair von seinen Landsleuten genannt wurde, betrieb einen regen Handel mit seinen Füchsen. Nach der Besetzung Südtirols durch die deutschen Truppen gehörten auch Wehrmachtler und SS zu seinen Kunden. Alle hatten es natürlich auf den schönsten Fuchs abgesehen. Der Wastl wiederholte aber immer das gleiche Verslein: »Alle anderen könntet ihr euch aussuchen, aber der da gehört dem Churchill.« Alle lachten über diesen gelungenen Scherz. Nach dem Kriege erschien Sebastian Mair, ein glühender Gegner des Nationalsozialismus und treuer Dableiber, mit seinem Rucksack am Sitz der Volkspartei und sagte mir: »Das Fell habe ich jetzt, aber hinüberschicken mußt du es.« Er zog das Fuchsfell aus seinem Sackl, ich übernahm es und gab es dem Captain Clarke weiter.

Der Wastl von Pens erschien in gewissen Zeitabständen immer wieder. Er wartete und wartete auf eine Antwort von den Britischen Inseln. Schließlich sagte er ganz traurig einmal: »Ja, auch unter den Engländern gibt's Gauner, die werden das Fell schon gestohlen haben.« Im Frühjahr 1947 erschien plötzlich der englische Generalkonsul von Mailand beim Herrn Sebastian Mair in Pens und überbrachte ein eigenhändiges Schreiben von Winston Churchill mit signiertem Foto, in welchem der Premierminister dem »Dear Sir« seinen herzlichsten Dank für das Fuchsfell aussprach, von dessen Geschichte er ganz gerührt geworden sei, und dem Wastl seine besten Grüße übermittelte. Sebastian Mair ließ natürlich den Brief von Churchill einrahmen und hängte ihn samt Übersetzung im Hergottswinkel auf. Dort hängt er heute noch. Im Sommer 1953 machte Churchill Ferien am Gardasee und am Karersee-Paß in den Dolomiten. Der Wastl ließ es sich nicht nehmen, seinem »Freund« einen Besuch abzustatten, und der englische Ex-Premier unterhielt sich in der Hotelhalle fast eine Stunde lang mit dem Bauern aus dem Sarntal. Frau Churchill sagte, sie habe ihren Mann seit Jahren nie mehr so humorvoll gesehen wie bei diesem Gespräch.

»Herr, mach' uns frei!«

Vergebliche Kundgebungen für das Selbstbestimmungsrecht • Die Entscheidung der Außenminister • Auf Schleichwegen zur Friedenskonferenz nach Paris

So verließen uns also mit Jahresende 1945 die alliierten Besatzungstruppen. Jedes andere Gebiet in Europa wäre froh gewesen, die Besatzung los zu werden. Nur wir Südtiroler hätten sie gerne bei uns behalten. Wie gerne wären wir eine englische Kolonie geworden! Aber ausgerechnet Südtirol räumten sie so schnell.

Was würde das Jahr 1946 bringen? Im März war ich wieder in Wien. Diesmal fand auch Bundeskanzler Leopold Figl Zeit für mich. Bei seinem unerschütterlichen Optimismus stieg auch mein Barometer. Nachdenklicher stimmte mich aber sofort eine Unterredung mit Missis Eleanore Dulles, US-Mitglied der Aliierten Kommission für Österreich. Sie war eine Schwester des damaligen Geheimdienstchefs Allan Dulles und des späteren Außenministers John Foster Dulles. Vorgestellt wurde ich ihr von Fritz Peter Molden, in dem ich einen wichtigen Freund und wertvollen Berater gewonnen hatte. Ihm öffneten sich alle Türen. Missis Dulles fragte mich nach der Grenze, welche Napoleon nach der Niederschlagung des Tiroler Aufstandes im Jahre 1809 zwischen Bayern und Italien mitten durch Tirol gezogen hatte. Diese Grenze verlief von Kollmann südlich von Klausen quer über Ritten und Tschöggelberg nach Burgstall, südlich von Meran. Diese willkürliche Grenze schnitt zum Beispiel den Großteil des Sarntales von seinem natürlichen Verbindungsort Bozen ab. Missis Dulles wollte unbedingt wissen, wie sich die Südtiroler zu einer solchen Lösung stellen würden. Ich hielt sie für völlig irreal. Aufschlußreich für mich blieb die Tatsache, daß die Amerikaner immer noch einen Kompromiß für die Lösung der Südtirolfrage zu suchen schienen.

Bei diesem Wien-Aufenthalt lernte ich auch die Mutter von Fritz Molden kennen. Ich hatte damals keine Ahnung, daß sie mit der Dichterin Paula v. Preradovic identisch war. Noch weniger konnte ich ahnen, daß ich die Verfasserin der neuen österreichischen Bundeshymne vor mir hatte. Ich sehe Frau Preradovic im Geiste heute noch vor mir. Sie war die Güte und Bescheidenheit in Person. Sie entschuldigte sich, daß sie mir nur Tee anbieten könne. Sie war gerade mit einer Näharbeit beschäftigt und bemerkte so nebenbei, daß man in Wien nur sehr schwer Nähnadeln finde. Ich war froh, daß ich ihr damit aushelfen konnte.

Mit Außenminister Gruber durfte ich bis Innsbruck zurückfahren. Ich erstattete der SVP-Leitung Bericht. Noch schienen Chancen für eine Wiedervereinigung mit Österreich zu bestehen. Erst viel später erfuhren wir, daß die Vorentscheidung im negativen Sinn schon auf der Konferenz der Außenminister vom 11. bis 14. September 1945 in London gefallen war. In dem von Großbritannien vorgelegten Dokument zum italienischen Friedensvertrag war von einer Änderung der italienisch-österreichischen Grenze überhaupt keine Rede. Der neue US-Außenminister James Byrnes verlangte, daß Österreich mit anderen am italienischen Friedensvertrag interessierten Ländern angehört werde. Dieser Antrag ging nicht durch. Das Ergebnis der Beratungen lautete schließlich dahingehend, daß man lediglich »geringfügige Grenzänderungen« in Betracht ziehen könne, wenn Österreich solche beantrage. Damit waren die Würfel eigentlich schon gefallen. Doch Österreich und die Südtiroler wurden von diesem Beschluß nicht verständigt. Eine nähere Schilderung der Hintergründe des amerikanischen Umschwenkens und der Schützenhilfe der Engländer für Italien würde den Rahmen dieser Erinnerungen sprengen. Einige Aspekte werden später noch zur Sprache kommen. Damals wußten wir von all dem nichts. So konnten wir noch hoffen.

Am 1. Mai 1946 kam endgültig die kalte Dusche. An diesem Tag erreichte uns die Schreckensnachricht, daß die Außenminister die Forderung Österreichs nach einer Volksabstimmung in Südtirol abgewiesen hatten. Erich Amonn war gerade abwesend. Am nächsten Morgen traf ich ihn auf der Talferbrücke. Der sonst so kühle und nüchterne Parteiobmann hatte Tränen in den Augen. Unser Traum von Selbstbestimmung war ausgeträumt. Das mußten wir zur Kenntnis nehmen. Was sollten wir tun?

Am 5. Mai 1946 riefen die Südtiroler auf Schloß Sigmundskron bei Bozen ihre Not in die Welt hinaus. 20.000 Männer und Frauen hatten sich im Burghof versammelt. Sie waren aus allen Landesteilen gekommen. Für die damaligen Verkehrsverhältnisse eine einmalige Leistung. Die Dörfer in der nächsten Umgebung hatten nahezu die gesamten Einwohner entsandt. So blieben beispielsweise in Andrian nur sechs Männer als Schutzwachen für das ganze Dorf zurück. Alle anderen waren mit Traktoren und Fahrrädern oder auch zu Fuß zur Kundgebung nach Sigmundskron gekommen. Nie werde ich vergessen, wie Parteiobmann Erich Amonn zum Schluß seiner Rede die Arme zum Himmel erhob und rief: »Wir alle richten heute zu dem, der die Geschicke der Völker entscheidet, die heiße Bitte: Herr, mach' uns frei.«

Ich hatte am Vormittag des gleichen Tages schon in Brixen auf einer improvisierten Kundgebung gesprochen. Zum Patroziniumsfest der Diözese, dem Kassianssonntag, waren Tausende von Menschen in der Bischofsstadt zusammengeströmt. An den Mauern klebten überall große Plakate: »Südtirol zu Österreich«. Auf die Straßen waren mit weißem Teer Aufrufe zum Widerstand geschrieben worden. Nach der Kassiansprozession, an der sich 12.000 Menschen beteiligt hatten, stauten sich die Massen auf dem Domplatz. Studenten riefen in Sprechchören: »Guggenberg soll reden!« Und Dr. Otto v. Guggenberg, Mitglied der Parteileitung der SVP, ein gebürtiger Brixner, ließ es sich nicht zweimal sagen. Als er geendet hatte, hallten wiederum Sprechchöre über den Domplatz: »Volgger soll reden!« Ich stieg auf eine von Tischen und Stühlen gebildete Rednertribüne. Mitten in meiner Rede drängte sich ein Carabinierioffizier durch die Menge. »Sie sind verhaftet«, schrie er mich an. »Kommen Sie herunter, folgen Sie mir!«

Der Herr Hauptmann sollte sich aber gründlich getäuscht haben. Ich hätte, selbst wenn ich gewollt hätte, den Platz nicht verlassen können. Die Menschen drückten immer stärker gegen uns. Die Erregung stieg von Minute zu Minute. Der Hauptmann und seine Begleitmannschaft, die sich noch einen Weg durch die Menge gebahnt hatte, konnten sich jetzt überhaupt nicht mehr rühren. Immer wieder sang die Masse das Andreas-Hofer-Lied. Zwei besonders kämpferische Frauen hatten den Offizier beim Kopf gefaßt und brüllten ihm die Verse in die Ohren. Hilfesuchend wandte er sich schließlich an mich. Ich sollte doch die Leute beruhigen und zum Verlassen des Platzes bewegen. Ich erwiderte, mich verstehe ja kein Mensch mehr. Da schaffte er sich mit fast übermenschlicher Kraft ein bißchen Bewegungsfreiheit und hob mich mit Hilfe von zweien seiner Männer hoch. Als die Leute mich sahen, setzte ein Beifallssturm ein. Ich rief ihnen zu, um was mich der Hauptmann gebeten hatte. »Zuerst sollen die Karpf (Carabinieri) verschwinden«, lautete die Antwort, »dann erst gehen wir.« Ich dolmetschte, und der Hauptmann zog mit seinen Mannen schnellstens ab, überschüttet von Beschimpfungen. Dr. Guggenberg und ich fuhren zum zweiten Akt des Tages, zur Großkundgebung nach Sigmundskron.

In Nordtirol wurde nach dem Nein der Außenministerkonferenz in Paris der Generalstreik ausgerufen. Ein riesiger Demonstrationszug wälzte sich durch die Maria-Theresien-Straße und über den Rennweg. Auch in anderen österreichischen Bundesländern kam es zu Protestkundgebungen. Dem österreichischen Bundeskanzler Leopold Figl und den alliierten Behörden wurden 156.000 Unterschriften von Südtirolern übergeben, welche die Rückkehr zu Österreich forderten. Das war praktisch die gesamte erwachsene Bevölkerung.

Alle noch so feierlichen Proteste und entschiedenen Willensäußerungen konnten in einer Welt, welche nur die Gewalt kannte, das Schicksal eines kleinen Volkes nicht ändern. Am 5. Mai 1946 donnerte Englands Kriegspremier, Winston Churchill, im Unterhaus gegen die Entscheidung der Außenminister, in Südtirol keine Volksabstimmung zuzulassen. Aber auch die Worte dieses großen Mannes brachten keine Wende. Ebensowenig wie der Beschluß der Regierungschefs der damaligen Britischen Dominions Kanada, Südafrika, Australien und Neuseeland, sich auf der Friedenskonferenz trotz der Entscheidung der vier Großen für eine Selbstbestimmung in Südtirol einzusetzen.

Die Außenminister hatten bei ihrem Beschluß am 1. Mai allerdings die Tür für eine »kleine Grenzänderung« offengelassen. Ein solches Ersuchen Österreichs wolle man noch einmal prüfen. Wien stellte dann auch den Antrag auf Rückgliederung des Wipptales-Eisacktales mit Einschluß der Stadt Brixen und des Pustertales. Mit dieser Forderung stieß Außenminister Gruber aber in Südtirol in ein Wespennest. Die überwiegende Mehrheit der SVP sprach sich ganz energisch gegen eine solche Lösung aus. Eine Abtrennung dieses Landesteiles würde – so argumentierte man nur dazu dienen, die Italianisierung des Restes zu beschleunigen. Vergebens versuchte Gruber zu beruhigen. Er konnte seinen Standpunkt sehr gut begründen. In Rom, sagte er, starre man geradezu wie hypnotisiert auf die Brennergrenze, man identifiziere sie mit der Frage Südtirol. Wenn die Brennergrenze falle, würde Italien sicher bereit sein, einem österreichischen Vorschlag zuzustimmen, der ein Kondominium für ganz Südtirol vorsehe, wenn man Italien die militärische Präsenz am Brenner weiter gestatte. Mit anderen Worten: Wenn man Italien die militärische Hoheit über ganz Südtirol weiterhin belasse, würde es als Gegenleistung den Österreichern die Mitverwaltung über das Land einräumen.

Aber ich blieb fast der einzige Mann in der Parteiführung, der an dieser sicher sehr originellen Idee Gefallen fand. Die anderen sahen darin nur einen Vorwand, mit dem Österreich sein Vorgehen zu vertuschen versuche. Wie würde es heute in Südtirol aussehen, wenn die Alliierten diesem Plan zugestimmt hätten? Ich frage mich das manchmal. Minister Gruber hätte wohl recht behalten, wenn Österreich 1946 zugleich mit Italien seinen Staatsvertrag erhalten hätte und damit staatsrechtlich voll handlungsfähig gewesen wäre. Die Außenminister der vier alliierten Großmächte wiesen aber am 24. Juni 1946 auch den Antrag Österreichs auf kleine Grenzänderungen ab. Der Hauptgrund für ihr abermaliges Nein lag wohl darin, daß sie Kenntnis von der Ablehnung der Südtiroler erhalten hatten. Außerdem weigerte sich Minister Gruber, als Gegengabe für diese Teil-Rückgliederung einen Verzicht auf das ganze übrige Südtirol auszusprechen.

Nun galt es für uns zu retten, was noch zu retten war. In dieser Zeit bewährte sich der kühle, nüchterne Sinn des Parteiobmannes Erich Amonn. Er steckte unseren Kurs so ab: Von der Friedenskonferenz, die am 29. Juli 1946 in Paris begann, könne man keine Änderung der Entscheidung der vier Großen erwarten. Wir dürfen aber nicht noch einmal ohne Schutzklausel Italien überantwortet werden. Es müsse unbedingt eine entsprechende Vereinbarung auf internationaler Ebene erreicht werden. Natürlich gab es in der Parteiführung Herren, die sich von der Pariser Friedenskonferenz das große Wunder erhofften.

Die Engländer hatten wegen ihrer Südtirolentscheidung ein schlechtes Gewissen. Die öffentliche Meinung war geradezu empört. Im Parlament regnete es Proteste. Um die Wogen zu glätten, setzte sich Außenminister Ernest Bevin jetzt zusammen mit seinem amerikanischen Kollegen Byrnes dafür ein, daß Österreich auf der Friedenskonferenz noch einmal seinen Standpunkt vorbringen könne. Die Russen bockten. Doch diesmal blieb der Westen hart.

Außenminister Karl Gruber traf alle nötigen Reisevorbereitungen.

Die Parteileitung der SVP bestimmte Dr. Otto v. Guggenberg und mich als Begleiter. Wie gelangten wir aber nach Paris? In Innsbruck, das wußten wir, würden uns die Franzosen – Tirol und Vorarlberg waren französische Besatzungszone – mit Papieren versehen, aber bis Innsbruck? Für den Personenverkehr zwischen Süd- und Nordtirol stellte die italienische Sicherheitsbehörde in Bozen im Jahre 1946 sogenannte Passierscheine aus. Bei der Bewilligung dieser Reiseerlaubnis zeigte sich die Polizeidirektion (Quästur) ziemlich großzügig. Auch den Vertretern der Südtiroler Volkspartei wurden solche Dokumente nie verweigert, obwohl die Polizei natürlich genau wußte, zu welchem Zweck die SVP-Politiker nach Österreich fuhren.

Als ich nun in der ersten Julihälfte des Jahres 1946 wieder einmal den Quästor (Polizeidirektor) aufsuchte und um die Ausstellung von zwei Passierscheinen für Dr. Guggenberg und mich ersuchte, fragte Dr. Antonino Pizzutto, ein sehr freundlicher Herr, dem die Schriftstellerei besser zusagte als seine Polizeiaufgaben, warum wir zwei nach Innsbruck fahren wollten. Meine Antwort lautete, wir müßten Südtiroler Heimkehrer aus der Kriegsgefangenschaft abholen. Pizzutto meinte, daß wir mit dieser Aufgabe auch irgendeinen anderen Mann der Partei betrauen könnten. Er fühle sich leider außerstande, derzeit dem Dr. Guggenberg und mir einen Passierschein auszustellen.

Seit dieser Aussprache konnten Guggenberg und ich feststellen, daß wir von der Polizei ständig beschattet wurden. Wenn einer von uns den Parteisitz in der Villa Brigl oder seine Wohnung verließ und mit einem Wagen wegfuhr, setzte sich sofort ein in der Nähe stationierter Polizeiwagen in Fahrt und folgte uns unentwegt in »gebührendem« Abstand. Die italienischen Behörden nahmen also als sicher an, daß wir zwei zur Friedenskonferenz nach Paris wollten. Später erfuhren wir, daß die Polizei auch an allen Grenzen Großalarm gegeben hatte, um unsere Ausreise zu verhindern. Wir mußten aber unser Ziel unter allen Umständen erreichen.

Am 7. August verließ ich den Parteisitz in Bozen-Gries, setzte mich in einen Wagen, fuhr zur Athesia-Buchhandlung in den Lauben, ließ dort die Frau Emma Martini einsteigen, und weiter ging es in Richtung Brixen. Sofort folgte mir einer der Polizeiwagen. In Brixen fuhren wir über die Adlerbrücke in den Stadtteil Stufels. Auf dem kleinen Platz vor dem Gasthof Stremitzer hielten wir an. Emma Martini stieg aus. Ich blickte möglichst auffällig auf die Uhr, deutete mit den Händen, sagte ein paar Worte zu ihr, dann ging sie in den Gasthof. Das Polizeiauto hatte unweit von unserem Auto haltgemacht. Ich fuhr weiter durch die engen Gassen von Stufels bis zur Kuranstalt der Guggenbergs. Dort wartete Dr. Otto v. Guggenberg mit dem Reisegepäck schon vor der Tür. Der Polizeiwagen ließ sich nicht mehr sehen. Er war an seinem Halteort stehen geblieben, weil der Fahrer sicher war, daß mein Auto durch die gleiche enge Gasse zurückkommen und die Frau Martini abholen würde. Die Polizei wußte offensichtlich nicht, daß man von der Kuranstalt in Stufels noch über eine andere, allerdings für baufällig erklärte und deswegen für den Verkehr gesperrte Brücke in Richtung Unterdrittel »entkommen« konnte. Guggenberg und ich warfen die paar Sperrlatten der Unterdrittel-Brücke auf die Seite und preschten mit dem Wagen in Höchstgeschwindigkeit zurück nach Bozen, dann über Meran nach Naturns. Dort warfen wir uns im Gasthof »Funggas«, der Heimat meiner späteren Frau, in Bergsteigerausrüstung, und ab ging's durch das Schnalstal in Richtung des Grenzübergangs bei der Similaun-Hütte. Ein Sohn und eine Tochter der Familie Pranter vom Funggashof begleiteten uns. Wir befanden uns schon am Fuße des Similauns, als der Polizeiwagen in Brixen noch immer auf meine Rückkehr durch die enge Gasse wartete. Nach drei Stunden verließ Emma Martini den Gasthof Stremitzer und ging zu Fuß über die Adlerbrücke zurück. Der Polizist blickte in seinem Wagen erstaunt auf die Uhr. Was blieb ihm anderes übrig, als nach Bozen zu melden, daß er unsere Spur verloren habe.

Vor dem letzten steilen Anstieg zur Schutzhütte des Similaun gab es damals so etwas wie ein Feldtelefon. Ich rief an und fragte, ob die Luft rein sei. Der Hüttenwirt, der alte Freund Luis Platzgummer, verstand natürlich sofort und antwortete kurz und bündig mit einem Ja. Der Aufstieg zur Hütte kostete uns schon einige Mühe. Dort bewirtete uns Platzgummer so gut, daß wir bald wieder zu Kräften kamen. Am nächsten Tag stiegen wir auf österreichischer Seite gegen Vent im Ötztal ab. Ein Motorradfahrer der Tiroler Landesregierung holte uns ab und brachte uns bis Zwieselstein, wo ein Auto der Landesregierung wartete.

Von der französischen Besatzungsbehörde in Nordtirol erhielten wir Passierscheine nach Paris. Mit uns reiste auch noch Herr Hans Schöffl, der in der unmittelbaren Nachkriegszeit als Dolmetscher der

Alliierten Militärregierung in Brixen tätig gewesen war und das besondere Vertrauen des Fürstbischofs Dr. Johannes Geisler genoß. Von Nordtiroler Seite nahm Außenminister Gruber den Dr. Herbert Thalhammer und Frau Dr. Paula Forcher-Mayr nach Paris mit. Frau Forcher-Mayr, die Gattin des langjährigen Direktors der Innsbrucker Universitätsklinik, war von Gruber mit der Aufgabe betraut worden, die Verbindung zwischen den Südtirolern und den Delegationen der Siegermächte auf der Friedenskonferenz herzustellen. Frau Paula erledigte diesen Auftrag in mustergültiger Weise. Ihrem Charme konnte sich niemand entziehen. Ihr öffneten sich alle Türen.

Das Entweder-Oder in Paris

Hinter den Kulissen der Friedenskonferenz • Das Gruber-Degasperi-Abkommen und der Kampf um seine Aufnahme in den italienischen Friedensvertrag

Am 20. August 1946 fuhr die österreichische Delegation mit dem Arlbergexpreß unter Kohle und Dampf mit gemischten Gefühlen der französischen Hauptstadt entgegen. Wir Tiroler bezogen Quartier im Hotel »Triomphe« in der Rue Troyon. Die Unterbringung rechtfertigte den großsprecherischen Namen in keiner Weise, doch lag der Gasthof ganz in der Nähe der österreichischen Gesandtschaft in der Rue Beaujou, von deren Hausküche wir mustergültig verpflegt wurden. Noch am 21. hielt Minister Gruber in der Vollversammlung der Friedenskonferenz seine Rede. Der englische Außenminister Ernest Bevin, der den Vorsitz führte, folgte den Ausführungen mit so gespannter Aufmerksamkeit, daß er sich immer und immer wieder vorbeugte, um ja jedes Wort zu verstehen. Gruber schloß mit den Worten: »Eine Volksabstimmung wäre das geeignete Mittel, über die Zukunft dieses Landes zu entscheiden. Andere Möglichkeiten können ja vorgeschlagen werden. Wir fordern aber, daß man bei der Suche nach einer Lösung das Volk nicht vergesse. Es geht da um die Südtiroler, die immer Österreicher waren.«

Am gleichen Tage noch hatte ich Gelegenheit, nach einer Pressekonferenz in der tschechoslowakischen Gesandtschaft dem Außenminister Jan Masaryk unser Anliegen vorzutragen. Der Minister hörte zunächst meinen in englischer Sprache – deutsch war damals ja nicht gefragt – vorgetragenen Ausführungen eine Zeitlang aufmerksam zu. Auf einmal meldete er sich zu Wort und sagte im schönsten Deutsch mit einem tschechischen Akzent: »Ja, mein Lieber, Sie brauchen mir nichts über Südtirol zu erklären; weiß ich doch, daß Südtirol nicht ist Italien. Bin ich doch gewesen österreichischer Offizier in den Dolomiten. Sizilien ist Italien, aber nicht Südtirol.« Nachdem ich mich von meiner Überraschung etwas erholt hatte, stellte ich natürlich auf Deutsch um. Ich meinte, wenn Masaryk Südtirol so gut kenne, müßte er sich ganz entschieden für unsere Forderung einsetzen. Er dachte etwas nach, kratzte sich am Hinterkopf und sagte: »Da kann ich nichts machen. Die Russen wollen nicht, und ich ...«

Von Masaryk kursierten auf der Konferenz eine ganze Reihe von Bonmots, so unter anderen: Ein sehr neugieriger Journalist fragte Masaryk, auf welcher Seite er im Falle eines Krieges zwischen Ost und West – die Spannungen hatten damals einen Höhepunkt erreicht – kämpfen würde. Der Minister antwortete, ohne mit der Wimper zu zucken: »Natürlich würde ich mich für die sowjetrussische Seite entscheiden.« Als der Journalist etwas verwundert bemerkte, daß man ihn in der ganzen Welt als einen liberalen Politiker und Antikommunisten betrachte, entgegnete Masaryk schnell: »Ja, glauben Sie denn wirklich, daß ich im Falle eines solchen Krieges in die russische Gefangenschaft geraten will?«

Am 24. August wurden die drei Südtiroler Delegierten vom Ministerpräsidenten der Südafrikanischen Union, Feldmarschall Jan Smuts, empfangen. Smuts, der ehemalige Burengeneral im Krieg gegen England, galt als der wärmste Befürworter einer Rückkehr Südtirols zu Österreich. Auf einer Reichskonferenz der seinerzeitigen Britischen Dominions (Australien, Kanada, Neuseeland und Südafrika) am 8. Mai in London hatte er als deren Wortführer die Rückgliederung unseres Landes zu Österreich verlangt und versichert, daß diese vier Staaten diese Forderung auf der Friedenskonferenz energisch vertreten würden.

Wir warteten etwas aufgeregt im Vorzimmer des Ministerpräsidenten bei seinem Schwiegersohn Strauß, der einen Schottenrock trug. Dann ging die Tür auf, und der alte, ehrwürdige Marschall mit seinen weißen Haaren und dem weißen Spitzbart stand im Türrahmen. Er sah sich verwundert um, stutzte etwas und fragte: »And where is the young Lady? – Und wo ist die junge Frau?« Frau Paula Forcher-Mayr hatte uns bei ihm angemeldet. Er hatte wohl an ihr Gefallen gefunden und jetzt vermißte er sie. Wir erklärten ihm, daß sie heute anderweitige Verpflichtungen übernommen habe. Dann geleitete er uns sehr väterlich in sein Zimmer. Zunächst erzählte er uns, wie er während der Burenkriege die Lebensbeschreibung Andreas Hofers gelesen und daraus immer wieder neuen Mut für die Verteidigung seines Volkes in Südafrika gegen die Engländer geschöpft habe. Mit aller Offenheit ließ er uns aber auch wissen, daß eine Rückkehr zu Österreich derzeit unmöglich zu erreichen sei. Den Beschluß der vier Großmächte vom 24. Juni, keinerlei Grenzberichtigung zwischen Italien und Österreich zuzulassen, bezeichnete er als unumstößlich. Vor allem deswegen, weil die politische Lage, die Zukunft Österreichs selber noch nicht überschaubar sei. Der Marschall riet uns dringend, in Ergänzung des provisorischen Wortlautes des Art. 10 des Friedensvertragsentwurfes mit Italien, welcher nur den freien Personen- und Warenverkehr zwischen Nord- und Osttirol beinhalte, noch einen Absatz hinzufügen zu lassen, der eine Selbstverwaltung unseres Landes unter internationaler Kontrolle und Garantie vorsehe. Wir ließen natürlich nicht so schnell locker und beriefen uns immer wieder auf die internationale Gerechtigkeit und die Atlantik-Charta. Der weise alte Herr sah uns bei diesen Äußerungen etwas mitleidig an und fragte schließlich: »You believe still in justice? – Ihr glaubt noch an Gerechtigkeit?«

Die Unterredung hatte uns den letzten Funken einer Hoffnung genommen. Gleiche und ähnliche Ratschläge wie von Smuts erhielten wir Südtiroler auch von anderen befreundeten Delegationen. So sicherten uns beispielsweise Kanada, Neuseeland und Australien zu, daß sie sich für die Erreichung einer Autonomie unter internationaler Kontrolle schlagen würden, aber weiter wollten sie nicht gehen. Auch die Holländer und Belgier ließen keinen Zweifel daran, daß sie nur bereit seien, eine Lösung der Südtirolfrage zu unterstützen, die aufgrund direkter Verhandlungen zwischen Österreich und Italien zustandekommen würde.

Bei dieser unserer Pilgerfahrt zu den verschiedenen Delegationen hatte ich am 30. August auch eine Unterredung mit dem jugoslawischen Delegationsmitglied, Minister Dr. Drago Marusic, der mich bei meinem Besuch in Belgrad im April dieses Jahres so rührend betreut und mir auch die Audienz bei Marschall Tito vermittelt hatte (siehe S. 279–282). Der Jugoslawe zeigte für unsere Anliegen natürlich Verständnis. Er ließ aber keinen Zweifel daran, daß seine Delegation – genauso wie die aller anderen Ostblockstaaten – nie einen Standpunkt vertreten würde, der sich nicht mit den russischen Absichten decke. Ich werde nie vergessen, wie er mir am Schluß fest die Hand drückte und mich geradezu ermahnte, trotz allem den Mut nicht zu verlieren. Wir harten Tiroler würden doch mit den Italienern noch fertig werden.

Minister Gruber hatte die österreichischen diplomatischen Vertreter in London und in Brüssel, die Gesandten Heinrich Schmidt und Lothar Wimmer, zur Friedenskonferenz nach Paris berufen, wo Norbert Bischoff die österreichische Gesandtschaft leitete. Alle drei hatten ihre Posten erst zu Beginn des Jahres 1946 angetreten. So war ihnen nicht viel Zeit geblieben zur Aufklärung der internationalen Öffentlichkeit über Südtirol. Die Italiener hatten einen großen Vorsprung und hatten diesen auch bestens genützt.

Die Österreicher sahen sich jetzt vor die Wahl gestellt, sich in Verhandlungen mit Italien einzulassen oder unter Protest mit leeren Händen nach Hause zurückzukehren. Aus dieser Überlegung reichte die österreichische Delegation am 26. August beim Sekretariat der Friedenskonferenz eine Denkschrift ein, die schon die Grundgedanken des späteren Vertrages enthielt. In den ersten Septembertagen traten die Verhandlungen in ein konkretes Stadium. Auf italienischer Seite war Botschafter Graf Nicolo Carandini federführend. Vorschläge und Gegenvorschläge von beiden Seiten jagten einander förmlich. In der Endphase schaltete sich Italiens Ministerpräsident Alcide Degasperi persönlich ein. Gruber unterrichtete uns jeden Tag genauestens über den Stand. Natürlich drängten wir Südtiroler auf eine Vereinbarung mit möglichst umfassenden Schutzbestimmungen.

Am 4. September nachmittags ließ uns Gruber rufen. Mit ziemlich ernstem Gesicht saß er an seinem Schreibtisch und verlas uns den Text des Abkommens, wie es am nächsten Tag unterschrieben werden sollte. Wir fanden daran dieses und jenes auszusetzen. Der Minister ließ aber keinen Zweifel mehr daran, daß keine Verbesserungen mehr möglich seien. Es gab nur ein Entweder-Oder. Wenn wir nicht schnell handelten, würden wir den Omnibus für die Aufnahme des Abkommens in den Friedensvertrag mit Italien verpassen. Sicher, gab Gruber zu, seien einzelne Bestimmungen des Übereinkommens mangelhaft, aber das Wichtigste sei jetzt der Abschluß eines international abgesicherten Vertrages. Damit erhalte Österreich einen Rechtstitel als Schutzmacht für Südtirol. Österreich könne in Zukunft alle für die Südtiroler lebenswichtigen Fragen auf internationaler Ebene aufwerfen. Solche Schritte würden sich für Italien höchst unangenehm auswirken. Diese internationale Garantie bilde also die stärkste Handhabe für die Durchsetzung der Südtiroler Forderungen. Man dürfe sich nicht zu sehr auf Einzelheiten versteifen, sondern müsse die Basis für eine spätere Aufrollung der Südtirolfrage legen, wenn Österreich wieder mehr politisches Gewicht habe. Mit leisem Lächeln fügte er noch hinzu, vielleicht sei es gar nicht gut, wenn alle Punkte des Vertrages ganz klar abgefaßt würden. Für einen Schwachen sei es besser, wenn die Klauseln eines Abkommens mit dem Stärkeren elastisch lauten, weil der Schwache dann später, wenn er ein ebenbürtiger Partner geworden sei, über die Auslegung der Klauseln prozessieren könne.

Die Ausführungen des Ministers überzeugten uns. Aus ihnen sprach ein kluger Diplomat und profilierter Staatsmann. Wir gaben unsere Zustimmung zur Unterschrift. Gruber hatte uns versichert, daß er ohne unser Placet das Abkommen nicht unterfertigen würde.

Am 5. September unterzeichneten Ministerpräsident Alcide Degasperi und Außenminister Karl Gruber den Vertrag über Südtirol, der als Gruber-Degasperi-Abkommen in die Geschichte eingegangen ist. Der Originaltext ist in englischer Sprache abgefaßt. In Übersetzung lauten die ersten beiden Punkte:

»1. Die deutschsprachigen Einwohner der Provinz Bozen und der benachbarten doppelsprachigen Gemeinden der Provinz Trient genießen die volle Gleichberechtigung mit den italienischsprachigen Einwohnern, im Rahmen besonderer Maßnahmen zum Schutze der volklichen Eigenart und der kulturellen und wirtschaftlichen Entwicklung der deutschen Sprachgruppe. In Übereinstimmung mit den bereits erlassenen oder zu erlassenden gesetzlichen Maßnahmen wird den Staatsbürgern deutscher Zunge im besonderen gewährt:

a) Volks- und Mittelschulunterricht in ihrer Muttersprache;

b) Gleichberechtigung im Gebrauch der deutschen und italienischen Sprache in öffentlichen Ämtern und amtlichen Urkunden wie auch in der doppelsprachigen Ortsnamengebung;

c) das Recht, die deutschen Familiennamen wiederzuerwerben, die im Laufe der vergangenen Jahre italienisiert wurden;

d) Gleichberechtigung bei Zulassung zu öffentlichen Ämtern zu dem Zwecke, eine angemessenere Verteilung der Beamtenstellen zwischen den beiden Volksgruppen zu verwirklichen.

2. Der Bevölkerung obgenannter Gebiete wird die Ausübung einer autonomen regionalen Gesetzgebungs- und Vollzugsgewalt zuerkannt. Der Rahmen, in welchem die besagten Autonomiemaßnahmen Anwendung finden, wird in Beratung auch mit örtlichen Vertretern der deutschsprachigen Bevölkerung festgelegt werden.«

Im dritten Punkt verpflichtet sich die italienische Regierung, »im Geiste der Billigkeit und Weitherzigkeit die Frage der Staatsbürgerschaftsoptionen, welche sich aus dem Abkommen Hitler-Mussolini vom Jahre 1939 ergibt, zu revidieren« und »eine Vereinbarung über die gegenseitige Anerkennung der Gültigkeit gewisser Studientitel und Hochschuldiplome zu treffen«. Außerdem soll ein Abkommen über den Verkehr zwischen Nord- und Osttirol und ein Vertrag über erleichterten Warenaustausch geschlossen werden.

Nach dem Abschluß mußten nun alle Bemühungen der Südtiroler Vertreter darauf ausgerichtet werden, das Abkommen in den Friedensvertrag mit Italien einzufügen und es auf diese Weise unter internationale Garantie zu stellen. Ursprünglich war zwischen den beiden Staaten vereinbart worden, daß sie beide einen entsprechenden Antrag einbringen würden. Degasperi machte aber einen Rückzieher. Aus innenpolitischen Gründen könne er nicht so weit gehen. Auf Ersuchen Österreichs brachten in der ständigen Politisch-Territorialen Kommission der belgische Außenminister P. H. Spaak und der holländische Chefdelegierte, Botschafter Jorda van Starkenborgh, einen entsprechenden Antrag auf Abänderung des provisorischen Artikels 10 des Friedensvertragsentwurfes ein. Dagegen stellten sich alle Delegationen der Ostblockstaaten unter Führung Moskaus. Die Russen, die wohl an einem Zankapfel im westlichen Lager interessiert waren, erblickten in diesem Versuch eine englisch-amerikanische Machenschaft gegen den Ostblock, wie mir Drago Marusic am 21. September vor dem Konferenzsaal bestätigte.

Die Südtiroler mußten also, wollten sie die gewünschte internationale Garantie nicht gefährden, auch mit den Ostblockdelegationen Fühlung aufnehmen. Selbstverständlich mußten wir gleich in die Höhle des Löwen gehen. Auf dem Umweg über einen befreundeten Journalisten ersuchten wir um eine Aussprache mit dem sowjetrussischen Außenminister Molotow. Dieser reagierte überraschend schnell. Bereits einen Tag später, am 17. September, ließ er uns wissen, daß er uns aus Zeitmangel leider nicht persönlich empfangen könne, dafür aber den Außenminister der Sowjetrepublik Estland, G. Krouous, mit dieser Aufgabe betraut habe. Dies hätte den Vorteil, daß Krouous auch perfekt deutsch spräche.

Schon einen Tag später überschritten wir die Schwelle der sowjetischen Botschaft in Paris und wurden höflich zu den Räumen des Ministers geleitet. Er begrüßte uns in bestem Deutsch herzlich. Dr. Otto v. Guggenberg, Dr. Thalhammer und ich mußten zunächst unsere Namen, unseren Beruf und unseren Wohnsitz genau angeben. Guggenberg versäumte nicht, gleich zu Beginn der Unterredung zu erwähnen, daß ich unter dem Nazi-Regime im Konzentrationslager Dachau inhaftiert gewesen sei. Für Krouous schien diese Mitteilung keine große Neuigkeit zu sein, denn wie sich bei einem zweiten Gespräch herausstellen sollte, wußten die Sowjets über unseren Lebenslauf besser Bescheid, als wir auch nur ahnen konnten.

Der Minister erkundigte sich dann eingehend bis in die letzte Einzelheit über die Geschichte und die heutige Lage in Südtirol. Schließlich fragte er uns, ob der österreichisch-italienische Vertrag die Südtiroler wohl zufriedenstelle. Die Russen hatten anscheinend erwartet, daß die Südtiroler Vertreter gegen das Abkommen, das weder Österreich noch uns ganz befriedigte, Stellung beziehen würden. Diese Hoffnung war gewiß auch ein Mitgrund dafür gewesen, daß Molotow auf unser Ersuchen so schnell eingegangen war. Hätten wir uns zu negativen Äußerungen hinreißen lassen, hätten wir den Ostblockstaaten die beste Handhabe für eine noch härtere Opposition gegen die Aufnahme des Abkommens in den Friedensvertrag zugespielt. Soweit politisch geschult waren wir aber in der Zwischenzeit, daß wir die gewünschte Munition nicht lieferten. Wir antworteten also, daß das Abkommen in Anbetracht der derzeitigen internationalen Lage das bestmöglich Erreichbare darstelle. Selbstverständlich hätten wir nichts dagegen einzuwenden, wenn auf der Friedenskonferenz noch Verbesserungen vorgenommen werden könnten.

Dann kam eine zweite Stichfrage: Krouous wollte wissen, ob wir über das Abkommen schon mit den Engländern und Amerikanern gesprochen hätten. Wir konnten mit bestem Gewissen verneinen, weil die Delegationen dieser beiden Länder bis dahin eine direkte Fühlungnahme mit uns abgelehnt hatten. Und jetzt schien ein Bann gebrochen. Das Gesicht von Krouous hellte sich merklich auf. Er wurde viel, viel freundlicher, und von noch liebenswürdigerer Seite zeigte er sich, als wir ihm versichern konnten, daß den Antrag zur Aufnahme in den Friedensvertrag nur die Delegationen der Niederlande und Belgiens einbringen würden. Später sollte sich jedenfalls herausstellen, daß die Unterredung der Südtiroler mit dem sowjetrussischen Delegationsmitglied Krouous von beachtlicher Bedeutung war.

Für den 21. September 1946 war die Sitzung der Politisch-Territorialen Kommission der Friedenskonferenz anberaumt, in welcher über den italienischen Friedensvertrag und damit auch über die Aufnahme des Südtirolabkommens in den Vertrag entschieden werden sollte. Die Tage vorher hatten die Amerikaner, Engländer und Franzosen die Österreicher versucht zu bewegen, den Antrag doch noch zurückzuziehen. Sie verwiesen darauf, daß der sowjetische Vize-Außenminister Wischinsky bei der Konferenz der stellvertretenden Außenminister aus allen Rohren gegen das Abkommen geschossen und gedroht habe, dessen Einfügung in den Friedensvertrag mit einem Veto zu blockieren. Minister Dr. Karl Gruber lehnte ein solches Ansinnen entschieden ab. Und die Belgier und Holländer standen zu ihrem Wort.

Die Sitzung begann. In den für Journalisten reservierten Bänken hatte auch ich zusammen mit Dr. Thalhammer und Frau Dr. Forcher-Mayr Platz genommen. Wir saßen da in gespanntester Erwartung der Dinge, die da kommen würden. Nacheinander wandten sich die Sprecher von Weißrußland und Jugoslawien gegen die Einbeziehung des Südtirolabkommens in den Friedensvertrag. Sie begründeten ihr Nein damit, daß das Abkommen eine Angelegenheit zwischen den beiden Staaten sei und nicht in die Zuständigkeit der Konferenz falle. Im übrigen sei dieser Südtirolvertrag viel zu vage abgefaßt. Es seien auch schon Meinungsverschiedenheiten bezüglich der gebietlichen Ausdehnung der Autonomie aufgetaucht.

Nach dem Jugoslawen Alex Bebler meldete sich Wischinsky zu Wort. Die Spannung für die Südtiroler und Österreicher erreichte den Siedepunkt. Und dann ging ein großes Aufatmen durch ihre Reihen: Wischinsky teilte nur mit, daß Minister Krouous im Namen der sowjetischen Delegation zu diesem Thema sprechen werde. Krouous blies zunächst in das Horn seiner Vorredner aus den Ostblockstaaten. Er behauptete, daß die Friedenskonferenz für ein solches Abkommen überhaupt nicht zuständig sei, weil es sich um einen Vertrag zwischen zwei Staaten handle, die beide im Krieg auf der anderen Seite standen. Nach dieser polemischen Einleitung machte der Redner eine hundertprozentige Kehrtwendung. Er fand für unser Land die wärmsten Worte und beteuerte, daß die Sowjetunion schon immer größte Sympathie für Südtirol empfunden habe. Deswegen sei es bedauerlich, daß das Abkommen den Wünschen der Südtiroler leider nicht genügend Rechnung trage. Nun war es klar. Die Sowjetunion würde von ihrem Vetorecht keinen Gebrauch machen. Die Vorsprache der Südtiroler bei den Sowjets hatte sich gelohnt.

Mit dem Ergebnis der Abstimmung in der Politisch-Territorialen Kommission konnten die Österreicher und Südtiroler zufrieden sein. Von den 20 Mitgliedern (Norwegen war in dieser Kommission nicht vertreten) stimmten 13 für den belgisch-holländischen Antrag, und zwar: Australien, Belgien, Brasilien, China, Frankreich, Griechenland, Großbritannien, Holland, Indien, Kanada, Neuseeland, Südafrika und die Vereinigten Staaten. Sämtliche Ostblockstaaten ließen sich mit Nein vernehmen: Jugoslawien, Polen, Sowjetunion, Tschechoslowakei, Ukraine und Weißrußland. Der Delegierte Äthiopiens enthielt sich der Stimme. Er hatte uns zu unserer nicht geringen Enttäuschung bereits bei unserer Vorsprache bedeutet, sein Land wolle sich in europäische Angelegenheiten nicht einmischen. Dabei hatten wir in unserer Einfalt gerade von Äthiopien das größte Verständnis erwartet, war es doch vom Faschismus überfallen worden, der ja auch der Erzfeind Südtirols gewesen war.

Die drei Westmächte hatten sich verpflichtet, die Anträge, die auf der Friedenskonferenz eine Zweidrittelmehrheit erreichten, auf der letzten Außenministerkonferenz zum italienischen Friedensvertrag zu vertreten. Für uns hatte also auch die »abstention« Äthiopiens eine gewisse Bedeutung. Sie brachte uns eine gute Zweidrittelmehrheit. Diesmal hielt der Westen sogar sein Versprechen. Molotow soll sich auf der Außenministerkonferenz am 4. Dezember in Washington mit Händen und Füßen gegen die Aufnahme des Südtirolabkommens in den Friedensvertrag gesträubt haben. Doch bekundete der Westen Standfestigkeit, und der Russe lenkte daraufhin auch ein. Er bestand nur auf eine Abänderung. Der Wortlaut des belgisch-holländischen Antrages zur Aufnahme des Abkommens in den Friedensvertrag lautete: »Die Alliierten und Assoziierten Mächte haben die Maßnahmen (deren Text im Annex IV enthalten ist) zur Kenntnis genommen, über welche sich die österreichische und italienische Regierung am 5. September 1946 geeinigt hatten und welche den deutschsprachigen Einwohnern der Provinz Bozen und der benachbarten zweisprachigen Gemeinden der Provinz Trient gewisse Garantien bieten.« Der Russe bestand darauf, daß der zweite Teil, in welchem es hieß, daß »diese Maßnahmen den deutschsprachigen Einwohnern der Provinz Bozen

... gewisse Garantien bieten«, gestrichen werde. Er behauptete, daß diese Maßnahmen den deutschsprachigen Einwohnern keine genügenden Garantien bieten würden.

Als diese frohe Kunde nach Südtirol kam, begegnete ich am nächsten Morgen auf der Talferbrücke dem Parteiobmann Erich Amonn. Er lächelte in seiner netten Art sehr zufrieden. »Diesmal ist es doch gut gegangen«, meinte er. Amonn verstand zum Unterschied von den meisten Südtiroler Politikern der damaligen Zeit die Bedeutung dieser Einfügung.

Bevor wir von Paris Abschied genommen hatten, ließ mein Kollege Dr. Otto v. Guggenberg, ein ganz gewiegter Taktiker, sich vom Minister Gruber noch einen Brief ausstellen, mit welchem jeder Zweifel ausgeräumt wurde, daß ohne Zustimmung der Südtiroler die Autonomie nicht auf das Trentino ausgedehnt werden dürfe. Dies habe ihm Alcide Degasperi ganz ausdrücklich versichert. Das Schreiben wurde von uns immer wieder in die Waagschale der Autonomieverhandlungen geworfen. Degasperi stand nicht zu seinem Wort. Und Österreich wartete noch neun Jahre lang auf den Staatsvertrag.

Auf unserer Heimfahrt blieb uns der Weg über das Gebirge erspart. Die italienische Botschaft stellte uns großzügig Reisepapiere aus. Alle italienischen Nationalisten in Bozen wurden bitterlich enttäuscht. Sie hatten uns ja schon wegen Hochverrates im Kerker gesehen. Die italienische Behörde löste den Fall unserer unerlaubten Ausreise aber auf echt italienisch: Sie nahm sie überhaupt nicht zur Kenntnis.

Die Leitung der Volkspartei hörte unseren Bericht über das Abkommen sicher nicht mit Begeisterung an. Wir zwei wurden zwar nicht verurteilt, wir wurden aber auch nicht als Helden gefeiert. Gegen Minister Gruber wurden von gewissen Seiten Vorwürfe erhoben. Man beschuldigte ihn, daß er zu schnell beigegeben, daß er sich von Degasperi habe überspielen lassen usw. Jahrzehnte mußten vergehen, bis man in Südtirol den wahren Wert des Pariser Vertrages erkannte. Guggenberg und ich waren nach unserer Heimkehr monatelang ununterbrochen landauf, landab unterwegs. Es kostete uns nicht geringe Mühe, die Südtiroler nach der Enttäuschung wieder moralisch aufzurichten. Wir mußten uns heiser reden, um in ihnen neue Hoffnung auf eine bessere Zukunft aufleben zu lassen.

Auf dem römischen Parkett

*Hochpolitische Besuche mit Kanonikus Gamper •
Autonomieverhandlungen Anfang 1948 • Aufgaben und Tricks
eines Abgeordneten*

Im August 1945 war ich nach dem Kriege erstmals nach Rom gefahren. Mein Besuch galt Kanonikus Michael Gamper, der bei den Schwestern in der Via dell'Olmata in der Nähe der Kirche Santa Maria Maggiore Quartier gefunden hatte. Unser Wiedersehen verlief sehr herzlich. Der Kanonikus erzählte mir eingehend die verschiedenen Phasen seiner Flucht vom Marieninternat bis nach Rom.

Am 9. September 1943 war er um 5 Uhr über die Talferbrücke zum Siegesplatz gegangen, wo das Auto von Walther Amonn ihn hätte abholen und nach Süden bringen sollen. Vom Auto war aber keine Spur zu finden. Wenn er nicht gleich in die Hände der Nazis fallen wollte, mußte er sofort einen Entschluß fassen. Er drückte seinen Hut tief in sein weißes Haar, das ihn überall leicht erkenntlich machte, eilte die Wassermauerpromenade hinauf und stieg auf den Ritten. Dort fand er Unterschlupf im Hause der Fräulein Gelf. Der Platz war aber viel zu unsicher, und so brach er eines Nachts auf und schlich über Stock und Stein nach dem Dörflein Wangen, wo man ihn im Widum bereits erwartete. Im November 1944 brachte ihn Dr. Oberhollenzer von Wangen zur Sarntaler Straße herunter. Dort wartete ein Auto der Deutschen Abwehr, das die Nordtiroler Geheimdienstler Oberst Haubold und Franz Pellet organisiert hatten. Er setzte eine deutsche Offiziersmütze auf und zog einen Offiziersrock über, und in rasender Eile ging die Fahrt nach Süden bis Verona. Von dort glückte es ihm, nach Florenz zu kommen, wo er eine Denkschrift über Südtirol verfaßte und sich von der Front überrollen ließ. In Rom hatte er dann seine Dokumentation in englischer und französischer Übersetzung an alle alliierten Stellen verschickt.

Im langen Talar und mit dem »tondo«, dem runden Hut, auf dem Kopf fand ich Kanonikus Gamper ganz fremd, nahezu komisch. Er mußte diese, auch ihm alles eher als erwünschte Kleidung bei seinen vielen Besuchen und Vorsprachen aber tragen. Sie gehörte nun einmal in Rom zu einem Kanonikus.

Gamper nahm mich bei seinen Besuchen immer mit. Einmal waren wir bei Prälat Ludwig Kaas, dem ehemaligen Führer der von den Nazis aufgelösten Katholischen Zentrumspartei in Deutschland, die von 1930 bis 1932 mit Heinrich Brüning den letzten demokratischen Reichskanzler gestellt hatte. Der Prälat hatte es vorgezogen, von einer Romreise nicht mehr ins Dritte Reich heimzukehren. Er war mit Papst Pius XII., der lange Jahre als Nuntius in Deutschland gewirkt hatte, eng befreundet. Pius XII. hatte ihn zum Kanoniker an der Peterskirche ernannt und mit den Ausgrabungsarbeiten in den Vatikanischen Katakomben betraut. Der Prälat besaß in Sterzing ein Haus, die Löwenburg. Er fand sich aber nicht bereit, sich für Südtirol irgendwie zu exponieren. Dafür war der Erzbischof Luigi Fogar geradezu Feuer und Flamme für die gerechte Sache Südtirols. Fogar war Bischof von Triest gewesen und hatte sich schützend vor die Slowenen gestellt. Die Faschisten erreichten vom Vatikan seine Beförderung zum Erzbischof und die Berufung nach Rom. Damit hatten sie das größte Hindernis gegen ihre brutale Unterdrückungspolitik aus dem Wege geschafft. Sehr aufgeschlossen für unsere Nöte zeigte sich auch der Jesuitenpater Dr. Robert Leiber, Privatsekretär von Pius XII. Natürlich mußte auch er sich zurückhalten. In seinem bescheidenen Zimmer in der Gregoriana, der Päpstlichen Universität, gab er Gamper manch guten Ratschlag und wertvollen Wink.

Mit Gamper besuchte ich auch Monsignore Hugh O'Flaherty, der unsere Denkschrift dem Präsidenten Roosevelt weitergeleitet hatte. Der Monsignore hielt mit seiner Befürchtung nicht zurück, daß jetzt – im August 1945 – kaum eine Aussicht mehr bestehe für eine Rückkehr Südtirols zu Österreich. Die Lage hätte sich für uns grundsätzlich verschlechtert. Roosevelt sei gestorben, Winston Churchill nicht mehr Regierungschef. Die westlichen Alliierten, vor allem die Engländer, seien sich über die Zukunft Österreichs ganz unsicher. Man befürchte, daß die provisorische Regierung Österreichs unter Staatskanzler Renner ein Werkzeug in den Händen der Russen sei. Deswegen könne man derzeit eine Grenzänderung am Brenner nicht mehr in Betracht ziehen. Diese Botschaft war alles eher als erfreulich. Ich wagte es gar nicht, sie dem Kanonikus vollinhaltlich zu übersetzen. Ich sagte ihm nur, daß unsere Aussichten nicht sehr gut stünden. Die heute zugänglichen Akten der englischen Nachkriegsdiplomatie zeigen, daß der irische Monsignore ganz hervorragend informiert war. Am 12. Juli 1945 entschied sich die Regierung für die Beibehaltung der Brennergrenze, weil »die Rückkehr Südtirols zu einer Gefahrenquelle werden könnte, wenn Österreich ausschließlich unter russischen Einfluß geriete«. Die Besorgnis über eine weitere Ausdehnung des sowjetischen Einflusses in Österreich war also für die Haltung Londons bestimmend.

Erschrocken zeigte sich der Kanonikus über meine Mitteilung, daß die SVP ein Wochenblatt herausgeben wolle. Er bat mich, mit der Veröffentlichung zuzuwarten, bis er nach Bozen komme. Er werde der Partei einige Seiten in dem von der Athesia herausgegebenen Wochenblatt »Volksbote« zur Verfügung stellen, wenn sie auf die Herausgabe eines eigenen Blattes verzichte. Gamper und Amonn unterfertigten im Oktober ein entsprechendes Abkommen. Rückblickend möchte mir scheinen, daß die Partei damals besser getan hätte, bei ihrer ursprünglichen Absicht zu bleiben. Solange Gamper lebte, funktionierte allerdings die Zusammenarbeit recht gut. Von 1945 bis zu meiner Wahl ins Parlament im Jahre 1948 war ich Chefredakteur der Zeitung.

Wenn ich bei diesem Rombesuch im August 1945 mit Südtiroler Freunden, die in Rom studierten, in eine Imbißstube ging, waren wir die einzigen, die es wagten, untereinander deutsch zu sprechen. Die übrigen Gäste maßen uns mit unfreundlichen Blicken. Ein paar Mädchen, die wohl als Strandgut vom Kriege zurückgeblieben waren, flüsterten sich zwar ab und zu ein deutsches Wort zu. Ihre Bestellungen gaben sie aber englisch oder französisch auf. Für sie war es wohl auch ratsam. So verhaßt war damals alles, was an Deutschland erinnerte.

Am 16. April 1947 – ein halbes Jahr nach der Unterzeichnung des Pariser Abkommens – fuhr ich mit Erich Amonn, Dr. Otto v. Guggenberg und Dr. Josef Raffeiner neuerlich nach Rom. Am nächsten Tag wurden wir um 6 Uhr abends von Ministerpräsident Degasperi empfangen. Das Gespräch dauerte nahezu zwei Stunden. Degasperi hatte den Unterstaatssekretär Paolo Cappa zur Unterredung beigezogen. Wir legten ihm den von der SVP ausgearbeiteten Entwurf eines Autonomiestatutes vor. Dieser sah zwei voneinander unabhängige Regionen Südtirol und Trentino vor, mit zwei selbständigen Landtagen und

Landesausschüssen. Die Gesetzgebung für eine Reihe von gemeinsamen Fragen sollte allerdings den vereinigten Landtagen vorbehalten bleiben, die sich zu diesem Zwecke von Zeit zu Zeit treffen sollten. Beim dritten Besuch in Rom, am 9. Jänner 1948, stiegen wir im Nobelhotel Flora in Roms Prachtstraße »Via Veneto« ab. Die Regierung hatte die Südtiroler Volkspartei im letzten Moment eingeladen, dem zuständigen Ausschuß der Verfassungsgebenden Nationalversammlung ihre Bemerkungen über das Autonomiestatut darzulegen, das die Versammlung noch bis Ende Jänner verabschieden sollte. Dieser dritten Fahrt kam ganz besondere Bedeutung zu. Im Pariser Vertrag hatte sich Italien verpflichtet, daß das Autonomiestatut auch in Beratung mit deutschsprachigen Vertretern ausgearbeitet werde. Ohne die Südtiroler Volkspartei auch nur in Kenntnis zu setzen, hatte Rom inzwischen Südtirol mit der Provinz Trient zu einer autonomen Region zusammengelegt, obwohl vom Trentino im Vertrag überhaupt nie die Rede war.

In der gemeinsamen Region wurden die Südtiroler der italienischen Mehrheit ausgeliefert. Zwei Drittel der Einwohner waren Italiener (die Trentiner und die Italiener der Provinz Bozen). Im ersten regionalen Parlament hatten die Italiener aufgrund dieses Stärkeverhältnisses von den insgesamt 45 Sitzen 32 inne. In der Regierung der Region standen den zwei Südtirolern fünf Italiener gegenüber. Den beiden Provinzen Bozen und Trient war nur eine ganz bescheidene Unterautonomie zuerkannt. Gesetzgebung und Verwaltung in allen wichtigen wirtschaftlichen und sozialen Bereichen standen der mehrheitlich italienischen Region zu. Die im Pariser Vertrag Südtirol garantierte Selbstverwaltung war also zu einer Autonomie für die Trentiner umgemünzt worden. Von einem Schutz der Tiroler Minderheit konnte in ihrem Rahmen keine Rede sein.

Die Regierung überhörte alle unsere Proteste. Alle Briefe und Telegramme blieben ohne Antwort. Erst als am 16. Dezember 1947 ein halbes Tausend Südtiroler in Bozen das Präfekturgebäude besetzten, erhielt die SVP die Einladung, eine Abordnung zu entsenden. Rom hatte nur diese Sprache verstanden. Die Delegation bestand aus dem Parteiobmann Erich Amonn, dem Generalsekretär Dr. Otto v. Guggenberg, Dr. Josef Raffeiner, Dr. Karl Tinzl und mir. Tinzl mußte sich wegen seiner ungeklärten Staatsbürgerschaft allerdings ganz im Hintergrund halten.

Erich Amonn hatte das Superhotel zum Standquartier gewählt, weil wir nicht den Eindruck von armen Leuten erwecken sollten. Gleich am Tag nach der Ankunft stand die Vorsprache mit den Mitgliedern des für die Vorbereitung aller Autonomiestatute zuständigen Ausschusses auf dem Programm. Zum ersten Mal durchschritt ich das Tor vom Montecitorio, dem Sitz der Abgeordnetenkammer. Die Delegation mußte freilich gleich warten, weil ausgerechnet für mich keine Eintrittskarte vorbereitet war. Sie wurde nach einigen Telefonaten herbeigeschafft. Im Ausschuß trugen wir unsere Meinung eindringlich vor. Wir legten einen formellen Protest gegen das bisherige Verfahren ein und erläuterten unseren Standpunkt. Mir fiel die Rolle zu, im Namen der Jugend an die Abgeordneten um Verständnis zu appellieren, damit unsere Generation nach all den Wirren der Vergangenheit endlich in eine bessere Zukunft schreiten könne. Anscheinend machte ich meine Sache gar nicht schlecht. Die Ausschußmitglieder nickten wiederholt beifällig, und Amonn sprach mir nachher sein Lob aus.

Unsere Verhandlungen standen unter Zeitdruck. Am 31. Jänner 1948 mußte das Statut unter Dach und Fach sein, weil die Amtszeit für die Verfassungsgebende Nationalversammlung ablief. Offizieller Gesprächspartner auf italienischer Seite für unsere Delegation war Staatsrat Silvio Innocenti, ein gerissener und mit allen Wassern gewaschener Toskaner, der Präfekt von Bozen nach 1945. An der Zusammenlegung der beiden Provinzen zu einer autonomen Region war nicht mehr zu rütteln, weil die italienische Verfassung, die diese Zwangsehe vorsah, bereits am 1. Jänner 1948 in Kraft getreten war. Wir mußten uns darauf beschränken, die Provinz Bozen mit mehr Befugnissen auszustatten. In Südtirol wartete man mit Spannung auf das Ergebnis unserer Bemühungen.

Wir nahmen nach allen Seiten hin Fühlung auf. Wir berieten uns in der österreichischen Botschaft, wir statteten auch den Diplomaten der englischen Botschaft Besuche ab. Überall riet man uns, auf eine Kompromißlösung hinzusteuern. Unter anderem sprachen wir am 11. Jänner in der Gregoriana beim Sekretär des Papstes, dem Jesuiten Dr. Robert Leiber vor, den ich von meinem Besuch im Sommer 1945 schon kannte. Wir wurden in ein Sprechzimmer geleitet und warteten dort auf den berühmten Pater. Da kam das kleine Männlein im schwarzen Talar herein und zog einen Stuhl an unseren Tisch. Ich stellte vor: Pater Leiber usw., usw. Unsere Herren blickten zunächst etwas verdutzt, aber bald war ein reges Gespräch im Gange. Leiber meinte, der Papst müsse sich ziemlich zurückhalten, aber er werde ihm auf alle Fälle unsere Bitten vortragen. Inwieweit Pius XII. eingegriffen hat, haben wir nie erfahren. Nachdem Pater Leiber sich verabschiedet hatte, sagte Erich Amonn lächelnd zu mir: »Ich hätte nie geglaubt, daß dieser bescheidene Mann der berühmte Pater Leiber wäre; ich hätte ihn eher für einen Klosterdiener gehalten.«

Nach den ersten Kontakten meinten die Mitglieder unserer Delegation, ich sollte nach Bozen fahren und dort Lagebericht erstatten. Ich mußte die nicht sehr dankbare Aufgabe wohl übernehmen. Für mich war das römische Spiel damit für diesmal abgeschlossen. Ich kehrte nicht mehr zurück, weil Amonn mich auf Befragen wissen ließ, meine Anwesenheit in Rom sei nicht mehr dringend notwendig. Später konnte man manchmal Stimmen hören, die meine Heimreise in eine Flucht vor der Verantwortung umdeuteten. Der wirkliche Grund, warum man mich zur Berichterstattung abkommandierte, war aber ein ganz anderer. Meine Kollegen wußten, daß ich jeden Abend lange mit Kanonikus Gamper telefonierte und ihm alles haargenau erzählte, was sich ereignet hatte. Sie wußten natürlich auch, daß Gamper gegen jeden Kompromiß war. Sie ihrerseits rangen sich aber aufgrund der vorgefundenen Lage zur Überzeugung durch, daß man auf einen Kompromiß eingehen müsse. Auf diesem Weg stellte ich als Gampers getreuester Gefolgsmann nur ein Hindernis dar. Man sah mich also lieber in Bozen.

Ich bin den Delegierten nach Abschluß der Verhandlungen nicht in den Rücken gefallen. Ich habe das karge Ergebnis im Parteiorgan »Volksbote« sogar verteidigt. Auch wenn ich damit nicht zufrieden war. Aber ich habe immer anerkannt, daß man damals kaum ein besseres Statut hätte erreichen können. Nicht einverstanden war ich jedoch mit der von Amonn und Guggenberg abgegebenen Erklärung, »daß der Degasperi-Gruber-Vertrag vom 5. September 1946, was die Grundfrage der Autonomie betrifft, durchgeführt ist«. Beim Prozeß wegen der Sprengstoffanschläge in Mailand erklärte Erich Amonn am 15. April 1964 als Zeuge, daß dieser Brief »kein spontanes Schreiben« gewesen sei, sondern »unter Druck« zustandegekommen sei. Kanonikus Gamper schrieb am 31. Jänner 1948 in einem Leitartikel der »Dolomiten«, daß die in Rom getroffene Autonomieregelung

»einen bedeutenden Schritt auf dem Wege der Erfüllung des Pariser Vertrages darstellt, aber nicht die Erfüllung ist«.

Am 18. April 1948 wählte Italien nach dem tragischen Zwischenspiel des Faschismus erstmals wieder ein aus zwei Häusern (Abgeordnetenkammer und Senat) bestehendes Parlament. Die Edelweißliste der Südtiroler Volkspartei konnte einen fast nicht erwarteten Erfolg buchen. Die SVP entsandte drei Abgeordnete und zwei Senatoren nach Rom. Wir hatten nur mit einem Senator sicher gerechnet. Die Christdemokraten (Democrazia Cristiana) errangen in beiden Häusern des Parlaments die absolute Mehrheit.

Die Wahlvorbereitungen hatten an uns fast übermenschliche Anforderungen gestellt. Kein Mensch hatte vom Wahlvorgang auch nur die leiseste Ahnung. In jeder kleinsten Ortschaft mußten wir auf Schultafeln zeichnen, wie man einen Stimmzettel ausfüllt und wie er überhaupt aussah. Die Ortsobmänner klapperten unermüdlich alle Häuser ab. Unsere ganze Anstrengung galt dem Ziel, daß die Leute gültig wählten. Die Abgabe der Vorzugsstimmen stand anfangs überhaupt nicht zur Debatte. Erst in den allerletzten Wochen schob sich dieses Problem auch etwas nach vorne. Die Partei hatte für die Kammer Dr. Otto v. Guggenberg, Dr. Toni Ebner, Dr. Silvius Magnago, mich und zwei Vertreter der Trentiner Autonomistenbewegung ASAR auf die Liste gesetzt. Die Wahl von Guggenberg (Nr. 1) und mir (Nr. 2) stand eigentlich nie in Frage. Gefährdet schien Ebner. Heimkehrer propagierten immer stärker den schwerkriegsversehrten Dr. Silvius Magnago. Dieser war aber doch noch zuwenig bekannt, so daß Ebner das Rennen mit ziemlichem Vorsprung machte.

Die Werbung für Personen wollte mir schon damals gar nicht in den Kopf gehen. Als ich aber die Propaganda für Magnago sah, scheute auch ich keine Mühe mehr, um Ebner zu unterstützen. Das Wahlergebnis löste, was die Personen der Gewählten betraf, nicht lauter Jubel aus. Ebner und ich waren für manche Städter nicht ganz salonfähige Bauernbuben. Im Parteiausschuß nannte der liberal eingestellte Senator Dr. Josef Raffeiner in einem Zornanfall Ebner und mich sehr giftig die Ministranten des Kanonikus Gamper und Dr. Guggenberg den Hausknecht des Brixner Generalvikars Dr. Pompanin. Er sprach damit nur das aus, was viele andere sich dachten. Der Senator Raffeiner war überhaupt von einer erfrischenden Offenherzigkeit. Die liberalen Bozner Kreise hatten bis zum letzten Moment meine Aufstellung zu hintertreiben versucht. Als Begründung führten sie an, ich sei viel zu radikal und würde in Rom nichts erreichen. Zudem neige ich bedenklich nach links, wenn ich nicht sogar ein verkappter KP-Mann sei, eine Meinung, die mit meinen guten Beziehungen zu jugoslawischen Politikern zusammenhing.

In Rom herrschte trotz allem unter uns fünf echte Kameradschaft. Wir wohnten im gleichen Hotel, trafen uns fast bei jedem Mittagessen und teilten uns die Arbeit auf. Daß es in der politischen Bewertung der Lage zwischen den drei Abgeordneten (Dr. Otto v. Guggenberg, Dr. Toni Ebner und mir) und den zwei Senatoren (Dr. Carl v. Braitenberg, Dr. Josef Raffeiner) beträchtliche Meinungsverschiedenheiten gab, beeinträchtigte die Zusammenarbeit kaum. Die Abgeordneten vertraten eine bedeutend schärfere Tonart als die Kollegen vom Senat. Diese brummten ersteren taxfrei auch den Titel Radikalinskis auf. Alle fünf hatten wir das Amt ohne jede Erfahrung angetreten. Wir mußten uns lange bemühen, bis wir uns in das Parlamentsystem eingearbeitet hatten, bis wir uns mit der Maschinerie zurechtfanden. Den italienischen Kollegen muß ich bescheinigen, daß sie uns mit außerordentlichem Takt behandelten. Sie ließen uns nie spüren, daß wir nicht ihresgleichen waren. Unser politisches Gewicht fiel allerdings nie in die Waagschale, weil die Democristiani die absolute Mehrheit innehatten und nie auf unsere Unterstützung angewiesen waren.

Hatten wir vor der Wahl die »onorevoli deputati« fast wie überirdische Wesen angesehen, so korrigierten wir diese Meinung sehr rasch. Wir nahmen zur Kenntnis, daß der Einfluß einzelner Abgeordneter auf das politische Geschehen kaum nennenswert war. Die große Politik bestimmen die Parteien, die sich der Parlamentarier als mehr oder weniger williger Werkzeuge bedienen. Wir befanden uns insofern in einer besseren Lage. Wir konnten, von ganz wenigen Ausnahmen abgesehen, immer nach eigenem Gutdünken handeln.

Am 12. Juli 1949 hielt ich im italienischen Abgeordnetenhaus meine Jungfernrede. Ich sprach zur Gesetzesvorlage über die Schaffung des Europarates in Straßburg. Also zu einem Thema, das sich für einen Südtiroler Abgeordneten besonders gut eignete. Dabei sagte ich unter anderem, daß man bei der Lektüre gewisser Schultexte von den Volks- bis zu den Mittelschulen nicht den Eindruck habe, daß die Erziehung im Sinne der möglichst baldigen Bildung eines einigen Europas ausgerichtet sei. Auf diesem Gebiet sei eine schnelle und rasche Änderung der Einstellung dringendst notwendig. Der damalige Unterrichtsminister, Guido Gonella, ließ mir nach meiner Rede einen schriftlichen Vermerk zugehen, in dem er mir für diese Sätze dankte und zusicherte, daß sein Ministerium sich dafür einsetzen wolle, daß alle Schulbücher im europäischen Sinn neu gefaßt würden. Aber noch heute, nach über 30 Jahren, stoßen wir überall auf diese alten Texte. Ja, ja, Ministerworte sind auch oft nur als Worte gedacht.

Selbstverständlich war ich vor meiner Rede etwas aufgeregt. Stundenlang hatte ich im Park der Villa Borghese am Pincio meinen Auftritt geprobt. Ich bemühte mich auch, den Ratschlag eines guten Freundes zu befolgen. Er habe sich bei seinen ersten Reden die Köpfe der Zuhörer immer als Krautköpfe vorgestellt. Dies hätte ihn ungeheuer beruhigt, ja fast fröhlich gemacht. Und an meiner Seite saßen ja als treue Paladine die Kollegen Dr. Otto v. Guggenberg und Dr. Toni Ebner. So kam ich ganz gut über die Runden. Das nächste Mal war ich kaum mehr aufgeregt.

Die Arbeit faszinierte mich. In der ersten Legislaturperiode war das Wirkungsfeld eines Südtiroler Abgeordneten in Rom noch viel größer, als es heute ist. Den späteren Kollegen nahm die autonome Verwaltung den größten Teil der Arbeiten ab. Damals mußten wir uns noch in allen Bereichen des öffentlichen Lebens einsetzen. Wir mußten uns buchstäblich um alles kümmern. Alle Beiträge für Landwirtschaft, öffentliche Arbeiten, für Schulhausbauten, für Krankenhäuser usw. kamen noch direkt von Rom. Heute fließen alle diese Gelder über das Landesbudget. Ich versuchte, mich für Landwirtschaft zu spezialisieren. Bald hatte ich mir ein System ausgedacht, das sich gut bewähren sollte. Um 9 Uhr in der Früh sprach ich im Archiv des Landwirtschaftsministeriums vor. Dort war man immer auf dem laufenden, in welchem Büro ein Akt gerade lag oder verstaubte, der mich interessierte. Beim zuständigen Beamten erkundigte ich mich dann um dessen Schicksal und bat um Erledigung. Oft riet mir ein solcher, beim Staatssekretär vorzusprechen oder gar beim Minister, weil derzeit wieder einmal keine Gelder vorhanden seien.

Mit dem Landwirtschaftsminister, Antonio Segni, einem Sarden, der später Außenminister und Staatspräsident werden sollte, hatte ich durch einen reinen Zufall ein herzliches Vertrauensverhältnis herstellen können. Ich besuchte manchmal in einer Kirche ganz in der Nähe unseres Hotels Londra in der Via Collina in der Früh eine Messe. Dort traf ich einmal ausgerechnet mit Segni in der Kirchenbank zusammen. Der Minister wartete vor dem Gotteshaus auf mich, schüttelte mir kräftig die Hand und lud mich zum Frühstück in seine Wohnung in der nahen Via Quintino Sella. Von da an war ich noch einige Male Frühstücksgast bei seiner lieben, bescheidenen Frau Donna Laura. Segni erfüllte mir, wenn es sich nur irgendwie machen ließ, jeden Wunsch.

Am 19. Mai 1949 kam Segni auf Einladung der Montecatini-Gesellschaft nach Südtirol, um das neue Großkraftwerk in Schluderns im oberen Vinschgau zu besichtigen. Der Minister war in Gesellschaft seiner Frau. Mich lud er ein, ihn auf der Reise zu begleiten. Auf der Fahrt nach Schluderns hielt er Einkehr in Algund und Naturns, wo er sich die soeben begonnenen Bauarbeiten an den beiden Obstmagazinen besah. Er gab den beiden Obmännern die Zusage, er werde sich in Rom dafür einsetzen, daß die Zuschüsse des Ministeriums, um die beide Genossenschaften angesucht hatten, möglichst bald zur Auszahlung gelangen würden. In Burgeis, einer Fraktion des Hauptortes des oberen Vinschgaus, fand gerade ein Viehmarkt statt. Der Minister betrachtete sehr fachkundig die Tiere. Alle merkten, daß er von Viehzucht wirklich etwas verstand. Ein lieber Freund aus Graun, der Wargerbauer, kam auf mich zu und fragte mich, ob es wohl möglich wäre, den Minister über St. Valentin, wo die Montecatini für ihn ein Mittagessen vorbereitet hatte, hinauszukutschieren. Der Minister müsse unbedingt bis nach Graun kommen. Dort könnte er sich ein Bild machen von den Opfern, welche die Bauern für den Bau des Elektrowerkes bringen müssen. Ich versicherte ihm, daß mir das sicher gelingen werde, und der Warger war auch schon weg.

In St. Valentin warteten die Herren der Montecatini auf der Straße auf den Minister und wollten ihn ins Hotel geleiten. Auf meinen Wunsch hin fuhr der Wagen aber rasch weiter bis nach Graun. Dort bot sich Segni ein unvergeßliches Bild, ein Bild, von dem er später immer und immer wieder sprach. Die ganze Ebene, welche dann unter Wasser gesetzt wurde, wimmelte nur so von Vieh, Kühen, Jungvieh und Pferden. Buchstäblich soweit das Auge reichte, nichts als Rinder, Rinder und nochmals Rinder. Auch später haben die Bauern des oberen Vinschgaus auf meine Frage, von woher sie das ganze Vieh zusammengetrieben hätten, immer nur ein leises Lächeln übrig gehabt. Der Bürgermeister von Graun und der Vertreter der Bauern begrüßten den Minister und sagten ihm in ein paar kurzen, kernigen Worten, daß alle diese Tiere der Elektroindustrie weichen müßten. Dem Minister standen Tränen in den Augen. Er könne diese Entwicklung nicht hindern, aber er werde dafür sorgen, daß die Bauern mindestens richtig entschädigt würden.

Segni konnte sich die längste Zeit nicht von den Viehherden trennen. Die Montecatini-Leute mußten über zwei Stunden warten, bis der Minister sich endlich entschloß, zum Mittagessen in St. Valentin zu erscheinen. Bei der Tafel blickte Segni trotz all der schönen Begrüßungsworte der Herren immer sehr nachdenklich und gab sich sehr wortkarg. Er lächelte erst wieder, als der Bauernbundobmann Franz Innerhofer-Tanner ihm in einer kurzen Rede für seinen Besuch »Vergeltsgott« sagte. Er wisse, meinte Franz Innerhofer, daß ein Minister, wenn er irgendwo einen Besuch mache, immer mit einem Sack voll Bitten nach Hause komme. Er wolle ihn deswegen nicht mit noch anderen Anliegen befassen, er bitte ihn aber, die Rinderherden des oberen Vinschgau, die von der Montecatini zum Tode verurteilt worden seien, auch in der Ewigen Stadt nicht zu vergessen. Ich wollte die deutsche Ansprache übersetzen, aber Segni bedeutete mir, daß er den Sinn schon verstanden habe. Er drückte dem Bauernführer ganz fest die Hand und dankte ihm aus Rom nochmals mit handgeschriebenem Brief für seine Worte. Gleich nach dem Händedruck mit dem Bauernbundobmann hielt Segni den Montecatini-Herren eine richtige Standesunterweisung, wie sie sich der Landwirtschaft gegenüber zu verhalten hätten und daß sie mit der Entschädigung nicht knausrig sein dürften. Die Ingenieure schauten einander an und versprachen Segni, daß sie der Bevölkerung wirklich entgegenkommen würden.

Der Minister hat seine beiden Zusagen gehalten. Den Obstgenossenschaften in Algund und Naturns wurden die Beiträge des Landwirtschaftsministeriums so schnell ausbezahlt, daß sie es gar nicht glauben konnten, als das Geld da war. Der Abteilungsleiter des Amtes für Beiträge zum Bau von Magazinen sagte mir in Rom einmal, der Minister habe es mit diesen Geldern so eilig gehabt, daß sich die ganze Abteilung drei Tage lang nur mehr mit Naturns und Algund befaßt hätte. Und wenn die Bauern von Graun und Reschen einigermaßen gut entschädigt wurden, so verdanken sie das nicht zuletzt dem Landwirtschaftsminister Antonio Segni.

Unsere persönlichen Beziehungen nahmen keinen Schaden, als Segni als Außenminister mit aller Schärfe den österreichischen Standpunkt bei der UNO-Vollversammlung im Jahre 1960 bekämpfte, obwohl er genau wußte, daß ich als offiziöses Mitglied der österreichischen Delegation angehörte. Während er bei seinen Ausführungen im Politischen Sonderausschuß gegenüber den zwei anderen Südtiroler Beobachtern, Sen. Dr. Luis Sand und Landesrat Dr. Alfons Benedikter, ziemlich ausfällig werden konnte, nannte er meinen Namen überhaupt nicht. Wir blieben auch noch in Verbindung, als Antonio Segni im Mai 1962 Staatspräsident geworden war. Für meine Glückwunschkarte dankte er mir handgeschrieben.

Von hoher kirchlicher Seite in Österreich wurde ich 1963 gebeten, bei Segni die Begnadigung eines schuldlos zu lebenslänglicher Haft verurteilten Österreichers namens Feuchtinger zu erwirken. Der Staatspräsident empfing mich auf meine Bitte hin sofort im Quirinal-Palast. Der Kontrast zwischen der großartigen Staffage, dem schwungvollen Salutieren der Kürassiere und dem bescheidenen kleinen Mann in dem einfachen Büro hätte nicht größer sein können. Ich trug dem Präsidenten den Fall vor und beteuerte, daß Feuchtinger sicher unschuldig sei. Die schändliche Tat in der Valsugana (Provinz Trient) sei zwar von der SS verübt worden – es handelte sich um die Vergewaltigung und die Tötung eines Mädchens –, aber Feuchtinger habe nicht daran teilgenommen. »Se tu lo dici Volgger, sarà vero. Wenn du es sagst, Volgger, wird es wohl wahr sein.« Und die Stunde der Freiheit für Feuchtinger ließ nicht lange auf sich warten.

Ich sprach Segni damals auch auf die Pfunderer Burschen an. Die jungen Männer aus Pfunders, die unter Anklage standen, einen Finanzer getötet zu haben, waren in einem sehr zweifelhaften Verfahren zu schweren Kerkerstrafen verurteilt worden, was allseits Empörung ausgelöst hatte. Einer der Burschen, Luis Ebner, hatte 24 Jahre, vier andere hatten 16 Jahre Kerker aufdiktiert erhalten. »Da mußt du noch etwas Geduld haben, für diese ist es noch zu früh.« Ich dürfe aber im nächsten Jahr wiederkommen. Für den August 1964 lud mich Segni nach Abano ein, wo er eine Kur machen wollte. Ein paar Tage vor seiner Abreise traf ihn am 7. August ein Schlaganfall. Er blieb halbseitig gelähmt und konnte nicht mehr sprechen. Er dankte im Dezember 1964 als Präsident ab, an seiner Stelle wurde der Außenminister Giuseppe Saragat, ein Sozialdemokrat, gewählt.

Ich habe Antonio Segni, als ich 1968 zum Senator gewählt worden war, einige Male in seiner Wohnung in der Via Cassia Antica besucht. Bei jeder Begegnung übermannte ihn die Rührung. Ich hatte noch Gelegenheit, ihn zu bitten, eine Begnadigung des unter der Anklage des Terrorismus zu einer langen Kerkerstrafe verurteilten Innsbrucker Musikprofessors Günther Andergassen bei seinem Nachfolger Saragat zu befürworten. Er tat dies gern, und selbstverständlich brachte diese Befürwortung auch den gewünschten Erfolg.

Abgesehen von der Landwirtschaft haben mich zwei Erfolge in meiner Amtszeit als Abgeordneter von 1948 bis 1953 besonders gefreut. Im ersten Fall ging es um das Vermögen der Südtiroler, die infolge der Option die deutsche Staatsbürgerschaft erworben hatten und denen die Wiederverleihung der italienischen verweigert worden war. Es wurde 1949 beschlagnahmt. Aufgrund des Friedensvertrages fiel das gesamte deutsche Eigentum in Italien den westlichen Alliierten zu. Die Russen eigneten sich dafür alle feindlichen Besitze in den östlichen Ländern an. Italien oder besser gesagt dem damals allmächtigen Südtirolfachmann Staatsrat Silvio Innocenti, der schon 1948 die Zustimmung der Südtiroler zum Autonomiestatut »erwirkt« hatte, war es gelungen, die Alliierten zu veranlassen, dieses Optanteneigentum als deutsches Eigentum zu werten. Italien erhielt mit diesem Sequester ein außerordentlich wirkungsvolles Druckmittel gegen jede Unbotmäßigkeit der betroffenen Optanten in die Hand gespielt. Unsere beiden Senatoren sprachen in dieser Sache wiederholt vergeblich beim Regierungschef Alcide Degasperi vor.

Für das deutsche Eigentum war ein Viererausschuß beim Schatzministerium zuständig, in dem die Vertreter der drei Botschaften der Westmächte die letzte Entscheidung trafen. Als die italienischen Behörden jedes Einlenken ablehnten, setzte ich den Hebel bei den Alliierten an. Beim Sekretär des Ausschusses im Schatzministerium war gerade ein Zwillingspaar eingestanden.

Eine doppelte Babyausstattung machte ihn zu meinem Freund. Er nannte mir die Namen der drei alliierten Vertreter, die eigentlich ja auch kein Geheimnis waren. Aber für mich war es doch bequem. Ich suchte sie nun der Reihe nach auf. Bei allen machte ich mit meiner Dachauer Zeit Staat. Es stimmte sie sofort günstig. Der Engländer ließ mich wissen, daß die Alliierten allein auf Drängen der Italiener das Optanteneigentum unter Sequester gestellt hatten. Er werde sofort Kontakte mit seiner Regierung aufnehmen und zweifle nicht, daß die Entscheidung für uns positiv ausfallen werde. Etwas zugeknöpfter gab sich der amerikanische Vertreter, ein Mister Papano. Doch ermöglichte er mir eine Audienz beim damaligen amerikanischen Geschäftsträger Thompson, der später zum Botschafter in Wien ernannt wurde. Bei Thompson stieß ich sofort auf Einsicht. Der Franzose geriet richtig in Harnisch, als ich ihm sagte, Degasperi habe den Südtiroler Parlamentariern gegenüber beteuert, daß Italien die Beschlagnahme auf Weisung der Alliierten durchführen mußte. Er schätze Degasperi sehr, aber wenn er solches behaupte, sage er eine große Unwahrheit.

Wochen vergingen. Bei der englischen Botschaft fragte ich ein paarmal nach. Man empfahl mir Geduld. Anfangs Oktober 1951 erreichte mich im Hotel ein Anruf aus der englischen Botschaft, daß die drei Westmächte einig geworden seien, die Beschlagnahme des Optanteneigentums aufzuheben. Vom Sekretär des Ausschusses ließ ich mir gleich am Tage darauf plastisch den Ablauf der Sitzung schildern: wie sich zur Überraschung der Italiener zuerst der lange, hagere Engländer von seinem Sitz erhoben habe und mit fast feierlicher Stimme im Namen seiner Majestät des Königs erklärte, daß das Optanteneigentum nicht mit dem deutschen Eigentum gleichzusetzen sei; wie sich der Franzose und der Amerikaner anschließend sofort im gleichen Sinn geäußert hätten.

Damit war den Italienern die rechtswidrige Beute wieder abgejagt worden. Sie hatten ein wichtiges Faustpfand zur Niederhaltung dieser Südtiroler verloren. Wie immer schalteten sie aber schnell und wollten sich wieder einmal als die Großzügigen in Szene setzen. Ministerpräsident Alcide Degasperi rief den Präsidenten des Regionalausschusses der »Region Trentino-Tiroler Etschland«, Dr. Tullio Odorizzi, zu sich und ließ durch ihn ein Kommunique verbreiten, in dem bekanntgegeben wurde, daß Degasperi nach Anhörung der Auffassung von Odorizzi seine Absicht bekanntgegeben habe, die Vermögensbeschlagnahme aufzuheben, nachdem die internationale Kommission erklärt habe, an diesem Vermögen kein Interesse zu haben. Dr. Ebner und ich wollten dieses Manöver aber doch durchkreuzen. Wir waren am Samstag, den 13. Oktober, gerade auf der Heimfahrt von Rom, als wir von diesem Kommunique erfuhren. Da am Sonntag normalerweise nur die italienischen Lokalzeitungen erschienen, mußten die Südtiroler ein verfälschtes Bild vom Ablauf der Ereignisse erhalten. Wir weckten den Leiter der Maschinensetzerei der Druckerei Athesia und stellten bis morgens eine Ausgabe der »Dolomiten« fertig, in der die Sachlage ausführlich im richtigen Licht beleuchtet wurde.

Eine Woche später wurde in der englischen Botschaft in Rom die Aufhebung der Beschlagnahme mit Sekt gefeiert. Senator Dr. Raffeiner wollte vom englischen Vertreter im Ausschuß nähere Einzelheiten wissen. Er ersuchte mich, ihn in der Botschaft anzumelden und ihn zu begleiten. Der Engländer gab dem Senator alle gewünschten Aufklärungen. Dann entfernte er sich und bat uns, etwas zu warten. Er kehrte gleich zurück und teilte uns mit, der Botschafter selbst, Sir Victor Mallet, würde sich freuen, uns begrüßen zu dürfen. Wir freuten uns natürlich auch. Der Botschafter ließ Sekt aufmarschieren und stieß mit uns auf die Freigabe des Optantenvermögens an. Sicher eine interessante Einstellung des Vertreters von Großbritannien beim Quirinal.

Viel Mühe wendeten wir Parlamentarier auf, um eine Vergütung für die in Südtirol angerichteten Kriegsschäden zu erreichen. Besonders wichtig war der Schadenersatz für die Meraner Hotels, welche zu Lazaretten umgewidmet worden waren. Senator Carl v. Braitenberg lief sich die Füße wund. Der ewige Refrain im zuständigen Amt lautete: »Gern, aber uns fehlt das Geld. Ihr Parlamentarier müßt dafür sorgen, daß im Budget für diesen Zweck mehr Mittel ausgeworfen werden.« Ich betrieb die Entschädigung für den Bau der Umfahrungsstraßen in Schlanders und Eyrs. Die Arbeiten waren bereits in den Jahren vor dem Krieg durchgeführt worden. Zum xtenmal bestürmte ich Commendatore Nappa, den zuständigen Abteilungsleiter im Amt für Staatsdomänen. Und zum xtenmal die Antwort: »Onorevole, das Parlament muß uns einfach mehr Geld geben, dann gern.«

Als ich sehr unzufrieden das Büro verließ und nachdenklich den Gang hinunterging, hörte ich hinter mir jemanden halblaut rufen: »Onorevole, Onorevole.« Ich sah, wie ein Beamter, der gerade noch im Amt des mächtigen Commendatore mit Schreibarbeiten beschäftigt gewesen war, mir jetzt folgte, und ich wartete. »Onorevole«, hörte ich ihn flüstern, »i soldi ci sono, li trovo, ma sono un povero diavolo anch'io. – Das Geld ist schon da, ich finde es, aber auch ich bin ein armer Teufel.« Und so wurde uns beiden geholfen. Die Ausbezah-

(32) Die Führungsspitze der jungen Südtiroler Volkspartei bei der Bozner Herz-Jesu-Prozession im Juni 1946. In der ersten Reihe von links nach rechts Dr. Friedl Volgger, Dr. Josef Raffeiner, Obmann Erich Amonn, Obmann-Stellvertreter Josef Menz-Popp, Dr. Otto von Guggenberg und Dr. Toni Ebner.

(33) Dr. Friedl Volgger als Redner auf einer Wahlkundgebung in Meran im April 1948. Neben ihm der spätere Senator Carl von Braitenberg und Bauernführer Franz Innerhofer-Tanner.

Tagblatt der Südtiroler

Nr. 289 — Freitag, den 18. Dezember 1953 — 30. Jahrgang

Südtiroler Landtagsabgeordnete stellen im Regionalrat einmütig fest:

Pariser Vertrag nicht erfüllt

Dr. Magnago: Zuwanderung bedeutet Tod für Südtiroler Volksgruppe

Trient, 17. Dez. Der Regionalrat trat heute um 10 Uhr vormittags zu einer außerordentlichen Session zusammen, um eine umfangreiche Tagesordnung zu erledigen. Vereinbarungsgemäß wurden zunächst die vielen Anfragen beantwortet, welche in den letzten Wochen eingebracht worden sind. Die Beantwortung der Anfragen nahm nahezu den ganzen Tag in Anspruch. Die meisten Anfragen betrafen Sonderprobleme der Provinz Trient (Trient–Malé-Bahn, Trientner Messe, Fremdenverkehrsamt in Trient usw.), deren Beantwortung in Ruhe und bei geteilter Aufmerksamkeit des Rates erfolgte. Mit gespannter Erwartung wurde jedoch der gestern eingebrachten Anfrage der SVP.-Gruppe bezüglich Verwirklichung des Pariser Vertrages und des Autonomiestatutes sowie der Anfrage des neofaschistischen Rates Andrea Mitolo bezüglich der jüngsten Erklärungen des Landeshauptmannes von Nordtirol entgegengesehen.

Die Fraktion der SVP. frägt an

An den Präsidenten des Regionalausschusses wird die Anfrage gerichtet, ob er sieben Jahre nach dem Pariser Abkommen und fünf Jahre nach dem Inkrafttreten des Autonomiestatutes der Ansicht sei, daß die damals übernommenen Verpflichtungen zum Schutz des völkischen Charakters und der kulturellen und wirtschaftlichen Entwicklung der deutschen Volksgruppe erfüllt seien, —

was er in Bereiche seiner Zuständigkeit zu unternehmen gedenke, um die oben erwähnten gesetzlichen Handhaben dem Geist und dem Buchstaben nach zu verwirklichen.

Odorizzis unbefriedigende Antwort

italienischen Volksgruppe — obwohl diese Tatsache in offenem Widerspruch zum Pariser Vertrag steht, wird es auch in Zukunft so bleiben, so lange für diese Stellen nicht eigene örtliche Stellenwettbewerbe ausgeschrieben werden, wie wir es oft gefordert, aber nie erreicht haben.

Niemals wird jener Absatz des Pariser Vertrages in die Wirklichkeit umgesetzt werden, wenn die Südtiroler mit den Wettbewerbern aus dem ganzen Staatsgebiet sich um diese Stellen bewerben müssen. Denn die Südtiroler werden sich, abgesehen von der geringen Anzahl von Personen, welche in einem solchen Fall mit der übergroßen Zahl derer, die aus dem ganzen Staatsgebiet kommen, in Wettbewerb treten müssen, wegen der bekannten politischen Umstände der letzten Dezennien (wegen des Ausschlusses der Südtiroler aus den öffentlichen Ämtern, wegen im Ausland erworbener und nicht anerkannter Studientitel) immer in einer Stellung der Unterlegenheit befinden.

Die Gewährung „der Gleichheit der Rechte" bedeutet in einem Fall nichts anderes als die Gleichberechtigung verweigern, weil die Voraussetzungen für die einen und die anderen wesentlich verschieden sind.

Landtagspräsident Dr. Silvius Magnago

---

(34) Oben: Schlagzeile der »Dolomiten« mit dem Vorwurf an Italien, den Pariser Vertrag nicht erfüllt zu haben. Dazu ein Bild des »kommenden Mannes« in der SVP, Dr. Silvius Magnago, der damals Landtagspräsident war und als Vertreter eines härteren Kurses gegenüber der italienischen Regierung galt.

(35) Zeitungsmeldung über die internationale Reaktion auf die Verhaftung Volggers im Februar 1957

---

86. Jahrgang / Nr. 31 — Mittwoch, 6. F[ebruar]

Katholische Journalisten Österreichs protestieren gegen die Verhaftung Volggers

Wien, 5. Feb. (Kathpreß) Das Präsidium der Arbeitsgemeinschaft katholischer Journalisten Österreichs hat mit Überraschung und Befremden von der Verhaftung des Chefredakteurs der Südtiroler katholischen Tageszeitung „Dolomiten", Dr. Volgger, Kenntnis genommen. Es ist eine in demokratischen Staaten ungewöhnliche Maßnahme, einen hochgeachteten Journalisten, der wegen seiner lauteren Gesinnung sowohl von den Faschisten als auch von den Nationalsozialisten verfolgt war, auf offener Straße und ohne Angabe von Gründen zu verhaften. Die Tatsache, daß man erst einige Tage nach der Verhaftung Motive für die Festnahme Dr. Volggers anzugeben weiß, läßt den Verdacht aufkommen, daß es sich hier um ein politisches Druckmittel handelt, um einen Versuch, die Pressefreiheit zu untergraben. Gegen eine derartige Praxis, die es in der freien Welt nicht geben darf, muß schärfer Protest eingelegt werden.

Die katholischen Journalisten Österreichs erwarten eine umgehende Klärung der Umstände, die zur Verhaftung des Chefredakteurs der „Dolomiten" geführt haben. Sie appellieren an die katholischen Journalisten Italiens, der Wiedergeburt faschistischer Ge-

gewesen, die Verwirklichung der Rechte Südtirols auf loyalem Wege zu erreichen.

Zwei Standpunkte

Hamburg, 5. Feb. (DPA) Zu den italienisch-österreichischen Spannungen wegen Südtirol

Wien sieht im Pariser Abkommen Instrument, die völkische, kulturelle und wi[rtschaftliche] Zukunft der Südtiroler und Südti[roler] Verband des italienischen Staates zu si[chern]. Rom hingegen sieht in dem Vertrag ein [Abkom]ment, das die Italianisierung der deut[schen] völkerung Südtirols erleichtern soll.

Das erklärt auch, warum die Italie[ner die] Gleichberechtigung der deutschen Sprache [in Süd]tirol nicht verwirklichen, wa[rum sie] alle jene Maßnahmen, die man als Sch[utz der] nationalen Minderheit zusammenfa[ssen kann,] nicht ergreifen und die Italiani[sierung, die Zu]wanderung nach Südtirol fördern.

Weiter erklärt das auch, warum [die] österreichischen Vorschläge [nicht] annimmt, die Verhältnis in [...]

(36) Oben: Pfaundler-Foto zu einer Reportage über die Verhaftung Friedl Volggers und die Hausdurchsuchung in seinem Elternhaus in Ridnaun. Der 80 jährige Vater schildert seiner Schwiegertochter (rechts) die Vorgangsweise der Carabinieri. Mit auf dem Bild die Kinder und die Frau von Volggers Bruder.

(37) Rechts: Wie die Verhaftung löste auch die völlige Rehabilitierung des Dolomiten-Chefredakteurs größtes internationales Presseecho aus. Dieses Bild der »Keystone Press Agency« wurde unmittelbar nach der Enthaftung vor dem Gefängnis in Trient aufgenommen.

(38/39) Die Südtiroler Volkspartei in Wahlkämpfen der fünfziger und sechziger Jahre: Links zwei der typischen Edelweiß-Plakate; unten das Muster eines Stimmzettels für den Senat im Jahr 1968, als Dr. Friedl Volgger im Wahlkreis Brixen kandidierte und zum zweiten Mal ins römische Parlament gewählt wurde.

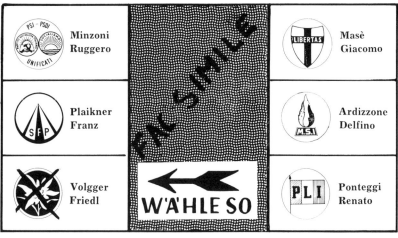

lung der Schäden war plötzlich auch ohne Bewilligung neuer Gelder möglich, und der Mann konnte sich sein Leben etwas verbessern. Dabei bewegten sich seine »Tantiemen« in eher bescheidenem Rahmen. Als ich Senator Braitenberg beim Mittagessen die Mitteilung machte, daß die Entschädigung für die Meraner Hotels bald ausbezahlt werde, glaubte er mir gar nicht. Er habe die Vergütung gerade dieser Tage beim Generalstabschef betrieben, aber es fehle das Geld. Erst als die Gelder wirklich flossen, verlor er seine Zweifel. Die römischen Ministerien bergen eben viele Geheimnisse. Was ein Generalstabschef nicht zustandegebracht hatte, bereitete dem kleinen Beamten gar keine Schwierigkeiten. Man muß nur den richtigen Weg finden. Der liebe Mann war unermüdlich. Er grub alle alten Akten aus, in denen noch eine Entschädigung für Arbeiten in Südtirol ausstand. Wir blieben bis zum Ende meiner Tätigkeit in Rom in regem Kontakt.

Von der Bozner Redaktionsstube zum Wiener Ballhausplatz

Abschied vom Parlament und Eintritt in die »Dolomiten« • Der Tod von Kanonikus Gamper • Gespräche und Pläne in Österreich

Die Amtsperiode des ersten Parlaments neigte sich dem Ende zu. Ich hatte in den fünf Jahren Kanonikus Gamper öfters bei den »Dolomiten« ausgeholfen. Im Februar 1953 ließ der Kanonikus Dr. Ebner und mich rufen. Er könne die Zeitungsarbeit nicht mehr alleine leisten. Einer von uns beiden müßte von einer Wiederkandidatur absehen und in den Dienst der »Dolomiten« treten. Beide waren wir von diesem Ansinnen alles eher als begeistert. Sicher wird jedermann verstehen, daß keiner leichten Herzens auf einen sicheren Parlamentssitz verzichten wollte. Schließlich sagte ich todesmutig ja. Verdankte ich doch dem Kanonikus Gamper meine ganze Laufbahn. Dr. Ebner sollte ihm zusätzlich als Direktor der Verlagsanstalt in Verwaltungssachen zur Seite stehen, ohne aber deswegen das Mandat aufgeben zu müssen. Der Toni gab mir in aller Form das Versprechen, 1958 nicht mehr für Rom zu kandidieren und dann mir seinen Platz zu überlassen. Als es soweit war, hatte er dies allerdings völlig vergessen.

Mancher Freund hat mir im Jahr 1953 gesagt, mein Verzicht auf eine Wiederkandidatur für das Abgeordnetenhaus sei das Dümmste, was ich in meinem Leben tun könnte. Doch habe ich trotz aller Enttäuschungen, die ich nach dem Tode von Gamper in meiner Arbeit bei den »Dolomiten« mitmachen mußte, den Beschluß nie bereut. Sicher war er dumm, aber man muß auch einmal Dummheiten begehen können.

Mit 1. Juli 1953 stellte mich die Athesia wieder als Redakteur der »Dolomiten« in ihren Dienst. Als Aufgabe wurde mir das Ressort Politik (Außen-, Innen- und Regionalpolitik) übertragen. Für den lokalen Teil fungierte ich als Chef vom Dienst. In dem Anstellungsschreiben erinnerte der Präsident der Verlagsanstalt, Kanonikus Gamper, »an meine frühere ersprießliche Mitarbeit in den Schriftleitungen und an die treue Gefolgschaft, die ich der Verlagsanstalt und ihm im besonderen in den schwierigsten Zeiten geleistet« hätte. Bald hatte ich mich in die Arbeit wieder hineingekniet. Freilich zerrte die Nachtarbeit an den Nerven. Vor 3 Uhr früh hatten wir nie Arbeitsschluß. Oft wurde es 4 Uhr oder 5 Uhr, bis der Kanonikus und ich auf dem Heimweg waren. Manchmal zwitscherten schon die Vöglein.

Mit Gamper verstand ich mich ausgezeichnet. Er überließ mir immer öfters die Gestaltung der Zeitung. Seine Gesundheit bereitete ihm Sorgen. Häufig mußte er sich in ärztliche Behandlung begeben. Ein Leber- und ein Gallenleiden verursachten ihm große Beschwerden. Die letzte kirchliche Amtshandlung, die er vornahm, war die Taufe meiner am 6. Februar 1956 geborenen Tochter Notburga. Man sah dem Kanonikus an, wie schwer ihm die Zeremonie fiel. Unwillkürlich dachte ich an den 29. September 1948 zurück, den Tag, an dem er Anna Pranter vom Funggashof und mich in der Pfarrkirche von Naturns getraut hatte. Damals hatte er noch vor Gesundheit und körperlicher Frische gestrotzt. Jetzt suchte er Heilung bei seinem Freund, dem berühmten Prof. Lebsche in München. Doch für das unheimliche Leiden gab es keine Hilfe mehr. Todkrank ließ er sich von einem anderen Freund, von Dr. Hans Harrasser, in die Heimat bringen und starb am 15. April 1956 in seiner Wohnung in der Villa Habsburg in Gries, in der er im Februar 1955 im engsten Kreis der Freunde und Mitarbeiter seinen siebzigsten Geburtstag gefeiert hatte.

Mit dem Tod von Kanonikus Michael Gamper hatte ich meinen großen Schutzpatron verloren. Er hatte immer seine starke Hand über mich gehalten und mich mit seiner ganzen Kraft gegen die Anschuldigungen verteidigt, die mich des Kommunismus ziehen. Man hat ihm auch im Kreise seiner Familie öfters den Vorwurf gemacht, daß er mich gegenüber allen anderen, auch den Verwandten, bevorzuge. Jetzt lag er auf dem Totenbett. Vier Tage vor dem Sterben hatte er mich noch einmal rufen lassen. »Ihnen geschieht viel Unrecht«, sagte er noch mit zitternder Stimme, »aber ich erwehre mich nicht mehr.«

Gamper hat ein Testament hinterlassen, in welchem er Dr. Toni Ebner als seinen Nachfolger bei den »Dolomiten« bestellte. Doch Ebner bat mich, die verantwortliche Schriftleitung zu übernehmen. Ich gab seinem Drängen schließlich nach, obwohl ich mir völlig bewußt war, daß mir dieser Posten bei der immer größer werdenden politischen Spannung in Südtirol viel abverlangen werde. Tatsächlich blieben mir weder die wütenden Angriffe der italienischen Presse noch Presseprozesse am laufenden Band erspart. Man wollte das Sprachrohr der Südtiroler kleinkriegen. Alle Anfechtungen konnten mich aber nicht aus dem Gleichgewicht bringen. Ich kann heute mit einem gewissen Stolz sagen, daß die »Dolomiten« in der Zeit von 1956 bis zu meinem Ausscheiden im September 1961 die Linie des Kanonikus tapfer durchhielten und auch das geistige Niveau bewahrten.

Als einzige persönliche Erinnerung an den Kanonikus blieb mir ein Bild von Maler Atzwanger in meinem Arbeitszimmer. Ein Bild, das er mir noch bei Lebzeiten geschenkt hatte. Von seiner sonstigen Hinterlassenschaft habe ich nie etwas zu Gesicht bekommen.

Besonders gern denke ich noch heute an die Wienreise, die ich mit Gamper im Jahre 1953 unternahm. Am 13. November dieses Jahres schied Außenminister Dr. Karl Gruber zu unserem größten Bedauern aus der Regierung aus. Der neue Bundeskanzler Ing. Julius Raab verdrängte Gruber unter einem leicht durchschaubaren Vorwand von seinem Posten, um seinem Busenfreund Dr. Ing. Leopold Figl Platz zu machen, den er als Bundeskanzler abgelöst hatte. Mit Gruber hatten wir unsere stärkste Stütze in Wien verloren. Bei der Ernennung des Nachfolgers wollten wir ein ernstes Wort mitreden. Die SVP-Parteileitung entsandte Kanonikus Michael Gamper und mich eiligst nach Wien. Wir sollten Stimmung machen für den Innsbrucker Univ.-Prof. Dr. Franz Gschnitzer als Kandidaten der Südtiroler. Wir taten unser Bestes.

Bei der Aussprache mit Bundeskanzler Julius Raab gewannen wir den Eindruck, daß man unserem Wunsch doch einiges Verständnis entgegenbringe. Fritz Molden hatte wieder einmal alle seine Arbeit als Chefredakteur der Tageszeitung »Die Presse« liegengelassen und stand uns als Berater und Führer zur Seite. Gamper ersuchte ihn, uns ein Stelldichein mit Dr. Bruno Kreisky, dem sozialistischen Staatssekretär im Außenministerium, zu verschaffen. Gamper wollte Kreisky unbedingt kennenlernen. Dieser Mann interessierte ihn ganz besonders. Er werde eine große politische Zukunft haben. Zudem stamme er aus Mähren. Sein Großvater sei Oberlehrer an einer deutschen Schule gewesen und im ständigen Abwehrkampf gegen das Vordringen der tschechischen Sprache gestanden. Deswegen müßte er Verständnis für die Minderheiten aufbringen.

Nun konnten wir nicht gut den Staatssekretär im Ministerium aufsuchen, in dem Gruber noch als Minister amtierte. Dies wäre einem Affront gegen Gruber gleichgekommen. Molden wußte Rat. Kreisky würde auch anderswo zu einem Treffen bereit sein. Wir nannten das Hochhauscafe am Stefansplatz. Zwei Stunden später telefonierte Molden: »Alles in Ordnung.« Und dann sah ich das erste Mal Dr. Kreisky. Der Staatssekretär gab sich sehr verbindlich. Gamper hatte für ihn gleich nach der Begrüßung eine passende Episode bei der Hand. Er habe einmal, erzählte er, in Berlin beim langjährigen sozialdemokratischen Präsidenten des Reichstages, Paul Löbe, um eine Audienz angesucht. Auf die Frage, wann und wo der Präsident für ihn Zeit hätte, habe Löbe am Telefon geantwortet: »Herr Kanonikus, ich verlange von Ihnen nicht, daß Sie in die Höhle des Löwen kommen. Nennen Sie mir ein Cafe und ich werde dorthin kommen.«

Der Vergleich mit dem großen alten Mann der deutschen Sozialdemokraten tat Kreisky sichtlich gut. Er taute völlig auf und ging aus sich heraus. Der katholische Kanonikus und der sozialdemokratische Politiker sprachen sich ausgezeichnet. Zwischen beiden schien sogar eine Art Seelenverwandtschaft zu bestehen. Beide sind immer in ihrem Leben über den engen Gesichtskreis ihrer nächsten Umgebung hinausgewachsen. Zum Abschied versprach Kreisky, dem Kanonikus als Erinnerung an das Treffen das Buch vom großen Berliner Zeitungskritiker Alfred Kerr »Sei dem, wie es wolle, es war doch so schön« zu schicken. Das Büchlein traf auch ein, und der Kanonikus freute sich sehr. Das erhoffte Ergebnis brachte unsere Wienfahrt aber nicht.

Als wir auf unserer Rückfahrt am 25. November am Innsbrucker Bahnhof ausstiegen, wurde gerade die Tiroler Tageszeitung noch druckfrisch zum Kauf angeboten. Der Zeitungsmann rief fast ohne Atempause: »Neueste Nachrichten, letzte Nachricht: Figl Außenminister.« Raab hatte also seinen Vorgänger aus einem gewissen Schuldbewußtsein heraus zum Nachfolger von Gruber ernannt. Zudem hatte Raab mit ihm auch die Außenpolitik fest im Griff. Im Spiegel der Gesamtpolitik war die Wahl auch auf den richtigen Mann gefallen. Figl eignete sich für das Tauziehen mit den Russen besser als Franz Gschnitzer. Wir Südtiroler hatten sicher zu sehr nur unsere Probleme im Auge gehabt. Aber um in der Südtirolfrage wegen der Nichterfüllung des Pariser Abkommens härtere Töne anschlagen zu können, brauchte Österreich endlich einen Staatsvertrag.

Für Südtirol hatte die Autonomie keineswegs die erhoffte Wende zum Besseren gebracht. Die römischen Zentralstellen sperrten sich gegen die Anwendung des ohnehin völlig ungenügenden Statutes. Sie erließen zu vielen Artikeln nicht die erforderlichen Durchführungsbestimmungen, so daß wichtige Teile des Statutes überhaupt nicht in Kraft treten konnten. Die Massenzuwanderung aus dem Süden war pausenlos weitergegangen. Mit Recht hatte Kanonikus Gamper in den »Dolomiten« vom 28. Oktober 1953 das Wort vom »Todesmarsch der Südtiroler« geprägt.

Noch einen Mann hatte Kanonikus Gamper damals in Wien unbedingt sehen wollen: den Rechtsanwalt Dr. Wilfried Gredler. Dieser war ein maßgeblicher Mann der Freiheitlichen Partei, die damals noch als »Verband der Unabhängigen« (VdU) auftrat. Auch er, meinte Gamper, werde es auf dem politischen Parkett zu etwas bringen. Und Gredler hat es tatsächlich zu etwas gebracht. Daß er einmal sogar bei der Bundespräsidentenwahl als Kandidat auftreten und 17 Prozent der Stimmen auf sich vereinen würde, hat wohl auch Gamper nicht vorausgesehen. Gredler war über unsere Aufwartung sichtlich erfreut und sparte nicht mit seinen berühmten Geistesblitzen. Jede Bitte um den Einsatz für Südtirol stelle geradezu eine Beleidigung dar, betonte er. Leider könne aber seine Mannschaft derzeit herzlich wenig tun, weil sie in der österreichischen Politik noch zu leichtgewichtig sei. Aber auch ein kleiner Mann könne schreien, und das würden die Freiheitlichen tun.

Gamper hatte während seines Aufenthaltes in Wien einmal seine Bundesbrüder von der Akademischen Verbindung »Tirolia« zu einem Essen eingeladen. Der Einladung folgten die damaligen Ministerialräte und späteren Sektionschefs im Innen- bzw. Unterrichtsministerium, Dr. Max Pammer und Dr. Josef Rieger, sowie der Polizeipräsident Dr. Peterlunger. Der Kanonikus trug den dreien sein ganz besonderes Anliegen vor. Südtirol dürfe nicht bloß den Regierungen, den Diplomaten zur Behandlung überlassen werden. Die Frage müsse auf eine viel breitere Ebene gehoben werden. Südtirol müsse dem Volk nahe gebracht werden. Jeder Österreicher müsse sich zur Mitarbeit, zur Mithilfe aufgerufen fühlen. Deswegen müsse man eine Vereinigung, einen Schutzverband für Südtirol ins Leben rufen, der auch auf die Regierung Einfluß nehmen könne. Die Wiener Herren stimmten der Meinung Gampers ohne Bedenken zu. Sie erklärten sich gleich bereit, Schritte für die Gründung einer solchen Vereinigung in die Wege zu leiten. Schließlich beschloß man, den Bundesbruder Dr. Eduard Widmoser in Innsbruck mit der Aufgabe zu betrauen. Dieser ließ sich nicht lange bitten. Er machte sich mit seinem ganzen Elan und Idealismus an die Arbeit. Die Initiative stieß überall auf freundlichen Widerhall. Bereits am 5. März 1954 wurde der Schutzverband unter dem Namen »Bergisel-Bund« in Innsbruck aus der Taufe gehoben. Ich nahm in Vertretung der Südtiroler Volkspartei an der Versammlung teil.

Kanonikus Gamper wies bei dem Wiener »Arbeitsessen« mit den hohen Beamten auch auf die Notwendigkeit einer stärkeren Einschaltung des österreichischen Unterrichtsministeriums hin. Unser Land habe, betonte er, so viel an kulturellem Rückstand aufzuholen, daß man es allein nicht schaffen könne. Auch dafür fand er bei den Gesprächspartnern, besonders bei Dr. Rieger, volles Verständnis. Und erstmals tauchte der Gedanke der Gründung eines eigenen Kulturinstitutes in Südtirol unter den Fittichen des Wiener Unterrichtsministeriums auf. Seine Gründung hat der Kanonikus, der die Anregung gab, leider nicht mehr erleben dürfen. Die näheren Einzelheiten wurden von Ministerialrat Dr. Rieger mit mir in der Redaktion der »Dolomiten« entworfen. Wir arbeiteten das Statut und das Programm des Südtiroler Kulturinstituts aus.

Am 15. Mai 1955 lag Österreichs Hauptstadt im Freudentaumel. Zehn Jahre nach der Befreiung schlug auch die Stunde der Freiheit. Für Südtirol hatten sich mit dem Landesrat Dr. Peter Brugger etliche Freunde nach Wien aufgemacht. Sie wollten die Unterzeichnung des Staatsvertrages ganz aus der Nähe verfolgen und prüfen, ob vielleicht ein Passus über Südtirol doch noch in den Vertrag aufgenommen werden könnte. Zwei Tage später folgte ich ihnen über Auftrag der Parteileitung. Ich traf mich sofort mit Brugger. Ganz aufgeregt erzählte er mir, daß ihm der Spiegel-Korrespondent Hans Germani eine Begegnung mit den Russen vermitteln wolle. Germani werde gleich jetzt ins Cafe Landmann kommen und uns in die russische Botschaft begleiten. Der Spiegel-Mann wurde bitter enttäuscht. Er kam um einen Zeitungsknüller. Ich riet Brugger nämlich dringendst von einer solchen Vorsprache ab. Sie würde nichts einbringen und in Südtirol nur als Propagandaschlager gegen uns ausgespielt werden. Uns beiden wurden damals sowieso schon genügend Sympathien für die KP nachgesagt. Tatsächlich steuerte der frühere SVP-Obmann Erich Amonn bei der nächsten Parteiausschußsitzung kerzengerade auf mich los. Was die Partei dazu sage, wollte er wissen, daß ich ohne ihren Auftrag nach Wien gefahren wäre und dort mit den Russen gepackelt hätte. Amonn mußte damals allerdings den Rückzug antreten und sich entschuldigen. Die Nachprüfung ergab, daß es keine Packelei mit den Russen gegeben hatte und ich im ausdrücklichen Auftrag der SVP-Leitung nach Wien gefahren war. Hätten wir uns von Hans Germani verleiten lassen, wäre wohl wieder eine richtige Hexenjagd losgegangen.

Am Tage der Vertragsunterzeichnung, am 15. Mai, fuhren wir zu viert durch ein Land heimwärts, das sich vor Jubel gar nicht mehr fassen konnte. Alle Glocken läuteten, die Musikkapellen spielten, die Menschen fielen sich auf den Straßen vor Freude in die Arme. Uns beschlich eine leise Wehmut, wenn wir an Südtirol dachten. Außer Peter Brugger und mir saßen noch Dr. Ing. Ernst Watschinger und Dr. Ing. Hans Plaikner im Wagen. Der erste hat sich als Chef der Wildbachverbauung in Südtirol einen ganz hervorragenden Ruf erworben, Plaikner wurde 1956 in den Südtiroler Landtag gewählt, dem er acht Jahre hindurch angehörte. Vor der Neuwahl im November 1964 fand er am 25. September auf dem Sass Rigais in den Dolomiten den Bergtod. Plaikner war auch als Mandatar mit dem Volk engstens verbunden geblieben. Wie kaum ein anderer Politiker kannte er die Nöte und Sorgen des einfachen Mannes. Und er half, wo immer er irgendeinen Weg zur Hilfe fand. In den stürmischen Jahren 1961 und 1962 stellte er seinen Mann. Den politischen Häftlingen galt all seine Fürsorge. Die polizeilichen Übergriffe brandmarkte er schärfstens in einer vielbeachteten Rede im Regionalrat in Trient.

Ein schwerer Fehlgriff der Justiz

Verhaftung am 1. Februar 1957 • Sprengstoffanschläge als Grund • Proteste aus ganz Europa und Freilassung

Am Freitag, den 1. Februar 1957, ging ich in die Redaktion der »Dolomiten« in der Museumstraße, die Samstagnummer vorzubereiten. Die Seite 3 dieser Nummer wurde immer besonders gern gelesen. Sie brachte die Südtirolpolitik. An der Ecke Sparkasse – Museumstraße stand ein Herr, der mir irgendwie bekannt vorkam. Als ich vorbeigehen wollte, zog er seinen Hut, grüßte höflich, wies sich als Carabinierimaresciallo aus und ersuchte mich, ihm zu folgen. Auf der anderen Seite der Straße stand ein mit einer Plane zugedeckter kleiner Lastwagen. Wir stiegen ein, der Wagen setzte sich in Bewegung, und sehr schnell erreichten wir unser Ziel, das Landesgefängnis in der nahegelegenen Dantestraße. Nach den üblichen Formalitäten, zu denen Abgabe der Schuhriemen und des Gürtels gehören, fiel die Tür der Zelle im Erdgeschoß hinter mir ins Schloß. Ich sah mich um. Das Milieu war mir ja von früher einigermaßen vertraut. Zur Freude konnte ich sofort feststellen, daß man die Zellen seit meinem letzten Hiersein im Jahre 1943 wohnlicher gemacht hatte. Statt der berüchtigten Kübel gab es jetzt ein Klosett und fließendes Wasser und statt der Waschschüsseln ein Waschbecken. Und dann hatte ich viel Zeit zum Nachdenken.

Der neuerliche Aufenthalt in der Dantestraße kam für mich nicht überraschend. Im Herbst 1956 und im Jänner 1957 hatten sich in Südtirol aus Protest gegen die Vorenthaltung der im Pariser Vertrag garantierten Landesautonomie ein halbes Dutzend kleinerer Sprengstoffanschläge ereignet. Aufs Korn genommen hatte man einen Masten der Bahn in Siebeneich, das Pfarroratorium in Brixen, wo eine Tür gesprengt wurde. In Ulten hatte man einen Holzmasten einer Elektroleitung umgelegt, in Vahrn einen richtigen Masten gesprengt und bei Kardaun eine kleine, ungefährliche Sprengladung auf die Bahngleise gelegt. Am Sonntag, den 20. Jänner, frühmorgens, waren 17 junge Südtiroler unter der Anklage, an den Sprenganschlägen beteiligt gewesen zu sein, von der Polizei in einer Blitzaktion verhaftet worden. Unter ihnen war auch Hans Stieler, ein Arbeiter unserer Druckerei.

Stieler hatte mich einige Zeit vorher zu einer Jugendversammlung in Schloß Runkelstein eingeladen. Die Jugend war in Masse erschienen. Zwischen Tanzeinlagen sangen die Buben und Mädchen voll Begeisterung Tiroler Lieder. »Die Jugend im Aufbruch« konnte man die Feier überschreiben. Ich mußte damals an unseren Versuch im Jahre 1945 denken, eine Parteijugend aufzubauen. Ich hatte alles vorbereitet, auch die Abzeichen lagen schon bereit. Da kam der Bannstrahl aus Trient. Die Bischöfliche Kurie verbot die Jugendorganisation im Rahmen der Partei. Nach ihrer Meinung hätten nur katholische Jugendorganisationen eine Existenzberechtigung. Wir mußten alles abblasen. Die kirchlichen Behörden in Trient und Brixen kreideten mir den Versuch der Gründung einer Parteijugend noch lange Jahre ganz schwarz an.

Nun hatten sich die jungen Leute auch ohne feste Organisation gefunden. Ihre Sprecher betonten, daß die SVP sich auf die Jugend verlassen könne. Sie wünsche freilich eine festere Haltung der Politiker. Sonst müßten wir ja untergehen! Mir imponierte ihre Einstellung. Ich bat Stieler, sich dieser Jugend anzunehmen, sie gut zu betreuen. Von irgendwelchen Sprengungen fiel kein Wort. Ein paar Tage später wurde ich – auch wieder von Jungen in ein Bozner Bürgerhaus geladen. Ein halbes Dutzend Jugendliche waren da. Wir wurden fürstlich bewirtet. In den Gesprächen fielen starke Worte. Der eine und andere redete auch davon, daß wir uns nur behaupten könnten, wenn wir anstelle der Proteste Gewalt setzten. Man solle Sprengstoffanschläge verüben. Ich hörte sehr aufmerksam zu und ließ sie reden. Ich glaubte allerdings nicht, daß den jungen Leuten ganz ernst war. Vor meinem Weggehen meinte ich, sie hätten doch alle keinerlei Erfahrung im Umgang mit Sprengstoff. Sie sollten also mit solchen Gedanken nicht einmal spielen. Sie schwiegen und ließen mich ziehen.

Am 19. Jänner 1957 läutete um 11 Uhr nachts in meiner Wohnung das Telefon. Meine Frau und ich hatten noch im Bett gelesen und wollten eben das Licht löschen. Wer konnte an einem Samstag zu dieser späten Stunde anrufen? Ich hörte die ziemlich aufgeregte Stimme des Carabinierimajors Dr. Josef Brandstätter. »Hier Pepi«, sagte er, »Friedl, geh gleich zum Hans Stieler, er soll sofort abhauen, ihm droht Verhaftung.« Ich war etwas perplex und mußte erst fragen, wo denn Hans Stieler wohne. »In der Rottenbuchstraße«, erhielt ich die Auskunft, und das Telefon war schon eingehängt.

Mit dem aus einer Südtiroler Familie stammenden und in Bozen geborenen Carabinierioffizier Brandstätter war ich erstmals in Rom in Kontakt gekommen, und zwar anläßlich des Besuches, den Erich Amonn, Dr. Otto v. Guggenberg, Dr. Raffeiner und ich am 17. April 1947 dem Ministerpräsidenten Degasperi abstatteten. Am nächsten Tag trafen wir den Carabinierihauptmann Dr. Josef Brandstätter, der damals Adjutant beim provisorischen Staatsoberhaupt Enrico De Nicola war. Brandstätter gab sich uns gegenüber überaus hilfsbereit. Er ließ uns wissen, daß De Nicola unseren Wünschen sehr wohlwollend gegenüberstehe. Er erklärte sich auch bereit, uns zu helfen, wo immer er nur könne. Brandstätter wurde dann 1949 als Carabinierihauptmann nach Bozen versetzt und erhielt das Kommando der externen Carabinierikompanie. Ein Südtiroler Carabinierioffizier bildete in unserem Land ein völliges Novum. Man vertrat allgemein die Auffassung, daß dieser Mann das volle Vertrauen der höchsten Stellen in Rom genießen müsse. Die politische Lage in Südtirol war ja 1949 noch eine ganz andere als heute.

Brandstätter hatte sich gleich nach seiner Ankunft um gute Beziehungen zur SVP bemüht. Er stehe, ließ er uns wissen, in jeder Schwierigkeit zur Verfügung. Am Vorabend von Weihnachten 1954 erhielt Brandstätter die Mitteilung, daß er mit Rückwirkung von zwei Jahren zum Major befördert worden sei. Die Vorgesetzten in Rom mußten mit seinem Wirken in Südtirol wirklich sehr zufrieden sein. Die Beförderung sollte natürlich gebührend gefeiert werden. Der Major lud Kanonikus Gamper und mich zusammen mit Dr. Hans Harasser, der sein Mitschüler gewesen war, und dessen Frau zum Abendessen in seine Wohnung in der Weggensteinstraße ein. Gamper überreichte ihm ein Buchgeschenk. Brandstätter bat um eine Widmung. Der Kanonikus schrieb: »Du mußt Soldat sein für Dein Volk. Lessing, Minna von Barnhelm.« Brandstätter bedankte sich sehr für den sinnigen Vers. Die Feier zog sich bis nach Mitternacht hin. Der Gastgeber wollte den Kanonikus in seinem Wagen, der bereits fahrbereit vor dem Haus stand, heimbringen lassen. Dieser lehnte dankend ab. Er ginge lieber zu Fuß, und ich würde ihn ja begleiten, da wir beide in Gries wohnten. Auf dem Heimweg blieb der Kanonikus einmal stehen und sagte: »Das ist aber ein netter Mensch.« Ich stimmte zu. Dann blieb er wieder stehen: »Ja, aber Herr Doktor, Sie vergessen schon nie, daß Polizei in allen Ländern der Welt Polizei ist.« Ich versprach es. Übrigens hatte ich mich an diese Regel schon früher gehalten. Auch gegenüber Freunden in der österreichischen Polizei, nicht einmal gegenüber einem befreundeten Inspektor in Innsbruck, einem Dachauer Kollegen, hatte ich Parteigeheimnisse je ausgeplaudert.

Nun sollte ich also Hans Stieler in der Rottenbuchstraße aufsuchen und warnen. Ein etwas merkwürdiges Ansinnen, umso merkwürdiger, als ich wußte, daß mein Telefon doch abgehört und überwacht wurde. Aber ich wollte mich umsehen. Trotz Abratens meiner Frau zog ich mich an und verließ das Haus. Nichts Auffallendes war zunächst zu bemerken. Ich ging in das Cafe Viktoria, das neben dem Sitz der Südtiroler Volkspartei, der Villa Brigl, lag. Trotz der späten Stunde herrschte lebhafte Bewegung. Über ein halbes Dutzend Männer standen herum oder saßen an den Tischen. Ich trank einen Kaffee und ging durch die Diazstraße in Richtung Stadt, vorbei an der Rottenbuchstraße. Auch in der Diazstraße sah man merkwürdige Gestalten. In der Museumstraße standen zwei ganz in der Nähe des Einganges zur Redaktion der »Dolomiten«. Ich ging in das nahegelegene Restaurant »Koflerbuschn«. Ich wußte, daß dort am Samstag üblicherweise Setzer der »Dolomiten« bis nach Mitternacht anzutreffen waren. Tatsächlich fand ich noch zwei vor: den Leiter der Setzereiabteilung Richard Gabloner und den Chefmetteur Luis Oberhofer. Ich fragte die beiden, ob sie glaubten, daß der Stieler Hans bei den jüngsten Sprengungen seine Hand im Spiele gehabt habe. Beide fielen fast aus den Wolken. »Unmöglich!« Er habe doch immer Nachtschicht gehabt und sich zum Zeitpunkt der Anschläge in der Setzerei aufgehalten.

Ich bat Luis Oberhofer, mich nach Hause zu begleiten. Auf dem Weg erzählte ich ihm von dem Telefonanruf und zeigte ihm die vielen sonderbaren Gestalten in der Diazstraße. »Luis«, sagte ich, »man soll mir nie nachsagen können, daß ich Hans Stieler im Stich gelassen hätte. Aber Sie sehen jetzt schon, daß ich da auf alle Fälle zu spät käme.« Wir verabschiedeten uns, ich ging heim, legte mich schlafen und löschte das Licht. Noch in dieser Nacht schlug die Polizei im Hause Stieler zu. Sie verhaftete gleich drei Brüder. Hätte man mich bei Familie Stieler getroffen, so hätte man mich wohl auch gleich mitgenommen. Am Sonntagmorgen wurden noch weitere 14 junge Südtiroler festgenommen. Ich kannte von ihnen nur Helmuth Schäfer, den Sohn des Technikers, der unseren Sendeapparat bediente. Für kurze Zeit hinter Schloß und Riegel gesetzt wurden auch ein paar Burschen, die an jenem Abend im Bozner Bürgerhaus dabei gewesen waren. Diese ließ man nach der Einvernahme wieder laufen. Sie erzählten, daß der Staatsanwalt Faustino Dell'Antonio sie eigentlich nur um meine Person befragt hätte.

Nach Tagen erhielt ich abends wieder einen Anruf. Ein Unbekannter riet mir, sofort zu fliehen, der Haftbefehl sei schon ausgestellt. Ich floh natürlich nicht. Flucht wäre ja, auch wenn sie geglückt wäre, ein Eingeständnis der Schuld gewesen.

Nun saß ich also in Einzelhaft in einer Zelle im Erdgeschoß. Ich war trotzdem froh, nicht geflohen zu sein. Noch am gleichen Abend gelang dem Gefängniskaplan Monsignore Giovanni Nicoli ein kurzer Besuch. Er brachte mir Grüße von meiner Frau, Socken, Sacktücher und etwas zum Essen. Um es gleich vorwegzunehmen: Don Nicoli, diese Seele von einem Menschen, hat nicht nur mich, sondern alle meine Kollegen die ganze Zeit über rührend umsorgt und betreut. Er war ein Gefangenenseelsorger, wie man sich keinen besseren vorstellen kann. Er schleppte für seine Schützlinge tonnenweise Eß- und Rauchwaren herbei. Am Sonntag aber redete er ihnen bei der Predigt in der Kapelle mit erhobenem Zeigefinger schon fest ins Gewissen. Wie beliebt er war, zeigt folgende Begebenheit. Dem Don Nicoli wurde einmal während der Nacht sein Kleinwagen gestohlen. Die Zeitung berichtete darüber. Die nächste Nacht wurde der Wagen wieder an die alte Stelle gebracht. Die Ganovenehre erlaubte es nicht, daß man dem Gefängniskaplan sein Auto entwende.

Am Montag, den 4. Februar, wurde ich noch vor Ablauf der vorgeschriebenen Frist zum Verhör durch den Staatsanwalt Faustino Dell'Antonio gerufen. Diesem Mann war alles Deutsche bis in den Grund der Seele hinein verhaßt. Allerdings hatte er zur Zeit der deutschen Besatzung, welche ihn in seinem Amt belassen hatte, immer die Nazizeitung »Bozner Tagblatt« gut sichtbar aus seiner Rocktasche herausschauen lassen.

Der Staatsanwalt schien sehr aufgeräumt. Er genoß es sichtlich, daß es ihm geglückt war, diesem Dolomiten-Redakteur sein böses Handwerk zu legen. Er las mir die Anklage vor. Ich wurde unter anderem beschuldigt, einen Anschlag auf die Integrität des Staates vorbereitet zu haben. Darauf stand lebenslängliches Zuchthaus. Er hatte also schon recht dick aufgetragen. Während des Verhörs verdüsterte sich seine Miene zusehends. Seine Anklagen erwiesen sich als wenig stichfest. Als letzten Trumpf spielte er eine Aussage Stielers aus, daß ich von den Anschlägen gewußt und sie gebilligt hätte. Ich verlangte sofort Gegenüberstellung. Bei dieser zog Stieler alles zurück. Die Polizei habe ihn zu solchen Erklärungen erpreßt. Zum Schluß fragte mich Faustino, wen ich mir als Verteidiger wähle. Er fügte gleich hinzu, daß der Präsident der Rechtsanwaltskammer, Dr. Leone Ventrella, erklärt habe, er werde in dieser Sache keine Verteidigung übernehmen. Ventrella hatte kurz vorher den österreichischen Eisenbahner Egon Mayr aus Linz verteidigt, der in Südtirol aufrührerische Flugzettel aus dem Zug geworfen hatte. Ich entgegnete: »Ich beauftrage Ventrella mit der Verteidigung.« Faustino geriet in Harnisch, er habe mir doch schon gesagt, daß Ventrella mit der Sache nichts zu tun haben wolle. Darauf ich: »Für mich wird er aber sicher eine Ausnahme machen.« Und da Gefängnismauern nicht so dicht sind, wie manche glauben, wußte der Rechtsanwalt noch am gleichen Tag ganz genau, was ich gesagt hatte, und übernahm meinen Fall. Ich bestätige Ventrella gern, daß er sich meine Verteidigung sehr zu Herzen nahm. Fast jeden Tag sandte er mir einen eingeschriebenen Brief. Auch dann, wenn er mir wenig oder nichts Neues zu sagen wußte. Seine Sekretärin brachte meiner Frau auch sehr schonend bei, was »ergastolo« (lebenslängliches Zuchthaus) heiße, von dem die italienischen Lokalzeitungen immer faselten. Meine Frau benahm sich nach meiner Verhaftung so mutig und tapfer, daß sie von Verwandten und Bekannten bestaunt wurde.

Am Abend des Verhörtages wußte das ganze Gefängnis, daß der »Dottore non ha cantato«, daß der Doktor nicht gesungen hat. Das verschaffte mir bei allen Insassen Respekt. Der Mann, der nichts zugibt, genießt bei allen kleinen und größeren Gaunern vollstes Vertrauen. So ließ jeder Kalfaktor Botschaften von den Mithäftlingen in meine Hände gleiten, man schob mir Zeitungsausschnitte zu, in denen über meine Verhaftung geschrieben wurde usw.

Meine Aktien stiegen drinnen und draußen von Woche zu Woche. Im Gefängnis entließ man mich nach dem Verhör aus der Einzelhaft. Die Mithäftlinge faßten sofort Zutrauen zu mir. Beim täglichen Auslauf im Hof trafen wir uns, hatten uns viel zu erzählen und lachten mitunter aus vollem Herzen. Besonderen Stoff zum Lachen lieferte uns der allzeit fröhliche Rudolf Ploner aus Schabs. Er hatte den Sprengkörper beim Don-Bosco-Oratorium in Brixen gelegt, der die Tür bersten und die Fensterscheiben in Trümmer gehen ließ. Am nächsten Sonntag ging Rudl ausgerechnet zum Hausherrn des Oratoriums beichten und bekannte den Anschlag reumütig ein. Sehr anschaulich schilderte er uns, wie Don Franco ihm die Lossprechung nur erteilen wollte, wenn er Schadenersatz leiste. Als Rudl aber sagte, er sei ein armer Teufel, der kein Geld habe, ließ der gute Don Franco, Domherr in Brixen und Seelsorger für die Italiener, doch noch Gnade walten.

Was die Reaktion in der Außenwelt betrifft, hatte sich unser Faustino gründlich verrechnet. An Gamper hätte er sich nie herangewagt. Mit dem jungen Volgger glaubte er ein leichtes Spiel zu haben. Er sollte sich täuschen. Meine Verhaftung hatte riesiges Aufsehen erregt. Nicht nur in Südtirol, nicht nur im deutschen Sprachraum, sondern darüber hinaus. Sie machte Schlagzeilen in den großen Zeitungen des In- und Auslandes. Während die italienischen Zeitungen frohlockten, daß der Polizei mit dem »Direttore der Dolomiten« ein guter Fang gelungen sei und mich schon lebenslänglich hinter Kerkermauern sahen, hagelte es von Südtiroler, österreichischer und deutscher Seite Proteste.

Der Obmann der Südtiroler Volkspartei – damals war es Dr. Toni Ebner – sprach in einem Aufruf die Überzeugung aus, daß sich meine Verhaftung als grundlos erweisen werde. Die gesamte SVP-Leitung stellte sich geschlossen hinter mich. Im Rahmen der Gesellschaft Katholischer Publizisten Deutschlands erhob der Chefredakteur der bekannten Wochenzeitung »Rheinischer Merkur«, Dr. Otto Roegele, feierlichen Protest gegen meine Verhaftung. Der Chefredakteur der KNA (Katholische Nachrichtenagentur Deutschlands), Dr. Karl Bringmann, brachte seine Entrüstung über meine Festnahme zum Ausdruck und nannte sie eine flagrante Verletzung der Pressefreiheit. An die Internationale Union Katholischer Journalisten in Paris wurde ein Protesttelegramm abgesandt. In Österreich protestierten der Vorstand der Arbeitsgemeinschaft Katholischer Journalisten und Dr. Günther Nenning im Namen der Journalistengewerkschaft. In der Entschließung der Gewerkschaft hieß es: »Wir appellieren an die

Journalisten Italiens, eine Wiedergeburt faschistischer Gewaltmethoden, wie sie in der Vergangenheit zum Zwecke der Vernichtung der Südtiroler Volksgruppe angewendet wurden, nicht mehr zuzulassen.« Die Föderalistische Union Europäischer Volksgruppen, FUEV, forderte meine Freilassung. Ein treuer Kamerad aus der Dachauer Zeit, der hochdekorierte Franzose Joseph Rovan, Ritter der Ehrenlegion und Inhaber der Widerstandsmedaille erster Klasse, sandte an die »Dolomiten« ein Schreiben, in dem er sich bereit erklärte, für mich als Zeuge über meine Vergangenheit und mein Verhalten in Dachau auszusagen. Ich hätte dort mehreren französischen Häftlingen das Leben gerettet. Er traue mir Bombenattentate nicht zu. Im englischen Unterhaus brachte der Labour-Abgeordnete William Warby am 27. Februar wegen meiner Verhaftung eine parlamentarische Anfrage ein.

Auf der anderen Seite kannte die Phantasie der italienischen Lokalzeitungen keine Grenzen. Das Trentiner christdemokratische Blatt »L'Adige« wußte zu melden, daß ich immer enge Beziehungen zu Jugoslawien unterhalten habe, daß ich im Sommer 1956 von Tito auf Brioni empfangen worden sei, und faselte von einer unterirdischen Allianz zwischen Titoisten und gewissen Kreisen der Volkspartei. Ich sei immer schon von einem Linksdrall besessen gewesen. Ich hätte an der Spitze einer Terrororganisation gestanden, welche sehr stark an die Methoden der slowenischen Partisanenorganisation erinnere. Die Polizei verhörte auch tatsächlich mehrere slowenische Freunde von mir in Görz. Diese Nachforschung brachte aber höchstens das Ergebnis, daß alle diese meine Freunde Antikommunisten waren.

Die italienische Presse leistete sich noch ein besonderes Schildbürgerstückl. In riesigen Titeln brachte sie die Meldung, daß die Verschwörer sogar einen Anschlag auf den Staatspräsidenten Giovanni Gronchi vorgehabt hätten, der am 15. September 1956 in Bozen einen Besuch abgestattet hatte. Die »Terroristen« hätten mit Hagelraketen vom Virgl-Hügel aus auf Gronchi schießen wollen, während dieser sich auf dem Bozner Waltherplatz aufhielt. Faustino fand damit ein noch größeres Betätigungsfeld und verhörte alle wegen dieses angeblichen Anschlages mit Ausnahme von mir. Allerdings hätte ihn bei dieser Arbeit vor lauter Empörung einmal fast der Herzschlag treffen können. Als er nämlich Leonhard Pernter aus Eppan fragte, ob er auch am Attentatsplan beteiligt gewesen sei, fragte der Tischler »Hartl« ganz unschuldig zurück: »Ma chi e Gronchi? – Aber wer ist

Gronchi?« Faustino sprang hochrot im Gesicht auf. Seine Entrüstung, daß der Mann nicht einmal wußte, wer Gronchi sei, brachte ihn völlig aus der Fassung. Er konnte nur mehr schreien: »Fuori, subito fuori! – Hinaus, sofort hinaus!« Die Einvernahme Hartls hatte also sehr kurz gedauert. Nach ein paar Tagen stellte man die Nachforschung wegen des Attentatsplanes allerdings ein, weil man sich doch von den Technikern hatte überzeugen lassen, daß man mit Hagelraketen nur nach oben und nicht vom Virgl herunter auf den Waltherplatz hätte schießen können. Übrig blieb nur die Blamage.

Der vorgesetzten italienischen Gerichtsbehörde stieg langsam das ungute Gefühl hoch, Dell'Antonio habe in seinem blinden Haß die Justiz in ein Schlamassel hineinmanövriert. Das Oberlandesgericht in Trient griff ein. Meine Mithäftlinge hatten schon gleich nach dem ersten Zusammentreffen im Gefängnishof mit mir von der Gerichtsbehörde in Trient eine neue Einvernahme in der Muttersprache verlangt. Sie waren bisher in Bozen nur italienisch verhört worden. Trient gab dem Ersuchen schnell statt. Die zweiten Protokolle lauteten natürlich wesentlich anders als die ersten. Kein Wunder, daß meine Mithäftlinge mir in aller Unschuld offen ins Gesicht sagten, sie seien eigentlich recht froh gewesen, als sie hörten, daß man auch mich eingesperrt habe. Auf diese Weise könnten sie damit rechnen, daß ihr Fall nicht so ohne weiteres liegenblieb.

Das Oberlandesgericht in Trient zog am 15. Februar den Fall völlig an sich und schaltete Dell'Antonio gänzlich aus. Am 1. März wurden die »schwereren« Fälle nach Trient überstellt. Die leichteren ließ man in Bozen. Ich zählte natürlich zu den schwereren, hatte man mich ja taxfrei zum capo ernannt. Nach einigen Tagen Einzelhaft verhörten mich der mit der Untersuchung beauftragte Oberlandesgerichtsrat Dr. Adolfo Pombeni, ein Mann aus der alten österreichischen Schule, und der stellvertretende Oberstaatsanwalt Dr. Gaetano Rocco, der später zum Staatsanwalt in Bozen ernannt wurde. Nach dem Verhör legte man uns alle zwei Zellen zusammen. Der Gefängnisdirektor Sebastiano Veutro kam uns großzügig entgegen. Damit wir nicht in Versuchung kämen, immer nur zu politisieren, werde er jeder Zelle zum besseren Zeitvertreib zwei bis drei ganz unpolitische Insassen zuteilen. In unsere steckte er einen Dieb mit einem Dutzend Vorstrafen. Der Mann unterhielt uns halbe Nächte lang mit seinen Heldentaten.

Rechtsanwalt Ventrella kam regelmäßig auf Besuch. Aus den Akten hatte er ersehen, daß alle Beschuldigungen gegen mich zusammengebrochen waren, und er freute sich schon: »Questo diventa il processo europeo – das wird der europäische Prozeß«, wiederholte er immer wieder. Er sonnte sich wohl schon als Staranwalt im Scheinwerferlicht der empörten europäischen Öffentlichkeit. Als er sich wieder einmal in dieser Äußerung gefiel, sagte ich ihm, nachdem er mein Vertrauensanwalt sei, fände ich es jetzt als meine Pflicht, ihm die volle Wahrheit zu sagen und reinen Wein einzuschenken. Ich erzählte ihm vom nächtlichen Telefongespräch des Carabinierimajors Brandstätter, der Anfang Februar mit Rückwirkung auf den 31. Dezember '56 zum Oberstleutnant befördert worden war. Ich bedeutete Ventrella, daß ich bei einem Prozeß alles erzählen, daß ich auspacken würde. Der Rechtsanwalt ging sehr nachdenklich fort. Als er nach ein paar Tagen wiederkam, war vom »processo europeo« keine Rede mehr. Dafür lautete jetzt seine Devise: »La cosa piu importante e, che Lei esca immediatamente da questo luogo. – Das wichtigste ist, daß Sie diesen Ort sofort verlassen.« Ventrella hatte wohl mit dem Untersuchungsrichter und Staatsanwalt Rücksprache gehalten, und das Gericht war offensichtlich an meinen Enthüllungen nicht interessiert.

Man hätte mich also sofort entlassen können. Wer wollte es den Richtern aber verdenken, daß sie nach einem solchen Wellenschlag einen günstigeren Moment abwarteten, um mich in Freiheit zu setzen. Und der stand unmittelbar bevor: Wir näherten uns Ostern. Meine Frau besuchte mich inzwischen in Trient fleißig. Sie versorgte mich mustergültig mit allem, so daß ich den Mithäftlingen noch manches zukommen lassen konnte. Der Gefängnisdirektor, der mich von Anfang an schon mit ausgesuchter Freundlichkeit behandelt hatte, lud mich jetzt jeden Tag zum Kaffee in die Bar ein. Wir saßen im Garten und plauderten miteinander. Wenn meine Frau kam, stellte er das Rechtsanwaltszimmer zur Verfügung. Man ließ uns drinnen ganz allein. Einmal brachte meine Frau das ein Jahr alte Burgele mit.

Am 17. April, Mittwoch vor Ostern, busselte mich in der Früh der Gefängnisfriseur auf einmal nach allen Regeln der Kunst ab. »Heute werden Sie entlassen«, verkündete er. Woher er denn das wisse. Draußen stünden schon seit Stunden Kameraleute. »Auf wen anderen könnten die auch warten als auf Sie.« Er gratulierte mir, er verliere allerdings seinen besten Kunden, der ihn immer über Gebühr bezahlt habe. Dann kam auch schon der Direktor und machte mir die amtliche Mitteilung. Ich nahm Abschied. Meine Frau war gekommen. Sie wußte noch nichts von der Entlassung, sie wollte mich nur besuchen. Nun öffneten sich die Tore, und wieder war ein Kapitel abgeschlossen. Das heißt, ganz abgeschlossen war es auch nicht. Mit mir waren noch sechs in Freiheit gesetzt worden. Die anderen acht mußten zurückbleiben. Doch auch sie fanden verhältnismäßig milde Richter. Am 23. Juni 1958 erging gegen sie im Berufungsverfahren das Urteil: Der Athesia-Arbeiter Hans Stieler erhielt mit drei Jahren und zwei Monaten Gefängnis die strengste Strafe. Drei weitere wurden zu etwas über zwei Jahren verurteilt. Wenn man daran denkt, daß sie von Dell'Antonio des Hochverrates angeklagt worden waren, ein Verbrechen, für welches das Gesetz »lebenslänglich« vorsah, kann man doch zugeben, daß sie bei allem Harten, das sie mitmachen mußten, schließlich doch noch glimpflich davonkamen.

Durch das blühende Land fuhr ich mit meiner Frau in die Heimat. Dort hatten wir uns viel zu erzählen. Über das Wichtigste hatte mich Anna schon bei den Sprechstunden unterrichtet. Aber es gab doch nachzuholen. Die Frau war am Sonntag nach meiner Verhaftung wie immer in die Franziskanerkirche zur Messe gegangen und traf dort Major Dr. Josef Brandstätter. Als er sie sah, drehte er sich um. So einfach ließ sie sich aber nicht abwimmeln. Sie ging kerzengerade auf ihn los und fragte ihn, ob er ihr nicht eine Sprecherlaubnis verschaffen könne. Sie wurde kalt abgefertigt. »Weißt Annele«, sagte er, »ich habe mit der ganzen Sache überhaupt nichts zu tun, mich geht das alles nichts an.« Auch gut, dachte sie sich. Sie mied von nun an die Familie Brandstätter. Da wurde sie eines Abends von der Frau des neuen Oberstleutnants angerufen und gebeten, auf die Wassermauerpromenade zu kommen, sie habe ihr etwas Wichtiges zu sagen. Am Treffpunkt sagte Frau Brandstätter, Pepi, ihr Mann, habe in Erfahrung gebracht, daß man meine Wohnung durchsuchen wolle, Anna solle ja alles verschwinden lassen. Meine Frau darauf: Sie könnten ruhig kommen, sie wüßte beim besten Willen nicht, was sie verschwinden lassen sollte.

Die Durchsuchung fand nie statt. Dafür umstellten rund ein Dutzend Carabinieri mein Heimathaus in Ridnaun. Sie durchsuchten es von oben bis unten ganz gründlich. Unter einem Strohsack fanden sie einen Revolver. Sie glaubten schon, ein »corpus delicti« gefunden zu haben. Sie täuschten sich aber, weil mein Bruder Seppl für den Revolver einen Waffenpaß besaß. Er hatte den Revolver unter dem Strohsack nur versteckt, damit er nicht in die Hände der Kinder gerate. Als die Carabinieri das Haus sozusagen stürmten, badete die Frau meines Bruders, Marianne, gerade das kleinste Kind. Sie erschrak so sehr, daß sie das arme Kind eine halbe Stunde lang nackt im Arm hielt.

Nach meiner Einvernahme in Trient bat die Frau des Oberstleutnants Brandstätter, Berta, wiederholt meine Frau zu sich in die Wohnung. Pepi habe jetzt gute Nachrichten. Meine Frau ließ sich aber nichts mehr vormachen. In der Endphase raffte sie sich doch noch einmal zu einem Besuch auf. Der Oberstleutnant war sichtlich nervös. Ich werde bald in Freiheit gesetzt werden, teilte er mit. Meine Frau blieb kühl bis ins Herz hinein. Sie brach in keine Freudentränen aus.

Auf der Pressekonferenz der Bozner Messe im September des gleichen Jahres sah ich den Oberstleutnant Brandstätter zum ersten Mal wieder. Zu einem Gespräch zwischen uns kam es aber nicht. In einem Bericht der Mailänder Zeitung »La Notte« konnte man am nächsten Morgen lesen, daß bei dieser Konferenz die Italiener ganz an den Rand des Geschehens gedrängt worden seien. Sogar der Carabinieri-Oberstleutnant Brandstätter habe immer nur deutsch gesprochen. Er entstamme einer vornehmen Familie von Österreichern, hieß es. Dr. Toni Ebner sandte mir den Bericht zum Abdruck in die Dolomiten-Redaktion. Ich weigerte mich. Bald darauf wurde Oberstleutnant Dr. Josef Brandstätter nach Vittorio Veneto versetzt und entschwand für längere Zeit meinem Gesichtskreis.

Anfang 1963 trat Brandstätter wieder in Erscheinung. Am 31. Jänner ernannte der Regionalausschuß in Trient den Oberstleutnant, der seinen Dienst quittiert hatte, zum Präsidenten der Südtiroler Landessparkasse. Der Ausschuß hatte vorher ein Gutachten der damals 15 Mann starken Fraktion der Südtiroler Volkspartei im Regionalrat eingeholt. Mit einer Stimme Mehrheit befürwortete diese den Vorschlag des Regionalausschusses. Für die Bestellung Brandstätters hatten sich auch Parteiobmann Dr. Magnago sowie die Abgeordneten Peter Brugger und Hans Dietl ausgesprochen. Mir ist bis heute schleierhaft geblieben, wie ein Spitzengremium einer Volksgruppe sich mit der Ernennung eines Ex-Polizeioffiziers zum Präsidenten der größten Bank der volklichen Minderheit einverstanden erklären konnte.

Die »Palastrevolte« in der SVP und der Tag von Sigmundskron

Führungswechsel in Südtirol und neue Männer in Wien • Härterer Kurs unter der Parole »Los von Trient« • Die Spannung steigt

Einen Monat nach meiner Freilassung bereitete sich die Südtiroler Volkspartei in einer zum Zerreißen gespannten Stimmung auf ihre Landesversammlung am 25. Mai 1957 vor. Man mußte sich auf einen stürmischen Verlauf gefaßt machen. Die Neuwahl des Obmannes und der Mitglieder des Parteiausschusses war auch fällig. Der Ausschuß hatte die üblichen Vorschläge für die Landesversammlung erarbeitet. Als neuer Obmann war der Landtagspräsident Dr. Silvius Magnago in Aussicht genommen, da der bisherige Obmann, Parlamentsabgeordneter Dr. Toni Ebner, nicht mehr kandidierte. Als Stellvertreter waren Abg. Dr. Karl Tinzl, Regionalassessor Dr. Alfons Benedikter, Landtagsabgeordneter Hans Dietl und der Parteigründer Erich Amonn namhaft gemacht worden. Die Liste der Ausschußmitglieder umfaßte 30 Namen, aus welcher die Landesversammlung 15 effektive und 5 Ersatzmitglieder hätte wählen sollen. Dr. Ebner eröffnete den Kongreß mit passenden Worten. Als er den Vorsitzenden vorschlagen wollte, kam er gar nicht dazu, einen Namen zu nennen; Helmut Kritzinger aus Sarnthein und Eduard Weis aus Leifers unterbrachen ihn: »Volgger soll den Vorsitz übernehmen.« Gleiche Rufe wiederholten sich unter allgemeinem Beifall von allen Seiten. Ohne mein Wissen war ich zum Vorsitzenden des Kongresses geworden. Aber dies sollte nicht die einzige Überraschung bleiben. Es war nur der erste Streich gegen die bisherige Parteiführung.

In den früheren Landesversammlungen waren die Vorschläge des Ausschusses für die Parteiführung immer reibungslos bestätigt worden. Bei der Wahl hatte es sich fast um eine reine Formsache gehandelt. Diesmal brachte sie ein Ergebnis, das eine Sensation genannt werden mußte. Von den vorgeschlagenen Kandidaten fielen nicht weniger als elf durch. Ebenso viele neue Männer traten an ihre Stelle, und zum vierten Obmann-Stellvertreter wurde anstatt Erich Amonn ich gewählt. Eine ganz neue Garnitur übernahm die Parteiführung. Die neuen zählten alle zur harten Richtung. Die Nichtgewählten galten als zu weiche Statisten. In der Partei brach eine neue Ära an. Man wollte der sogenannten »Politik der faulen Kompromisse« ein Ende setzen und Rom gegenüber eine härtere Gangart einschlagen, um endlich die Autonomie für Südtirol allein zu erzwingen.

Der »Putsch in der Partei«, die »Palastrevolte«, hatte natürlich gründliche Vorbereitungen erfordert. Die Regie führte dabei der Bozner Franz Widmann, und ihm zur Seite standen der Landtagsabgeordnete Hans Dietl, der spätere Landessekretär der SVP, Dr. Hans Stanek aus Brixen, und Karl Neuhauser aus Bruneck. Magnago war von den Plänen nicht unterrichtet. Er wurde vor vollendete Tatsachen gestellt. Er mußte mit einer ganz anderen Mannschaft arbeiten und er fand sich ziemlich schnell damit ab. Die Revolte löste natürlich auch heftige Proteste aus. Mich wollte Dr. Toni Ebner zum Rücktritt bewegen. Aber ich blieb und habe es nie bereut. Rückblickend kann das Urteil über diesen »Staatsstreich« in der Partei nur positiv ausfallen. Mit der früheren Mannschaft hätte man den neuen Weg, der nach mancher Enttäuschung doch zu einer neuen Autonomie führte, wohl schwerlich beschritten.

Wesentlich erleichtert wurde der neue Stil freilich auch durch den Abschluß des Österreichischen Staatsvertrages am 15. Mai 1955. Damit gewann Wien seine volle außenpolitische Handlungsfreiheit. Und Österreich setzte sie im Falle Südtirols sofort voll ein. Bei der Regierungsumbildung am 22. Juni 1956 wurde der Innsbrucker Universitätsprofessor und Abgeordnete zum Parlament Dr. Franz Gschnitzer vom Bundeskanzler Ing. Julius Raab zum Staatssekretär im Außenministerium ernannt. Diese Bestellung bedeutete eine frohe Botschaft für ganz Tirol. Gschnitzer galt mit Recht als der beste Kenner des Südtirol-Problems und als der zäheste Verfechter der Rechte unseres Landes. Dazu kam noch, daß er über ein äußerst gewinnendes, charmantes Auftreten verfügte. So hart er in der Sache sein konnte, so liebenswürdig war er im Verkehr mit seinen Mitmenschen. Staatssekretär Gschnitzer verstand es, um sich einen Kreis von jungen Diplomaten zu versammeln, welche in die Südtirol-Frage mit Begeisterung einstiegen. Von ihnen seien genannt: Johannes Dengler, Elmar Gamper, Simon Koller, Robert Ladner, Heribert Tschofen, Hans Walser und der gebürtige Meraner Franz Matscher, der später lange Jahre

Generalkonsul in Mailand war. Das Team um Gschnitzer arbeitete rasch und gründlich. Bereits im Oktober 1956 sandte der Ballhausplatz eine Note nach Rom, welche die Feststellung enthielt, daß der Pariser Vertrag nicht erfüllt worden sei. Deshalb werde die Aufnahme von Verhandlungen verlangt .

Am 15. Oktober 1957 traf beim Bürgermeister von Bozen ein Telegramm des Ministers für öffentliche Arbeiten, On. Giuseppe Togni, ein, in welchem für die Errichtung eines neuen Stadtteiles in Bozen ein Betrag von zwei Milliarden Lire ausgeworfen wurde. Mit dem Geld sollten 5000 Wohnungen errichtet werden mit Kirchen und Gebäuden für soziale und öffentliche Dienste. Das Telegramm wirkte in der Südtiroler Bevölkerung wie eine Bombe. Über den Sinn und Zweck der römischen Großzügigkeit konnte es keinen Zweifel geben. Sie konnte nur als ein schwerwiegender Schritt zur Förderung der Zuwanderung und zur verstärkten Italianisierung der Stadt Bozen und des Landes aufgefaßt werden und stellte einen Hohn auf die im Autonomiestatut dem Lande eingeräumte Zuständigkeit im Sachbereich des sozialen Wohnbaues dar. Die Partei beschloß, sofort zu handeln. Sie rief das Volk zu einer Kundgebung in Bozen auf. Der Vertreter der Regierung, der Regierungskommissär, verbot sie im Stadtbereich. In der Parteileitungssitzung machte ich daraufhin den Vorschlag, sie nach Sigmundskron zu verlegen. Waren schon im Mai 1946 unter den schlechten Verkehrsverhältnissen Tausende nach Sigmundskron gezogen, so wollte der Massenzustrom diesmal überhaupt nicht mehr abreißen. Die Menschen kamen mit Fahrrädern, Privatautos, Bussen, mit der Bahn und nicht wenige wieder, wie vor elf Jahren, zu Fuß. 35.000 drängten sich im Schloßhof. Die Jungen waren auf die Mauern geklettert.

In Sigmundskron wurde an diesem 22. November 1957 das »Los von Trient« proklamiert. Die Südtiroler wollten nicht weiter unter der Fuchtel der Trentiner Mehrheit leben. Sie forderten stürmisch eine Autonomie für die Provinz Bozen allein. Die Stadt bot ein Bild, als ob der Belagerungszustand herrsche. Parteiobmann Magnago mußte das ganze Gewicht seiner Persönlichkeit in die Waagschale werfen, um die Massen vom Marsch auf Bozen abzuhalten. In Europa horchte man auf. Ein gefährlicher Unruheherd im Herzen des Erdteiles zeichnete sich am Horizont ab. Nur in Rom hatte man die Zeichen der Zeit immer noch nicht verstanden.

Eine der wenigen gesetzgeberischen Zuständigkeiten, welche das Statut der autonomen Provinz Bozen, dem Lande Südtirol, eingeräumt hatte, war – wie bereits erwähnt – der soziale Wohnbau. Damit der Landtag aber gesetzgeberisch tätig werden konnte, mußte die Zentralregierung sog. Durchführungsbestimmungen zu diesem Sachbereich erlassen. Ein entsprechendes Gesetzesdekret wurde endlich am 16. Jänner 1959 veröffentlicht. Nun ergab aber eine auch nur oberflächliche Überprüfung, daß die Regierung des Ministerpräsidenten Amintore Fanfani mit diesen »Durchführungsbestimmungen« die dem Lande im Statut zuerkannten Gesetzgebungs- und Verwaltungsbefugnisse in wesentlichen Punkten stärkstens beschnitt, wenn nicht ganz außer Kraft setzte. Was man 1948 mit der einen Hand gegeben hatte, nahm man jetzt, elf Jahre später, mit der anderen.

Nun riß den Südtirolern endgültig der Geduldfaden, der schon so lange strapaziert worden war. Die Südtiroler Volkspartei kündigte am 31. Jänner 1959 die Zusammenarbeit in der Region auf und berief ihre Vertreter aus der Regionalregierung in Trient ab, wo sie bisher mit der DC trotz aller Mängel der Autonomie zusammengearbeitet hatten. Bereits am 2. Februar fuhr die Parteileitung der SVP nach Wien, um der Bundesregierung, dem Partner des Pariser Vertrages, Bericht zu erstatten. Der Delegation gehörten Parteiobmann Dr. Silvius Magnago, Dr. Alfons Benedikter, Hans Dietl, Generalsekretär Dr. Stanek und ich an.

Bundeskanzler Ing. Julius Raab verlieh der Vorsprache der Südtiroler am Ballhausplatz einen hochoffiziellen Anstrich. Zusammen mit dem SPÖ-Vizekanzler Bruno Pittermann, dem Außenminister Leopold Figl und den beiden Staatssekretären Prof. Franz Gschnitzer und Dr. Bruno Kreisky empfing er uns im Sitzungssaal des österreichischen Ministerrates. Raab versicherte den Südtirolern, er werde am nächsten Tag im Ministerrat über die Lage in Südtirol Bericht erstatten. Über die Sitzung wurde auf Betreiben des Bundeskanzlers auch eine amtliche Verlautbarung ausgegeben. Die jungen Diplomaten im Auswärtigen Amt rieben sich zufrieden die Hände: Jetzt ist Südtirol endlich wieder auf die internationale Ebene gehoben worden.

Eine gewisse Pikanterie kam dem Besuch der Abordnung beim italienischen Botschafter zu. Gastone Guidotti war nicht wenig überrascht, als sich die Südtiroler ganz feierlich auch bei ihm meldeten, um ihn über den Inhalt der Gespräche am Ballhausplatz zu informieren. Der Bozner Staatsanwalt Dell'Antonio geriet über die Reise der SVP-Mandatare so in Harnisch, daß er gleich mit einer Anklage wegen Hochverrates gegen sie aufwartete.

Am 15. April 1959 erschien Bundeskanzler Raab ostentativ zum Parteitag der Nordtiroler ÖVP und hielt dort das Hauptreferat. Die Italiener bekamen es nun mit den Nerven zu tun. Sie verboten dem Tiroler Landeshauptmann Dr. Hans Tschiggfrey und dem Landesrat Aloys Oberhammer die Einreise zur offiziellen Gedenkfeier anläßlich des hundertfünfzigsten Jubiläums der Tiroler Freiheitskämpfe von 1809, die am 19. Jänner in Südtirol abgehalten wurde. Österreich schlug zurück. Es berief seinen Botschafter Löwenthal-Chlumecky zur Berichterstattung nach Wien. Die Gemüter auf beiden Seiten erhitzten sich immer mehr. Die Andreas-Hofer-Jubiläumsfeiern trugen das ihre dazu bei.

Ich gebe offen zu, daß ich bei den Gedenkfeiern, mit welchen im Jahre 1959 das ganze Land überzogen wurde, nur mit halbem Herzen mitmachte. Ich konnte mich mit den meistens fast militärisch zackigen Aufmärschen nicht anfreunden. Mir gefielen auch die allzu großen Worte nicht, mit denen mancher Politiker vor der Öffentlichkeit Staat machte. Ich fand das ganze Gedenken auch viel zuviel nur auf die Vergangenheit bezogen.

Der neue Kurs der Südtiroler Volkspartei wurde auch in Rom zum Teil von neuen Männern vertreten. Bei der Aufstellung der Senatskandidaten im Frühjahr 1958 hatte es einen großen Wechsel gegeben. Die beiden bisherigen Senatoren Dr. Josef Raffeiner und Dr. Carl v. Braitenberg wurden von Dr. Karl Tinzl und Dr. Luis Sand ersetzt. Dr. Raffeiner, vielgesuchter Rechtsanwalt in Bozen, war im September 1943 verhaftet worden. Er hatte zu den führenden Köpfen der Dableiber gehört. Die Gestapo Himmlers wies ihm, um ihn in Südtirol unschädlich zu machen, einen Zwangsaufenthalt in einer Ortschaft in Nordtirol an, wo seine Schwester verheiratet war. 1945 war er zum ersten Generalsekretär der SVP bestellt worden. Zehn Jahre lang, von 1948 bis 1958, vertrat er die Südtiroler mit Umsicht im italienischen Senat. Nach der Palastrevolte in der Partei im Mai 1957 fiel er in den Parteigremien in Ungnade. Man warf ihm vor, den Italienern gegenüber eine viel zu weiche Haltung einzunehmen. Er hatte sich auch gegen die Kundgebung in Sigmundskron ausgesprochen. Der Parteiausschuß lehnte eine dritte Kandidatur Raffeiners mit großer Mehrheit ab, und sein Kollege Braitenberg verzichtete auf die Wiederaufstellung aus Solidarität zu Raffeiner. Raffeiner hat diese Zurücksetzung nie ganz verwunden. Menschlich gesehen kann und muß man diese Bitternis auch verstehen.

Ins Blickfeld der Welt gerückt

Das Südtirolproblem vor der UNO • Diplomatie auf höchster Ebene • Informationsgespräche, Debatten, Resolutionen, Abstimmungen • Wie es zum Erfolg kam

Am 14. September 1959 standen wir auf dem Flugplatz von Kloten/Zürich, der Nordtiroler SPÖ-Landesrat Rupert Zechtl und ich. Wir beide waren mit Außenminister Bruno Kreisky per Bahn bis Zürich gekommen. Unser Reiseziel hieß New York. Dort wollte der Minister die Südtirolfrage erstmals vor der UNO zur Sprache bringen.

Dr. Bruno Kreisky war nach den Neuwahlen im Mai 1959 am 14. Juli vom Staatssekretär zum Außenminister aufgerückt. Kanonikus Michael Gamper hatte sich also mit seiner Voraussage nicht geirrt. Er hatte auch recht behalten mit der Annahme, daß Kreisky auf Grund seiner Herkunft viel Verständnis für die Belange volklicher Minderheiten aufbringen werde. Der neue Minister stieg sofort mit allem Elan in die Südtirolfrage ein. Er legte sich mit Tatkraft und Geschick ins Zeug. Kreisky sprach all die folgenden Jahre immer wieder mit Hochachtung von dem Kanonikus in Bozen.

Daß wir Südtiroler, besonders die Südtiroler Volkspartei, der Österreichischen Volkspartei am Herzen lagen, verstand sich von selbst. Daß sich aber auch die zweite große Partei Österreichs, die SPÖ, die uns ideologisch etwas ferner stand, jetzt voll hinter unsere Sache stellte, verdankten wir dem Außenminister Dr. Bruno Kreisky. Seine Schützenhilfe trug uns in verstärktem Maße auch das Verständnis und das Wohlwollen der sozialistischen Parteien in und außerhalb Europas ein. Das konnte im Zeichen der bevorstehenden Entscheidungen gar nicht hoch genug eingeschätzt werden. Die Südtiroler nehmen manches als ganz selbstverständlich hin, was gar nicht so selbstverständlich ist.

Zechtl und ich flogen nach Brüssel, wo wir uns mit den Vertretern der ÖVP und der FPÖ zum Weiterflug treffen sollten. Ich möchte gleich betonen, daß mir Zechtl seit dieser Reise immer ein treuer

Freund und Weggefährte geblieben ist. Ich lernte den Mann, der es vom Lokführer zum Abgeordneten in Wien und dann zum Landesrat in Nordtirol gebracht hatte, sehr schätzen. An seinem politischen Credo ließ er keinen Deut rütteln. Er brachte aber auch für Andersdenkende Verständnis auf. Für die Rechte Südtirols setzte er sich jahrzehntelang bei seinen Parteifreunden in Wien mit ganzer Kraft ein. Die Südtiroler schulden ihm viel Dank.

Um 6 Uhr nachmittags starteten wir. Ich gebe gerne zu, daß mir beim Gang zum Flugzeug etwas schwummelig zumute war. War es doch der erste Flug meines Lebens. Gespannt stiegen wir in das kleine Propellerflugzeug der »Swissair«. Die Maschine hob wackelnd vom Boden ab. In Gottes Namen! Angenehm war der Flug in dem bescheidenen Vogel nicht. Er geriet immer wieder in ein Luftloch und sackte ab. Auch Zechtl wurde sichtlich nervös. Wir atmeten auf, als wir auf dem Brüsseler Flughafen landeten. Dort erwarteten uns die Abgeordneten Franz Prinke aus Wien (ÖVP) und der Salzburger Gustav Zeillinger von der FPÖ. Ich hatte mich in den letzten Wochen vor der Abreise bemüht, meine Englischkenntnisse aufzufrischen, um bei der österreichischen Delegation keine schlechte Figur zu machen. Zu meiner angenehmen Überraschung konnte ich jetzt feststellen, daß von den drei politischen Vertretern überhaupt keiner Englisch sprach. Ihre Auswahl erfolgte nicht aufgrund von Sprachkenntnissen, sondern nach anderen Gesichtspunkten. So rückte ich denn zum Dolmetscher dieser meiner Begleiter auf.

Dann standen wir vor der Düsenmaschine DC 10. Diesem Riesenvogel der Fluggesellschaft »Sabena« konnten wir wohl Vertrauen schenken. Und er hat uns nicht enttäuscht. Ohne jede Erschütterung stieg er hoch und trug uns mit einer Zwischenlandung in Shannon in Irland in zehntausend Meter Höhe in neun Stunden in die Neue Welt. Wir wurden an Bord ausgezeichnet bedient und bewirtet und schliefen bald den Schlaf der Gerechten. Im Morgengrauen sichteten wir die amerikanische Küste. Wir steuerten von Norden her auf New York zu, weil das Flugzeug ganz hoch droben in der Nähe von Island den Ozean überflogen hatte. Wir landeten kunstgerecht um 8.10 Uhr amerikanischer Zeit. Vor dem Aussteigen wurde der ganze Innenraum gründlich mit DDT gespritzt. Ja, diese Amerikaner wollten sich vor dem Einschleusen europäischer Krankheiten gründlich abschirmen. Auf dem Flughafen holten uns Beamte der österreichischen

UNO-Mission (Botschaft) ab. So gab es keine Schwierigkeiten bei der Einreise und bei den Zollformalitäten. Ein Wagen der Botschaft brachte uns zum Hotel. Mein Zimmer lag im elften Stock. Ich stand vor einer ganz fremden Welt. Ich blickte aus dem Fenster, das sich natürlich nicht öffnen ließ, in dieses Gewirr von Hochhäusern, hinunter in die schnurgeraden Straßen mit dem nie abreißenden Verkehrsstrom.

Die nächsten Tage brachten immer neue Eindrücke und Gesichtspunkte, angenehme und peinliche Überraschungen. Ich entdeckte, wie nahe nebeneinander der ungeheure Reichtum der Fifth Avenue und das grenzenlose Elend im schwarzen Viertel Harlem lagen. Ich ließ mich blenden von dem Lichterglanz am Broadway. Ich stellte Vergleiche zwischen den Wolkenkratzern im Rockefeller-Center und den armseligen Hütten in der Bowery an. Ich sandte ein warmes Grußwort zur Freiheitsstatue hinüber. Würde die UNO auch Südtirol wenigstens ein Stückchen Freiheit bringen?

Ich lernte die Unkompliziertheit des amerikanischen Lebensstils schätzen. Mir gefiel der »american way of life« bald recht gut. Kurz nach uns traf Außenminister Kreisky ein. Einen Tag darauf folgte auch Staatssekretär Franz Gschnitzer. Ein Vertreter der Botschaft führte mich beim Presseamt der UNO als Korrespondent der »Tiroler Nachrichten« ein. Die Leiter des Amtes waren Amerikaner irischer Abstammung. Sie wußten sogar etwas Bescheid über Tirol und verhehlten nicht ihre Sympathien für die Tiroler. So wurde ich ohne Schwierigkeiten akkreditiert. Mit dem Presseausweis hatte ich freien Zutritt zu den meisten Räumlichkeiten im Glaspalast. Ausgenommen waren einige, die für die Delegierten (delegates only) reserviert waren. Doch so genau nahmen die Amtsdiener, vielfach Schwarze, diese Einschränkung gar nicht. Man mußte nur sehr selbstsicher an ihnen vorbeigehen.

Am 21. September 1959 stand Südtirol erstmals im Blickpunkt der Weltöffentlichkeit. Österreichs Außenminister Kreisky ergriff das Wort in der Vollversammlung. Der Minister sprach ein fast perfektes Englisch. Er skizzierte in einer kurzen, treffenden Rückschau die Geschichte unseres Landes nach dem Ersten Weltkrieg. Er schilderte die Faschistenherrschaft und das nazi-faschistische Umsiedlungsabkommen. Er verwies auf den Pariser Vertrag von 1946, der einen integrierenden Bestandteil des italienischen Friedensvertrages bildet. Leider hätten sich die in ihn gesetzten Hoffnungen nicht erfüllt. Kreisky betonte, daß die SVP-Parlamentarier in Rom eine Gesetzesvorlage eingebracht hatten, in welcher eine autonome Region Südtirol verlangt wird, wie sie auch im Pariser Abkommen vorgesehen war. Österreich empfinde keinerlei Feindschaft gegen Italien. Sollte es aber – unterstrich der Minister – nicht möglich sein, »die Lebensbedingungen für 250.000 Menschen in einem Reich von nahezu 50 Millionen in zweiseitigen Verhandlungen in befriedigender Weise zu regeln, so wird der österreichischen Regierung kein anderer Weg bleiben, als unter Berufung auf die Charta die Vereinten Nationen zu bitten, sich mit dieser Frage zum nächstmöglichen Zeitpunkt zu befassen«. Der österreichische Außenminister fand viel Beifall. Seine sachliche Art erwarb ihm allgemeine Sympathien. Von allen Seiten wurde er beglückwünscht, auch von Vertretern von Staaten – und es waren ihrer nicht wenige –, die bisher überhaupt nicht gewußt hatten, daß es ein Südtirol gibt.

Italiens Außenminister Giuseppe Pella antwortete zwei Tage später in sehr gereiztem, hochtrabendem Ton. Die italienische Regierung weise entschieden den Versuch zurück, hier vor der UNO ein Problem zu behandeln, das nicht in den Aufgabenbereich dieser Versammlung falle. Österreichs Vorgehen sei angesichts der »gegenwärtig laufenden diplomatischen Gespräche« über »gewisse Aspekte der Auslegung des Gruber-Degasperi-Abkommens« völlig fehl am Platz. Italien habe dieses Abkommen bereits voll und ganz durchgeführt. Der Italiener verstieg sich zur ungeheuerlichen Behauptung, die Südtiroler hätten bereits zweimal in freier Abstimmung über ihr Los zu entscheiden gehabt, nämlich 1939 durch die Option und 1948 bei der »Rückoption«. Diese Äußerung Pellas, welche die Südtiroler als Verhöhnung empfinden mußten, wurde von Kreisky kurz und sachlich, aber ebenso entschieden richtiggestellt.

Mit der Aussage, daß die UNO für solche Themen nicht zuständig sei, gewann Pella sicher nicht die Sympathien vieler kleiner außereuropäischer Staaten. Dementsprechend kargte die Versammlung nach der Richtigstellung Kreiskys auf Pellas gröblichste Entstellung nicht mit Applaus. Pella erwiderte sichtlich nervös. Seine Entgegnung fiel schon bedeutend kleinlauter aus als die protzigen Behauptungen in seiner Rede. Beifall fand er trotzdem keinen. Das Wortduell Kreisky – Pella endete nach Ansicht fast aller neutralen UNO-Beobachter 1: 0 für Österreich.

Ich verfolgte die Debatten von der Pressetribüne aus. Im Saal saßen die Delegierten von 82 Mitgliedstaaten, von denen mit Einschluß aller Ostblockstaaten nur 23 auf Europa entfielen. Ich schaute hinunter in den Saal und mußte plötzlich unwillkürlich an den Appellplatz von Dachau denken. Die toten Kameraden standen vor meinem Geiste. Wie sehr hatten wir alle auf die neue Freiheit von Furcht und Not nach dem Kriege gehofft. Und jetzt?

Auf dem Weg über London kehrte ich am 30. September nach Bozen zurück. Ziemlich genau ein Jahr später saß ich mit Frau Dr. Viktoria Stadlmayer, der Südtirolreferentin bei der Tiroler Landesregierung, wieder im Delegates Lounge, dem Delegiertenkaffeeraum des UNO-Palais, und blickte gespannt auf den Bildschirm. Das UNO-interne Fernsehen übertrug am 22. September 1960 die Sitzung des Steering Commitee, des Lenkungsausschusses. In seine Zuständigkeit fällt die Erstellung der Tagesordnung für die Sitzungsperiode. Österreichs Außenminister Dr. Bruno Kreisky hatte den Antrag gestellt, die Südtirol-Frage auf die Tagesordnung zu setzen, weil die zweiseitigen Verhandlungen mit Italien zu keinem positiven Ergebnis geführt hatten. Wien hatte sich zu diesem Schritt entschlossen, obwohl die Vereinigten Staaten, Großbritannien und Frankreich abgeraten hatten.

Italiens Ministerpräsident Fernando Tambroni, der sich mit Hilfe der Neufaschisten in den Sattel geschwungen hatte, versuchte im letzten Moment noch ein Ablenkungsmanöver. In einem Brief an den österreichischen Bundeskanzler Julius Raab machte er am 25. Juni den Vorschlag, den Streitfall um das Pariser Abkommen dem Internationalen Gerichtshof in Den Haag vorzulegen. Ja, da geschahen wirklich Zeichen und Wunder: Der gleiche Tambroni hatte als Innenminister erst vier Jahre vorher, am 14. September 1956, in einer Rede vor den Bürgermeistern Südtirols wörtlich kundgetan: »Ich erkläre ohne zu zögern, daß es kein Problem Südtirol gibt und noch weniger eine Südtirol-Frage. Italien kann es nicht zulassen, daß die Beziehungen zwischen dem Staat und der nationalen Gemeinschaft außerhalb der natürlichen und endgültigen Grenzen des Vaterlandes zur Diskussion gestellt werden.« Und jetzt dieser Gesinnungswandel. Wie kam er zustande? Wohl nur auf einen sehr energischen Druck von seiten der Vereinigten Staaten. Dafür versprach Washington den Italienern, daß Amerika nach einem solchen Zugeständnis den italienischen Standpunkt im Falle einer Befassung der Vereinten Nationen bedingungslos unterstützen werde. Die Österreicher hatten aber die ewige Verzögerung und die Scheinmanöver satt. Raab blieb fest: Südtirol gehört als politische Frage vor die UNO. Jetzt mußte der Lenkungsausschuß des Völkerforums über Österreichs Begehren entscheiden.

Der italienische Delegationsführer, der frühere Außenminister Gaetano Martino von der liberalen Partei, widersetzte sich dem österreichischen Verlangen nicht mehr. Er forderte aber eine Änderung des Titels. Kreisky hatte »Die österreichische Minderheit in Italien« vorgeschlagen. Martino wollte von einer österreichischen Minderheit nichts wissen und bestand darauf, daß im Titel auf das Pariser Abkommen Bezug genommen werde. Am nächsten Tag wurde eine Kompromißlösung gefunden. Der Punkt Südtirol wurde mit der Formulierung »Der Status der deutschsprachigen Bevölkerung der Provinz Bolzano (Bozen) – Erfüllung des Pariser Abkommens vom 5. September 1946« auf die Tagesordnung der Generalversammlung gesetzt. Damit war die erste Schlacht gewonnen, aber noch lange nicht der Krieg.

Die Tagesordnung umfaßte 88 Punkte. Südtirol stand an 68. Stelle. In der Nacht auf den 30. September 1960 beschloß der Lenkungsausschuß auf Vorschlag des Generalsekretärs, des Schweden Dag Hammarskjöld, die Südtirol-Frage dem Politischen Sonderausschuß zuzuweisen. Der Beschluß wurde ohne Debatte gefaßt. Die Italiener hätten die Behandlung im Rechtsausschuß vorgezogen, weil ihrer Behauptung nach das Problem rein juridischen Charakter trage. Die UNO wertete es mit ihrem Entscheid aber als politische Angelegenheit. Österreich konnte mit der Zuweisung an den Politischen Ausschuß einen zweiten wichtigen Pluspunkt verbuchen.

Die Österreicher hatten sich für die UNO gründlich vorbereitet. Die Diplomaten des Außenministeriums hatten im besten Stil der Wiener Schule nicht bloß mit Sachkenntnis, sondern geradezu mit Begeisterung die Denkschriften verfaßt. Sie arbeiteten, als ob es um ihre eigene Sache ginge. In Innsbruck entwarf Landesrat Dr. Aloys Oberhammer immer neue Pläne, lieferte immer neue Anregungen. Er hatte überhaupt nur mehr Südtirol im Kopf. Auf sein Betreiben wurde ein Appell an die UNO verfaßt. Das schön gebundene und gut aufgemachte Dokument mit dem Tiroler Adler auf der Frontseite lautete: »Die freigewählten Vertreter des Südtiroler Volkes im italienischen Parlament, im Landtag und in den Gemeinden der Provinz Bozen,

(40/41) Bilder von der Großkundgebung auf Schloß Sigmundskron am 17. November 1957, die eine neue Phase im Kampf um die Autonomie für Südtirol einleitete.

(42) Mit der Unterzeichnung des Staatsvertrages am 15. Mai 1955 (Bild aus dem Marmorsaal des Schlosses Belvedere in Wien) erlangte Österreich seine volle außenpolitische Handlungsfreiheit zurück und konnte seine Schutzfunktion für Südtirol zur Geltung bringen.

(43) Dr. Friedl Volgger mit der Leiterin des Südtirolreferates der Tiroler Landesregierung in Innsbruck, Dr. Viktoria Stadlmayer, vor dem Glaspalast der UNO, wo 1960 erstmals ausführlich über Südtirol debattiert wurde.

(44/45) Die Vertreter der beiden gegnerischen Parteien im Sitzungssaal der UNO: oben Österreichs Außenminister Bruno Kreisky (Mitte), unten Italiens Außenminister Antonio Segni

(46) Blick auf eine Gruppe von Südtiroler Angeklagten im Mailänder Sprengstoffprozeß von 1964, in dem auch Dr. Friedl Volgger als Zeuge aussagte.

(47) Österreichisch-italienische Verhandlungen über Südtirol am 23. Oktober 1963 in Genf. Links die österreichische Delegation mit Außenminister Bruno Kreisky in der Mitte. Zu seiner Rechten Staatssekretär Ludwig Steiner, daneben der Tiroler Landesrat Rupert Zechtl. Zur Linken Kreiskys sitzen Landeshauptmann Eduard Wallnöfer und die Diplomaten Kurt Waldheim, der spätere Generalsekretär der Vereinten Nationen, Rudolf Kirchschläger, der heutige österreichische Bundespräsident, und Franz Matscher. Die italienische Delegation wird vom damaligen Außenminister Attilio Piccioni (Kreisky gegenüber) geführt.

welche die gesamte Südtiroler Bevölkerung vertreten, vertrauen auf die Macht des Rechtes und bringen ihre feste Überzeugung zum Ausdruck, daß die Südtirol-Frage vor der UNO eine gerechte und schnelle Lösung im Geiste des Statutes der Vereinten Nationen finden werde.« Dem Appell war eine Landkarte beigefügt, so daß sich die Delegierten auch der anderen Weltteile einen ungefähren Begriff machen konnten, wo dieses Südtirol zu finden war. Der Appell war von 1296 Gemeinderäten, den 15 Landtagsabgeordneten und den 5 Parlamentariern unterzeichnet. Er trug auch meine Unterschrift als Gemeinderat von Ratschings. Oberhammer hatte auch eine große Anzahl des im Verlag Amonn erschienenen Bildbandes »Südtirol – ein Garten Gottes« angekauft. Der Bildband machte bei allen Delegationen Stimmung für unser Land.

Außenminister Kreisky und Staatssekretär Gschnitzer hatten alle führenden österreichischen Diplomaten für New York mobil gemacht. Mit Botschafter Dr. Heinrich Haymerle waren, um nur einige mit Namen zu nennen, der Gesandte Dr. Rudolf Kirchschläger (der jetzige Bundespräsident) und Dr. Kurt Waldheim, damals Botschafter in Ottawa, dem UNO-Stab zugeteilt worden. Aus Innsbruck kamen die Landesräte Oberhammer und Rupert Zechtl sowie die Leiterin der Südtirol-Abteilung, Dr. Viktoria Stadlmayer, die über drei Jahrzehnte ihre Sachkenntnisse, ihr politisches Geschick und ihre ganze Energie in den Dienst des südlichen Tirol gestellt hat. Die Südtiroler Volkspartei entsandte Senator Dr. Luis Sand sowie die beiden Obmann-Stellvertreter Dr. Alfons Benedikter und mich. Die österreichische »Mission« so werden die Vertretungen der einzelnen Staaten bei der UNO genannt – leitete Botschafter Dr. Franz Matsch, ein freundlicher Herr und gewiegter Diplomat.

Wir drei Südtiroler stellten uns gleich nach unserem Eintreffen in New York am 26. September bei der italienischen Mission vor. Die Herren konnten ihr Staunen über unsere Vorsprache nicht verbergen. Von unserem freundlichen Angebot, ihnen im Bedarfsfall jederzeit zur Verfügung zu stehen, machten sie keinen Gebrauch. Wir hatten damit auch nicht gerechnet. Daß bei der Bozner Staatsanwaltschaft gegen uns eine Anzeige wegen »Hochverrats« eingebracht wurde, brachte uns nicht aus dem Gleichgewicht.

Am 1. Oktober überreichten wir dem stellvertretenden Generalsekretär, dem Amerikaner Andrew Cordier, den Appell und erläuterten kurz den Inhalt. In den nächsten Tagen richteten wir an die Chefs aller Delegationen ein Schreiben, in welchem wir ihnen als »Vertreter des Südtiroler Volkes in New York« mitteilten, daß die Südtirol-Frage am 18. Oktober im Politischen Sonderausschuß behandelt werde. Wir ersuchten sie, an der Diskussion teilzunehmen, und erklärten, daß wir für Aufklärung zur Verfügung stünden. Dem Brief legten wir die Entschließung der SVP-Landesversammlung vom Mai 1960 und den Appell bei. In der Entschließung hieß es, »falls alle Bemühungen auf innerstaatlicher und internationaler Ebene um eine echte Landesautonomie scheitern sollten, erklärt sich die Landesversammlung außerstande, das Drängen des Volkes auf Ausübung des Selbstbestimmungsrechtes aufzuhalten.«

Ich hatte mir inzwischen wieder die Akkreditierung als Journalist besorgt und verfolgte die Debatten des Plenums, während Benedikter mit Bienenfleiß an der Sammlung und Ausarbeitung von Argumenten und Gegenargumenten zu den italienischen Presseerklärungen und Memoranden beschäftigt war.

Die 15. Generalversammlung, die am 20. September 1960 begann, kann sicher als die stürmischste und lauteste in der Geschichte der UNO gelten. Zum Vorsitzenden wurde der Ire Frederick Boland gewählt. Nach seiner Einsetzung wurden 14 junge Staaten, 13 afrikanische und Zypern, in die Vereinten Nationen aufgenommen. Damit stieg die Zahl der Mitglieder auf 96 an. Zur Generalversammlung waren sämtliche Großen der Erde erschienen: US-Präsident Eisenhower, Rußlands Partei- und Regierungschef Chruschtschow, Jugoslawiens Staatschef Tito, Ägyptens Präsident Nasser, Indiens Regierungschef Nehru, Indonesiens Präsident Sukarno. Im Kielwasser von Chruschtschow segelten die Parteichefs aller Ostblockstaaten. Im Negerviertel von Harlem hatte Kubas Fidel Castro Quartier aufgeschlagen.

Für die meiste Aufregung sorgte Nikita Chruschtschow. Jeden Tag eine neue Nummer schien sein Motto zu sein. Er trieb Sicherheitsbeamte, Journalisten, Diplomaten und Gastgeber durch seine sprunghaften Entscheidungen, seine Wutausbrüche und angriffslustigen Erklärungen zur Verzweiflung. Am schlimmsten trieb er es im Sitzungssaal des UNO-Gebäudes selbst. Chruschtschow hatte in der Generaldebatte eine »totale Abrüstung in drei Phasen« vorgeschlagen. In der ersten sollten sämtliche Atomwaffenträger abgeschafft, ein Produktionsstopp eingeführt und die Zerstörung bereits existierender

Atomwaffen vereinbart werden. Diese Phase sollte in 18 Monaten abgeschlossen sein. Dann sollten die Staaten ihre Streitkräfte abschaffen und nur mehr begrenzte Kontingente zur Aufrechterhaltung der inneren Ordnung behalten. In der Debatte wurde von den Engländern der Vorschlag gemacht, zu diesem Thema eine Kommission zu bilden. Diese Anregung versetzte Chruschtschow in Wut. »Diese Herren Diplomaten, diese faulen Teetrinker, die für ihr Nichtstun bezahlt werden, möchten Abrüstungskommissionen. Alles Schall und Rauch, um das Volk zu täuschen.«

Chruschtschow versteifte sich auf die Aufnahme Pekings in die Vereinten Nationen. Ohne China könnten sie nicht richtig arbeiten. Und er brüllte in die entsetzte Runde: »Wir Kommunisten sagen: Spucken wir auf diese Institution, gehen wir heraus.« Gleichzeitig drohte er: »In der Sowjetunion werden Raketen wie Würste produziert.« Selbst den abgebrühtesten Journalisten auf der Pressetribüne, auf der ich Chruschtschows Wutanfall mitansehen und mithören konnte, blieb die Spucke weg. Während der Kolonialdebatte trommelte Nikita mit seinen Mitarbeitern mit aller Kraft auf das Pult. Als ihm die Faust weh tat, zog er eine Sandale aus und schlug damit immer wieder auf den Deckel. Im Saal des Weltparlaments kam es schließlich zu einem völligen Durcheinander. Präsident Boland wollte die Ruhe wiederherstellen und schlug mit seinem Hammer so stark auf den Tisch, daß er in Brüche ging. Dem rumänischen Delegierten konnte das Wort nur dadurch entzogen werden, daß Boland mit seinem Nagelmesser das Mikrophon durchschnitt.

Inzwischen bereiteten wir uns in der österreichischen Mission auf unsere Stunde vor. Wir hatten mit Ausnahme von Samstagen und Sonntagen jeden Tag vormittags und nachmittags unter dem Vorsitz von Kreisky Lagebesprechung. Benedikter wurde von Tag zu Tag ungeduldiger und nervöser. Auf unser Schreiben hatte noch keine einzige Delegation geantwortet. Ich tröstete ihn. Solange Chruschtschow sein Gastspiel gäbe, fände wohl niemand Zeit, sich für Südtirol zu interessieren. Dies sei auch ganz verständlich. Am 12. Oktober sagte endlich der Kremlchef Adieu. Fast gleichzeitig verließen auch alle anderen Staatsoberhäupter New York. Zurück blieben die Außenminister und die Delegationsführer mit ihrem Stab.

Jetzt gingen auch Antwortschreiben auf unsere Aussendung ein. Die Delegationen luden uns zu Aussprachen in den Delegates Lounge im UNO-Gebäude oder in ihre Mission ein. Die meisten zogen den Lounge vor. Dies bewirkte eine technische Schwierigkeit. Meine beiden Gefährten Benedikter und Sand wagten es nicht, die heiligen Räume zu betreten, die den Delegierten vorbehalten waren. Ich hatte keinerlei Hemmungen, obwohl ich nur den Journalistenausweis bei mir trug. Aber nie hat mich jemand gehindert. Zwei Besprechungen im Lounge sind mir besonders in Erinnerung geblieben. Die Unterredung mit dem Missionschef von Ceylon (heute Sri Lanka), Botschafter Sir Claude Corea, und das Gespräch mit dem stellvertretenden Missionschef des Irak, Botschafter Ali Sulaiman.

Ceylon war sicher keine Großmacht, aber Missionschef Corea genoß in den Diplomatenkreisen der UNO größte Hochachtung. Ich gratulierte Corea zunächst, daß sich sein Land als erster Staat der Welt mit Frau Bandaranaike einen weiblichen Regierungschef gegeben habe. Ich befragte ihn über die Minderheitenprobleme in seinem Lande (Tamilen). Er freute sich über meine Kenntnisse und erzählte mir ausführlich. Erst nach ungefähr einer halben Stunde erinnerte er sich, daß er nicht gekommen war, um mir von seinem Lande zu erzählen, sondern um mich über Südtirol zu befragen. Mein Gespräch hatte ihn aber schon so gestimmt, daß ich es mit meiner Darlegung über Südtirol kurz machen konnte. Er ging mit der festen Zusage, daß mit seiner Unterstützung gerechnet werden könne.

Sulaiman vom Irak erwies sich als ausgezeichneter Kenner der Südtirol-Frage. Sein österreichischer Kollege Karl Hartl, den er sehr schätze, habe ihn – als sie beide in Belgrad Botschafter gewesen waren– gründlich über unser Problem aufgeklärt. Unsere Aussichten stünden gut, meinte er, und unsere Delegation verfüge zudem über »the best man of all delegations – den besten Mann aller Delegationen«. Auf meine etwas erstaunte Rückfrage bemerkte er: »Ambassador Waldheim, yes Waldheim is the best diplomat in the United Nations. – Ja, Waldheim ist der beste Diplomat in den Vereinten Nationen.« Kein Wunder, daß Waldheim 1971 zum Generalsekretär der UNO befördert wurde.

Mir war Botschafter Kurt Waldheim sofort nach der Bekanntschaft durch seine Wendigkeit, sein diplomatisches Geschick, seine blitzschnelle Auffassungsgabe und seinen großen Bekanntenkreis aufgefallen. Bei einem Mittagessen bemerkte Waldheim, wenn es Österreich gelänge, Irland für sein Anliegen einzuspannen, dann hätten wir die UNO-Runde gewonnen. Auf meine etwas erstaunte Frage nach dem Warum erklärte er mir, daß Irland als blockfreier Staat bei allen Blockfreien großes Ansehen genieße. Die Blockfreien stellten die Mehrheit in der UNO. Nur von diesen könnten wir Unterstützung erwarten. Die NATO-Mächte würden Italien die Stange halten, ebenso die italophilen Südamerikaner. Unsere Chance liege nur bei den Blockfreien. Ich erzählte Waldheim, daß ich in Rom irische Freunde hätte. Das schien ihn sehr zu interessieren.

Am 6. Oktober gab die amerikanisch-österreichische Handelskammer zu Ehren des irischen Präsidenten der UNO-Generalversammlung Frederick Boland einen Empfang und ein Essen. Waldheim besorgte mir eine Einladung. Ich müsse unbedingt kommen. Meinen Einwand, daß ich keinen Smoking zur Verfügung hätte, ließ er nicht gelten. Schwarzer Anzug und Mascherl genügen völlig, meinte er. Als Boland sich verabschiedete, lenkte ihn Waldheim geschickt auf meinen Tisch zu und stellte mich vor. Der Präsident äußerte, daß die Südtirol-Frage »a very important item on the agenda – ein sehr wichtiger Punkt auf der Tagesordnung« sei. Ich meinte, es gebe politisch gesehen gewiß viel wichtigere, aber vom moralischen Standpunkt aus sei unser Problem sicher bedeutungsvoll. Ich fügte hinzu, daß ich irische Freunde in Rom kenne. Er wunderte sich und fragte nach den Namen. Ich nannte Monsignore Hugh O'Flaherty. Da blickte er mich ganz überrascht an, drehte sich zu seiner Frau und sagte: »Listen, this gentleman here knows Monsignor O'Flaherty – Horch, dieser Mann hier kennt Monsignore O'Flaherty.« Sein Erstaunen bestätigte mir, wie bekannt und berühmt dieser Name bei allen Iren war. Boland drückte mir ganz fest die Hand mit der Versicherung, Irland würde sicherlich sein Bestes tun. Waldheim, der danebenstand, freute sich sichtlich über den gelungenen politischen Schachzug. Am nächsten Tag sandte ich ein längeres Telegramm nach Rom und bat den Monsignore um Unterstützung. Einen Brief über den Stand unserer Frage ließ ich folgen.

Am 17. Oktober, Punkt 3.55 Uhr nachmittags, begann der Politische Ausschuß mit seiner Arbeit. Zum Vorsitzenden wurde der Haitianische Botschafter Auguste gewählt. Unser Tagesordnungspunkt stand an fünfter Stelle, wurde aber ohne Widerspruch auf Wunsch der beiden interessierten Staaten an die erste Stelle gerückt. Am nächsten Tag legten die Außenminister Bruno Kreisky und Antonio Segni ihre Standpunkte dar. Während der italienische Delegationsführer Gaetano Martino wegen seines erregten Auftretens, seiner Nervosität, seiner heftigen Ausfälle, seiner persönlichen Angriffe, seiner schrillen Stimme und seines unmöglichen Englisch für uns fast als Verbündeter gelten konnte, machte Segni mit seiner Ruhe, seiner Sanftheit, seinen schlohweißen Haaren auf die Delegierten einen für uns gefährlichen Eindruck. Die Großzügigkeit der italienischen Regierung gegenüber den Südtirolern beweise u. a. die Tatsache, daß sie drei Südtiroler Vertreter zur Darlegung ihrer Standpunkte habe nach New York reisen lassen.

Am ersten Tag der Debatte, am 19. Oktober, ergriffen der Argentinier Mario Amadeo und Missis Frances Willis für die USA das Wort. Beide vertraten völlig die italienische Auffassung, daß für diesen Streitfall der Internationale Gerichtshof zuständig sei. Die Amerikanerin erwähnte auch den Antrag Tambronis, welcher am 22. Juni 1960 dem Bundeskanzler Raab den IGH vorgeschlagen habe. Nach Überzeugung der USA sei dies der einzig richtige Weg. Außer diesen beiden Interventionen lag keine andere Wortmeldung mehr vor. Wir bekamen Herzklopfen. Die Italiener jubelten schon. Das Bozner italienische Tagblatt »Alto Adige« hatte einen in New York lebenden, aus Salurn stammenden Geistlichen, Silvio Chini, als Berichterstatter angeheuert. Nach der Sitzung kam er auf mich zu und sagte grinsend: »Avete visto, nessuno si interessa della Vostra favenda. Non ci sara neanche una discussione. In 24 ore tutto sara finito. – Habt ihr gesehen, eure Sache interessiert niemanden. Nicht einmal eine Debatte wird es geben. In 24 Stunden wird alles vorbei sein.«

Der italienische Partner sollte sich aber zu früh gefreut haben. Die völlig einseitige Parteinahme der USA für Italien würgte die Diskussion nicht ab. Sie hatte im Gegenteil Italiens Sache einen schlechten Dienst erwiesen. Die Vereinigten Staaten hatten gegen den Grundsatz des fairplay verstoßen: Solange sich der Ostblock aus einer Frage heraushält, darf die führende Macht des Westens in einem Streit zwischen zwei befreundeten Ländern nicht einseitig Partei ergreifen. Besonders die kleineren Staaten nahmen den Amerikanern das Vorgehen übel. Sogar Redner von Ländern, die man gemeinhin als Satelliten der USA ansieht, wie beispielsweise Nationalchina (Taiwan) und der schwarzafrikanische Staat Liberia, äußerten jetzt Meinungen, die der amerikanischen völlig entgegengesetzt waren.

Die ersten Redner, die sich am 20. Oktober vormittags zu Wort meldeten (Kolumbien, Schweden, Paraguay, Frankreich und Griechenland), schlossen sich der amerikanischen These an. Für Kreisky, der während der Naziherrschaft in Österreich als Flüchtling in Schweden gelebt hatte, brachte die Haltung des schwedischen Außenministers eine herbe Enttäuschung. Am Nachmittag des gleichen Tages hörte man aber schon andere Töne. Spanien meinte, beide Länder sollten Verhandlungen aufnehmen, der Iran trat dafür ein, daß die Generalversammlung dazu auch einen Beitrag leisten sollte und zwar mit dem Appell an beide Regierungen, die Verhandlungen wieder aufzunehmen. Am besten sollte ein Berichterstatter bestellt werden, der versuchen müßte, die Ansichten der beiden auf einen Nenner zu bringen. Nationalchina vertrat die Auffassung, die Generalversammlung sollte kein Urteil abgeben, sondern beiden Parteien helfen, ihre Positionen zu klären. Der Afghane Ghazi, der sich schon für den ersten Tag als Redner hatte eintragen lassen, seine Wortmeldung aber zurückzog, sprach sich jetzt für einen echten Schutz der Südtiroler aus. Wenn keine Einigung zwischen Italien und Österreich erzielt werde, sollte der Bevölkerung gestattet werden, selber über ihr Geschick zu entscheiden. Besonders scharf mit Italien ins Gericht ging der indonesische Delegationsführer Palar, der mit Festigkeit unterstrich, daß es sich bei Südtirol um ein politisches Problem handle, das zu Recht auf die Tagesordnung der Vollversammlung gesetzt worden sei.

Je länger die Debatte dauerte, desto mehr stiegen unsere Aktien. Zwar wanden und drehten sich die Engländer noch, aber auch sie befürworteten direkte Verhandlungen. Für Mister Jonson, Liberia, bedeutete die Frage Südtirols ausschließlich eine politische Angelegenheit. Sie sei, so rief er in den Saal, sehr gefährlich. Südtirol sei geradezu ein Pulverfaß, das über Nacht explodieren könne. Woher er dieses Wissen bezog, blieb uns schleierhaft. Nach ihm betonte auch der Kubaner Bisbe den politischen Charakter unseres Problems. Die Südtiroler seien Opfer einer Ungerechtigkeit und seien die letzten 40 Jahre unterdrückt worden. Jedoch sei es weder Napoleon noch Mussolini noch Hitler gelungen, sie unterzukriegen. Libanon erklärte die Generalversammlung für allein zuständig. Mexiko regte an, daß der Generalsekretär der UNO den Parteien bei den Verhandlungen zur Verfügung stehen solle. Die fast gleiche Auffassung vertrat Jordanien.

Am 25. Oktober reichte Österreich einen zweiten Entschließungsentwurf ein, ein erster Antrag zu Beginn der Sitzungen hatte nur demonstrativen Charakter getragen. Im neuen Entwurf verlangte Kreisky, die Vollversammlung sollte Österreich und Italien einladen, ohne Verzögerung in die Verhandlungen zur Erfüllung des Pariser Vertrages einzutreten, um eine gerechte demokratische Lösung zu finden. Die Vollversammlung solle weiters den Generalsekretär auffordern, sich beiden Partnern zur Verfügung zu stellen und ihnen jede Unterstützung angedeihen zu lassen, welche sie im Verlaufe der Verhandlungen benötigen sollten. Der Generalsekretär könnte mit dieser Aufgabe auch einen Vertreter betrauen. Dieser Entschließungsentwurf fand ein gutes Echo und bot Aussicht auf Erfolg.

Die Italiener gingen sofort zum Gegenangriff über. Bereits eine Stunde später legten auch ihre südamerikanischen Hilfstruppen einen Entschließungsentwurf vor. Am gleichen Tag meldete sich der Delegierte Irlands, Conor Cruise O'Brien. Er stellte fest, daß es Pflicht der Generalversammlung sei, Fragen zu besprechen, welche die freundschaftlichen Beziehungen zwischen Ländern gefährden. Die Hauptfrage, welche zur Debatte stehe, trage ausschließlich politischen Charakter. Zenon Rossides, Delegationsführer des neuen Mitgliedes Zypern, zweifelte, ob der Internationale Gerichtshof (IGH) die Meinungsverschiedenheit lösen würde. Man müsse dem Gebiet eine bessere Autonomie geben, etwa nach dem Muster von Sizilien oder dem französischsprechenden Aostatal.

Ich traf wieder einmal Reverend Chini. Jetzt gab er sich schon kleinlauter. Er fragte: »Cosa sara poi la conclusione? Was wird dann der Abschluß sein?« Ich darauf lächelnd: »Das weiß ich nicht, aber jetzt ist einmal die ›discussione‹ wichtig.« Er mußte wohl auch lachen.

Die von den vier südamerikanischen Staaten Argentinien, Brasilien, Paraguay und Uruguay eingebrachte Entschließung besagte im wesentlichen: Die Generalversammlung solle beide Teile auffordern, die Verhandlungen zur Beilegung der Meinungsverschiedenheiten über die Erfüllung des Pariser Abkommens wieder aufzunehmen. Falls diese in einer vernünftigen Zeitspanne nicht ein zufriedenstellendes Ergebnis brächten, sollten beide Teile die Möglichkeit in Betracht ziehen, die Differenzen den zuständigen juridischen Gremien zu unterbreiten. Der Entwurf war geschickt abgefaßt. Er war auf die

Stimmung vieler Debattenredner zugeschnitten. Wäre er genehmigt worden, so hätte dies eine sehr elegante Form bedeutet, die Frage schnell vom Tisch der UNO zu fegen und beim IGH anhängend zu machen. Das Rennen für die Italiener schien gelaufen.

Da machte ihnen im letzten Augenblick Irland einen dicken Strich durch die Rechnung. Kurt Waldheim hatte aufs richtige Pferd gesetzt. Am 26. Oktober stand der junge, elegante Conor Cruise O'Brien auf. Im Saal herrschte atemlose Spannung. Der Ire verlas den Text eines anderen Entschließungsentwurfes. Er trug die Unterschrift von nicht weniger als zehn Staaten: Ceylon, Zypern, Dänemark, Ecuador, Ghana, Indien, Irak, Irland, Jordanien und Mexiko. Er hatte also ganze Arbeit geleistet. Aus der pro-italienischen NATO-Front hatte er Dänemark herausgebrochen. Die südamerikanischen Italienfreunde hatten Ecuador verloren. Ghana garantierte das Einverständnis der afrikanischen Mitgliedsstaaten. Der Irak und Jordanien standen gerade für die arabischen Staaten. Nach dem Verlesen des Entwurfes setzten auch noch Bolivien und Kuba ihre Unterschriften darunter.

In dem Dokument wurden einleitend Sinn und Zweck des Pariser Abkommens genau zusammengefaßt. Dieses lege ein System fest, welches dazu bestimmt sei, den deutschsprachigen Einwohnern der Provinz Bozen eine völlige Gleichheit der Rechte mit der italienischsprachigen Bevölkerung zu gewährleisten und zwar innerhalb des Rahmens von Sondervorkehrungen zur Sicherung des ethnischen Charakters und der kulturellen und wirtschaftlichen Entwicklung des deutschsprachigen Elementes. Dann wurden Österreich und Italien aufgefordert, »ohne Verzögerung V e r h a n d l u n g e n über die Erfüllung des Pariser Vertrages« zu führen, um eine Lösung zu finden im Einklang mit den Grundsätzen der Gerechtigkeit und des internationalen Rechtes. Falls diese Verhandlungen zu keinem befriedigenden Ergebnis führen würden, sollten beide Teile die Möglichkeit in Betracht ziehen, eine Bereinigung ihrer Differenzen durch andere friedliche Mittel ihrer eigenen Wahl zu finden. Als O'Brien geendet hatte, sprang Italiens Martino, hochrot im Gesicht, wie von einer Tarantel gestochen auf. Einer solchen Fassung, schrie er, könne sein Land nicht zustimmen. Es trage dem österreichischen Standpunkt zuviel Rechnung und berücksichtige überhaupt nicht die von seiner Delegation vorgebrachten Gesichtspunkte. Die Aufforderung, Verhandlungen zu führen, sei insofern fehl am Platz, weil man ja schon seit längerem v e r h a n d l e. Die friedlichen Mittel eigener Wahl würden den IGH ausschließen. Der Streit sei aber rein rechtlicher Natur und rechtliche Streitfragen gehörten vor den Gerichtshof.

O'Brien versuchte, auf den aufgebrachten Italiener beruhigend einzuwirken. Die Forderung zur Führung der Verhandlungen sei deswegen in den Text aufgenommen worden, weil in den bisherigen italienischen Denkschriften immer nur von »conversations« (G e s p r ä c h e n) die Rede sei und nie von »negotiations« (V e r h a n d l u n g e n). Wenn Italien jetzt unter den »conversations« Verhandlungen verstehe, könne er in den Entwurf ohne weiteres hineinschreiben, beide Staaten sollten » r e s u m e n e g o t i a t i o n s« (Verhandlungen wieder aufnehmen). Wenn man von friedlichen Mitteln eigener Wahl spreche, so seien juridische Mittel nicht ausgeschlossen. Deswegen seien die 10 Unterzeichnermächte bereit, anstatt dieses Wortlautes den Art. 33 der Charta der Vereinten Nationen einzusetzen, in dem alle friedlichen Mittel aufgezählt seien. Er sei auch bereit, den Gerichtshof als eines dieser friedlichen Mittel eigens zu erwähnen.

Die immer noch bissige Amerikanerin Missis Frances Willis erklärte, ihre Delegation würde für die Resolution der vier Südamerikaner stimmen und gegen den 12-Mächte-Entwurf. Washington wollte also unbedingt den italienischen Standpunkt durchdrücken, aber es fand keine Gefolgschaft mehr. Außer den 12 Unterzeichnern verteidigte beispielsweise auch der Delegierte von Nepal in einer langen, sehr feurigen Rede die neue Entscheidung. Selbst der argentinische Amadeo verstand, wieviel Uhr es geschlagen hatte. Er konnte sich an den Fingern abrechnen, daß er mit seiner Entschließung nie die Mehrheit erreichen werde. Er wollte aber unbedingt mit einem Erfolg nach Hause kehren. So beantragte er eine Vertagung der Sitzung, um »im Geiste der Versöhnung« eine gemeinsame Entschließung zu erarbeiten.

Am nächsten Tag lag das Papier dem Sonderausschuß schon vor. Es war außer von den 12 ursprünglichen Einbringern noch unterfertigt von den vier südamerikanischen Staaten sowie den NATO-Staaten Norwegen und Kanada. Am Entwurf der 12 war vor den Worten »durch andere friedliche Mittel eigener Wahl« der Zusatz eingefügt worden: »Durch alle von der UNO-Charta vorgesehenen friedlichen Mittel mit Einschluß der Anrufung des IGH«. Bundesminister Dr. Bruno Kreisky dankte den Unterzeichnern des Entwurfes für ihre Anstrengung zur Erarbeitung eines zufriedenstellenden Textes. Für seine Delegation sei der neue Entwurf annehmbar. Österreich, fügte er hinzu, bestehe nicht mehr auf einer Abstimmung über seine zweite vorgelegte Entschließung. Italiens Antonio Segni gab auch seine Zustimmung. Wie bekannt wurde, hatte sich die italienische Delegation noch bis zuletzt der Genehmigung dieses Entschließungsantrages widersetzt. Erst als die Kanadier sie in aller Deutlichkeit wissen ließen, daß auch sie den Entwurf unterfertigen und dafür stimmen würden, lenkten die Italiener ein. Sie konnten sich jetzt nur allzugut ausrechnen, daß die Resolution auch gegen ihren Willen die notwendige Zweidrittelmehrheit erreichen werde.

Am 27. Oktober, kurz nach 5 Uhr nachmittags, wurde die Entschließung, bei der die Iren Pate gestanden hatten, durch Handaufheben einstimmig gutgeheißen. Am 31. Oktober 1960 ratifizierte die Vollversammlung ebenfalls einstimmig den Beschluß des Politischen Sonderausschusses. Die Österreicher und Südtiroler konnten mit Genugtuung heimkehren. Die Frage Südtirols war aus dem diplomatischen Halbdunkel ins Licht der Weltöffentlichkeit gerückt worden. Die Vereinten Nationen hatten Südtirol als eine politische Frage eingestuft. Der Politische Sonderausschuß, in welchem alle Mitgliedstaaten mit ein bis zwei Mann vertreten sind, befaßte sich mit dem Problem der 250.000 Südtiroler in zehn Sitzungen. Die Delegierten von 40 Staaten der Welt ergriffen das Wort. Österreich erhielt von dem Weltforum seine Schutzfunktion für unser Land bestätigt.

Ich verabschiedete mich von meinen Journalistenkollegen, die mir alle gratulierten. Mit Chini trank ich im Delegates Lounge ein Bier. Nicht bloß die Diskussion sei gutgegangen, auch die »conclusione« sei gut ausgefallen, meinte ich. Er rang sich ein Lächeln ab: für euch besser, als die Italiener je gedacht hätten.

Im Delegates Lounge traf ich mich auch noch mit Conor Cruise O'Brien. Er schilderte mir ausführlich die Lage in Nordirland. Trotz der schweren Ungerechtigkeiten der Protestantenmehrheit gegenüber der Katholikenminderheit verurteilte er mit Entschiedenheit die Bombenwerfer. Von ihm erfuhr ich erstmals, daß die blutigen Wirren in Nordirland nicht so sehr durch religiöse als vielmehr durch soziale Motive bedingt seien. O'Brien wurde später in Dublin Minister und nach seinem Ausscheiden Chefredakteur der englischen Zeitung »Observer«.

Dann hieß es rasch Koffer packen. In Südtirol standen ja am 8. November Landtagswahlen auf dem Programm. Wir hatten an den Abenden der UNO-Tagung einen amerikanischen Wahlkampf miterleben dürfen. Die Präsidentenwahl am 8. November 1960 brachte einen knappen Sieg von John F. Kennedy über Richard Nixon. Ganz New York war in den letzten Oktoberwochen von einem Wahltaumel erfaßt. Die Propaganda erinnerte uns an unseren Fasching. Immer wieder brausten Laster voll von Mädchen im Bikini mit Schärpen »I like Kennedy« oder »I like Nixon« durch die »avenues« und »streets«. Der ganze Zauber legte sich erst im Morgengrauen und setzte um Mittag wieder ein. Außenminister Kreisky hatte im Hotel »Carlyle« an der Madison Avenue Quartier bezogen. Im gleichen Hotel stieg auch Kennedy ab, wenn er in New York weilte. Eines Abends teilte uns Kreisky mit, Kennedy sei zu Mittag eingetroffen. Am nächsten Morgen standen wir Südtiroler natürlich in der Hotelhalle und warteten. Wir mußten uns in Geduld üben, aber dann erschien er doch mit seiner Frau. Der Präsidentschaftskandidat begrüßte, wie es drüben üblich ist, alle Personen in der Halle mit einem Handschlag und einem »how do you do«. Über die Identität der Menschen in der Halle hatten sich die Sicherheitsbeamten selbstverständlich vorher schon gründlich vergewissert. Kennedy strahlte Charme, Optimismus und Zuversicht aus. Jetzt verstand ich erst, warum sich die Jugend für ihn so begeisterte. Auch wir drei Südtiroler wünschten ihm von Herzen den Sieg.

Aufgrund der UNO-Entschließung fanden 1961 österreichisch-italienische Außenministerkonferenzen in Mailand, Klagenfurt und Zürich statt. Die SVP entsandte mich zu allen dreien wieder als Beobachter. Die Treffen brachten keine Annäherung der Standpunkte. Vor der Begegnung in Zürich hatte eine Serie von Sprengstoffanschlägen auf Elektroleitungen das Problem Südtirol in den Mittelpunkt der Aufmerksamkeit der europäischen Öffentlichkeit gerückt. Ab Juli wurden Dutzende und Aberdutzende von Tätern und Verdächtigen verhaftet und zum Teil von der Polizei schwer gefoltert. Aber die Protestaktion blieb nicht ohne positive Folgen. Im September 1961 setzte Italien die sogenannte »Neunzehnerkommission« zur Überprüfung aller Aspekte der Lage in Südtirol ein. Von ihr gingen die entscheidenden Impulse zur Ausarbeitung eines neuen Autonomiestatuts aus.

Am 15. November 1961 stand die Südtirolfrage wieder im Politischen Sonderausschuß der UNO zur Debatte. Die Aufnahme in die Tagesordnung der Vollversammlung war glatt über die Bühne gegangen. Neuerdings konnte ich die Rededuelle Kreisky – Segni verfolgen. Der österreichische Außenminister forderte die Bildung einer Internationalen Kommission für Südtirol. Italiens Segni beharrte darauf, daß die Frage vor den Internationalen Gerichtshof gehöre. Die italienische Delegation konnte kaum ihr Mißvergnügen verhehlen über die große Aufmerksamkeit, welche unser Problem neuerlich fand. Redner von nicht weniger als 34 Staaten meldeten sich zu Wort. Zypern, Indien und Indonesien brachten den Entwurf einer Resolution ein. Darin wurden beide Staaten zur Fortsetzung der zweiseitigen Verhandlungen aufgefordert, um eine Lösung des Problems zu finden. Sollten die Bemühungen keinen Erfolg bringen, so sollen beide Länder ihr Einvernehmen geben zur Bestellung einer Person oder eines Organs, welche oder welches die Erfüllung der Resolution von 1960 zu erleichtern hätte.

Italien sprach sich scharf gegen diesen Entwurf aus. Er würde allzuviel dem österreichischen Standpunkt Rechnung tragen. Da aber kein anderer Antrag vorlag, hätte am Schluß der Debatte über diese Resolution abgestimmt werden müssen. Sie hätte im Ausschuß mit keiner Mehrheit rechnen können und die Südtirolfrage wäre vom Tisch der UNO weggefegt gewesen. Die italienischen Delegationsmitglieder frohlockten schon. Da bereitete ihnen der australische Delegationsführer John Hood, der von Botschafter Dr. Waldheim mobil gemacht worden war, eine böse Überraschung. Er beantragte unmittelbar vor der Abstimmung eine Unterbrechung der Sitzung, um einen einvernehmlichen Text zu erarbeiten. Seinem Begehren wurde stattgegeben. Als der Ausschuß eine halbe Stunde später wieder zusammentrat, lag eine abgeänderte Resolution vor. Darin nahm die UNO mit Befriedigung von den Verhandlungen der beiden Streitparteien Kenntnis, stellte fest, daß der Streitfall noch nicht geschlichtet sei, und lud die beiden Parteien ein, ihre Bemühungen zur Erreichung einer Lösung fortzusetzen. Die Italiener saßen mit süß-sauren Gesichtern da. Wie man später hörte, haben sie sich bis zum Schluß auch gegen diese Resolution gewehrt. Der Ausschuß billigte den Antrag einstimmig. Die Genehmigung der Entschließung auf der Vollversammlung war nur mehr eine Formsache.

Österreich und Südtirol konnten auch mit der zweiten UNO-Runde zufrieden sein.

In der Generaldebatte auf der Vollversammlung der UNO am 26. September 1963 gab Außenminister Bruno Kreisky eine ausführliche Darstellung über den Stand der Verhandlungen in der Südtirolfrage. Der Minister erwähnte auch die Folterungen von Südtiroler Häftlingen. Italien habe gegen diese Verletzung von Menschenrechten noch keine Maßnahme getroffen. Nun seien sowohl die UNO wie der Europarat für die Wahrung der Menschenrechte zuständig. Österreich behalte sich deswegen auch vor, die Verletzungen dieser Rechte beiden Organen zu unterbreiten.

Ihren großen Tag erlebten die Vereinten Nationen in dieser Sitzungsperiode am 4. Oktober mit dem Besuch »seiner kaiserlichen Majestät, Haile Selassie, Kaiser von Äthiopien«. In feierlicher Form wurde der Negus in den Sitzungssaal geleitet. Alle Delegationen hatten sich von den Sitzen erhoben und begrüßten ihn mit stürmischem Beifall. Mich interessierte besonders, wie sich die italienischen Delegierten verhalten würden. Die Sitzungsordnung im UNO-Saal ist alphabetisch ausgerichtet. Den Italienern waren die Plätze neben dem Afrikastaat Ivory Coast (Elfenbeinküste) zugewiesen. Die Schwarzen klatschten natürlich begeistert Beifall. Die Italiener verzogen keine Miene und hielten ihre Hände verschränkt. In seiner Ansprache erinnerte Haile Selassie daran, daß er vor 27 Jahren die Rednertribüne in Genf bestiegen habe, um den Völkerbund um Hilfe gegen die faschistischen Angreifer zu ersuchen. Er habe damals vergeblich an das Weltgewissen appelliert. Seine Worte seien ungehört verhallt. Die Geschichte habe aber die Richtigkeit seiner Warnung im Jahre 1936 bestätigt.

Bei den UNO-Vollversammlungen 1966 und 1967 spielte ich wieder die Beobachterrolle. Als österreichischer Außenminister amtierte Dr. Lujo Toncic. Die italienische Delegation wurde vom Minister Attilio Piccioni geführt. In ihren Reden stellten die Vertreter beider Staaten fest, daß man bei den zweiseitigen Verhandlungen im Sinne der UNO-Entschließungen von 1960 und 1961 Fortschritte erzielt habe. Piccioni glaubte allerdings auch, in bewegten Worten Klage über den »Terrorismus« in Südtirol führen zu sollen. Erst in den letzten drei Monaten, tat er am 4. Oktober 1967 den Delegierten kund, seien nicht weniger als sechs unschuldige Menschen ums Leben gekommen. Er beschuldigte die österreichischen Behörden, keine genügenden Vorkehrungen zur Verhinderung der Anschläge zu treffen. Toncic konterte mit der Feststellung, daß Österreich die Bildung einer internationalen Untersuchungskommission zur Beurteilung seiner Sicherheitsmaßnahmen angeboten habe. Italien hätte aber ein schroffes Nein gesagt.

Im Landtag und unter Journalisten

Vertreter des Bezirks Sterzing • Magnago wird Landeshauptmann • Kontakte zu Kollegen im deutschen Sprachraum

Vor meiner Abreise nach New York hatten mich im September 1960 die politischen Vertreter des Wipptales, des Bezirkes Sterzing, ersucht, ich möchte bei den Landtagswahlen im November kandidieren. Das Wahlsystem in Italien sieht auf allen Ebenen (Staat, Land, Gemeinde), zum Unterschied von Österreich und der Bundesrepublik Deutschland, die Abgabe von Vorzugsstimmen vor. Es ist eine Persönlichkeitswahl, wie sie ÖVP-Obmann Mock im März 1983 auch für Österreich vorgeschlagen hat. Die Reihung der Wahlwerber auf der Liste spielt bei diesem System überhaupt keine Rolle. Jeder Wähler kann zusätzlich zur Stimme für eine politische Gruppe noch bis zu vier Kandidaten eben dieser Gruppe bevorzugen, d. h. er kann ihre Namen oder Listennummern eigens auf dem Stimmzettel vermerken. Für die Reihung der Gewählten geben diese Vorzugsstimmen allein den Ausschlag. Es kann also wenigstens theoretisch vorkommen, daß der letzte Mann auf der Kandidatenliste am besten abschneidet. Die Werbung der Vorzugsstimmen war damals noch fast ausschließlich Sache der sieben SVP-Bezirke. Wirtschaftliche und soziale Verbände hatten mit Ausnahme des Katholischen Verbandes der Werktätigen (KVW) zum Unterschied von heute noch kaum einen Einfluß auf den Wahlausgang. Jede Talgemeinschaft empfahl natürlich ihre Kandidaten. Diese Praxis ging auf Kosten der kleinen Bezirke, die nur über wenige Wähler und noch weniger Vorzugsstimmen verfügten. Der Bezirk Sterzing brachte aus eigener Kraft nie jemanden in den Landtag. Der Kandidat mußte nahezu die Hälfte der Stimmen in anderen Bezirken sammeln. Die Sterzinger vertraten nun die Auffassung, daß nur ich auswärts genügend bekannt sei, um konkurrieren zu können. Ich tat meinen engeren Landsleuten den Gefallen und unterschrieb noch am Vormittag der Abreise die Annahmeerklärung, die jeder Bewerber um ein Mandat abgeben muß.

Während sich Dr. Alfons Benedikter und ich für die Sache Südtirols im fernen Amerika schlugen, eilten die Konkurrenten von einer Wahlversammlung zur anderen und machten mit ihren Freunden für sich Stimmung. Unser Einsatz in New York wurde völlig in den Hintergrund gedrängt und auch nicht honoriert. Ich konnte nach meiner Rückkehr eine Woche vor dem Urnengang nur noch bei einer Wahlversammlung in Bozen sprechen. Am 8. November wurde gewählt. Das Ergebnis fiel für mich ganz knapp aus. An 13. Stelle der 15 gewählten SVP-Mandatare schaffte ich den Einzug in den Südtiroler Landtag. In der Zusammensetzung der Landesregierung gab es eine Veränderung von größter Tragweite. Parteiobmann Dr. Silvius Magnago, bisher immer Landtagspräsident, löste den ziemlich farblosen Ladiner Ing. Alois Pupp als Landeshauptmann ab. Natürlich gab es gegen diesen Wechsel auch viel Widerstand. Doch das Team von 1957 stellte sich geschlossen hinter den Obmann. Heute wird jeder gerne zugeben, daß mit der Wahl von Dr. Silvius Magnago zum Chef der Landesverwaltung ein entscheidender Schritt in die richtige Richtung getan wurde.

Die den Südtirolern zustehenden drei Regierungsposten in der Region wurden von uns nicht besetzt. Wir hätten uns politisch wohl unmöglich gemacht, wenn wir die Auflösung der Region gefordert und gleichzeitig in der regionalen Regierung geblieben wären. Dies hätte im Ausland niemand verstanden.

Neben meinem Landtagsmandat übte ich weiter meine Tätigkeit als verantwortlicher Schriftleiter der »Dolomiten« aus. Am Beruf fand ich viel Freude. Mit meinen Mitarbeitern verstand ich mich bestens. Wir waren eine gut eingespielte Mannschaft. Im deutschen Sprachraum durfte ich viele Kollegen Freunde nennen. Kanonikus Gamper hatte mir beigebracht, daß ein Journalist viel reisen und viele Kontakte mit der Außenwelt halten müsse, wenn er in der kleinen Provinzatmosphäre nicht geistig verdorren wolle. Er schickte mich auch immer wieder zu Tagungen. Nach seinem Tode brachte die Verlagsanstalt Athesia weniger Verständnis für solche Weiterbildung auf. Ich ließ die Fäden trotzdem nie abreißen.

Wie gerne denke ich an die Drei-Länder-Treffen der katholischen Journalisten aus Österreich, der Bundesrepublik Deutschland und der Schweiz zurück, die alle zwei Jahre abgehalten wurden. Sie boten mir viele Anregungen und neue Gesichtspunkte. Sie bewahrten mich vor dem Verlust des Schritthaltens mit einer neuen Zeit. Sie ließen mich nicht vergessen, daß es außerhalb der Tiroler Berge noch eine andere Welt mit nicht weniger brennenden Fragen gibt. Auf der anderen Seite boten mir die Tagungen Gelegenheit, die Kollegen aus dem ganzen deutschen Sprachraum mit den Nöten des kleinen Südtirol vertraut zu machen. Der ehemalige Präsident der Gesellschaft Katholischer Publizisten Deutschlands und Chefredakteur des »Rheinischen Merkur«, Dr. Otto Roegele, heute Universitätsprofessor für Publizistik in München, verstand es besonders gut, mein Südtirolreferat unauffällig zwischen den anderen Tagesordnungspunkten einzuflechten. Der Vorstand des Verbandes Katholischer Publizisten Österreichs, Prof. Dr. Richard Barta, Chefredakteur der Kathpress, und sein Freund Sektionschef Dr. Kurt Skalnik, Pressereferent der beiden letzten österreichischen Bundespräsidenten, sind mir in allen Lebenslagen hilfsbereite Freunde gewesen. Zu Bartas Nachfolger an der Spitze des Verbandes, Chefredakteur Dr. Hubert Feichtlbauer, habe ich auch sofort ein herzliches Verhältnis gefunden. An den Drei-Länder-Treffen nahmen auch immer Journalisten aus dem Elsaß und aus Deutsch-Belgien teil. Mit ihnen verstand ich mich natürlich ausgezeichnet; wir konnten uns Lageberichte geben und Erfahrungen austauschen.

Um die Gestaltung der »Dolomiten« hat sich der Athesia-Direktor Dr. Toni Ebner nach dem Tode des Kanonikus Michael Gamper zunächst nur ganz am Rande gekümmert. Er kam höchst selten in die Redaktion und ließ mir nahezu freie Hand. Brieflich tat er mir ab und zu seine Wünsche und manchmal kritische Bemerkungen kund. Mit seiner Tätigkeit als Abgeordneter in Rom und als Direktor der Verlagsanstalt war er ja auch schon so mit Arbeit überlastet.

Was meine Tätigkeit als Politiker betrifft, so schlüpfte ich bei den Neuwahlen des Landtages im Jahre 1964 als Vorletzter noch einmal hinein. Anfang Jänner 1966 bestellte mich die SVP-Fraktion im Regionalrat zu ihrem Sprecher (Clubobmann). Dieses Amt brachte zwar viel Arbeit mit sich, bereitete mir aber auch viel Genugtuung. Aufgrund meiner Anwesenheit bei Abschluß des Pariser Vertrages konnte ich die Argumente der Trentiner Kollegen, welche sie für die Beibehaltung der Region Trentino-Südtirol in ihrer damaligen Form ins Treffen führten, immer widerlegen.

Die Feuernacht und ihre Folgen

Die Hintergründe der Anschläge von 1961 • Polizeiaktionen, Folterungen und Familien in Not • Der Mailänder Prozeß

In der Nacht vom Herz-Jesu-Sonntag, 11. Juni 1961, auf Montag saß ich in der Redaktion der »Dolomiten«. Die Arbeit lief ganz normal ab. Kurz nach 1 Uhr hörte ich plötzlich eine dumpfe Detonation, wie ein Donnergrollen. Sollte ein Gewitter im Anzug sein? Aber kurz darauf folgte schon ein zweiter Knall. In der ganzen Stadt gingen die Lichter aus. Ich stieg mit einem Arbeitskollegen auf das Dach des Athesia-Gebäudes in der Museumstraße. Wir sahen auf dem Jenesier Berg einen Blitz aufleuchten, hörten einen weiteren Knall und das Krachen eines Masten einer elektrischen Überlandleitung. Zwei, drei Minuten später das gleiche Schauspiel auf der gegenüberliegenden Talseite, dem Kohlerer Berg. In ganz kurzen Abständen blitzte und donnerte es auf allen Hängen rund um den Bozner Talkessel.

Jetzt wußte ich es: Der Befreiungsausschuß Südtirol (BAS) hatte seine Drohung wahrgemacht. Er hatte zugeschlagen.

Die Organisation hatte schon seit Jahren Flugzettel in Briefkästen flattern lassen, in denen eine viel härtere Politik gegenüber Rom gefordert wurde. Vor den Parlamentswahlen im Jahre 1958 waren in einem solchen Flugzettel die Senatoren Raffeiner und Braitenberg sowie die Abgeordneten Guggenberg und Ebner schwer angegriffen worden. Sie wurden eindringlich aufgefordert, nicht mehr zu kandidieren, ansonsten werde man gezwungen sein, ihnen kräftig nachzuhelfen.

Zur »scharfen Tonart« zählte auch der Kaufmann Sepp Kerschbaumer aus Frangart in der Gemeinde Eppan. Viele Jahre hatte er als SVP-Obmann von Frangart sein Bestes gegeben. Aus Protest gegen die »schlappe« Politik der SVP legte er 1956 seine Stelle nieder. Wenn er nach Bozen einkaufen ging, kam er öfters zu mir in die Wohnung auf einen kurzen Plausch. Er wurde nicht müde, immer zu wiederholen, man müsse zu ganz anderen Methoden greifen, um von den Italienern etwas zu erreichen. Für mich bestand kein Zweifel, daß er zu den führenden Köpfen des BAS zählte. Er vermied es aber peinlich, mir Einzelheiten seiner Absichten zu erzählen. Er verhehlte nicht seine Begeisterung über die Sprengung des Reiterdenkmals von Waidbruck und den Anschlag auf den Ansitz des berüchtigten Südtirol-Hassers Ettore Tolomei in Montan zwischen Bozen und Salurn im April 1961. Das Reiterdenkmal in Waidbruck hatte Mussolini dargestellt. In der demokratischen Nachkriegszeit wurde es umgetauft und erhielt den Namen »Genio Italico« (Italiens Genius). Tolomei hatte das faschistische Entnationalisierungsprogramm entworfen und dessen volle Durchführung geradezu mit Leidenschaft betrieben. Über die Täter ließ Kerschbaumer aber nicht das Geringste verlauten. Ich wußte auch nichts von den Vorbereitungen zur großen Sprengaktion in der Nacht vom Herz-Jesu-Sonntag, die als Feuernacht in die Geschichte Tirols eingegangen ist. Anscheinend bestand eine Übereinkunft in der Organisation, mich und meine Mithäftlinge vom Jahre 1957 nicht ins Vertrauen zu ziehen. So wurde ich von der Feuernacht völlig überrascht.

Auf dem Dach bot sich mir ein Bild wie mitten im Krieg: Rund herum blitzte und krachte es. Die Stadt lag in totaler Finsternis. Die italienischen Familien flüchteten in Massen in die nächstgelegenen Kasernen. Wir konnten unsere Arbeit nicht weitermachen. Die Setzmaschinen blieben drei Stunden wegen Strommangels außer Betrieb. So erschien auch die Zeitung mit gleicher Verspätung. Als ich im Morgengrauen nach Hause kam, schlief meine Frau noch ganz ruhig. Sie hatte vom ganzen Feuerzauber nichts gehört. So gute Nerven hatte sie.

Erst in den nächsten Tagen konnte man sich ein Bild vom Ausmaß der Sprengungen machen. Im Raum von Bozen allein waren neunzehn Hochspannungsmasten umgelegt worden. Im ganzen Land waren es 37. Für die Bozner Industriezone war die Stromlieferung unterbrochen. Ebenso war die Stromzufuhr zu den norditalienischen Industrien unterbunden. Die großen Elektrozentralen in Lana bei Meran, in St. Anton am Nordrand von Bozen und im Sarntal waren lahmgelegt worden. Weitere Elektrowerke waren beschädigt. Im Dorf Völlan oberhalb Lana waren die gemauerten Rohrleitungen einer Elektrogesellschaft völlig zerstört worden. An der Mauer des Stausees im Mühlwalder Tal bei Taufers im Pustertal war eine Sprengladung mit einem Zeitzünder angebracht worden. Sie wurde jedoch entdeckt, bevor sie zur Explosion kam.

In der Nacht zum 13. Juni wurden noch drei Masten im Gebiet von Kaltern in die Luft gejagt. Die Anschläge verteilten sich über das ganze Land. Einzelne Sprengungen waren bis Jahresende hin noch zu verzeichnen. Italiens Innenminister Mario Scelba, der am 19. Juni die Bürgermeister Südtirols, die politischen Vertreter und die Wirtschaftskreise zu sich in das Herzogspalais in Gries/Bozen gerufen hatte, bezifferte den angerichteten Schaden auf 700 Millionen Lire (natürlich im damaligen Wert) wegen Stromausfalls und auf 200 Millionen Lire wegen des Ausfalls von Industrieproduktion. Der Minister schickte sofort Polizei- und Militärverstärkungen, für deren Unterbringung Gasthöfe beschlagnahmt wurden.

Die Sprenger waren bei ihrer Großaktion peinlich genau bedacht gewesen, Menschenleben zu schonen. Leider gab es trotz aller Vorsicht einen Toten. Der 67jährige Straßenwärter Giovanni Postal sah an der Straße südlich von Salurn an der Sprachgrenze ein Paket an einem Alleebaum hängen. Er wollte es herunterholen. Als er es anfaßte, explodierte es. Der Mann war auf der Stelle tot.

Diese Anschlagswelle großen Stils ließ nicht nur Italien, sondern auch breite Kreise im Ausland aufhorchen. Die erste Stellungnahme kam von Dr. Toni Ebner. Er veröffentlichte in den »Dolomiten« einen Leitartikel mit der Überschrift: »Geschändetes Herz-Jesu-Fest«. Ich machte ihm gegenüber kein Geheimnis, daß ich mit dieser Formulierung nicht einverstanden war. In den nächsten Tagen stand unser Land im Mittelpunkt der Berichterstattung in der europäischen Presse. Drei Tage nach der Feuernacht meldete sich der englische Generalkonsul von Innsbruck bei mir in der Redaktion. Er versuchte mir vorzumachen, daß er nur zufällig auf einer Reise von Venedig herauf in Bozen haltgemacht habe. In Wirklichkeit war er von seinem Wirkungsort nach Bozen beordert worden, um einen Lagebericht zu liefern. Der Generalkonsul erkundigte sich eingehend über die Gründe und Hintergründe der Anschlagswelle. Er verhehlte nicht seine Verwunderung darüber, daß junge Leute so viele Kilo Dynamit in oft fast unzugängliche Höhen geschleppt und dabei ihr Leben riskiert hätten. Er verlieh auch seinem Staunen Ausdruck, daß sie es trotz der großen Polizeiverstärkung nach den ersten Sprengungen verstanden hätten, der Polizei nicht ins Netz zu gehen. Den Worten des Konsuls konnte ich entnehmen, daß man in London die Feuernacht sehr ernst nahm.

Der BAS hatte rein technisch eine Meisterleistung vollbracht, die ihm kaum jemand in Mitteleuropa nachmachen hätte können. Organisatorisch hat sich sein Aufbau aber als völlig unzureichend, ja als völlig verfehlt erwiesen. Im BAS kannte jeder jeden mit Namen und Adresse. Als Mitte Juli die ersten Verdächtigen festgenommen und gefoltert wurden, nannten sie die Namen der Mittäter. Diese kannten wieder die Namen anderer. So konnte die Polizei mit ihren unmenschlichen Methoden innerhalb kurzer Zeit den Großteil der BAS-Leute ausfindig machen. Verschwörung ist ja überhaupt nie die Stärke deutscher Menschen gewesen. Denken wir nur beispielsweise an den 20. Juli 1944.

Bis Ende Juli hatten die Sicherheitsbehörden bereits über 60 Südtiroler in Haft genommen. Bis Anfang September stieg ihre Zahl auf 90 an. Etwa ein Dutzend hatte sich noch rechtzeitig über die Grenze absetzen können. In den Carabinierikasernen, besonders in der von Eppan, hatten die Nachbarn die gefolterten Häftlinge oft Nächte lang schreien gehört. Sie erstatteten bei der SVP-Leitung Meldung. Damals habe ich es bedauert, nicht mehr Parlamentarier zu sein. Im Schutze der Immunität hätte ich so gerne diese Orte des Schreckens aufgesucht und mich erkundigt, was denn dort geschehe. Mir ist nicht bekannt, daß einer der damaligen Kammerabgeordneten oder Senatoren sich einmal die Mühe genommen hätte, in den Polizeistationen gegen die Mißhandlungen einzuschreiten.

Mit den Festnahmen hatten viele Familien ihren Ernährer verloren. Ich habe mich anläßlich einer Wien-Reise am 22. Jänner 1962 bei Bundeskanzler Dr. Alfons Gorbach, meinem alten Mitarbeiter im KZ-Dachau, mit allem Nachdruck dafür eingesetzt, daß Österreich für diese Familien sorgen sollte. Und Wien zeigte sich wirklich großzügig. Aus Nordtirol kam ebenfalls Unterstützung. Auch nicht wenige Südtiroler Familien steuerten ihr Schärflein bei. Die Bozner Quästur (Polizeidirektion) stellte Nachforschungen an, woher die Gelder kämen. Personen, die sich mit der Verteilung der Hilfe befaßten, darunter in erster Linie der Landtagsabgeordnete Dr. Franz Wahlmüller, Vize-Landesrat für Sozialfürsorge, gerieten ins Schußfeld. So fand ich mich eines Tages beim Leiter der politischen Abteilung, Giovanni Peternel, ein und erklärte ihm rundweg, daß ich allein verantwortlich zeichne für die Herkunft des Geldes. Er schaute mich groß an. Seit der Vorsprache hörte die Neugierde der Polizei völlig auf.

Der Landtagsabgeordnete Ing. Hans Plaikner und ich hatten es uns auch zur Aufgabe gemacht, die Häftlingsfamilien zu besuchen. Die anderen Kollegen im Landtag zogen es vor, vorerst im Abseits zu bleiben. So nahmen auch am 22. November am Begräbnis von Franz Höfler aus Lana, der im Gefängnis an den Folgen von Mißhandlungen gestorben war, von allen politischen Mandataren nur drei Südtiroler Landtagsabgeordnete teil: Plaikner, Wahlmüller und ich. Nach dem Tode von Hans Plaikner, der im Herbst 1964 in den Dolomiten abstürzte, setzte ich die Besuche mit meiner Frau allein fort. Die Familien fühlten sich allein durch das Kommen schon sehr ermuntert.

Bei der Betreuung der Häftlingsfamilien haben sich Frau Greti Koch und Fräulein Maria Egger, heute Frau Gretzer, besonders verdient gemacht. Das Geschäft der Frau Koch in der Bindergasse war die Zufluchtsstätte der Frauen und Mütter der Verhafteten. Der Mann der Frau Koch, Martin, war ebenfalls festgenommen worden und saß hinter Kerkermauern. Maria Egger war Sekretärin der Südtiroler Volkspartei. Jede Stunde ihrer Freizeit benützte sie zu Besuchen bei den Familien, überbrachte ihnen Geldbeträge und Geschenke, die sie selbst zum Großteil gesammelt hatte. Die Frauen nannten sie ihren »Engel«.

Erst nach dem Tod eines zweiten Häftlings im Gefängnis, des Anton Gostner aus St. Andrä/Brixen am 7. Jänner 1962, wurde das ganze Land von einer Entrüstungswelle erfaßt. Die politischen Gremien der SVP hatten schon mehrmals die Errichtung einer Kommission zur Untersuchung der beklagten Folterungen gefordert. Sie erhielten weder von den staatlichen Stellen in Rom noch in Bozen irgendeine Antwort. Am 11. Jänner 1962 kam aber ein Paukenschlag, der die italienischen Behörden in helle Aufregung versetzte. Dr. Josef Gargitter, Bischof von Brixen und damals auch Apostolischer Administrator der Erzdiözese Trient, meldete sich mit einer Pressemitteilung zu Wort. In der Erklärung des Bischofs hieß es einleitend:

»Die Tatsache, daß innerhalb kurzer Zeit zwei von den im Gefängnis in Bozen sich befindenden politischen Häftlingen plötzlich verstorben sind, hat in der Bevölkerung größte Besorgnis hervorgerufen und die Meinung entstehen lassen, daß Gerüchte, die schon seit Monaten in Umlauf waren, über Mißhandlung politischer Häftlinge durch Sicherheitsorgane, begründet sind. Wie ein Alpdruck liegt auf den Herzen vieler die Befürchtung, daß in diesem Grenzgebiet nicht allen Bürgern der Rechtsschutz des Staates in genügender Weise gesichert sei.«

Mit dieser Stellungnahme des Bischofs ließen auch die Südtiroler, welche ihm gegenüber eine gewisse Distanz bewahrt hatten, alle Vorbehalte fallen. Zur Einsetzung der verlangten parlamentarischen Untersuchungskommission konnte sich Rom aber auch nach den Bischofsworten nicht aufraffen. Schließlich erhob jedoch ein mutiger Staatsanwalt in Trient, namens Agostini, gegen zehn Carabinieri wegen Mißhandlung der Häftlinge Anklage. Am 29. August 1963 standen sie in Trient vor Gericht. Nach 13stündiger Beratung wurden acht freigesprochen und zwei amnestiert. Natürlich ging eine Welle der Empörung durch das Land. Die österreichische Presseagentur apa kommentierte: »Der Freispruch schlägt dem Gerechtigkeitsempfinden ins Gesicht.« Die »Nürnberger Zeitung« schrieb: »Die Justizkomödie hatte eine schlechtere Wirkung, als wenn es gar nichts gegeben hätte.«

Zu den zwei Amnestierten zählte der Hauptmann Rotellini. Er wurde vom Generalkommandanten nach dem Urteilsspruch baldigst nach Bergamo versetzt. Dort sollte Rotellini wegen Mißhandlungen an Häftlingen neuerdings mit dem Gesetz in Konflikt geraten. Der Mann konnte das Prügeln und Schlagen wehrloser Menschen anscheinend nicht lassen. Ende April 1964 machten Meldungen über schwere Folterungen in der Carabinierikaserne von Bergamo Schlagzeilen in der italienischen Presse. Im Parlament regnete es Anfragen. Rotellini und etliche seiner Mannen wurden unter Anklage gestellt. Das Verfahren wurde aus Gründen der Befangenheit einem Gericht in Rom zugewiesen, das den Hauptmann zu 13 Monaten Gefängnis verurteilte.

Die Sprengstoffanschläge in Südtirol wurden verschieden beurteilt. Die treffendste Bewertung gab Österreichs Bundeskanzler Dr. Alfons Gorbach in einer Presseaussendung am 23. Juli 1961. Der Kanzler stellte fest: »Wenn die Frage nach den Schuldigen der Gewaltaktion in Südtirol aufgeworfen wird, dann kann man an der Schuld jener nicht vorübergehen, die durch jahrelange Ablehnung gerechter Forderungen den Nährboden für Verzweiflungsakte geschaffen haben. Zu verurteilen ist nicht nur Gewalt, die aus der Verzweiflung erwächst, zu verurteilen sind ebenso nachdrücklich Unterdrückung, Polizeimethoden und administrative Schikanen. Wenn man heute mit Recht sagt, daß man ein Problem von europäischer Bedeutung wie die Südtirol-Frage nicht mit Plastikbomben lösen kann, dann antworte ich: Ja, gewiß, aber ebensowenig wird man sie mit Bajonetten lösen können.« Die Aussage Gorbachs löste in Rom erregte Proteste aus. Sie verfehlte aber nicht ihre Wirkung.

Im Sommer 1962 meldete sich bei mir Joseph Pikvance, Hochschulprofessor in Birmingham und führendes Mitglied der Quäker in England. Er wollte sich über die Verhältnisse in Südtirol gründlich informieren. Vor allem legte er Wert darauf, einige Häftlingsfamilien kennenzulernen. Wir lotsten den Professor samt seiner Frau und einer Tochter durch das Bozner Unterland. Wir besuchten die Familien Clementi in Pinzon, Fontana und Matuella in Neumarkt, Thaler in Tramin und noch andere. Auf der Rückfahrt hüllte sich Pikvance die längste Zeit in völliges Schweigen. Er war nicht ansprechbar. Und schließlich äußerte er sich doch wieder und sagte, es tue ihm sehr, sehr leid, für die Südtiroler Sprengstoffattentäter auch einmal den Ausdruck »Terroristen« gebraucht zu haben. Heute habe er sich überzeugt, daß für die Aktionen in Südtirol der Name Terror völlig fehl am Platz sei.

Pikvance kehrte im Winter 1968 an der Spitze einer vierköpfigen Quäker-Delegation wieder. Die Abordnung schlug im Hotel Mondschein in Bozen ihr Quartier auf. Sie hörte sich die Meinungen aller politischen Parteien und Gruppen an. Dann fuhr sie nach Rom weiter. Dort gewährten alle für Südtirol zuständigen Stellen den Quäkern Audienz. Sie drängten Rom zum Einlenken. Sie vertraten mit strenger Sachlichkeit, aber auch mit größtem Nachdruck ihren Standpunkt, der sich nahezu völlig mit dem unseren deckte. Die Quäker betrachten es als ihre vornehmste Aufgabe, überall in der Welt, wo es brennt, ihre Vermittlungsdienste anzutreten. Ich wußte es sehr wohl zu würdigen, daß wir sie als Bundesgenossen gewonnen hatten.

Nach meiner persönlichen Bewertung hat die Feuernacht vom Herz-Jesu-Sonntag 1961 einen neuen Abschnitt in der Südtirol-Politik eingeleitet. Rom entschloß sich endlich, der Frage die gebührende Aufmerksamkeit zu widmen. Ohne Anschläge hätte sich die Regierung nie zur Einsetzung einer Kommission aufgerafft, welche den Auftrag bekam, »die Südtirol-Frage unter all ihren Gesichtspunkten zu studieren und der Regierung Vorschläge zu unterbreiten«. Die Arbeiten dieser Kommission, nach der Zahl der Mitglieder »19er-

Kommission« genannt, bildeten den Startschuß zum neuen Autonomiestatut. Sepp Kerschbaumer, der 1964 im Gefängnis starb, und seine Kameraden haben einen wesentlichen Beitrag zur Erreichung der neuen Autonomie geleistet.

Das Werk dieser Männer der ersten Stunde wurde später allerdings in ein schiefes Licht gerückt. Neben den Idealisten schalteten sich bei verschiedenen Aktionen immer mehr auch Rechtsextremisten aus Österreich und Deutschland ein. Sie kannten keine Rücksicht auf Menschenleben. Sie erschossen Finanzer und Carabinieri aus dem Hinterhalt, legten Tretminen gegen das Militär, verstauten Koffer mit Sprengstoff in Zügen und Gepäcksaufbewahrungen der Bahnhöfe, unterbrachen Bahnlinien. Mit dieser Art von Attentaten haben sie der Sache Südtirols schwer geschadet.

Der Prozeß gegen die Südtiroler Häftlinge wurde dem Schwurgericht von Mailand zugewiesen. Er begann am 9. Dezember 1963 und dauerte bis zum 16. Juli 1964. Den Vorsitz führte Gustavo Simonetti. Ich habe gleich nach der Ausschreibung den lieben Bozner Gefängniskaplan Monsignore Giovanni Nicoli gebeten, nach Mailand zu fahren und bei Simonetti ein gutes Wort einzulegen. Don Nicoli ließ sich nicht zweimal bitten. Er kannte die meisten ja aus der Haftzeit in Bozen. Nach der Rückkehr ließ er mich wissen, er habe den Eindruck gewonnen, daß Simonetti für ein gnädiges Urteil eintreten werde.

Am 17. April 1964 wurde ich drei Stunden lang als Zeuge einvernommen. Die Fragen des Staatsanwaltes und der Verteidiger prasselten nur so auf mich nieder. Der Vertreter der Anklage wollte vor allem Auskunft über die Behandlung der Südtirol-Frage bei den Vereinten Nationen, über die Unterschriftensammlung, über unsere dortige Tätigkeit. Auf Fragen der Verteidigung gab ich eine Darstellung über das Zustandekommen des Pariser Abkommens. Ich verlas den Brief des seinerzeitigen österreichischen Außenministers Dr. Gruber, den er nach Abschluß des Vertrages an meinen Kollegen Dr. Otto v. Guggenberg gerichtet hatte. Darin bestätigte Gruber, daß eine Ausdehnung der Grenzen der Autonomie auf die Nachbarprovinz Trient eine ausdrückliche Zustimmung der Südtiroler bedinge. Dies gehe ganz klar aus dem Text des Vertrages hervor, und der italienische Partner, Ministerpräsident Degasperi, habe dazu sein Einverständnis gegeben.

Ich konnte auch die italienischen Behauptungen richtigstellen, daß der berüchtigte Südtirol-Hasser Senator Ettore Tolomei, der das Entnationalisierungsprogramm für unser Land entworfen hatte, nach dem 8. September 1943 ins KZ Dachau eingeliefert worden sei. Tolomei verbrachte einige Zeit als »Ehrenhäftling« in einem Bau außerhalb des Lagers. Dort ist er gut behandelt und verpflegt worden. Die Schrecken des Lagerlebens hat er nie kennengelernt, geschweige denn selber zu spüren bekommen. Auf die Frage, wie man heute in Südtirol über Tolomei denke, antwortete ich: »De mortuis nihil nisi bene – über Tote soll man nichts als Gutes sagen.« Präsident Simonetti blickte ganz verdutzt und bat mich, diese Aussage zu wiederholen. Er ließ sie sofort zu Protokoll geben. Mit dieser überraschenden Äußerung war der Wert meiner Aussagen in seinen Augen offensichtlich gestiegen. Daran änderte auch mein Zusatz nichts, da Tolomei ein Politiker gewesen sei, erlaube ich mir allerdings ein politisches Urteil; und dieses fiel natürlich vernichtend aus.

Auf weitere Fragen schilderte ich den Opfergang Südtirols unter dem Naziregime nach dem 8. September 1943. Die Zahlen der Todesopfer, der KZ-Häftlinge, der Eingekerkerten und der Wehrdienstverweigerer verfehlten nicht ihren Eindruck auf den Gerichtshof, vor allem auf die Geschworenen. Hatte man doch in der italienischen Presse nach den Anschlägen Südtirol wieder als das Nazi-Nest in Verruf gebracht. Ich teilte auch mit, daß junge Südtiroler, für welche der Vater im Jahre 1939 optiert hatte, die aber noch nicht die deutsche Staatsbürgerschaft besaßen, von der italienischen Polizei verhaftet und an der Grenze den deutschen Behörden übergeben wurden, wenn sie dem Einberufungsbefehl nicht Folge leisteten. Ich traf einige von ihnen in Dachau. Simonetti fragte: »Taten dies auch die Carabinieri?« Meine kurze Antwort: »Ja, auch die Carabinieri.« Er blickte betreten. Die Carabinieritruppe genießt in Italien nämlich eine viel höhere Wertschätzung als die »Polizei«. Schließlich erinnerte ich noch daran, daß Südtiroler Polizisten im März 1944 nach dem Attentat in der Via Rasella in Rom sich weigerten, an der Erschießung der Geiseln in den Ardeatinischen Höhlen mitzumachen. Auch diese Gedächtnisauffrischung verfehlte nicht ihren Zweck. Als ich den Gerichtssaal verließ, konnte ich mir doch mit einiger Genugtuung sagen, daß es mir gelungen war, die Nazigeflechte, die man um diese Sprenger gewoben hatte, zu durchlöchern.

Am 16. Juli 1964 fällte der Gerichtshof sein Urteil gegen die 91 Angeklagten, von denen 68 in Haft waren. Für 46 von ihnen öffneten sich die Gefängnistore. 27 wurden freigesprochen, die anderen hatten ihre Strafe in der Untersuchungshaft abgebüßt. 22 mußten zurückbleiben. Die Höchststrafen wurden gegen Abwesende ausgesprochen: Luis Amplatz wurden 25 Jahre aufdiktiert, Georg Klotz 18, den drei Nordtirolern Kurt Welser, Wolfgang Pfaundler und Heinrich Klier 23, 22 bzw. 21 Jahre. Von den Inhaftierten wurden Kerschbaumer zu 15 Jahren, Georg Pircher zu 14 Jahren Haft verurteilt. Alle übrigen kamen mit kleineren Strafen davon.

Man kann sagen, daß der erste Sprengstoffprozeß in Mailand sowohl in seinem Verfahren wie in seinem Urteil Geschichte gemacht hat. In Mailand stand auch die italienische Südtirol-Politik vor Gericht. Im Vergleich zu den ungeheuerlichen Anklagen, welche der Staatsanwalt Corrias in Bozen erhoben und der dortige Untersuchungsrichter Mario Martin bestätigt hatte, mußte der Urteilsspruch von Mailand milde genannt werden, wenn auch noch viel Leid und Bitternis zurückblieb. Diese Meinung brachte ich im Bozner Rundfunk zum Ausdruck. Ich war gerade am Tage der Urteilsverkündung von einer österreichisch-italienischen Expertenbesprechung in Genf heimgekehrt.

Vom »Aufbau« abgebaut

Die »Dolomiten« als Sprachrohr einer neuen »Richtung« in der SVP • Der Chefredakteur muß gehen • Das Ende der Affäre und neue Spaltungsversuche • Rückkehr nach Rom

Am 30. September 1961 wurde die Südtiroler Öffentlichkeit von einem »neuen Aufbauprogramm innerhalb der Südtiroler Volkspartei« überrascht. Die Tageszeitung »Dolomiten« wie auch das Parteiorgan »Volksbote« verkündeten es in größter Aufmachung. »Einsatzbereite Männer stünden dafür bereit«, wußten die Presseorgane zu melden. Sie veröffentlichten die Namen von 70 Bürgermeistern und Vize-Bürgermeistern sowie von über 100 Vertretern von Vereinen, Ständen und Berufen, welche sich zu diesem neuen Programm bekannt hatten. Auch der Gründer der Südtiroler Volkspartei, Erich Amonn, 23 SVP-Ortsobmänner und 3 Mandatare im Landtag hatten es unterzeichnet.

Wenn man nun das Programm näher unter die Lupe nahm, konnte man verdammt wenig Neues finden. Es erschöpfte sich zum Großteil in allgemeinen Formulierungen. Die Verurteilung der Sprengstoffanschläge, die raschere Durchführung der Autonomie gemäß Pariser Vertrag und das Verlangen nach Förderung der Wirtschaft stellten absolut kein Novum dar. Das lag alles ganz auf der Linie der Parteiführung. Auffallend war die Behauptung, daß durch »den steigenden Einfluß einiger extremer Elemente versucht worden sei, von der ursprünglichen Zielsetzung der SVP abzuweichen.« Überraschen mußte die Aussage, daß die Bevölkerung von diesen »oft einseitig und tendenziös informiert worden sei«. Viele Südtiroler »seien deswegen von der letzten Entwicklung enttäuscht worden«. Das allgemeine Vertrauen der Bevölkerung in die Führung müsse dadurch wieder gefestigt werden, daß »die Südtirol-Politik von verantwortungsbewußten Männern bestimmt werde«. Neu klang auch die Forderung, daß die Frage der Autonomie »vor allem durch direkte Verhandlungen mit den staatlichen Behörden einer Lösung zuzuführen sei«.

Die eigentliche Zielsetzung der Richtung war aber im zweiten

Absatz enthalten. Darin wurde zur Verwirklichung ihrer Ideen »eine entsprechende Vertretung in den zuständigen Parteiorganen« verlangt. Man werde alle notwendigen Schritte unternehmen, um dieses Ziel zu erreichen. Ja, darum ging es wirklich. Um mehr Macht in der Partei. Man wollte Revanche nehmen für die Palastrevolte bei der Landesversammlung im Jahre 1957, bei welcher die alte Garnitur durch eine neue, härtere, ausgetauscht worden war.

Als Paten des »Aufbaus« fungierten vor allem Wirtschaftskreise, Männer, die 1957 in den Hintergrund gestellt worden waren, Politiker, die vor dem Kriege einen großen Einfluß ausgeübt hatten, infolge ihrer Einstellung bei der Option aber einige Zeit hatten pausieren müssen und jetzt wieder einsteigen wollten. In den »Dolomiten« war stark hervorgehoben worden, daß der Parteiobmann Magnago bereits vorher über das Vorhandensein der Gruppierung informiert worden sei. Eine Abordnung habe ihm offiziell das Programm überreicht. Dieser Delegation gehörten, wie Magnago später mitteilte, u. a. der Abgeordnete Dr. Roland Riz und Karl Nicolussi-Leck an. Diese zwei bildeten zusammen mit Dr. Toni Ebner die Führungsmannschaft. Als geistiger Kopf wirkte Ebner. Bei der Beschaffung der Unterschriften, die als eine organisatorische Meisterleistung bezeichnet werden muß, dürfte Karl Nicolussi-Leck Regie geführt haben.

Die Veröffentlichung des Programms löste natürlich im italienischen und ausländischen Blätterwald ein großes Echo aus. Man schrieb von der »Anbahnung einer Neuorientierung, vom Bekenntnis zu einer Loyalitätspolitik«, ja sogar von einer »entscheidenden Wendung in der SVP«.

Bereits drei Tage später kam die erste kalte Dusche für die »Aufbauer«. Parteiobmann Magnago veröffentlichte eine Stellungnahme, in welcher er wissen ließ, daß er die Promotoren eindringlich gebeten habe, nicht in die Öffentlichkeit zu gehen. Er habe ihnen eine Diskussion im Parteiausschuß für die allernächste Zeit zugesagt. Er bedauere zutiefst, daß man diesem seinen Wunsch nicht entsprochen habe. Mit der Veröffentlichung habe man nur viel Aufsehen erregt. Es sei auch nicht tragbar, daß Mitglieder des Parteiausschusses mit einem politischen Programm an die Öffentlichkeit treten, bevor der Ausschuß selbst, in den sie gewählt wurden, darüber befunden habe. Auch Demokratie – unterstrich der Obmann – erfordere Disziplin.

Nach dieser Verlautbarung wußte die Bevölkerung, daß Dr.

Magnago der Aufbaugruppe nicht seinen Segen erteilt hatte. Und Magnago genoß schon damals ein so großes Ansehen, daß viele Unterzeichner zu zweifeln begannen, ob sie mit der Unterschrift wohl richtig gehandelt hätten.

Der Parteiausschuß befaßte sich kurze Zeit später in zwei langen Sitzungen mit dem »Aufbau«. Die große Mehrheit war nicht gewillt, sich einer Gruppe zu beugen, die sich außerhalb der Partei gesammelt hatte. Abg. Dr. Tinzl legte eine Resolution vor, die nichts besagte, niemandem weh tat, aber auch keine Klärung gebracht hätte. Magnago hatte aber den Ernst der Stunde erfaßt und war nicht müßig geblieben. Auch er brachte eine Entschließung ein, die er zusammen mit seinen engsten Mitarbeitern verfaßt hatte. Sie ließ an Deutlichkeit nichts zu wünschen übrig.

Die Diskussion im Ausschuß verlief sehr lebhaft, ja hitzig. Auf meinen Antrag hin wurde unsere Entschließung in zwei Teile gegliedert: in einen politischen und einen wirtschaftlich-sozialen. Der politische wurde einstimmig angenommen, also auch von den »Aufbau«-Leuten. Er bestätigte zur Gänze die bisherige Marschroute. Betont wurde, daß Österreich berechtigt und verpflichtet sei, sich für die volle Durchführung des Pariser Vertrages einzusetzen. Der internationale Weg müsse also weiterbeschritten werden. Der »Aufbau« rückte von seinen Vorwürfen gegen die Parteiführung ab. Er anerkannte in der Resolution, daß die Partei auch bisher von verantwortungsbewußten Männern geführt worden sei. Es habe sich bei dieser Feststellung nur um ein Mißverständnis gehandelt. Im wirtschaftlich-sozialen Teil wurde nach einzelnen Absätzen abgestimmt. In vier Punkten konnte keine Einigung erzielt werden. Das Stimmenverhältnis von 33:10 zeigte dem »Aufbau« aber deutlich genug, daß für ihn keine Aussichten bestanden, sich in der Partei durchzusetzen.

Damit war das Schicksal der so hochtrabend angetretenen Richtung schon besiegelt. Ein paar Unentwegte hielten zwar da und dort noch ein paar Versammlungen ab, innerhalb kurzer Zeit war der »Aufbau« jedoch in aller Stille abgebaut.

Sicherlich brachte unser Fernbleiben von der Regionalregierung den Wirtschaftskreisen einige Nachteile. Diese Durststrecke mußten wir aber einfach durchstehen. Wenn wir damals auf die internationale Weiterbehandlung der Südtirol-Frage verzichtet und in den Schoß der Region zurückgekehrt wären, hätte Südtirol nie ein neues Autonomiestatut erreicht. Daß die SVP die Kraftprobe mit dem »Aufbau« bestand, verdankt sie in erster Linie dem Obmann Dr. Magnago. Er ließ sich vom eingeschlagenen Weg nicht einen Millimeter weit abbringen. Wie recht er mit seiner Ausrichtung behalten sollte, können wir erst heute richtig würdigen.

Mich persönlich hat der »Aufbau« allerdings »abgebaut«: Mich kostete er die Stelle bei den »Dolomiten«. Nach der Feuernacht vom 11. Juni 1961 kam Dr. Toni Ebner öfters in die Redaktion. Plötzlich fand er an der Zeitungsgestaltung ständig etwas auszusetzen. Am 1. August 1961 legte ich die Stelle als Verantwortlicher nieder. Ich beschränkte mich jetzt auf den politischen Teil. Am 7. September warf mir Ebner vor, daß ich es darauf abgesehen hätte, seine Autorität in der Redaktion und im Zeitungsbetrieb zu untergraben. Er müsse mich deshalb ersuchen, dem Dienst vorläufig fernzubleiben. Ich war also suspendiert. Da alle Anschuldigungen aus der Luft gegriffen waren, rätselte ich über die wirklichen Gründe dieses Vorgehens. Als drei Wochen später die »Dolomiten« mit vollen Segeln in die Aufbaupropaganda einstiegen, fiel es mir wie Schuppen von den Augen. Ebner hatte einen Vorwand finden müssen, mich noch zeitgerecht aus der Redaktion zu entfernen, um freie Bahn für die »neue Politik« zu schaffen.

Der Vorstand der Verlagsanstalt Athesia hatte nach dem Zusammenbruch des »Aufbaus« anscheinend doch kein ganz ruhiges Gewissen. Das Dienstverhältnis wurde bis 30. 1. 1963 aufrecht erhalten; das Gehalt wurde mir weiterbezahlt. Einige Herren des Vorstandes liebäugelten, wie mir verläßlich mitgeteilt wurde, mit meiner Wiedereinstellung. Aber sie setzten sich nicht durch.

Nach meinem Ausscheiden aus den »Dolomiten« übernahm ich die Schriftleitung der ersten zwei Seiten des »Volksboten«, auf welche die SVP ein Recht hatte.

Anderthalb Jahre später forderte die »Aufbau«-Affäre, wenigstens vorübergehend, noch ein politisches Opfer: den Abgeordneten Dr. Roland Riz. Er zählte zu den Führern dieser Richtung unter Dr. Toni Ebner. Für den 28. April 1963 war die Neuwahl des Parlaments ausgeschrieben. Von den drei bisherigen Abgeordneten Dr. Toni Ebner, Dr. Roland Riz und Dr. Karl Mitterdorfer verzichtete Ebner auf eine Wiederkandidatur. Nach meiner Ausbootung mußte er sich der Zeitung widmen. Dr. Riz wurde nicht mehr auf die Liste gesetzt. Die

(48—50) Volggers jugoslawische Freunde: links Dr. Bogdan Novak, Leidensgenosse von Friedl Volgger im KZ Dachau, der ihm später für die Freilassung der Südtiroler Kriegsgefangenen in Jugoslawien die Wege ebnete; rechts Boris Kraigher, nach 1946 slowenischer Innenminister; unten Dr. Drago Marušič, Minister der jugoslawischen Zentralregierung in Belgrad, der Volgger 1946 eine Blitzvorsprache bei Tito verschaffte.

(51) Ein herzlicher Händedruck mit Österreichs Bundeskanzler Leopold Figl

(52) Der Chefredakteur der »Dolomiten« und Fritz Molden, der Chefredakteur der Tageszeitung »Die Presse«, der für die Südtiroler viele Verbindungen mit einflußreichen Persönlichkeiten herstellte.

(53) Dr. Friedl Volgger belauscht in Alpbach ein Gespräch zwischen dem österreichischen Bundespräsidenten Adolf Schärf und dem Tiroler Landeshauptmannstellvertreter Hans Gamper.

(54) Der deutsche FDP-Politiker und ehemalige Minister Ewald Bucher, einer von Volggers besten Freunden in Deutschland, der sich um Südtirol große Verdienste erworben hat, während einer Familienwanderung in Südtirol.

(55) Bei der Feier zur Überreichung des begehrten Drexel-Preises in Nürnberg (1958). Neben dem Geehrten und seiner Frau der Stifter des Preises, Dr. Joseph Drexel, bedeutender politischer Publizist und Herausgeber der »Nürnberger Nachrichten«.

Mehrheit des Parteiausschusses entzog ihm wegen seiner führenden Rolle beim »Aufbau« das Vertrauen. Ich gebe zu, daß ich mich entschieden gegen seine neue Kandidatur aussprach. Riz nahm mir das begreiflicherweise lange Zeit sehr übel. Erst fünf Jahre später versöhnten wir uns und wurden sogar gute Freunde. Seit seinem damaligen Ausrutscher wollte Dr. Riz nie mehr etwas von »Richtungen« wissen. So sprach er sich bei der Landesversammlung im Jahre 1981 mit aller Entschiedenheit gegen die Bildung einer Richtung Mittelstand aus.

Von den zwei Senatoren Sand und Tinzl ersuchte letzterer, daß man aus gesundheitlichen und Altersgründen von seiner Person absehen solle. Seine Stelle übernahm der Sterzinger Bürgermeister Hans Saxl. Erstmals in der Nachkriegszeit trat bei den Parlamentswahlen 1963 ein Südtiroler als unabhängiger Kandidat auf den Plan: der frühere SVP-Senator Dr. Josef Raffeiner. In einer Rundfunkansprache äußerte er, er habe sich zu diesem Schritt über Drängen von Freunden entschlossen, »um eine gewisse Diktatur zu brechen«. Durch seine Kandidatur sollte jedem die Möglichkeit geboten werden, bei der Wahl kundzutun, daß er »mit der zweideutigen, unheilvollen Politik der SVP nicht einverstanden sei«.

Man hat Dr. Ebner nach seinem Tode nachgerühmt, daß er in der Wahrung der politischen Einheit der Volksgruppe im Rahmen der Sammelpartei immer seine vornehmste politische Verpflichtung gesehen habe. Bei den Parlamentswahlen im April 1963 ließ er sich aber bedauerlicherweise verleiten, in der Person des Dr. Josef Raffeiner einen Spaltpilz zu züchten. In ihrer Ausgabe vom Samstag, 27. April, am Tag vor der Wahl, brachte die Tageszeitung »Dolomiten« in großer Aufmachung eine »Erklärung der Alt-Obmänner der SVP und des Bauernbundes«: »Aufgrund der Entwicklung der letzten Jahre«, stand darin zu lesen, » sind wir zu unserem größten Bedauern **d i e s m a l n i c h t** in der Lage, die Südtiroler zur Stimmabgabe für die Edelweißliste (SVP-Liste) aufzufordern.« Da es diesmal bei der Senatswahl die Möglichkeit einer Auswahl gebe, »erklären wir, unsere Stimme dem unabhängigen Kandidaten . . . Dr. Josef Raffeiner zu geben . . . **U n s e r G e w i s s e n** verpflichtete uns, die eigene Stimmabgabe öffentlich kundzutun . . .« (Sperrung im Original)

Diese Erklärung war von allen früheren Obmännern der SVP, Erich Amonn, Josef Menz-Popp, Dr. Toni Ebner und Dr. Otto von Guggenberg sowie vom früheren Bauernbundobmann Franz Innerhofer-Tanner unterzeichnet. Sie erregte natürlich nicht wenig Aufsehen. Später stellte sich heraus, daß man die zwei schon älteren, hochverdienten Männer Menz-Popp und Innerhofer-Tanner überrumpelt hatte. Sie konnten die Tragweite eines solchen Aufrufes nicht mehr ermessen und litten später sehr wegen der Abgabe ihrer Unterschrift unter dieses Dokument.

Trotz dieser Veröffentlichung und trotz einer noch nie dagewesenen Flugzettelpropaganda erhielt Raffeiner in beiden Senatswahlkreisen Brixen und Bozen insgesamt nur 15.000 Stimmen. Die Sammelpartei bestand diese Kraftprobe glänzend. Bei den Landtagswahlen im Herbst 1964 trat Raffeiner mit seiner Tiroler Heimatpartei unter dem Listenzeichen Schloß Tirol noch einmal an. Er konnte mit 5200 Stimmen ein Restmandat erringen. Er übernahm auch ein Referat in der Regionalregierung, welcher die SVP-Abgeordneten bis 1969 aus den bereits erwähnten Gründen fernblieben.

Im Regionalrat und im Landtag traf ich Raffeiner natürlich oft. Wir vertrugen uns zur Verwunderung mancher Kollegen recht gut. In deutschen Landen herrscht leider vielfach die bedauerliche Meinung vor, daß politische Differenzen auch zu persönlicher Feindschaft führen müßten.

Das Ausscheiden aus der Redaktion der »Dolomiten« brachte mir die nötige Zeit zu neuen politischen Aktivitäten. Im Jahre 1968 standen Parlamentswahlen bevor. Ich wußte, daß einer der beiden Senatssitze frei werden würde. Dr. Luis Sand kam für eine neuerliche Kandidatur nicht mehr in Frage. Mich reizte es, noch einmal nach Rom zurückzukehren. Ich besprach mich mit Dr. Magnago. Der Obmann forderte mich geradezu zur Kandidatur auf. Ihm lag besonders am Herzen, einen Mann seines Vertrauens in den Senat zu entsenden, war es doch gerade die Zeit, in der sich die Verhandlungen mit Rom um eine neue Autonomie ihrem Ende näherten. Und jeder wußte, daß das Ergebnis, das sogenannte »Paket«, bald zur Entscheidung stünde.

Laut italienischem Gesetz müssen die Landtagsabgeordneten sechs Monate vor dem Wahltermin zurücktreten, um für das Parlament kandidieren zu können. Dieser Rücktritt mußte die Zustimmung des Parteiausschusses finden. Kurz bevor er zur Sitzung zusammentrat, reichten auch die beiden Landesräte Dr. Peter Brugger und Dr. Robert v. Fioreschy Demissionsanträge ein. Der Antrag von Brugger kam für die meisten völlig überraschend. Der Ausschuß genehmigte das Ausscheiden von Brugger und mir aus dem Landtag. Mit diesem Beschluß war die Garantie verbunden, daß man uns auf die Wahlliste fürs Parlament setzen werde. Offen blieb die Frage, ob auf die Liste für den Senat oder die Abgeordnetenkammer. Ich hatte nie ein Hehl daraus gemacht, daß ich nur verzichten würde, wenn man mich auf die Senatsliste setze. Während der Parteiausschuß über seine Stellungnahme beriet, mußten Brugger und ich uns entfernen. Wir saßen beim Cafe Streitberger in der Museumstraße und tasteten uns gegenseitig etwas ab. Brugger versicherte mir schließlich mit aller Bestimmtheit, daß er für die Kammer antreten werde und der Weg in den Senat für mich völlig offenstehe. Doch als der Termin für die Aufstellung der Listen heranrückte, verlautete immer sicherer, daß auch Brugger sich um einen Senatssitz bewerben wolle. Auf meine betroffene Frage antwortete er kurz und bündig, er habe es sich jetzt anders überlegt. Später einmal in Rom versicherte er, man habe ihn in seinem Bezirk Pustertal unter Druck gesetzt.

Für den einen freien Senatssitz im Bezirk Bozen gab es jetzt plötzlich zwei Bewerber. Im Senatswahlkreis Brixen galt die Wiederkehr des Sterzingers Hans Saxl als sicher. Die Lage spitzte sich dramatisch zu. Der Parteiausschuß trat zusammen. Bei der Abstimmung für den Wahlkreis Bozen, für den ich eigentlich vorgeplant war, erhielt Brugger zwei Stimmen mehr. Dafür blieb im Wahlkreis Brixen Hans Saxl auf der Strecke. Auf mich entfielen etliche Stimmen mehr als auf den amtierenden Senator, und damit war ich als Senatskandidat für den sichersten Wahlkreis in ganz Italien aufgestellt, in welchem die SVP nur 1972 nicht die Mehrheit von 65 % erreichte, die für die Direktwahl vorgeschrieben ist.

Meine Nominierung verdankte ich ausschließlich dem Parteiobmann. Er hatte sein ganzes politisches Gewicht für mich in die Waagschale geworfen. Ja, er hatte sogar schon sein Rücktrittsschreiben abgefaßt, für den Fall, daß ich nicht durchdringen sollte. Magnago war sich völlig bewußt, was gespielt wurde. Er wollte neben Brugger, der als Sprecher der Paketgegner gelten konnte, einen Mann im Senat haben, der diesem sowohl in Rom wie auch im Lande selbst Paroli bieten könnte. Wäre ich bei der Abstimmung durchgerauscht, hätte es für die Annahme des Paketes wohl kaum eine Mehrheit gegeben. Ich wurde schließlich mit 81 Prozent der Stimmen direkt gewählt und zog mit Brugger in den Senat ein.

An allen Fronten der Paketschlacht

Die Abstimmung vom 23. November 1969 und ihre Vorgeschichte • Aus Vorschlägen, Gegenvorschlägen und Kompromissen entsteht neue Autonomie • Im Eiltempo durchs Parlament

Knisternde Stimmung herrschte am 23. November 1969 um 2 Uhr früh im großen Kursaal von Meran. 14 Stunden lang hatten die Parteidelegierten für und gegen die Annahme des Verhandlungsergebnisses für die neue Autonomie, des sogenannten Paketes, gekämpft. Nun war die Debatte abgeschlossen, die Auszählung der Stimmen hatte begonnen. Bald mußte sie abgeschlossen sein. Da erschien auch schon der Landessekretär mit einem Zettel in der Hand. Er überreichte ihn dem Obmann. Atemlose Stille trat ein. Man hätte eine Nadel fallen gehört. Magnago verlas das Ergebnis. Mit 583 Ja-Stimmen gegen 492 Nein-Stimmen bei 15 Enthaltungen und 14 ungültigen Stimmen hatte die Landesversammlung der SVP zu Paket und Operationskalender ihre Zustimmung gegeben. Beifall rauschte auf.

Das »Paket« enthielt 137 Maßnahmen, welche einen besseren Schutz der Südtiroler Volksgruppe gewährleisten sollten. Davon mußten 97 mit einer Änderung des Autonomiestatutes (Verfassungsgesetz von 1948) durchgeführt werden, 15 mit ordentlichen Gesetzen und der Rest mit Verordnungen und Verwaltungsakten. Der Operationskalender stellt eine politische Garantie für die Durchführung des italienischen Angebots dar. Er gleicht einer Art Fahrplan, bei welchem die Durchführung der italienischen Maßnahmen mit politischen Akten Österreichs wie Zahnräder ineinandergreifen. Österreich verpflichtet sich darin, nach Erfüllung aller Paketmaßnahmen, also nach Erlaß der letzten Durchführungsbestimmungen zum Autonomiestatut, die sogenannte Streitbeilegungserklärung abzugeben. Sie besagt, daß die Wiener Regierung »die zwischen Österreich und Italien bestehende Streitigkeit, die Gegenstand der Resolutionen der Generalversammlung der Vereinten Nationen war und den Status des deutschsprachigen Elementes der Provinz Bozen – Durchführung des Pariser Abkommens vom 5. September 1946 betrifft, als beendet betrachtet.«

Begonnen hatte die Arbeit an diesem Paket mit der vor allem vom damaligen Innenminister Mario Scelba betriebenen Einsetzung der sogenannten l9er-Kommission am 1. September 1961. Sie erhielt den Auftrag, die Südtirol-Frage unter allen ihren Gesichtspunkten zu überprüfen und der Regierung Vorschläge zu unterbreiten. Der Kommission gehörten sieben Südtiroler an, darunter ein Ladiner. Die Südtiroler Gruppe stand unter Führung des Landeshauptmannes Dr. Silvius Magnago. Als Ladiner hatten sich die Römer allerdings ein Mitglied der christdemokratischen Partei ausgesucht. Die Kommission beendete ihre Arbeit im April 1964. Mehrmals war sie in Gefahr geraten, einfach zu sterben und stillschweigend begraben zu werden. Doch den Südtirolern war im Parteichef der Christdemokraten und späteren Ministerpräsidenten Aldo Moro ein mächtiger Verbündeter erwachsen. Moro bestand mit allem Nachdruck auf einem Abschluß des »Studiums«. In der zweiten Phase rangen sich auch die italienischen Mitglieder zum Entschluß durch, das bestehende Autonomiestatut von 1948 abändern zu lassen. Damit war ein entscheidender Durchbruch erzielt. Das Ergebnis der »Überprüfung« entsprach nicht allen Wünschen der Südtiroler. Sie behielten sich vor, ihre nicht erfüllten Forderungen auf anderer Ebene wieder vorzubringen.

Am 25. Mai 1964 trafen sich in Genf die Außenminister der Partner des Pariser Vertrages, Bruno Kreisky und Italiens Giuseppe Saragat, ebenfalls ein Sozialdemokrat. Beide sozialistischen Politiker sprachen sich gut. Saragat gab entgegen dem Gutachten seiner Diplomaten sein Einverständnis, daß die Resultate der 19er-Kommission als Grundlage für weitere bilaterale Expertenbesprechungen dienen sollten. Mit diesem Zugeständnis, das die römischen Diplomaten nahezu schockierte, waren die Abmachungen der »19er« auf eine internationale Ebene gehoben.

Die italienischen und österreichischen Experten hielten in Genf von Juni bis November 1964 vier Besprechungen ab. Ich nahm, zusammen mit Landesrat Dr. Benedikter, an allen Begegnungen teil. Natürlich saßen wir nicht am Konferenztisch. Aber vor und nach jeder Zusammenkunft der beiden Parteien wurden wir von den Österreichern zu den Beratungen beigezogen. Die österreichische Delegation stand unter dem Vorsitz des Gesandten Dr. Rudolf Kirchschläger, des heutigen Bundespräsidenten. Seine würdevolle Ruhe, seine Sachlichkeit, aber auch seine Zähigkeit und Sachkenntnis nötigten mir immer wieder neue Hochachtung ab. Er verstand es vorzüglich, seine Berichte mit seinem trockenen Humor zu würzen. Nordtirol hatte den äußerst tüchtigen und gewandten Landesamtsdirektor Dr. Rudolf Kathrein entsandt. Er war mit der ganzen Materie schon seit der Behandlung des Südtirolproblems bei den Vereinten Nationen vertraut und verstand zudem auch ziemlich gut Italienisch. Die Sache Südtirols lag also in besten Händen.

Die italienischen Delegierten gaben sich ziemlich zugeknöpft. Das Mißtrauen, mit dem sie die Verhandlungen führten, beleuchtet vielleicht am besten folgende Episode: Die Italiener widersetzten sich hartnäckig dem österreichischen Antrag, die Zuständigkeit für die Abgrenzung der Gemeinden von der Region auf die Provinz zu übertragen. Bei einem Abendessen fragte Kirchschläger die italienischen Delegierten, als die Stimmung schon etwas gelöst war, um den Grund dieses eisernen Neins. Sie erwiderten lächelnd: Ja, sehen Sie, diese Zuständigkeit würde den Südtirolern so recht in ihr Konzept passen; sie würden sie z. B. dazu benützen, die umliegenden Orte mit der Stadtgemeinde Meran zusammenzulegen, um dort sofort eine deutsche Mehrheit zu schaffen. Uns wären solche Pläne nicht einmal im Traum eingefallen. Abgesehen davon, daß die Schennaer, Dorf Tiroler und Algunder aus Protest gegen solche Eingemeindungspläne sicher den Sitz der Südtiroler Volkspartei gestürmt hätten. Nach langem Wenn und Aber rafften sich die Italiener aber doch zu nicht wenigen Zugeständnissen auf.

Mitte Dezember 1964 fand in Paris wieder ein Treffen Kreisky – Saragat statt. Italiens Außenminister, der kurz darauf, am 28. Dezember, zum neuen italienischen Staatspräsidenten gewählt wurde, unterbreitete dem österreichischen Kollegen ein Globalangebot. Am 8. Jänner 1965 erstattete Dr. Kreisky den Vertretern der Südtiroler Volkspartei auf einer großen Sitzung in Innsbruck Bericht über den italienischen Vorschlag. Der Minister vertrat die Meinung, daß man alles herausgeholt habe, was drinnensteckte. Die Südtiroler erklärten sich mit der Garantie, für welche wir den Ausdruck internationale Verankerung geprägt hatten, einverstanden. Sie sah ein auf fünf Jahre befristetes Schiedsgericht vor, das im Einvernehmen beider Teile auch hätte verlängert werden können. Die Streitbeilegungserklärung hätte Österreich allerdings sofort abgeben müssen. Mit den erzielten Fortschritten im Paket der Maßnahmen konnten wir uns aber nicht zufriedengeben. Nach langer, oft heftiger Debatte, sprachen sich die SVP-Vertreter schließlich gegen Italiens Angebot aus. Bruno Kreisky verbarg nicht seine Enttäuschung. Man konnte sie wohl auch verstehen. Er fühlte sich nach so viel Einsatz für unsere Sache durch diese Ablehnung brüskiert. Ganz hat er sie uns bis heute nicht verziehen, und vom menschlichen Standpunkt aus kann man seine Bitternis begreiflich finden. Ohne seine Energie hätten wir von Italien nicht die Zugeständnisse erreicht, wie sie uns im Dezember 1964 angeboten wurden.

Rom zog nach unserem Nein das Globalangebot zurück. Man mußte neue Verhandlungen aufnehmen. Dazu brauchte es eine längere Anlaufzeit. Schließlich fanden »Kontaktgespräche« im kleinsten Kreise statt. Dreimal trafen sich im Mai und Juni 1966 in England und in der Schweiz österreichische und italienische Diplomaten. Im Paket konnte noch einiges ergänzt werden. Von einem Schiedsgericht wollte Rom aber nichts mehr wissen.

Anfang August 1966 wurden Parteiobmann Magnago und ich nach Innsbruck gerufen. Ich deswegen, weil ich von 1957 bis 1969 die Stelle eines SVP-Obmannstellvertreters bekleidete. Wir trafen uns mit Landeshauptmann Ök.-Rat Eduard Wallnöfer, Landesamtsdirektor Dr. Rudolf Kathrein und dem Gesandten Dr. Rudolf Kirchschläger in Zirl bei Innsbruck.

Eduard Wallnöfer war am 23. Juli 1963 als Nachfolger von Hans Tschiggfrey nach dessen Tod zum Landeshauptmann von Tirol gewählt worden. Der aus dem Vinschgau gebürtige Politiker hatte sich gegen die Übernahme des Amtes fast bis zur letzten Stunde gesträubt. Einige Tage vor der Wahl traf ich ihn in engem Freundeskreis in Innsbruck. Schließlich blieben wir zwei allein. Ich bot meine ganze Beredsamkeit auf, um ihn umzustimmen. Ich strich die Frage Südtirol ganz groß heraus. Kein anderer sei so geeignet wie er, in dieser bewegten Zeit uns zur Seite zu stehen. Ich konnte ihm aber kein endgültiges Jawort abringen. Allerdings klang sein Nein zum Schluß nicht mehr so hart. Die Botschaft, daß er sich schließlich doch bereit erklärte, hat mich dann sehr, sehr gefreut. Wallnöfer hat die Hoffnungen der Südtiroler nicht bloß nicht enttäuscht, er hat sie übertroffen. Für Südtirol fand er immer Zeit, scheute er keine Mühe. Er hat unsere Sorgen und Nöte wie kein anderer in Österreich ohne viel Aufhebens mit seiner ganzen Kraft vertreten. Überall, wo die Südtirolfrage zur Debatte stand, stellte Wallnöfer seinen Mann. Ich behaupte nicht zuviel, wenn ich sage, ohne Wallnöfers Mithilfe und Mitgestaltung hätte die Südtirolpolitik der letzten zwei Jahrzehnte nicht die Früchte getragen, die wir trotz aller Mängel verzeichnen können und müssen. Wallnöfer ist zum Sinnbild der geistigen Einheit des Landes Tirol geworden.

Nun saßen wir also zu fünft im Gasthof in Zirl. Kathrein und Kirchschläger, die an den Kontaktgesprächen teilgenommen hatten, teilten mit, daß die Italiener unter gar keinen Umständen zu noch größerem Entgegenkommen bereit wären. Sie müßten uns in aller Offenheit sagen, daß weitere österreichische Gespräche nutzlos seien. Jetzt liege es an den Südtirolern selbst, noch Verbesserungen zu erlangen. Wir fünf wurden uns schließlich einig, daß der Parteiobmann sofort direkte Fühlung mit Rom aufnehmen müsse. Der Parteiausschuß genehmigte Ende August mit Mehrheit diese Marschroute. Magnago traf zweimal mit dem Ministerpräsidenten Aldo Moro zu Gesprächen zusammen. Der Obmann konnte beide Male dem Regierungschef einige Zugeständnisse abringen. Völlig offen blieb aber immer noch die Frage der Verankerung, die Absicherung der Durchführung des Pakets. Für sie waren die beiden Regierungen zuständig.

Im Spätherbst 1967 entsandte mich die SVP zusammen mit dem Landessekretär Josef Atz zum Parteikongreß der DC nach Mailand, der dort vom 23. bis 26. November über die Bühne ging. Aldo Moro war auf dem Parteitag der große Star. Für seine Rede erntete er einen auch für Italiener ungewöhnlichen Beifall. Beim Verlassen des Saales wartete ich auf ihn. Ich hatte ihn ja als jungen Abgeordneten im fernen Jahr 1948 kennen und schätzen gelernt. Er begrüßte mich sehr freundlich. Wir haben uns jetzt, sagte er, »eine neue Garantie für die Durchführung der Paketmaßnahmen ausgedacht«. Er werde alles in seiner Macht Liegende für einen baldigen Abschluß tun.

Von der Österreichischen Volkspartei war Generalsekretär Hermann Withalm in Mailand erschienen. Am 24. November fuhren wir zusammen mit dem Zug heim. Von Withalm erfuhr ich nun, wie diese neue Garantie aussehen sollte. Moro habe ihm ganz offen erklärt, ein unbefristetes Schiedsgericht bringe er in der Regierung nicht durch. Ein auf ein paar Jahre befristetes hätte andererseits nur einen relativen Wert. Er und seine Berater hätten nun eine politische Garantie ersonnen, einen »Operationskalender«. Withalm schilderte ihn mir in allen Einzelheiten. Er trug einen Entwurf in der Aktentasche. Auf der Reise wurden wir uns einig, daß dieses System auch eine brauchbare Absicherung darstellen könnte. Einige Punkte müßten allerdings noch in unserem Sinne abgeändert werden. Withalm ersuchte mich, von dieser neuen Form nur Parteiobmann Magnago zu informieren. Dieser erhob keine grundsätzlichen Einwände, warnte aber vor voreiligen Hoffnungen. Einigen Punkten im Entwurf könnten wir seiner Meinung nach nicht zustimmen.

Die beiderseitigen Standpunkte konnten allmählich in Übereinstimmung gebracht werden. Am 13. Mai 1969 erzielten Italiens Außenminister Pietro Nenni und Dr. Kurt Waldheim, der in Österreichs ÖVP-Alleinregierung dieses Amt seit 1968 innehatte, anläßlich der Sitzung eines Ministerkomitees der Mitgliedstaaten des Europarates eine substantielle Einigung über den Kalender.

Im Parteiausschuß der SVP, der in der ersten Oktoberhälfte auf zwei Sitzungen, die je drei Tage dauerten, Paket und Verankerung behandelte, prallten die Meinungen hart, ja sehr hart, aufeinander. Das Team vom Jahre 1957 hatte sich in zwei gegnerische Lager gespalten: in Paketgegner und -befürworter. Die Gegner wurden von Senator Peter Brugger, dem Abg. Hans Dietl, den Landesräten Alfons Benedikter und Joachim Dalsass und dem Bozner Vize-Bürgermeister Dr. Hugo Gamper angeführt. An der Spitze der Befürworter standen, abgesehen von mir, neben dem Parteiobmann Magnago die Abgeordneten Riz und Mitterdorfer, die Landesräte Zelger und Spögler. Von den sieben Bezirksobmännern sprachen sich Dr. Walcher (Bozen), Dr. Lechthaler (Pustertal) und Josef Hochreiner (Wipptal) gegen die Annahme aus. Einverstanden erklärten sich die Bezirksobmänner Robert Kaserer (Vinschgau), Toni Kiem (Meran), Alois Staindl (Brixen) und Franz Stimpfl (Unterland).

Während einer besonders heißen Debatte bemerkte ich einmal, daß die ganze Schuld an dieser Auseinandersetzung der Außenminister Karl Gruber trage. Hätte er nämlich nicht den in den ersten Jahren oft kritisierten Pariser Vertrag unterzeichnet, bräuchten wir uns jetzt nicht zu streiten, weil es dann überhaupt kein Paket gäbe. Vor einer ähnlichen Entscheidung wie Gruber und seine Südtirolberater 1946 in Paris stünden wir Mitglieder des Parteiausschusses heute. Wenn wir in Paris alles hätten erreichen wollen, wären wir mit leeren Händen heimgekehrt. Wenn die SVP heute eine Politik des Alles oder

Nichts treiben wolle, werde sie in Nichts enden. Manche Paketgegner zogen die Köpfe ein und traten etwas leiser. Der Ausschuß sprach sich am 20. Oktober mit 41 gegen 23 Stimmen bei zwei Enthaltungen für die Annahme von Paket und Operationskalender aus. Die letzte Entscheidung mußte die Landesversammlung treffen, die für 22. November einberufen wurde.

Um die Bevölkerung aufzuklären, wurden in allen sieben SVP-Bezirken Großversammlungen veranstaltet, auf welchen zwei Gegner und zwei Befürworter ihre Meinung vortrugen. Die Gegner entfalteten mit Schriften und Broschüren eine äußerst gefährliche Propaganda, die besonders auf das Mißtrauen des Volkes gegenüber den Italienern abgestimmt war. In einer gut aufgemachten Broschüre »Fragen und Antworten, Paket und Operationskalender« operierten sie vor allem mit halben Wahrheiten. Sie griffen nur die negativen Seiten heraus und verschwiegen die vielen positiven. Diese Taktik rückte Paket und Verankerung in sehr dunkles Licht. Selbstverständlich blieben wir die Antwort nicht schuldig. Wir verhielten uns aber sachlicher und korrekter.

Bei der Landesversammlung hatte Magnago seinen ganz großen Tag. Trotz der ungeheuren Nervenbeanspruchung war er nicht bloß in Hochform, sondern in Höchstform. Als er, wie er sagte, »einmal auspackte«, donnerte ihm ein nicht enden wollender Beifall entgegen. Fest steht, daß es ohne Magnago nie eine Mehrheit für Paket und Verankerung gegeben hätte. Ihm ist der Durchbruch zu verdanken. Die Mehrheit war knapp ausgefallen. Aber es war die Mehrheit.

Wenn man heute die Broschüren der Paketgegner durchblättert, kann man feststellen, daß keine einzige der darin geäußerten Befürchtungen aus heutiger Sicht berechtigt war. Man hört jetzt von den Gegnern vielfach die Äußerung, es hätte doch nur einen Vorteil bedeutet, daß die Mehrheit so klein gewesen und dadurch so wenig verpflichtend gewesen sei. Vielleicht würde man noch einmal über diesen Ausgang froh sein. Mit diesen Aussagen spielt man jedoch ein falsches Spiel. Die Gegner des Pakets kämpften ja nicht für eine A n n a h m e mit geringer Mehrheit. Sie setzten ihre ganzen Kräfte für die A b l e h n u n g ein. Wenn sie ihr Ziel erreicht hätten, wären die SVP und mit ihr das Volk von Südtirol vor dem Nichts gestanden. Die Italiener hätten sicherlich Paket und Verankerung an alle Staatskanzleien der Welt verteilt. Ich könnte mir nicht vorstellen, daß nach einem Nein unsererseits ein österreichischer Außenminister noch den Mut aufgebracht hätte, vor den Vereinten Nationen Beschwerde zu führen wegen der ungenügenden italienischen Angebote.

Mit dem Ja der Landesversammlung stand der Weg zur Durchführung offen. Bereits am 1. Dezember 1969 trafen die beiden Außenminister Aldo Moro und Kurt Waldheim in Kopenhagen zu zwei letzten Gesprächsrunden über Paket und Operationskalender zusammen. Dabei konnten alle auf Regierungsebene noch offenen Fragen geklärt werden. In Italien billigten Anfang Dezember Kammer und Senat mit großer Mehrheit die Vereinbarung. Der österreichische Nationalrat folgte am 15. und 16. Dezember 1969. Er nahm das Verhandlungsergebnis mit 88 gegen 79, das heißt nur mit den Stimmen der ÖVP, zur Kenntnis.

Wie vereinbart, brachte die römische Regierung innerhalb von 45 Tagen das Gesetz zur Abänderung des Autonomiestatutes im Parlament ein, und zwar in der Abgeordnetenkammer. Da es sich um ein Verfassungsgesetz handelte, mußte es von Kammer und Senat zweimal mit einem zeitlichen Abstand von jeweils drei Monaten genehmigt werden. Das zweite Mal war die absolute Mehrheit erforderlich. Die Abgeordnetenkammer billigte die Vorlage am 23. Jänner 1971 mit einer Mehrheit von 242 gegen 37 Stimmen bei 118 Enthaltungen. Der SVP-Abgeordnete Hans Dietl stimmte trotz klarer Weisung der Partei dagegen. Sein Fall wurde dem Parteischiedsgericht unterbreitet. Dieses befand, daß er sich mit seinem Nein selbst aus der Partei ausgeschlossen habe. Dietl behielt seinen Sitz in der Kammer als »Unabhängiger« bis zum Ende der Legislaturperiode weiter bei.

Nach dem Abgeordnetenhaus war der Senat am Zuge. Die Fassung der Kammer wurde dem Ausschuß für Innere Angelegenheiten zugewiesen. Den Vorsitz im Ausschuß führte Univ.-Prof. Adolfo Tesauro (DC) aus Neapel. Zum Berichterstatter war der Kollege Alberto Del Nero ernannt worden. Gleich bei der ersten Sitzung kritisierte Tesauro ziemlich scharf einige Artikel des von der Kammer genehmigten Textes. Sie würden, dozierte er, im Widerspruch zu verfassungsrechtlichen Bestimmungen stehen. Der Senat werde daher einige Abänderungen vornehmen müssen. Dann vertagte er die Sitzung mit der Empfehlung, wir sollten die Vorlage genau studieren. Da war also Gefahr im Anzug. Auch bei der geringsten Abänderung des Textes hätte das Statut noch einmal an die Abgeordnetenkammer für eine neuerliche Überprüfung zurückverwiesen werden müssen. Dieses Verfahren hätte einen kaum abschätzbaren Zeitverlust mit sich gebracht. Und für uns war Eile geboten. Ich mußte mich unbedingt mit Aldo Moro, dem italienischen Vater des Pakets, in Verbindung setzen. Nach langem Hin- und Herfragen und endlosen Telefongesprächen gelang es mir, ihn auch zu erreichen. Ich berichtete ihm über die Einwände von Tesauro. Bei der nächsten Sitzung fand Tesauro keine verfassungsrechtlichen Bedenken mehr.

Der Ausschuß genehmigte die Vorlage vollinhaltlich im Wortlaut der Kammer. Dem Berichterstatter Del Nero bescheinige ich gerne, daß er zu diesem Ergebnis einen entscheidenden Beitrag leistete. Die Debatte im Plenum hielt sich in beschränktem Rahmen. Am 17. Juni 1971 wurde durch Handaufheben abgestimmt. Die große Mehrheit der Senatoren sprach sich für die Gesetzesvorlage aus. Eine äußerst unangenehme Überraschung sollte mir aber nicht erspart bleiben. Der Kollege Peter Brugger kündigte Stimmenthaltung an, so daß nur ich »aus persönlicher Überzeugung und gemäß den Beschlüssen der Partei« für das neue Statut geradestand.

Mit Bruggers Stimmenthaltung entgegen den Weisungen der Partei befaßte sich der Parteiausschuß der SVP am 5. Juli. Ich war Anfang des Monats nach Portoroz an der slowenischen Küste in den Urlaub gefahren und nahm an der Sitzung nicht teil. Der Ausschuß beantragte keine Maßnahmen gegen Brugger. Er nahm dessen Erklärung zur Kenntnis, daß seine Enthaltung keine Gegenstimme darstelle, und beschränkte sich auf das Bedauern, »daß Brugger dem Ersuchen, für die Verfassungsvorlage zu stimmen, nicht nachgekommen sei«. Gewiß, die Stimmenthaltung Bruggers konnte nicht der Nein-Stimme Dietls gleichgestellt werden, aber auch die Enthaltung bedeutete einen groben Verstoß gegen die Parteidisziplin. Dies umso mehr, als Brugger damals das Amt eines Obmann-Stellvertreters bekleidete. Abgesehen vom Paket-Problem verstanden wir zwei Senatoren uns recht gut. Wir arbeiteten in kameradschaftlichem Geist zusammen.

Die zweite Lesung nach drei Monaten stieß in beiden Häusern des Parlaments auf keine besonderen Schwierigkeiten mehr. Die Kammer sprach ihr definitives Ja am 22. Juli 1971 aus. Der Senat folgte am 27. Oktober. Im Senat stimmten mit Ja: Christdemokraten, Sozialisten, Kommunisten, Sozialdemokraten, Republikaner, Sozialproletarier und Linksunabhängige. Für die Zustimmung der Linksunabhängigen hatte sich deren Vorsitzender, der erste Nachkriegsministerpräsident Ferruccio Parri, besonders verwendet. Den 232 Ja-Stimmen standen bei 12 Enthaltungen nur 9 Nein-Stimmen gegenüber.

In meiner Erklärung zur Stimmabgabe sagte ich abschließend: »In bezug auf die Gesetzesvorlage, die wir heute zu überprüfen haben, erkläre ich, daß sie den politischen Vereinbarungen entspricht und mit dem Paket konform geht. Daher kündige ich an, daß die Senatoren der SVP dafürstimmen werden.« Von den Senatoren der SVP blieb aber ich allein auf weiter Flur. Brugger hatte auch diesmal vor der Abstimmung den Saal verlassen. Seine Stimme zählte daher zu den 12 Enthaltungen. Diese Abstimmung beleuchtete noch einmal, wie recht Parteiobmann Magnago gehabt hatte, als er sein ganzes Gewicht in die Waagschale warf, um meine Senatskandidatur durchzusetzen.

Weil das Autonomiestatut in beiden Häusern eine Zweidrittelmehrheit gefunden hatte, durfte es laut Verfassung nicht mehr zum Gegenstand einer Volksabstimmung gemacht werden.

Für uns war es höchste Zeit gewesen, das neue Autonomiestatut unter Dach zu bringen. In Rom überstürzte sich bald die politische Szenerie. Der November 1971 stand schon im Zeichen der im Dezember fälligen Neuwahl des Präsidenten der Republik. Die ganze politische Arbeit wurde von dieser geprägt. Nach der Wahl und den Weihnachtsferien brach die Regierungskoalition am 15. Jänner 1972 auseinander. Die Versuche einer Neuauflage scheiterten. Am 28. Februar löste der neue Staatspräsident Giovanni Leone das Parlament auf. Wären wir mit unserem Statut in Verzug geblieben und in die Krisenzeit geschlittert, so hätten wir das ganze Verfahren nach den Parlamentswahlen im Mai wieder von vorne anfangen müssen. So aber konnten wir die verbleibende Zeit nützen und auch fast alle einfachen Gesetze des Paketes durchbringen.

Der christdemokratische Senator Giovanni Leone hatte erst am Vorabend vor Weihnachten nach 23 Wahlgängen die erforderliche absolute Mehrheit beider Kammern erreicht, und zwar nur mit Unterstützung der Monarchisten und Neufaschisten. Die Annahme dieser Schützenhilfe von seiten der Christdemokraten führte zum Bruch der Mitte-Links-Koalition, welche seit 1963 in Italien die Regierungen gestellt hatte. Als am 26. Februar 1972 der Senat dem beauftragten Ministerpräsidenten Giulio Andreotti das Vertrauen verweigerte, löste

Leone erstmals in der Geschichte der Republik das Parlament ein Jahr vor Ablauf der Amtsperiode auf.

Als diese Nachricht im Senat eintraf, tat der kommunistische Kollege Gerolamo Li Causi, ein Sizilianer, der sein ganzes Leben dem Kampf gegen die Mafia gewidmet hatte, den Ausspruch: »Leone comincia molto male. Questo scioglimento anticipato provochera una reazione a catena. – Leone fängt ganz schlecht an. Diese vorzeitige Auflösung wird eine Kettenreaktion auslösen.« Der Senator sollte recht behalten. Der ersten Auflösung folgten andere am laufenden Band: 1976, 1979 und 1983.

Giulio Andreotti, der in vielen Regierungen ein Ministeramt bekleidete, hatte vor dem Vertrauensvotum die Südtiroler Parlamentarier zu sich geladen. Das Gespräch verlief sehr freundschaftlich, ja geradezu herzlich. Der Politiker, welcher in der ersten Legislaturperiode als Unterstaatssekretär im Ministerratspräsidium, also in einer Schlüsselstelle, keinerlei Verständnis für Südtirol aufgebracht hatte, wandelte sich im Laufe der Jahre zu einem warmen Freund unseres Landes. Als ich ihm 1968 wieder in Rom begegnete, umarmte er mich nach italienischen Bräuchen. Dann blickte er mich an und sagte: »Ma quanto si sono imbianchiti i tuoi capelli, Volgger! – Wie weiß sind deine Haare geworden, Volgger!« Ich darauf: »Colpa anche tua, Andreotti. – Auch deine Schuld, Andreotti.« Und er lächelnd: »Ma sai, Volgger, i tempi cambiano e cambiamo anche noi. – Weißt du, Volgger, die Zeiten ändern sich und auch wir ändern uns.« Er nahm mich am Arm und ging mit mir in die Bar des Abgeordnetenhauses.

Andreotti sicherte uns zu, er werde sich im Senat dafür verwenden, daß die von der Kammer bereits genehmigte Gesetzesvorlage zur Durchführung von 13 Paketmaßnahmen auch im zweiten Haus noch schnell vor der Auflösung der Volksvertretung verabschiedet werde. Und er hielt Wort. Der zuständige Senatsausschuß setzte den Entwurf für den 27. Februar auf die Tagesordnung. Der Vorsitzende Adolfo Tesauro schlug sofort vor, der Ausschuß solle die Vorlage »in beschließender Sitzung« behandeln, sie also nicht an das Plenum verweisen. Der Berichterstatter ersparte sich die Mühe eines Berichtes, sondern verwies auf den Begleitbericht im Entwurf. Ich ergriff als einziges Mitglied das Wort. Alle Kollegen schauten mich etwas lächelnd an. Einer rief mir zu: »Non devi fare fatica, Volgger, è gia tutto fatto. – Du brauchst dir keine Mühe zu machen, Volgger, es ist alles schon beschlossen.« Dann wurde der Text verlesen und nahezu einstimmig genehmigt. In weniger als einer Stunde war alles erledigt gewesen. Einen Tag vor Torschluß im Parlament wurden 13 Paketmaßnahmen, die mit ordentlichem Gesetz zu beschließen waren, also ganz rasant verabschiedet. Ansonsten hätte dieses Gesetz von der Regierung neu eingebracht und wieder durch die beiden Kammern geschleust werden müssen. Wenn es will, steht das italienische Parlament keiner anderen Volksvertretung an schneller Arbeit nach. Für uns Südtiroler bedeutete dies sicher ein wohltuendes Verständnis.

Das neue Parlament wurde am 7. Mai 1972 gewählt. Ich kandidierte nicht mehr für den Senat. Damit schied ich von der sogenannten hohen Politik aus. Später übernahm ich wieder die Gestaltung der politischen Seiten des Parteiorgans »Der Volksbote«. In meinem Heimatbezirk Sterzing stellte ich mich der Partei als Obmann zur Verfügung. Von meiner Wahl in dieses Amt erfuhr ich Ende Juni 1973 aus der »Tiroler Tageszeitung« auf der Ferieninsel Ischia. Die Bezirksobmänner wählten mich zu ihrem Sprecher. Dieses Amt legte ich im Dezember 1982 nieder und behielt nur mehr die Redaktion des »Volksboten«.

Von meiner zweiten Senatszeit sind mir zwei Begebenheiten besonders in Erinnerung geblieben. Eine davon hat mit Paket und Autonomie zu tun. Als Kabinettschef beim Innenminister Franco Restivo amtierte Präfekt Luigi Giovenco. Die Exzellenz stand auch dem Gesetzgebungs- und Regionenamt im Ministerium vor und übernahm den Vorsitz im Neunerausschuß, der am 17. Dezember 1969 mit der Aufgabe betraut wurde, im Einklang mit dem Paket den Entwurf des neuen Autonomiestatutes zu erarbeiten. Die Südtiroler Volkspartei entsandte den Abg. Dr. Roland Riz und Landesrat Benedikter in dieses Komitee. Die Kollegen schilderten mir Giovenco als einen kühlen, unzugänglichen Bürokraten. Man könne ihm sehr schwer Zugeständnisse abringen. So nehme er in der Frage der »nationalen Interessen« eine schroff ablehnende Haltung ein. Laut Art. 3 des ersten Autonomiestatutes von 1948 durften Regional- und Landesgesetze nicht gegen die »nationalen Interessen« verstoßen. Diese Bestimmung mußte man als ein Musterbeispiel eines Gummiparagraphen ansehen. Mit ihr konnte man die autonomen Gesetzgebungsbefugnisse an die römische Leine legen. Die Südtiroler Vertreter bestanden bei der Neufassung auf die Einfügung eines eigenen Paragraphen, daß auch der Schutz der Sprachminderheiten zu einem nationalen Interesse erklärt werden müßte. Giovenco beharrte aber aus formalrechtlichen Gründen auf seinem Nein.

Dieser Präfekt interessierte mich. Ich beschloß, mit ihm Kontakt aufzunehmen. Er empfing mich auch ohne viele Umstände. Ich empfahl ihm die Erledigung einiger Gesuche von Optanten um den Wiedererwerb der italienischen Staatsbürgerschaft. Er notierte sich alles fein säuberlich auf. Natürlich kamen wir auch auf die Ausarbeitung des neuen Statutes zu sprechen. Er bemühte sich, mir mit allen möglichen rechtlichen und politischen Argumenten weiszumachen, daß er dem Wunsche der SVP in bezug auf die »nationalen Interessen« nicht nachkommen könne. Ich entgegnete, daß die Aufnahme einer solchen Klausel unmöglich zu einer Staatsaffäre gemacht werden dürfe. Es brauche ja keinen eigenen Paragraphen. Man könnte doch ohne weiteres im Art. 3 des schon bestehenden Statutes bei der Bestimmung, daß die Region bzw. das Land bei ihrer Gesetzgebung die »nationalen Interessen« beachten müsse, die Worte einflechten: »zu welchen auch der Schutz der sprachlichen Minderheiten gehört«. Giovenco blickte mich verdutzt an. Er dachte etwas nach, schüttelte seinen Kopf und sagte: »Ci pensero sulla Sua formulazione. – Ich werde über Ihre Formulierung nachdenken.« Tage später wurde mir berichtet, daß Giovenco bei der nächsten Ausschußsitzung einer Klausel zugestimmt habe, wie ich sie ihm vorgeschlagen hatte. Natürlich bedankte ich mich sehr herzlich. Er lächelte zufrieden. Unser Verhältnis gestaltete sich immer enger. Der anfangs sehr zugeknöpfte hohe Beamte ging ganz aus sich heraus. Mir hat er eigentlich nie eine Bitte abgeschlagen. So konnte ich nicht wenigen Südtirolern die Staatsbürgerschaft beschaffen.

Im Gedächtnis ist mir auch die freudige Nachricht geblieben, die mir im November 1968 Ministerpräsident Giovanni Leone kurz vor seinem Rücktritt im Sitzungssaal des Senates überbrachte. Ich war überrascht, daß der Regierungschef sofort nach seinem Eintreffen, anstatt sich auf die Regierungsbank zu setzen, zu meinem Platz heraufstieg. Er könne mir mitteilen, flüsterte er mir zu, daß vier der fünf »detenuti di Fundres« (Pfunderer Häftlinge) noch im Dezember vom Staatspräsidenten begnadigt würden. Der fünfte, der zu 24 Jahren verurteilte Alois Ebner, versicherte er mir weiter, werde im Dezember nächsten Jahres auch entlassen werden. Er bat mich, seine Mitteilung als vertraulich zu betrachten und davon nur Parteiobmann Dr. Magnago zu unterrichten. Diese fünf Burschen aus dem Pfunderertal waren unter der Anklage des Mordes an dem Finanzer Raimondo Falchi im August 1956 verhaftet und trotz vieler entlastender Argumente zu schweren Kerkerstrafen verurteilt worden (siehe auch Seite 173). Das Schwurgericht in Bozen hatte über Alois Ebner 24 Jahre, über Bernhard Ebner, Isidor Unterkircher, Florian Weißsteiner und Georg Knollseisen Gefängnisstrafen von 16 Jahren verhängt. Im Berufungsverfahren vor dem Schwurgerichtshof in Trient erhielt Alois Ebner sogar lebenslänglich und die vier jetzt Begnadigten über 17 Jahre. Der Oberste Gerichtshof in Rom kassierte das Trientner Urteil und schloß sich dem vom Bozner Schwurgerichtshof an.

Ich war 1957 in den Gefängnissen in Bozen und Trient mit mehreren der Burschen zusammengetroffen. Ihr Schicksal ging mir sehr zu Herzen. Im Jahre 1965 hatte ich über den Privatkläger der Familie des toten Finanzers, den neufaschistischen Landtagsabgeordneten Andrea Mitolo, den Angehörigen eine Schadensvergütung – mit Einschluß aller Spesen – in der Höhe von 5 Millionen Lire überwiesen. Ohne eine solche Zahlung wäre ein Gnadenakt nicht in Frage gekommen. Ich bescheinige Mitolo, der damals mein Kollege im Landtag war, in diesem Zusammenhang gern, daß er sich bei dieser Aktion großzügig gezeigt hat. Nach meiner Wahl in den Senat hatte ich mich in Eingaben und Vorsprachen, auch beim Staatspräsidenten Giuseppe Saragat, unablässig um einen Gnadenakt bemüht. Nun war es soweit. Ich freute mich sehr. Giovanni Leone dankte ich für die frohe Botschaft. Im Dezember 1969 kehrte dann auch Alois Ebner heim.

Kommunist, Spion – oder was sonst?

Kontakte zu jugoslawischen Politikern • Südtiroler Kriegsgefangene können heimkehren • Politische Verdächtigungen

»Und du jetzt Kommunist, Volgger?« Der mich so fragte, war der slowenische Innenminister Boris Kraigher. Wir saßen in den ersten Augusttagen 1947 im »ministertsvo za notranje zadeve«, dem Innenministerium in Laibach beisammen. Kraigher war nach dem Kriege zunächst in Triest bei der UAIS-Führung (Unione antifascista italo-slovena) tätig gewesen. Die Union war eine sehr kämpferische Linksorganisation und umfaßte Slowenen und Italiener. Im Juni 1946 war er zum Innenminister ernannt worden. Seinen Vater Lojz hatte ich in Dachau einmal aus einem Todestransport herausholen können. Sein Sohn wollte sich dafür erkenntlich zeigen. Zunächst sang er ein Loblied auf meine Freundschaft mit den Slowenen in Dachau: »Du brav gewesen, Volgger, mit Slowenen, du vielen geholfen.« Dann kam die erwähnte Testfrage. Nachdem er mich immer geduzt hatte, machte ich auch keine Umstände mehr. »Du ganz genau wissen, Minister, ich nicht Kommunist.« Er sah mich fest an, dann lachte er. »Ich schon wissen, Volgger, Tiroler erst mit 40 Jahre gescheit und du noch nicht 40 Jahre.« Kraigher stammte aus der Südsteiermark und sprach ziemlich gut deutsch. Gleich kam die nächste Frage: »Wie lange du Papiere von den Amerikanern?« Ich: »Bis Mitte August.« Er: »Bis dort all die Deinen zuhause.« Unter »Deinen« waren die Südtiroler Kriegsgefangenen gemeint.

Gleich nach meiner Heimkehr aus Dachau hatte ich versucht, mich um sie zu kümmern. Schon im September 1945 überquerte ich das erstemal die Grenze und besuchte meinen KZ-Kameraden und Freund Bogdan Novak in Laibach. Ich lernte seine Familie kennen: den Vater, der Lateinprofessor war, Schwester Lelja, die Ärztin, die Braut Ksenija und den Hausgeist Lojska. Ich sprach mit Bogdan beim ersten slowenischen Regierungschef der Nachkriegszeit, Boris Kidric, vor. Ihm schilderte ich kurz die Tragödie der Option und erklärte ihm, daß das Gerede von den freiwilligen Südtiroler Soldaten eine Fabel sei, daß unter den Gefangenen eine große Anzahl Dableiber seien, die mit schärfsten Drohungen zum Militär gepreßt worden waren. Kidric hörte mich geduldig an und sicherte Verständnis zu. Das war aber auch alles.

Die Verbindung zu den Südtiroler Gefangenen lief zunächst über das slowenische Rote Kreuz in Triest; dessen Chef, Roman Pahor, ging ihr Schicksal sehr zu Herzen. Hunderte von Paketen beförderte er über die Grenze. Aber nicht alle gelangten an den Bestimmungsort. Später schaltete sich Gräfin Claricini, eine gebürtige De Carli aus Bozen, sehr verdienstvoll in die Paketaktion ein. Ihr Partner jenseits der Grenze war Dr. Engelbert Besednjak. Er war als Vertreter der Slowenen zusammen mit Dr. Tinzl und Dr. Sternbach 1924 im italienischen Parlament gesessen. 1927 mußte er ins Exil gehen. Er flüchtete über den Vinschgau in die Schweiz. Im Ausland arbeitete er als unermüdlicher Herold für die Rechte der Volksgruppen. Nach Kriegsende hatte sich Besednjak zunächst im slowenischen Bled (Veldes) niedergelassen. Seinem Einsatz bei der Paketverteilung verdanken Dutzende und Aberdutzende von Gefangenen ihr Leben. Später schloß ich mit ihm enge Freundschaft. Besednjak kehrte 1950 nach Triest zurück und gab das Wochenblatt »Novi List« heraus, ein überparteiliches Organ, in welchem er der slowenischen Minderheit in Italien ins Gewissen redete, über allen ideologischen Meinungsverschiedenheiten das gesamte Interesse der Slowenen nicht zu vergessen.

Im April 1946 unternahm ich meine zweite Jugoslawien-Reise. Der Bozner Industrielle Luis Oberrauch hatte mir seinen Lancia-Wagen mit Chauffeur, dem treuen Herbert Öttl, für die Fahrt zur Verfügung gestellt. Als Dokument für die Einreise in die von den Westalliierten besetzte A-Zone von Triest diente mir ein Allied Military Permit (alliierter Militärausweis), den mir der englische Freund Leslie von der englischen Botschaft in Rom besorgt hatte. Für die Überschreitung der Grenze zur B-Zone, die von den Jugoslawen besetzt war, stellte mir ein jugoslawischer Verbindungsmann in Triest einen Schein aus. Ich mußte ihn in Postojna, wo die Fiktion einer Staatsgrenze bis zum Friedensvertrag mit Italien aufrechterhalten wurde, abstempeln lassen. Als ich im Ort aussteigen und mir den Stempel besorgen wollte, riß auch Öttl die Wagentür auf. Allein bleibe er auf keinen Fall bei diesen Partisanen. Noch hatte ich ihn nicht beruhigt, da kam ein jugoslawischer Offizier auf uns zu. Wir schauten uns an, stutzten und lagen uns schon ganz unmilitärisch in den Armen. Der Hauptmann war Bogdan Novak. Er hatte die Einberufung zu zwei Monaten Wehrdienst erhalten und war wegen seiner Italienischkenntnisse an die Grenze beordert worden. Er hatte unseren Wagen gesehen – Zivilautos waren damals in dieser Gegend eine große Seltenheit – und wollte ums Mitfahren ersuchen. Jetzt gewann Öttl seinen Mut zurück und kutschierte uns ganz gelassen die kurvenreiche Straße bei Rakek hinunter.

Bei Novak hielten wir wegen der Gefangenen Kriegsrat. Man riet mir, nach Belgrad zu fahren. Eine Intervention in Laibach werde ergebnislos verhallen. Minister Dr. Drago Marusic, ein großer Freund der Familie, hatte bereits zugesagt, daß er mich am Belgrader Bahnhof abholen und mir Quartier verschaffen werde. Nun blieb noch die Schwierigkeit wegen der Sprache, weil Deutsche damals in Jugoslawien verständlicherweise nicht gerne gesehen waren. Vater Novak wußte Rat. Ich sollte ein paar englische Bücher mitnehmen und im Zug auffällig darin lesen. Gesagt, getan. Ich nahm den Abendzug nach Belgrad. Öttl kehrte mit Hilfe von Vater Novak mit dem Wagen nach Triest zurück. Bald wäre die Operation mit den englischen Büchern aber schief gegangen. Ich vertiefte mich in meinem Abteil in die Lektüre. Gegenüber von mir hatten zwei Mädchen Platz genommen. Ich schlief ein. In der Nacht schreckte ich plötzlich hoch. Ich blickte mich um. Hatte ich noch alle meine Sachen beisammen? Mir fehlte der Hut. Ich stand auf. Da sagte eines der Mädchen in perfektem Deutsch: »Suchen Sie vielleicht den Hut, der ist hinter den Koffer hinuntergerutscht.« Ich war so verblüfft, daß ich nicht einmal dankte. Mein Gesicht färbte sich hochrot. Schließlich faßte ich mich doch und fragte: »Wieso wissen Sie, daß ich Deutsch spreche?« Die beiden Mädchen lächelten. Die eine sagte: »Aus der Tasche Ihres Mantels schaut der Titel eines deutschen Buches heraus.« So war es: Man kann eben doch nie vorsichtig genug sein. Der deutsche Buchtitel wäre mir bald zum Verhängnis geworden. Vielleicht hätte man mich für einen entsprungenen Kriegsgefangenen gehalten oder einen flüchtigen Nazi. Gewiß, meine Identität hätte sich rasch klären lassen. Aber mit Deutschen machte man damals in Jugoslawien kurzen Prozeß. Das Mädchen glaubte mir meine Geschichte und verabschiedete sich in Agram lächelnd.

Dr. Drago Marusic war zur Zeit der Alleinherrschaft von König Alexander Banus von Slowenien und auch Minister in Belgrad gewesen. Politisch vertrat er die Bauernpartei. Von den Italienern war er nach der Besetzung Sloweniens im Frühjahr 1941 verhaftet worden. Nach dem Sturz des Faschismus gelang es ihm, aus dem Internierungslager auf der Insel Rab zu entkommen und nach England zu flüchten. Dort gehörte er der Königlichen Exilregierung an. Nach Kriegsende übernahm ihn Tito zusammen mit zwei anderen Ministern von London in sein Kabinett. Ende 1946 schied Marusic aus der Regierung aus und ging in Pension. Tito hatte ihn ersucht, der kommunistischen Partei beizutreten und weiter zu bleiben. Marusic lehnte lächelnd ab. Tito wisse, daß er als Banus reihenweise die Kommunisten habe verhaften lassen, und er würde doch jede Achtung vor ihm verlieren, wenn er jetzt um eines Ministerpostens willen seiner Überzeugung abschwöre. Der Marschall wußte diese offenen Worte zu schätzen und blieb Marusic immer freundschaftlich verbunden. Der Minister empfing mich in seinem Amtssitz sehr freundlich und sicherte mir vollste Unterstützung zu. Er war auch Präsident des Roten Kreuzes. Die Geschäfte führte die Generalsekretärin Jara Ribnikar, Frau des Herausgebers der Zeitung »Politika«. Er setzte sich gleich telefonisch mit Ribnikar in Verbindung.

Nur so nebenbei fragte ich, ob es vielleicht möglich wäre, auch mit dem Marschall selbst zu sprechen. Er werde sich erkundigen, meinte der Minister mit einem zweifelnden Unterton. Am nächsten Tag gab er mir Bescheid. Tito sei nicht ganz abgeneigt, aber ich müßte Geduld haben. Ich müßte wenigstens drei Tage warten. Ich sollte mich in Belgrad etwas umsehen, meinte er. Er bedachte allerdings nicht, daß ich mich in der Stadt völlig verloren fühlte, weil ich ja nicht nur die Sprache nicht verstand, sondern auch die Aufschriften in der cyrillischen Schrift nicht lesen konnte. Aber davon sagte ich natürlich nichts.

Frau Ribnikar empfing mich sehr huldvoll. Sie müsse mich aber enttäuschen. Das Rote Kreuz wisse noch nicht einmal die Zahl der Kriegsgefangenen, geschweige denn deren Namen. Man habe erst begonnen, Listen anzulegen. Man werde sich aber schon beeilen. Ich müsse bedenken, daß der ganze Staat erst im Aufbau sei. Für die besondere Lage der Südtiroler sicherte sie mir vollstes Verständnis zu.

Am dritten Tag fand ich um 19 Uhr im Hotel eine Botschaft des

Ministers vor. Ich möchte nach 20 Uhr zu ihm kommen. Natürlich war ich pünktlich zur Stelle. Der Marschall werde mich ganz kurz empfangen, sagte Marusic. Nach etwa einer halben Stunde bestiegen wir den Wagen, fuhren durch das nächtliche Belgrad und hielten vor einem größeren Gebäude. Posten standen an den Türen und grüßten stramm. Ein Uniformierter erwartete uns und führte uns durch einen Gang. Er trat in ein Zimmer und kam gleich wieder heraus. Der Minister nahm mich unter dem Arm, und an einem großen Arbeitstisch sahen wir einen mittelgroßen, etwas untersetzten Mann in einem dunkelblauen Anzug. Das sollte also jetzt der berühmte Partisanenführer sein. Ich hatte aber nicht Zeit, mir viele Gedanken zu machen. Der Mann stand auf, straffte sich, lächelte etwas und reichte mir mit einem »sdrao« die Hand. Wir setzten uns. Der Marschall sah sehr frisch aus. Sein gebräuntes Gesicht strahlte vor Energie. Er sprach serbokroatisch. Von Slowenisch hätte ich wenigstens einige Worte verstanden.

Marusic übersetzte. Er habe von Kidric gehört, daß die Südtiroler nicht alle Nazis gewesen seien, daß es dort sogar einen Widerstand gegen die Nazis gegeben habe. Das sei ihm ganz neu gewesen, aber es freue ihn. Er dankte mir für die Dienste, die ich seinen Landsleuten in Dachau erwiesen hätte. Die Regierung werde sich beeilen, jene Südtiroler Kriegsgefangenen baldmöglichst heimzuschicken, die sich keiner Kriegsverbrechen schuldig gemacht hätten. Kriegsverbrecher müßten für ihre Untaten aber bezahlen. Dann stand er auch schon auf. Jetzt erst sah ich, daß der Mann wirklich kein Riese war, wie ich ihn mir aufgrund der Fotos vorgestellt hatte. Er lächelte wieder ganz leicht und entließ uns mit einem »do vidjenja«. Das war das einzige Wort, das ich verstand. Deutsches Wort war von ihm keines gefallen. Das Ganze hatte nicht einmal zehn Minuten gedauert. Aber ich dankte Marusic sehr für seine Vermittlung. Der Minister meinte, der Marschall habe mir mehr zugesichert, als er erwartet habe.

25 Jahre später sollte ich Marschall Tito noch einmal begegnen. Ich verbrachte in der zweiten Junihälfte 1971 mit meiner Familie Ferien im Meereskurort Portoroz in Istrien. Wir waren im alten Hotel Excelsior abgestiegen, das noch ganz im »K.u.k.–Stil« prunkte. Eines Tages ging ich in der Früh die Zeitung kaufen. Da brauste eine Fahrzeugkolonne heran, Polizisten voran und links und rechts, dahinter ein halbes Dutzend Personenwagen. Im zweiten saß der Marschall und dankte

lächelnd für die Ovationen der Einheimischen und der Gäste. Der Wagenzug hielt vor dem neuen Hotel Excelsior. Ich eilte in meinen Gasthof zurück, warf mich in Staat, soweit dies in Ferien überhaupt möglich ist, und eilte zum Hotel, in dem Tito Rast gemacht hatte. Er befand sich offenbar auf dem Weg nach der Insel Brioni.

Bei der Sperre zeigte ich meinen Parlamentsausweis als italienischer Senator. Man rief einen Herrn des Begleitpersonals, der italienisch sprach. Ihm erklärte ich, daß ich als Südtiroler Senator den Marschall grüßen möchte, der mich schon einmal in Belgrad empfangen habe. Ich mußte unter vielen neugierigen Blicken warten. Dann kehrte der Herr zurück, rief mich, schob mich durch eine Tür, und schon sah ich mich in einem Salon dem Marschall gegenüber, der an einem Tisch saß. Diesmal trug er Uniform und wirkte viel imposanter. Sein Gesicht war immer noch faltenlos, seine gewellten Haare wirkten aber etwas grauer. Er winkte mir und redete mich in fast perfektem Deutsch mit leichtem Wiener Akzent an. So hatten sich eben die Zeiten geändert. In Belgrad hatte er sich so benommen, als ob er kein Wort verstünde, obwohl er ja seit seinem Aufenthalt in Österreich vor dem Ersten Weltkrieg ziemlich gut Deutsch sprach. Ich brachte die Sprache auf die erste Audienz in Belgrad. Und er konnte sich dann auch erinnern. Er erkundigte sich etwas über unsere neue Autonomie, was ich darüber dächte und wie es den Südtirolern überhaupt unter Italien ginge. Jugoslawien hätte auch seine Probleme in Triest. Aber nähere Details wurden keine erörtert. Ich bedankte mich für sein Verständnis gegenüber unseren Kriegsgefangenen. Er sagte wiederum leise lächelnd: »Auf Wiedersehen«, und ich verließ unter erstaunten, jetzt viel freundlicheren Augen der Begleitung das Hotel. – Aber zurück ins Jahr 1946!

Nach meiner Rückkehr aus Belgrad zogen wir in Laibach Bilanz. Die Reise hatte sich mehr als gelohnt. Mit der Bahn wollte ich sobald wie möglich heimfahren. Der Zug blieb aber an der alten Grenze in Postojna stehen. Man wisse überhaupt nicht, wann er weiterfahre. Was sollte ich tun? Ein längeres Warten in dieser Umgebung war für mich nicht ganz ungefährlich. Kurz entschlossen tat ich, was man unter solchen Umständen tun muß. Ich nahm meinen zum Glück nicht allzugroßen Koffer fest in die Hand und marschierte gegen Triest. Die Entfernung wußte ich von einer nicht vollständig überstrichenen italienischen Straßentafel. Sie betrug 25 Kilometer. Die Straßen waren nahezu menschenleer. Nur hin und wieder ratterte ein Militärwagen über das holprige Pflaster. Niemand hielt mich an. Niemand fragte nach dem Wohin und Woher. Am Straßenrand standen überall die ausgebrannten Straßenwärterhäuser.

Schon vor dem Krieg hatten die Slowenen alle Faschistenhäuser in Julisch-Venetien der Reihe nach in Flammen aufgehen lassen. Zum Unterschied von den Südtirolern leisteten sie nicht bloß passiven, sondern auch aktiven Widerstand. Im Kriege vollendeten die Partisanen das Zerstörungswerk. Nach fünf Stunden Marsch erreichte ich bei Sesana die Demarkationslinie zur Zone A. In Triest hieß mich der Freund Dr. Wolfgang Steinacker aus Innsbruck, ein Sohn meines seinerzeitigen Professors Harold Steinacker, sichtlich erleichtert willkommen. Er und mein Fahrer Öttl waren über mein langes Ausbleiben schon etwas besorgt gewesen. Steinacker hatte in Triest im Auftrag der Franzosen an einer Grenzziehung gearbeitet, die als Kompromiß zwischen den Forderungen der Jugoslawen und den Zugeständnissen der Westalliierten dienen sollte. Er wurde als Fachmann für Volkstumsfragen weit über die Landesgrenzen hinaus geschätzt. Er zeigte mir zufrieden sein Werk. Nach der endgültigen Grenzziehung im Friedensvertrag konnte ich feststellen, daß diese nur ganz wenig von Steinackers Linie abwich. So war ich nebenbei so etwas wie ein Kiebitz beim Würfelspiel um eine Grenze gewesen.

Nachdem Kraigher im Juni 1946 slowenischer Innenminister geworden war, kam richtige Bewegung in die Entlassung der Südtiroler Gefangenen. Mit Einverständnis der Zentralstellen in Belgrad zog er sie aus allen Lagern heraus und ließ sie in das Sammellager St. Veit/Sentvid (heute Vorstadt von Laibach) nach Slowenien bringen. Von dort sandte er sie schubweise den Italienern, die darauf gar nicht scharf waren, zurück über die Grenze.

Nach dem Friedensvertrag mit Italien im September 1946 wurde die Grenze bei Triest dichter. Die jugoslawische Verbindungsstelle in Triest hatte die Koffer gepackt. Die Beschaffung von Grenzpapieren wurde schwierig. Über den Sekretär der Südtiroler Abgeordneten im römischen Parlament nach dem Ersten Weltkrieg, Ugo Ubaldi, suchte ich im italienischen Außenministerium um die Ausstellung eines Reisepasses an. Dort gab man Ubaldi den Bescheid, dieser Herr (ich) hätte schon so oft die grüne Grenze überschritten, daß er es ruhig noch einmal tun sollte. Ich ließ mir dies nicht zweimal sagen. Ende

Juni 1947 kehrte eine Gruppe von Südtirolern aus dem Sammellager in Laibach heim. Anfang August fuhr ich nach Triest. Mit einem Telegramm von Kraigher suchte ich die jugoslawische Militärmission in Aurisina (nordwestlich der Stadt) auf. Das Telegramm wirkte Wunder. Man setzte mich einfach in einen Jeep, und nach zwei Stunden fuhr ich schon in Laibach ein.

Der Empfang bei Kraigher und das anfangs geschilderte Gespräch bestätigten mir, daß auch die Stunde für die Entlassung weiterer 172 Südtiroler Kriegsgefangener im Lager St. Veit geschlagen habe. Unterkunft gewährte mir wieder die Familie Novak. Jeden Tag stand um 9 Uhr in der Früh ein Wagen mit einem Fahrer vor der Haustür. Der Minister gab sich wirklich nobel. Daß mein Begleiter kein gewöhnlicher Chauffeur war, konnte ich mir wohl denken. Ich konnte alle Lager nach Gefangenen aus Südtirol absuchen, die man vielleicht irgendwo vergessen hatte. So fuhren wir eines Tages nach Jesenice im Norden Sloweniens. Im dortigen Kohlenbergwerk arbeiteten viele Gefangene. Ich suchte nach einem gewissen Keim aus meiner Heimatgemeinde. Eine Stange trennte das Lager von der Straße. Mein Fahrer stieg aus und zeigte dem Posten ein Dokument. Der Mann salutierte besonders stramm, und weg war er. Sofort kam er wieder mit der Meldung zurück. Mein Fahrer sagte: »Oberst rasieren, wir warten.« Das Warten war in wenigen Minuten vorbei. Der Oberst stürzte geradezu herbei. Sein Gesicht zierten drei bis vier Wattepflaster. Er hatte es beim Rasieren also gar zu eilig gehabt. Mein Chauffeur mußte noch wichtiger sein als angenommen. Später erfuhr ich von den Gefangenen, daß er ein Hauptmann der OZNA, der jugoslawischen Staatspolizei war, der auch die Südtiroler verhört hatte.

Bei meinen Rundreisen sah ich einmal die Ortsbezeichnung Begunje. Hier stand also der Schreckenskerker der Nazis für politische Häftlinge. So oft ein deutscher Besatzer oder ein slowenischer Mitarbeiter erschossen wurde, holte man zehn Häftlinge heraus und erschoß sie in einer danebenliegenden Schlucht. Kein Wunder, daß der Weitertransport nach Dachau für viele der dort Eingesperrten eine Erlösung bedeutete. 1981 besuchte ich das Gefängnis, in dem eine Gedächtnisstätte errichtet worden ist. Heute steht in Begunje eine deutsche Skifabrik, aus der sich niemand Geringerer als Ingemar Stenmark seine Bretteln holt. Wer denkt bei diesem Namen an die Schrecken der Vergangenheit?

Eines Abends fuhren wir ins Militärlazarett nach Skofia-Loka. Der Fahrer zeigte wieder die Papiere. Alle Türen öffneten sich, alle Posten verschwanden. Nach und nach humpelten die Südtiroler Gefangenen in einen Raum. Den Wilhelm Mayrhofer aus Gais brachte man auf einer Bahre. Die Gefühle der armen Teufel, als sie sich plötzlich einem Landsmann gegenübersahen, kann sich jeder ausmalen. Unter den Kranken war auch Ignaz Auer, der spätere langjährige Bürgermeister von St. Martin in Passeier. Er wiederholte nur immer wieder, so fast zu sich selbst, die Worte: »Jetzt glaube ich es, jetzt kommen wir heim.«

Und wieder an einem Abend fuhren wir ins Lager St. Veit. Der Kommissar begrüßte uns. »Was du zuerst sehen wollen, Revier, Schreibstube, Küche?« – »Küche«, sagte ich. Er lachte: »Schon sehen, du auch Lager gewesen, Küche wichtig.« In der Küche stellten zwei Gefangene schnell einen Kübel nieder und standen vor dem Kommissar stramm. Ich wandte mich dem Größeren zu und fragte, von woher er sei. Daraus entwickelte sich folgendes Gespräch: »Können Sie Deutsch? – Ja, ein bißchen. Woher bist du? – Aus Südtirol. – Von wo in Südtirol? – Aus Bozen. – Wo in Bozen, Straße, Hausnummer? – Nun, nicht aus der Stadt. – Ja woher dann? Von einem Dorf in der Nähe. – Ja und wie heißt denn dieses Dorf? – Afing. – Ach so, dann bist du der Simon Wieser. Ich soll dich vom Vater grüßen, du sollst bald heimkommen.« Bei solchen Unternehmen muß man auch immer einen Schuß Glück haben. Von allen 172 hätte ich niemanden beim Namen nennen können als eben den Wieser.

Meinen Begleitern imponierte es sicher gewaltig, daß ich gleich den ersten Südtiroler namentlich kannte. Der Minister Kraigher hatte mir bei meiner Vorsprache zum Schluß noch gesagt, man müsse untersuchen, ob es sich wohl um richtige Südtiroler handle. Ich hatte ihm erwidert, daß ich die Südtiroler doch sehr gut kenne. Und jetzt hatte ich es bewiesen. Nach dem Besuch in der Küche wurde ich mit dem Lagerpersonal bekannt gemacht. Als Lagerführer amtierte Dr. Toni Zelger, der spätere langjährige Landesrat für Schule und Kultur. Das antifaschistische Komitee leitete Sepp Neubauer aus Morter. Für die Kultur war Arnold Heidegger zuständig. Damals war mir keiner von den dreien bekannt. In ihrer Begleitung gingen wir ins Revier. Ein junger Bursch aus Andrian, Siegfried Ingruber, lag sterbenskrank in seinem Bett. Ich sagte ihm, er müsse gesund werden, wenn er die

Heimreise nicht versäumen wolle. Später erzählte man mir, die Genesung sei so schnell gegangen, daß Siegfried schon am nächsten Tag arbeiten konnte.

Zum Schluß kam die Schlafbaracke an die Reihe. Da lagen sie auf ihren Stockpritschen und schauten mehr als neugierig auf uns herunter. Ich sagte ihnen, daß bald die Stunde der Heimkehr schlagen werde. Aber so ohne weiteres kauften sie mir die frohe Botschaft nicht ab. Dann fragte ich sie um das Woher. Natürlich kannte ich bestens jeden Ort. Sie schalteten schnell. Einmal erwischte ich einen aus Zwieselstein im Ötztal. Ich fragte zurück, ob er den Mitterhofer im Südtiroler Schnalstal kenne. Er verstand. »Das ist mein Firmpate«, kam es wie aus einer Pistole geschossen. Kommissar und Hauptmann konnten sich also überzeugen, daß ich die Südtiroler kannte. Von einer Überprüfung sprach niemand mehr.

Am Tage vor dem großen Aufbruch sprach ich noch einmal im Ministerium vor. Der Sekretär des Ministers führte ein Gespräch mit dem Lager. Ich erfuhr, daß alle abfahrtsbereit seien. Nur die OZNA habe das Kommando, das bei ihr in Arbeit stand, noch nicht ins Lager einrücken lassen. Die Staatspolizei wollte offenbar auf die guten Arbeitskräfte nicht so leichten Herzens verzichten. Der Sekretär telefonierte und telefonierte. Anscheinend ohne Erfolg. Da stand auch schon Kraigher im Zimmer und nahm das Telefon. Ein paar knappe Sätze. »Alle heimfahren«, sagte er. Ich dankte. »Bald wiederkommen, du immer unser Gast.«

Am nächsten Morgen, den 15. August, holten wir mit dem Auto Mayrhofer im Lazarett ab und fuhren zum Lager. Dort hatten die Südtiroler zum letzten Mal Aufstellung genommen. Die Behörden hatten sich entschlossen, auch gleich die 15 Kärntner, die im Lager untergebracht waren, nach Hause zu schicken. Zwischen Kommissar und Lagerpersonal spielten sich rührende Abschiedsszenen ab. Der Kommissar weinte. Dann kam das Kommando. Mit dem Heimatlied zogen die Südtiroler durch die Straßen von Laibach zum Bahnhof, und bald ratterten die Räder den Berg hinauf. Mayrhofer und mich brachte der Hauptmann Hois Ivan, so hieß er, mit dem Privatwagen zur Grenze. Auf der Fahrt sprach ich mit ihm über zwei Gefangene, die im Juli in das Bergwerk von Bor überstellt worden waren, zur Strafe dafür, daß sie bei Grabarbeiten das Kabel einer Leitung durchgeschnitten hatten. Die OZNA vermutete gleich einen Sabotageakt.

Ich konnte Hois garantieren, daß ich einen der beiden, den Grüner Josef aus Schnals, als bewährten Antifaschisten seit seiner Jugend kannte, und sicher wäre auch sein Freund der gleichen Gesinnung. Von Sabotage könne auf gar keinen Fall gesprochen werden. Er sagte mir zu, meine Fürsprache an zuständiger Stelle vorzutragen.

An der Grenze holte uns das Triester slowenische Rote Kreuz ab. In Triest lieferte ich Mayrhofer in die »ospedali riuniti« ein. Als er dort abgeladen wurde, rief man das ganze Personal. Alle schlugen die Hände über dem Kopf zusammen über die Schandtaten der Barbaren von da drüben. Als sie sich genug abreagiert hatten, ersuchte ich um Aufnahme. Eine behäbige Schwester, wahrscheinlich die Oberin, fragte: »Ha soldi? – Hat er Geld?« Geld meinte ich, hat er natürlich keines, aber ich werde eines besorgen. Die Antwort: »Wenn er kein Geld hat, können wir ihn nicht aufnehmen, sie müssen ihn anderswo unterbringen.« Schließlich ließ man ihn doch wenigstens im Gang liegen, bis ich mit dem Geld eintraf. Ja, das Christentum ist gar nicht so einfach zu praktizieren. Wie oft müssen wir bei Nicht-Christen in die Schule gehen.

Im Oktober meldete sich unser Ugo Ubaldi aus Rom. Das Außenministerium würde mir gern einen Paß ausstellen. Ich sollte nur die Fotos schicken. Ich bedankte mich herzlich und bemerkte, daß ich jetzt auf die Ausstellung verzichten könnte.

Vierzehn Tage vor meiner Hochzeit, im September 1948, fuhr ich noch einmal nach Laibach, um die letzten Gefangenen zu holen. Paßschwierigkeiten gab es keine mehr. War ich doch jetzt Abgeordneter im römischen Parlament. Hois Ivan begleitete mich wieder zum Arbeitsplatz. Es waren noch acht Mann, darunter die beiden Leute aus Bor, Grüner Seppl und Patzleiner aus Vierschach. Sie waren noch im Herbst 1947 aus dem Bergwerk zurückgeholt worden. Wir ließen uns zusammen den Lagereintopf schmecken und schieden mit einem herzlichen »Auf baldiges Wiedersehen«.

Den Hauptmann lud ich noch in eine Kavarna (Kaffeehaus). Der Kaffee hieß nicht viel. Dafür mundete der Slivowitz umso besser. Im Juni war die Welt vom Bruch zwischen Tito und Stalin überrascht worden. Ich wollte nun von Hois seine Meinung über die Hintergründe des Kraches erfahren. Lange wich er aus. Ich ließ mich aber nicht abwimmeln. Da schaute er mich fest an: »Du Katholik?« »Ja, ich katholisch.« – »Dann du wissen, Papst nur einer, wenn Bischof Papst werden will, Schisma. Kommunismus Papst nur einer. Tito auch Papst werden wollen – Schisma.«

Die Geschichte lehrte uns inzwischen, daß der Versuch Titos zur Schaffung eines Staatenbundes auf dem Balkan zu den Gründen zählte, die zur Ehescheidung Belgrad – Moskau führten. Der Hauptmann wurde schließlich gesprächig. Man sah es ihm auch an, wie schwer ihm das Umdenken fiel. Seit seiner Jugend hatte man Stalin als das gute Väterchen, als eine Art Herrgott des Kommunismus vorgelobt und gepriesen. Und jetzt auf einmal sollte der gleiche Mann geradezu ein Verbrecher sein. Um mir seine ganze Verwirrung zu erklären, sagte er: »Du auch schwer, wenn du einmal glauben müssen, Papst nicht mehr der richtige, Papst ein Gauner, alles falsch, was man dir erzählte. Alles, alles ganz anders. Nichts wahr von früher.«

Wegen meiner Fahrten nach Jugoslawien stempelten mich nicht wenige Südtiroler zu einem heimlichen Kommunisten, einem Kryptokommunisten. Man wußte, daß die Provinzchefs der KPI von Bozen, die sich auch der Südtiroler Gefangenen annehmen wollten, nicht nach Jugoslawien hineingelassen worden waren. Folglich müßte ich ein viel größerer und wichtigerer Kommunist sein als sie. Dieser Verdacht bildete schon einen Stein des Anstoßes bei meiner Aufstellung als Kandidat zu den ersten Parlamentswahlen. Bei jeder folgenden Wahl wurde das Gerücht brav wieder in Umlauf gesetzt. Besonders fromme Geistliche warnten besonders fromme Seelen geradezu vor mir. Sie suchten meine Braut auf und rieten von einer Heirat ab. Politische Kollegen ließen sich die Gelegenheit nicht entgehen, mich schwarz oder vielmehr rot zu färben, um einen Konkurrenten auszustechen. Nur Kanonikus Gamper kriegten sie nicht herum, obwohl führende Kreise der damaligen Katholischen Aktion sich sehr anstrengten, ihm das Märchen von meinem Kommunismus aufzuschwatzen.

Diese Kommunistenhatz dauerte über fünfzehn Jahre. Mich hat von den Eiferern nie jemand um Auskunft gefragt. Sie wäre sehr einfach gewesen: Hätte ich mich bei Kraigher als Kommunist ausgegeben, hätte ich die denkbar lächerlichste Figur gemacht. Er wußte ja von seinem Vater, meinem Dachauer Kollegen, ganz genau, daß ich kein Kommunist war und auch keiner werden wollte. Hätte ich also ja gesagt, hätte er jeden Respekt vor diesem Scheintuer verlieren müssen. Abgesehen davon hätte einem Obmann-Stellvertreter der

SVP denn doch niemand geglaubt, daß dieser mit dem Kommunismus liebäugle. Kraigher wußte auch, daß ich die Papiere zur Ausreise aus Triest von den Alliierten hatte. Das Dümmste, was man auf solcher Ebene tun kann, ist, dem Chef der kommunistischen Staatspolizei etwas vormachen zu wollen.

1948 lieferte man mir übrigens den Beweis dafür, wie gut man in Laibach über meine Person unterrichtet war. Im März lud mich ein bekannter Bozner Graf zu einem Essen bei »Da Giorgio«, damals auf dem Musterplatz, ein. Er werde noch einen Grafen aus Innsbruck mitbringen. Ich konnte mir zunächst nicht vorstellen, wieso mir diese Ehre zuteil wurde. Das Essen war gut, die Unterhaltung höchst nichtssagend. Gegen Ende der Mahlzeit packte den Bozner Grafen die Eile. Er habe dringend etwas zu tun und entschuldigte sich. Ich blieb mit dem Innsbrucker zurück. Er begann ohne längere Einleitung: Draußen in Innsbruck wisse man, daß ich jederzeit nach Jugoslawien fahren könne, daß ich drunten überall Zutritt hätte. Das französische »deuxième bureau« (Geheimdienst) wäre an authentischen Nachrichten aus diesem Lande sehr interessiert. Gleichzeitig könnte ich der Sache des Westens mit Informationen einen großen Dienst erweisen. Selbstverständlich bräuchte ich die Arbeit nicht umsonst zu tun. Er nannte gleich auch Summen, die sich sehen lassen konnten. Als er mit seinem Latein zu Ende war, machte ich es kurz und bündig: »Gewiß kann ich in Jugoslawien hinfahren, wo ich will. Mich interessieren aber nur die Gefangenen, sonst gar nichts. Sagen Sie Ihren Auftraggebern, als Spion müssen sie sich einen anderen suchen.« Ich stand auf und ging rasch davon.

Wie gut ich getan hatte, erfuhr ich im darauffolgenden September vom Hauptmann Hois Ivan: »Du Volgger brav gewesen«, sagte er gleich bei der Begrüßung. »Du nicht spionieren in Jugoslawien.« Ich blickte sicher etwas verwundert. Er lächelte: »Gut, gut, fertig.« Später habe ich mir dieses Wissen so erklärt: Der französische Nachrichtendienst war damals von KP-Leuten durchsetzt. Diese erfuhren von der Sache und meldeten sie weiter. Wäre ich auf die Vorschläge der Herren Grafen eingegangen, hätte ich meine für denselben Monat festgesetzte Hochzeit wohl um Jahre verschieben müssen.

Freunde an Isar, Neckar und Rhein

Fahrten nach und Besuche aus Deutschland • Wertvolle Hilfe für Südtirol • Zuerkennung des Joseph-Drexel-Preises

Mit Politikern der heutigen Bundesrepublik Deutschland kam ich erstmals im KZ Dachau in Berührung. Im August 1944 erhielt unsere Stube 4 auf Block 4 Neuzugang. Zwei Häftlinge aus München bezogen Quartier. Einer war ziemlich groß und korpulent, der andere eher klein und dünn. Sie zählten offenbar zu den Opfern der Verhaftungswelle nach dem Attentat auf Hitler am 20. Juli. Natürlich wußten wir bald ihren Namen, Beruf usw. Bei den zwei schon etwas bejahrten Neuen handelte es sich um Fritz Schäffer und Karl Scharnagl. Schäffer war bis zur Machtübernahme durch die Nationalsozialisten Vorsitzender der Bayrischen Volkspartei (heute CSU) und Leiter des Bayrischen Finanzministeriums gewesen. Scharnagl hatte als Oberbürgermeister von München amtiert. Wir halfen den beiden beim Zurechtfinden in der neuen Lage. Bisher hatten sie nur Bekanntschaft mit Gefängnissen gemacht.

Die Uhren im KZ gingen anders. Wir ersparten ihnen zunächst die Einweisung in ein Kommando. Den Appell mußten sie natürlich mitmachen. Ich bewunderte oft den kleineren Schäffer, wie er den gebrechlichen schweren Scharnagl geradezu auf den Appellplatz schleifte. Ein wirklich zäher Mann. Als Südtiroler gewann ich zu den beiden bald ein besonderes Nahverhältnis. Glücklicherweise wurden sie vor dem Winter noch entlassen. Sie hätten ihn und vor allem die Typhusepidemie kaum überstanden.

Fritz Schäffer machte in den Jahren 1960 und 1961 als Justizminister Sommerferien beim Kabis-Wirt in St. Peter/Villnöß. Ich sprach meinen Kollegen Landtagsabgeordneten Schatz aus Brixen, der auch in St. Peter auf Urlaub weilte, einmal darauf an, ob er mir nicht einen Empfang bei Schäffer vermitteln könnte. Anton Schatz erwiderte ganz wichtig: Dies werde unmöglich sein, denn der Minister wolle Ruhe haben. Also versuchte ich es auf eigene Faust. Die Wirtin erklärte mir bei meinem Kommen, der Minister sei zur Zeit nicht im Hotel; sie wisse auch nicht, wohin er gegangen sei, sie habe keine Ahnung, wann er wiederkehre. Ich gab ihr meine Visitenkarte mit der Bemerkung, der Minister würde sich freuen, mich zu treffen. Sie zog sich etwas zögernd zurück. Fünf Minuten später war der Minister auch schon heimgekehrt. Er gab sich sehr nett. Wir unterhielten uns lange und gut, auch über die damals gespannte Lage in Südtirol, über die Schäffer bestens Bescheid wußte.

Mit zwei anderen deutschen Freunden aus der Dachauer Zeit blieb ich alle die Jahre in freundschaftlicher Verbindung: Dr. Paul Collmer aus Stuttgart und Dr. Karl Otto Watzinger. Collmer war nach dem Kriege eine leitende Persönlichkeit im Evangelischen Hilfswerk. Seine pausenlose Arbeit für alle Menschen, die auf der Schattenseite des Lebens existieren mußten, hatte ihm einen frühen Tod gebracht. Ich fand es sehr rührend von ihm, daß er von Stuttgart sofort zu meiner Frau eilte und ihr Hilfe anbot, als mich die Italiener im Februar 1957 verhafteten. Watzinger war zum Unterschied vom CDU-Mann Collmer Mitglied der SPD. Jahrzehntelang amtierte er als Stadtbeigeordneter von Mannheim. Den beiden wurde mehrmals von ihren Parteien eine Kandidatur für den Bundestag angeboten. Doch sie konnten sich nicht entschließen.

Im April 1958 klopfte es am späten Vormittag an die Tür meines Büros bei den »Dolomiten«. Ich arbeitete gerade allein in der Redaktion und öffnete. Draußen stand ein unbekannter Herr. »Wenzel Jaksch«, stellte er sich lächelnd vor. Das war also der sozialdemokratische Politiker aus dem Sudetenland, der gegen die Hitler-Politik bis zum Äußersten Widerstand geleistet hatte und dem es im letzten Moment gelungen war, den Gestapohäschern zu entkommen und sich nach England in Sicherheit zu bringen. Wir verstanden uns sofort. Jaksch teilte mir mit, daß er den FDP-Bundestagsabgeordneten Ewald Bucher mitgebracht habe. Diese »Binnendeutschen«, meinte er, verstehen normalerweise vom Volkstumsringen im Ausland leider sehr, sehr wenig und interessieren sich für diese Deutschen jenseits der Staatsgrenzen auch kaum. Bucher scheine ihm ein weißer Rabe: Er zeige sich für Volkstumsfragen aufgeschlossen.

Wir trafen uns zum Mittagessen im schönen Marklhof in Girlan. Bucher hatte seine Frau mitgebracht, und ich erschien mit meiner. Der FDP-Mann wußte schon ziemlich Bescheid. Ich konnte ihm einen erschütternden Fall vorbringen. Ende März waren gerade sechs

(56) »Das Beste in seinem Leben« fand Dr. Friedl Volgger in Naturns: seine Frau Anna Pranter

(57) Die Trauung am 29. September 1948 durch Kanonikus Michael Gamper

(58) Das offizielle Hochzeitsbild

(59/60) Volgger-Porträts aus den Jahren 1957 und 1984

(61) Die Familie Volgger 1983: von links nach rechts die Söhne Florin und Meinrad, das Ehepaar Volgger und die Tochter Notburga

(62) Mit 70 im Einsatz für die Jugend: Dr. Friedl Volgger als Präsident des Vereins »La strada – Der Weg«, der sich um drogenabhängige junge Menschen kümmert und die Drogensucht bekämpft, sich aber auch der Haftentlassenen und anderer jugendlicher Randgruppen annimmt. Hier im Gespräch mit dem Gründer und Leiter dieser Initiative, dem Priester Don Giancarlo Bertagnolli (rechts), und dem Vizepräsidenten Vittorio Pasqualini.

Bauernburschen aus Pfunders in der zweiten Instanz des Schwurgerichtshofes in Trient des Mordes schuldig befunden und zu langjährigen Kerkerstrafen verurteilt worden. Die Burschen hatten sich gemeinsam mit anderen am 15. August 1956 in ihrer Heimat Pfunders mit zwei Angehörigen der Finanzwache lange Zeit im Gasthaus bei Schnaps unterhalten. Doch die Feier sollte ein schlimmes Ende nehmen. Als die Finanzer Sperrstunde machen wollten, erhoben die Burschen Protest. Die Finanzer ergriffen die Flucht. Dabei geriet einer vom Weg ab, stürzte in einen Bach, schlug mit dem Kopf auf einen Stein und war tot. Die Staatsanwaltschaft verwarf aber diese Version des Unglückes völlig und plädierte auf Mord. Der Gerichtshof fällte in diesem Sinn das Urteil. Ganz Südtirol war entsetzt. Meine Tischnachbarn in Girlan waren es nicht weniger.

Die Abgeordneten waren jetzt noch mehr überzeugt, daß wir ihre Hilfe bitter nötig hätten. Jaksch und Bucher riefen in Bonn den Arbeitskreis »Freunde Südtirols im Deutschen Bundestag« ins Leben. Er setzte sich aus sieben Abgeordneten aller Parteien zusammen. Bucher äußerte einmal, es sei den Südtirolern nicht gedient, wenn nur die FDP sich für sie einsetze. Dies würde von der Gegenseite sofort so gedeutet, als ob die Nazis wieder am Werke wären. Der Freundeskreis bedeutete uns wertvollste Unterstützung. In Veranstaltungen, Artikeln und Rundfunkinterviews machte besonders Bucher die deutsche Öffentlichkeit auf die Lage in Südtirol aufmerksam. Er warb für den Besuch in unserem Lande, der damals noch nicht so selbstverständlich war wie heute.

Der Freundeskreis lud mich für den 22. Februar 1961 zu einem Referat über Südtirol am runden Tisch ein. Als ich am frühen Morgen in Bonn eintraf, wollte ich zunächst meinen Augen nicht trauen. Von allen Litfaßsäulen prangten Plakate, die einen Vortrag von mir in der Aula Magna der Universität mit dem Thema »Worum geht es in Südtirol« ankündigten. Ich stürzte zum Telefon und rief Bucher an. Er versuchte mich zu beruhigen und nannte als Grund für die Programmänderung das große Interesse, dem er hätte Rechnung tragen müssen. In höchster Eile verfaßte ich bis abends ein Redemanuskript. Zum Glück hatte ich mir das von meinem langjährigen treuen Freund Wolfgang Pfaundler 1958 herausgegebene Südtirol-Buch mitgenommen, das mir die nötigen Unterlagen bot.

Mit klopfendem Herzen betrat ich abends die bis auf den letzten

Platz gefüllte Aula. Bundesminister Hans Christoph Seebohm, eine ganze Anzahl von Abgeordneten, darunter auch der Bundestagsvizepräsident Dr. Richard Jäger, Professoren der Universität und hohe Beamte der Ministerien hatten sich eingefunden. Bucher stellte mich vor. Etwas unsicher begann ich. Die Versammelten kargten nicht mit Beifall. Offenbar wollten sie mir Mut machen, und so kam ich in Fahrt. Als ich die Äußerung tat, daß die Südtiroler kein sterbendes Volk seien, wollte das Klatschen fast kein Ende nehmen. Nach der Rede ging Minister Seebohm auf mich zu und drückte mir fest die Hand. Ich konnte mich des Händeschüttelns kaum erwehren.

Im italienischen Blätterwald und auch in römischen Regierungskreisen löste der Tag von Bonn einige Aufregung aus. Der Großteil der Presse mußte mir allerdings bescheinigen, daß ich maßvoll gesprochen hatte. Die größte italienische Zeitung »Corriere della Sera« erkannte mir sogar beträchtliche Objektivität zu. Man zeigte sich aber überrascht darüber, daß das Parlament der Bundesrepublik sich plötzlich in die Frage Südtirols einschalte. Besonderer Ärger spiegelte sich in Presse- und Regierungskreisen darüber wider, daß ein Minister zum Vortrag erschienen war und damit der Veranstaltung fast einen offiziellen Charakter verliehen hatte. Doch die Wogen glätteten sich wieder. Die Freunde Südtirols setzten ihre Arbeit fort.

Dr. Bucher kehrte nach seinem ersten Besuch im Jahre 1958 jedes Jahr nach Südtirol wieder. Die italienische Polizei nahm sich seiner gebührend an. Als Bucher 1962 bis 1965 als Justizminister amtierte, erklärten die italienischen Sicherheitsbehörden ihre besondere Aufmerksamkeit gegenüber Bucher damit, daß sie den Minister ja schützen müßten. Im März 1965 trat Bucher aus Protest gegen die Verlängerung der Verjährungsfrist für NS-Verbrechen aus rechtsstaatlichen Erwägungen zurück.

Als Bucher 1966 als Wohnbauminister in Naturns weilte, erhielt er einen Anruf vom damaligen Staatssekretär im Auswärtigen Amt (und späteren Bundespräsidenten) Karl Carstens. Der italienische Botschafter in Bonn sei bei ihm vorstellig geworden und habe die Empfehlung ausgesprochen, Bucher sollte in Südtirol keine Kontakte zur SVP aufnehmen. Der Minister antwortete, er wundere sich, daß der Staatssekretär die Empfehlung weitergegeben habe, anstatt den Botschafter zur Tür hinauszukomplimentieren. Er habe gar nicht die Absicht gehabt, politische Gespräche zu führen. Jetzt werde er sich aber um ein solches Gespräch und dessen Veröffentlichung bemühen. Dies ist auch prompt geschehen. Über das Echo in der italienischen Botschaft ist nichts bekannt geworden. Diese italienischen Politiker hatten die Geburtsstunde des Neuen Europa verschlafen.

Dem Lande Südtirol hat Dr. Ewald Bucher alle Jahre herauf die Treue gehalten. Besondere Verdienste hat er sich auch um die Schadensvergütung für die Optanten und die Anerkennung der bei den deutschen Stellen geleisteten Dienstjahre erworben.

Am 20. März 1966 schickte mich die SVP als ihren Vertreter zum Kongreß der CDU nach Bonn. Es war der Parteitag, auf dem Konrad Adenauer seinen Rücktritt als Vorsitzender nahm. Das Amt des Bundeskanzlers hatte er schon im Oktober 1963 an Ludwig Erhard übergeben. Auch in seinem Schwanengesang wartete der 90jährige »Alte von Rhöndorf« noch mit einer Überraschung auf. In der Abschiedsrede bescheinigte er den Sowjets, daß sie sich mit ihrer Friedensvermittlung zwischen Indien und Pakistan in jene Völker eingereiht hätten, »die den Frieden wollen«. Er wisse zwar, fuhr er fort, daß er damit ein kühnes Wort spreche, aber die Tatsachen dafür lägen vor. Neben mir saß der Parteisekretär der DC, Abg. Mariano Rumor, später fünfmal italienischer Ministerpräsident. Er war auch in Vertretung der Weltunion der christlich-demokratischen Parteien gekommen. Ich verdolmetschte ihm die Ausführungen Adenauers. Er schüttelte den Kopf und wiederholte immer wieder: »Incredibile, proprio incredibile. – Unglaublich, wirklich unglaublich.«

Nach dem Abschluß der Arbeit des Parteitages gab es im engen Kreis einen Empfang. Minister Seebohm nahm mich einfach dazu mit und stellte mich Adenauer vor. Ich nahm die Gelegenheit wahr. »Herr Bundeskanzler«, sagte ich, »ich möchte Ihnen im Namen der Südtiroler danken dafür, daß Sie beim letzten Treffen mit dem italienischen Ministerpräsidenten Fanfani Südtirol zur Sprache gebracht und um eine zufriedenstellende Lösung ersucht haben.« Adenauer hörte zu, verzog keine Miene und sagte nur: »Na, schon gut, schon gut.« Er wollte seine Intervention, von der ich durch Staatssekretär Franz Thedieck erfahren hatte, weder bestätigen noch in Abrede stellen. Nach außen hatte der Kanzler immer auch nur den Schein eines Interesses an Südtirol peinlichst vermieden.

In meiner Studentenzeit in Innsbruck haben die Vertreter der verschiedenen Hochschulverbindungen Oberhollenzer und mich umworben. Wir widerstanden allen »Keilversuchen« der CVer und KVer. Am hartnäckigsten warb der Medizinstudent Otto Scrinzi aus Klagenfurt um unsere Mitarbeit. Er wollte uns für den VDST gewinnen, den Verein Deutscher Studenten. Diese Verbindung, beteuerte er, habe den Schutz des Volkstums auf ihre Fahne geschrieben. Für einen Südtiroler wäre der Beitritt also fast Pflicht. Wir ließen uns nicht erweichen. Erstens hatten wir keine Zeit und zweitens wollten wir uns nirgends binden. Wir besuchten nur als Gäste zwei- bis dreimal Veranstaltungen des VDST. Nach dem Anschluß wurden dann sowieso alle Hochschulverbindungen aufgelöst. Es durfte ja nur mehr den Nationalsozialistischen Studentenbund geben.

Im Frühjahr 1953 ließ mich Kanonikus Gamper einmal rufen. Er hatte Hochschüler aus Tübingen zu Gast, die dem VDST zu Tübingen angehörten. Für Gamper war der Besuch vor allem deswegen interessant, weil der Präsident des Deutschen Bundestages, Hermann Ehlers, mit dem er eng befreundet war, auch zu den Mitgliedern des VDST zählte. Führer der Gruppe war der »Alte Herr« Eberhardt Weise aus Reutlingen. Der Kanonikus empfahl mir, mit den Jungen Verbindung zu halten. Den Rat befolgte ich. Die VDSTer gefielen mir immer besser, je mehr ich mit ihnen in Fühlung kam. Zwischen Weise und mir erwuchs bald eine Freundschaft, die sich auch auf die beiden Familien ausweitete. Sie dauerte bis zu seinem Tod im Juni 1981.

Die Tübinger Studenten besuchten unser Land immer häufiger. Im Sommer durchwanderten sie in Gruppen die Täler Südtirols und lernten Land und Leute kennen. Ich besorgte ihnen Quartier auf Bauernhöfen. Überall, wo sie Station machten, hörte ich nur Lob über die netten Jungen. Im Frühjahr 1960 machte mir der Tübinger Bund den Vorschlag, mich zum außerordentlichen Alten Herrn zu ernennen, mich also mit allen Rechten und Pflichten in den Bund aufzunehmen. Ich sagte mit Stolz und Freude ja. Auf einem Festakt wurde mir die Nadel überreicht. Mit meinen Bundesbrüdern ..abe ich schöne Stunden erlebt. Ihr junger Idealismus für Volkstum und Heimat, ihre Weltoffenheit, ihr Sinn für die Werte der deutschen Kultur bereicherten mein Leben. Besonders wohltuend empfand ich, daß sie jedem deutschen Eigendünkel, jeder Überheblichkeit absagten und auch allen anderen Völkern Wertschätzung entgegenbrachten.

Eberhardt Weise bekleidete auch die Stelle eines geschäftsführenden Vorstandsmitgliedes des Kulturwerkes für Südtirol in Baden-

Württemberg. Dieses Hilfswerk war 1958 in München gegründet worden. Als Ziel hatte es sich die finanzielle und geistige Unterstützung der Südtiroler auf kultureller und sozialer Ebene gesetzt. Weise, der vor seiner Einberufung zur Wehrmacht im Dienst des Vereines für das Deutschtum im Ausland (VDA) gestanden hatte, ging jetzt in der Arbeit für Südtirol auf. Neben seiner Familie füllte das Tirol südlich des Brenners sein ganzes Leben aus. Sein Denken, seine Sorgen galten unserem Land. Vom 11. bis 14. Juni 1981 feierte der Verband der Vereine Deutscher Studenten VVDST in Berlin das hundertjährige Jubiläum seines Bestandes. Der Rückblick bot eine imposante Leistungsschau für Volk und Vaterland. Weise nahm mit Begeisterung an den Feierlichkeiten teil. Kurz nach seiner Rückkehr nach Reutlingen wollte er wieder nach Südtirol aufbrechen. Auf der Fahrt dahin verschied er noch in der Nähe seiner Heimat infolge Herzversagens.

Eine frohe Überraschung bereitete man mir im Juli 1958 in Nürnberg. »In Anerkennung meiner journalistischen Leistungen« überreichte mir der Herausgeber und Chefredakteur der »Nürnberger Nachrichten« den von ihm gestifteten Joseph-Drexel-Preis. In der Urkunde hieß es: »Seine mutige und doch auch besonnene Schreibweise, seine dem Glauben und der Heimat verpflichtete klare Grundhaltung, seine objektive Berichterstattung sowie sein ausgezeichnetes journalistisches Können haben seiner Zeitung in Südtirol und darüber hinaus weiteste Verbreitung und Anerkennung verschafft. Als Journalist mitten in den politischen Auseinandersetzungen stehend, war Dr. Friedl Volgger vielfachen Verfolgungen und Anfeindungen ausgesetzt. Mit der Überreichung des Preises an Herrn Dr. Friedl Volgger beabsichtigt die Joseph-E.-Drexel-Stiftung einen Journalisten zu ehren, der sich durch mannhaftes und kluges Eintreten für Freiheit und Rechte, durch seine hervorragende journalistische Leistung und sein hohes Berufsethos große Verdienste und allseitiges Ansehen erworben hat.«

Ich war und bin auf die Auszeichnung sehr stolz. Der Preis wurde jedes Jahr an drei Journalisten vergeben. Im gleichen Jahr wie mir wurde er noch dem bekannten Zeichner Olaf Gulbransson und dem Rundfunk- und Fernsehpublizisten Ernst v. Khuon-Wildegg verliehen. Die Liste der Preisträger weist sehr bekannte Namen auf: Dr. Marion Gräfin Dönhoff, Mitherausgeberin der Wochenzeitung »Die Zeit« in

Hamburg; Konrad Ahlers, langjähriger Pressesprecher des Bundeskanzleramtes in Bonn; Dr. Walter Fabian, Herausgeber der »Gewerkschaftlichen Monatshefte«; Prof. Dr. Heinrich Bechtoldt, Herausgeber der Zeitschrift »Außenpolitik«. Zur Preisübergabe war auch der Polizeichef der Stadt Nürnberg, Dr. Horst Herold, später lange Leiter des Bundeskriminalamtes in Wiesbaden, erschienen. Im geselligen Kreis konnte ich viel Wissenswertes über die Entwicklung Südtirols an die richtige Adresse bringen. Mit Dr. Joseph Drexel blieb ich in Freundschaft verbunden.

Das Beste in meinem Leben

Familie, Politik und Journalismus • Mit Gedanken und Problemen der Jugend konfrontiert • Kampf der Drogensucht

Am 29. September 1948 hielt ich in Naturns Hochzeit mit meiner Braut Anna Pranter. Das Beste, was ich im Leben getan habe, war, daß ich diese Frau geheiratet habe. So kann ich eigentlich vom persönlichen Gesichtspunkt aus der Option im Jahre 1939 nur dankbar sein, denn ohne sie hätte ich die Anna wohl nie kennengelernt. In ihrem Heimathaus, dem Gasthof »Funggas«, hielt ich im Frühjahr 1940 für die wenigen Dableiber von Naturns und Umgebung eine Versammlung ab. Bei dieser Gelegenheit trafen wir uns das erste Mal. Nach dem Krieg suchte ich den Gasthof Funggas auf, um Leute für die Gründung der Volkspartei ausfindig zu machen. Dabei trafen wir uns wieder und später immer wieder, bis sie eines Tages »Ja« sagte.

Ich mußte mich um dieses Ja-Wort ehrlich bemühen. Aber diese Mühe hat sich mein ganzes Leben lang bezahlt gemacht. Meine Frau ist mir in jeder Lebenslage mit beispielloser Kameradschaft zur Seite gestanden. Ohne sie hätte ich alle Wandlungen in meinem Leben wohl kaum überstanden. In oft nicht leichten Stunden gab sie mir immer neue Kraft und neuen Mut.

Kanonikus Gamper nahm die Trauung vor und hielt uns eine einmalig schöne Ansprache. Der Landtagsabgeordnete Josef Menz-Popp von Marling fungierte als Brautführer. Vor dem Heimathaus der Frau spielte die Musikkapelle. In der Stube des Gasthofes wechselten Gesangseinlagen und Reden ab. Auch Walter Sparber, meinen Retter in Dachau, hatte ich geladen. Besonders im Gedächtnis geblieben sind mir die Worte von Dr. Karl Tinzl, daß ich am meisten beigetragen hätte, die Kluft zwischen Dableibern und Optanten zu schließen. Dies werde mir die Geschichte besonders hoch anrechnen.

Meine politische Tätigkeit brachte es mit sich, daß ich meiner Frau und Familie viel fernbleiben mußte. Doch brachte die Frau dafür größtes Verständnis auf. Im Februar 1956 hielt unser Töchterlein Notburga ihren Einstand auf dieser Welt. Im März 1960 und im Oktober 1963 folgten die Buben Meinrad und Florin. Frau und Kinder haben an meiner Arbeit regen Anteil genommen, ohne sie jedoch je beeinflussen zu wollen. Die Frau stand mir als bewährte Fahrerin immer gerne zur Verfügung. Sie hat für mich viele Zehntausende Kilometer »Dienstfahrten« zurückgelegt. Im Jahre 1969 führte sie mich wochenlang fast jeden Tag durch das ganze Land. So konnte ich in jedem Ort meine Bekannten und Freunde über das Südtirol-Paket aufklären und für die Annahme werben. Sonntags nahmen wir auch die Kinder mit. Sie lebten mit meinem Anliegen so mit, daß sie bei jedem Besuch die Frage stellten: »Vati, ist der da drinnen ein Paketler oder Antipaketler?« Wenn er ein Paketler war, grüßten sie natürlich viel freundlicher. In späteren Jahren habe ich von meinen Kindern viel gelernt. Ihre Äußerungen, ihre Vorschläge und ihre Kritiken führten mich in die Gedankenwelt der neuen Generation ein. Ich wurde mit deren Wünschen, Hoffnungen und Ablehnungen vertraut. Durch sie lernte ich, wie sich die Problemstellungen der Jugend seit meinen jungen Tagen geändert haben.

Den Journalismus möchte ich in meinem Leben weniger missen als die Politik. Der Beruf fordert sicher viel Einsatz und Verantwortung. Man kann dafür aber auf die Gesellschaft Einfluß nehmen und vielen Menschen kleine und größere Freuden bereiten. Ich habe mich immer bemüht, einfach zu schreiben. Nie habe ich die heutige Fremdwörtermode mitgemacht. Es bereitet mir eine ganz besondere Genugtuung, wenn mir eine Frau auf dem Lande, eine echte Tiroler Bäuerin sagt, meine Artikel im »Volksboten« lese sie immer und gerne, weil jeder Mensch sie verstünde.

Die Gestaltung des Organs einer politischen Partei ist eine eher undankbare Aufgabe. Noch undankbarer ist sie, wenn man mit dem politischen Teil nur Gastrecht in einer Zeitung genießt, die nicht der Partei gehört; Herausgeber des »Volksboten« ist ja die Verlagsanstalt »Athesia«. Meine Schreibweise und meine Art zu redigieren haben Parteifunktionäre nicht immer zufriedengestellt. Manche bewerten die Güte der Gestaltung nur nach der Länge und Plazierung der Berichte über ihre eigenen Leistungen. Ich habe mich immer gewehrt, die Zeitung zu einem reinen Blatt für Parteinachrichten zu machen. Ich konnte meinen Standpunkt rechtfertigen mit dem Hinweis, daß fast alle Parteiblätter in deutschen Landen eingegangen seien und die italienischen Parteizeitungen mit Ausnahme der kommunistischen

»L'Unita« von kaum jemandem gelesen werden. Was den Inhalt betrifft, habe ich in politischen, weltanschaulichen und sozialen Fragen meine Meinungsfreiheit gewahrt, eine Freiheit, die nicht immer auf Verständnis gestoßen ist. In der Zeit eines von allen Seiten hochgelobten Pluralismus darf meines Erachtens auch eine Parteizeitung nicht zu einseitig Stellung beziehen. Sie darf nicht alles verketzern, was der Partei nicht in den Rahmen paßt. Sie muß auch in der großen Politik weltoffen ausgerichtet sein.

Vor Jahren sprachen mir meine Söhne immer wieder von einem Don Giancarlo, der sich besonders der Drogensüchtigen annehme. Sie baten mich, ich möchte im »Volksboten« gegen die Drogenhändler wettern und die Leute über die Gefahr aufklären. So kam ich in Berührung mit der großen Not unserer Jugend, der Drogensucht.

Der Geistliche Don Giancarlo Bertagnolli gründete 1978 den Verein »La Strada – Der Weg«. Er führt in Bozen eine Wohngemeinschaft für jugendliche Außenseiter, ein Heim für ehemalige Strafgefangene und eine Betreuungsstelle für Drogensüchtige. Im Juni 1983 fragten mich Giancarlo und seine Mitarbeiter, ob ich mich dem Verein als Präsident zur Verfügung stellen würde. Ich zögerte. Doch im September sagte ich ja. Nach langer Mühe ist es der Landesregierung gelungen, im Jänner 1984 ein Gebäude für die Errichtung eines Drogentherapiezentrums in Josefsberg bei Meran anzukaufen. Bei der Suche nach einer solchen Heilstätte haben die Südtiroler nicht durch christliche und tirolische Hilfsbereitschaft geglänzt. »La Strada – Der Weg« hat gleich die Führung des Zentrums übernommen. Während ich diese Zeilen schreibe, rüsten die ersten Jugendlichen zum Einzug.

Ich habe meine Zusage nie bereut. Im Gegenteil! Ich habe beim Verein so viel Idealismus, so viele Beispiele selbstloser Hilfsbereitschaft, so viel gelebtes Christentum gesehen, wie ich es in der heutigen Konsumgesellschaft nicht mehr erwartet hätte. Die Arbeit hat mir mehr gegeben, als ich für den Verein geleistet habe. Im »Volksboten« schrieb ich einmal, die Bergisel-Schlachten des Jahres 1809 würden heute auch an der Drogenfront geschlagen. Unser Verein wird nicht müde werden, die breite Öffentlichkeit über die Gefahr dieser Seuche aufzuklären und alle Menschen guten Willens zum Kampf gegen die Vergiftung unserer Jugend zu mobilisieren.

Wenn das nicht eine schöne Aufgabe ist? Menschlich die zweitschönste in meinem Leben.

Hoffnungsvoll in die Zukunft

Beobachtungen und kritische Gedanken zur heutigen Situation Südtirols und der Südtiroler

»Der Partei mit der großen Geduld und der echten europäischen Gesinnung, der Südtiroler Volkspartei, in der Linke und Rechte, Liberale und Klerikale, Radikale und Konservative zusammenarbeiten, um einig die Bevölkerung des ganzen Landes zu vertreten und für ihr Recht zu kämpfen.« Diese Worte finden wir als Widmung in dem 1958 von Wolfgang Pfaundler herausgegebenen Standardwerk »Südtirol – Versprechen und Wirklichkeit«.

Die Widmung Pfaundlers spiegelt haargenau die Lage vor 25 Jahren wider. Den Südtirolern blieb damals keine andere Wahl. Die volkliche Not zwang alle zum lückenlosen Zusammenstehen, um für das Recht, für das Überleben der Volksgruppe zu kämpfen. Heute, zweieinhalb Jahrzehnte später, haben sich die Tiroler im südlichen Landesteil mit dem neuen Autonomiestatut – auch wenn noch nicht alle Punkte verwirklicht sind – eine Plattform geschaffen, auf der sie sich behaupten können, wenn der Wille zur Selbsterhaltung in ihnen nicht stirbt.

Wir können in Hoffnung leben und Hoffnung geben. Dies beweisen die Ergebnisse der Volkszählung von 1981. Im Vergleich zur Zählung von 1971 ist der Anteil der deutschen und ladinischen Südtiroler an der Gesamtbevölkerung um 3,93 Prozent gewachsen und beträgt jetzt 70,62 Prozent, während die Italiener nur mehr 29,38 Prozent der Bevölkerung ausmachen. In absoluten Zahlen ausgedrückt: Die deutsche Volksgruppe hat von 1971 bis 1981 um 19.225 auf 279.576 Personen zugenommen, die ladinische um 2223 auf 17.739. Die Zahl der in Südtirol ansässigen Italiener ist dagegen um 14.049 auf 123.716 gesunken. Sollte dieses für uns erfreuliche Resultat auch dadurch zustande gekommen sein, daß einige Italiener sich zur deutschen Volksgruppe bekannten, so beleuchtet dies doch die starke Stellung der Südtiroler in ihrem Land. Unser Todesmarsch ist gestoppt. Wir sind aus dem dunklen Tunnel der letzten sechs Jahrzehnte herausgekommen. Sicher wird unsere Fahrt auf den Straßen der Zukunft noch manche Staubwolken aufwirbeln. Aber sie werden uns nicht ersticken.

Die zahlenmäßige Stärkung der tirolischen Volksgruppen (Deutsche und Ladiner) ist vor allem wichtig als Ausdruck eines »gesunden Gewichts«, das auch wesentliche andere Wurzeln hat. 1945 waren wir Tiroler des südlichen Landesteils ein gesellschaftlich teilweise amputierter Volkskörper: Wir waren beschränkt auf Landwirtschaft, Handel und Gewerbe. Schon der Anteil der Freiberufler war geringer als bei »normal gewachsenen Völkern«. Dies war das Ergebnis der faschistischen Politik, welche die Südtiroler aus einigen Berufssparten – öffentlicher Dienst, Eisenbahn, Post, Industrie – ausschaltete. Im Zuge von Option und Abwanderung waren dann noch die meisten Nichtselbständigen bzw. Nichtbesitzenden aus Südtirol entfernt worden. Ein Menschenalter nach dem Ende des Zweiten Weltkrieges ist dieses Mißverhältnis beseitigt: Die tirolischen Volksgruppen sind heute komplett und modern aufgebaut. Es gibt, was 1940 niemand zu hoffen gewagt hätte, ein Südtiroler Beamtentum, eine Südtiroler Arbeiterschaft, eine Südtiroler Industrie, eine Südtiroler Intelligenz.

Dies bringt auch Folgen mit sich, die manchem zuwider sein mögen, die aber ganz natürlich sind. Die Interessen der Arbeiter decken sich nicht unbedingt mit jenen der Industriellen, häufig auch nicht mit jenen des Fremdenverkehrsgewerbes. Die Bauern haben andere Sorgen und Wünsche als Handel oder Industrie. Die politische Einigkeit innerhalb der Sammelpartei ist somit zu einem sehr schwierigen Prozeß geworden. Es geht jetzt darum, vielfältige Interessen und Vorstellungen unter einen Hut zu bringen, vor allem aber Toleranz zu üben.

Die größte Veränderung ist wohl in der akademischen Jugend zu beobachten. Aus den österreichischen und italienischen Universitäten ist eine vielfach recht lebhafte junge Intelligenz heimgekehrt, mit neuen und anderen Ideen und natürlich auch mit dem Anspruch, sie innerhalb des Landes und der Volksgruppe zu Gehör zu bringen und zu verwirklichen.

Der sogenannte Generationenkonflikt, die natürliche Auseinandersetzung zwischen Söhnen und Vätern, führt überall zu Reibungen und Funken. Bei uns, wo ein gewaltiger Rückstau bestanden hat, ist dies in besonderem Maß der Fall. Da wäre es Sache der älteren Generation, mit Geduld, Aufrichtigkeit, vor allem aber mit dem Mut zu selbstkritischer Wahrheit das Gespräch mit den Jungen zu führen. Die neue Generation, die herangewachsen ist, vertritt neues Gedankengut und neue Orientierungen. Mit diesen müssen wir uns auseinandersetzen. Wenn wir bestehen wollen, müssen wir unsere Politik nach den Erfordernissen von heute und morgen und nicht von gestern ausrichten.

Zu den Wesensmerkmalen der neuen Generation zählt, daß sie das Geschehen um sich herum viel kritischer betrachtet als wir von der älteren Generation. Sie will hinter die Kulissen schauen. Und die Jugend hat recht. Hinter dem politischen Vorhang muß sie neben vielem Echten leider auch allzuviel Unechtes, zuviel Selbstherrlichkeit, zuviel Selbstgerechtigkeit, zuviel rücksichtsloses Machtstreben sehen. Die heranwachsende Generation muß feststellen, daß nicht wenige Südtiroler, die das Wort Heimat ständig im Munde führen und fortwährende Bereitschaft zu deren Schutz fordern, in Wahrheit darunter nur mehr eine Ware verstehen. Sie muß feststellen, daß sich hinter den Aufrufen zur Einigkeit des ganzen Volkes allzuviel Sonderinteressen verbergen. Darf sich also jemand wundern, daß nicht wenige junge Menschen die Freude verloren haben, an der Gestaltung des öffentlichen Lebens in unserem Lande mitzuwirken? Mit der Lockung der Macht allein kann man nur einen Teil der Jugend begeistern. Der andere Teil stellt sich ins politische Abseits. Allzu viele verlieren den Glauben an die Ideale, die man ihnen vorspiegelt. Sie wenden sich von der Politik ab und anderen Tätigkeiten zu.

Sind wir ältere Generation vielleicht auch an der erschütternden Entwicklung etwas schuld, daß die Kriminalität unter der Südtiroler Jugend in den letzten zehn Jahren um hundert Prozent zugenommen hat?

Träger des Ringens der Südtiroler um die Selbstbehauptung war die Südtiroler Volkspartei. Ihr gebührt das Verdienst, dem Volk den Weg gewiesen zu haben. Ohne massive Hilfe Österreichs hätte es die SVP aber nie geschafft. Daran sollen sich die Südtiroler immer erinnern. Österreich hat die Schutzfunktion für unser Land übernommen, bevor es noch einen internationalen Titel für diese Aufgabe anführen konnte. Die österreichische Regierung hat sich für die Freiheit unseres Landes schon geschlagen, als Österreich selbst zwar befreit, aber noch lange nicht frei war, in einer Zeit, in der vor allem die Wiener mit Hungerrationen leben mußten und in eiskalten Wohnungen froren. In Staatskanzler Renner, Bundeskanzler Leopold Figl und Außenminister Karl Gruber, einem Tiroler, fanden wir unermüdliche Anwälte. Dem politischen Weitblick und scharfen Urteilsvermögen von Karl Gruber verdanken wir den Schutzvertrag von Paris, unterzeichnet am 5. September 1946, den Vertrag, den Kanonikus Michael Gamper die »Magna Charta« Südtirols genannt hat. Die Leistung Österreichs bei den Friedensverhandlungen in Paris wird man nur dann voll würdigen, wenn man im Auge behält, daß die Jahre 1945 und danach für alle volklichen Minderheiten in Europa das »Jahr Null« waren. Denken wir nur an die Austreibung der deutschen Volksgruppen in Osteuropa.

Um der historischen Gerechtigkeit willen darf man nicht vergessen, daß Hitler auf dem Höhepunkt seiner Macht 1939/40 nicht wenige deutsche Volksgruppen bereits ins Großdeutsche Reich »heimgeholt« hat, so u. a. 12.000 Deutsche aus Estland, 51.000 Deutsche aus Lettland, 135.000 Deutsche aus Galizien und Wolhynien, 31.000 aus dem Lubliner Land, 90.000 aus Bessarabien, 100.000 aus dem Buchenland (Bukowina), 15.000 Deutsche aus der Dobrudscha; insgesamt also nicht weniger als 430.000 Menschen. Diese Heimholung rechtfertigte das Dritte Reich mit Sprüchen wie: »Zugleich mit den Siegen auf den Schlachtfeldern hat das deutsche Volk aus der Fülle seiner Kraft eines der größten Vorhaben durchgeführt, das die Weltgeschichte kennt: die Heimkehr Hunderttausender von Volksgenossen. Der Sinn der Einmaligkeit dieses Geschehens liegt in der Gesamtvolkwerdung und der Bildung eines starken Kerns: Daß dieser gesund und stark ist und bleibt für alle Zeiten und daß nie mehr ein Deutscher draußen in der Welt hilflos vergeht, daß der Deutsche nie mehr Fronsklave der anderen wird.« Die nicht »heimgeholten« Deutschen in Ungarn, in Südslawien und Rumänien mißbrauchte Hitler als dritte Kolonnen für seinen verbrecherischen Krieg.

1945 war aber das Jahr Null nicht nur für alle deutschen Minderheiten, nicht nur für die Elsässer und Nordschleswiger, sondern auch für die Iren, Basken, Katalanen, Bretonen usw. Die Franzosen des Aostatales hatten – im Gegensatz zu den Südtirolern – eine der vier Siegermächte hinter sich: Frankreich. Anders als Südtirol hatten sie wohl von Rom ein verhältnismäßig frühes Autonomiestatut, aber kein internationales Dokument erhalten. In der französischen Nationalversammlung haben 1946/47 Abgeordnete wiederholt einen dem Gruber-Degasperi-Abkommen ähnlichen Schutzvertrag für Aosta verlangt.

Die Bedeutung des Pariser Vertrages wird mit dem Fortschreiten der Jahre und Jahrzehnte immer höher bewertet. Heute ist man sich in Südtirol bewußt, daß ohne dieses Abkommen kein internationales Gremium unseren Klagen und Forderungen seine Aufmerksamkeit gewidmet hätte. Der Architekt des Vertrages, Dr. Karl Gruber, hätte sich von den Südtirolern mehr Dank verdient, als sie ihm erwiesen und erweisen. Sie sollten diesen Mann und sein Verdienst nicht leichtfertig vergessen. Doch der Dank war nie die Stärke der politischen Prominenz in Tirol.

In den sechziger Jahren hat sich in ganz Europa ein neues Klima entwickelt, das Minderheiten und Randvolksgruppen mit mehr Verständnis behandelte. Für diese Änderungen haben eine ganze Reihe von Prozessen zusammengewirkt. Als ich zwischen 1968 und 1973 als Präsident der Föderalistischen Union Europäischer Volksgruppen (FUEV) amtierte, in welcher die meisten volklichen Minderheiten Europas zusammengeschlossen sind, habe ich erfahren, daß wir Südtiroler für die meisten dieser Volksgruppen als wahre Glückspilze gelten. Viele andere Minderheiten wünschten sich, mit ähnlichen »Paketen« bedacht zu werden. Wir müssen uns daher selbstkritisch die Frage stellen, ob wir den vielen anderen Minderheiten gegenüber genügend Solidarität bewiesen haben. Gewiß, unserem Tun sind Grenzen gesetzt. Aber was wissen wir von den Volksgruppen in ähnlichen Verhältnissen anderswo? Haben wir je unsere Stimme laut genug erhoben, wenn es um die Rechte anderer Minderheiten gegangen ist, auch um die Rechte der Slowenen und Kroaten in Österreich?

Gerade weil ich aus meiner österreichischen Gesinnung nie ein Hehl gemacht und die Südtiroler stets zur Dankbarkeit gegenüber Österreich gemahnt habe, würde ich es sehr begrüßen, wenn Österreich seinen Minderheiten eine besonders großzügige Behandlung zuteil werden ließe. Deswegen habe ich mich sehr gefreut, daß Bundespräsident Dr. Rudolf Kirchschläger anläßlich des Besuches des jugoslawischen Staatspräsidenten Mika Spiljak im März 1984 ausdrücklich erklärte, daß die »Minderheiten eine Bereicherung der österreichischen Kultur« bedeuten.

Wir Südtiroler reden in politisch gespannten Tagen viel und gern von der Schutzmacht Österreich. Wir sollten die Schutzfunktion und Freundschaft Österreichs auch zu würdigen wissen, wenn wir sie einmal gerade nicht anrufen müssen. Die Südtiroler dürfen Österreich bei ihren Gängen und Fahrten nach Europa nicht links – oder geographisch rechts – liegenlassen, nicht nur weil jährlich Millionen und Abermillionen Schilling für kulturelle und soziale Belange in unser Land fließen. Wir müssen uns die geistige und seelische Bindung an Österreich erhalten. Wir müssen vor allem mit dem Tirol nördlich des Brenners und östlich von Arnbach wieder enger zusammenwachsen. Sonst dorren die Wurzeln unseres Volkstums trotz aller Beteuerungen langsam ab.

Die Südtiroler Volkspartei verfügt heute über eine beachtliche Machtfülle im Lande. Sie hat im Landesparlament, das jetzt mit vielen wichtigen Befugnissen gepolstert ist, die absolute Mehrheit inne. Ebenso stellt sie in der Landesregierung zwei Drittel der Mitglieder. Machtmonopole sind immer verführerisch. Machtfülle führt gerne zu Überheblichkeit und Unduldsamkeit. Der frühere österreichische Bundeskanzler Bruno Kreisky sagte einmal: »Eine Partei, der nur eine schwache Opposition gegenübersteht, muß umsomehr Selbstkritik üben.«

Sicher, an Mangel an Opposition im Staat fehlt es uns nicht. Aber im Lande selbst ist die Opposition sehr schwach. Das sollte die SVP nicht zum Übermut verführen. Sie darf nicht alle jungen Leute, die einmal links oder rechts von ihrem geraden Weg das Gras zertrampeln, gleich zu Ketzern und zu Heimatverrätern stempeln. Sie muß sich ihnen stellen, sich mit ihnen kritisch auseinandersetzen.

Eine Partei, die sich Sammelpartei nennt, muß mehr Toleranz üben als jede andere. Sie muß den heute oft beschworenen Pluralismus hochhalten. Pluralistisches Denken wird aber in Südtirol noch immer recht klein geschrieben. Die SVP-Führung, oder wenigstens ein Gutteil der Funktionäre, ist gegenüber Kritik überempfindlich. Selbstkritik wird in der Volkspartei, wenn überhaupt, nur höchst selten und höchst ungern geübt.

Bewältigung der Vergangenheit – ein in der Nachkriegszeit viel gebrauchtes und viel mißbrauchtes Wort! Haben die Südtiroler ihre Vergangenheit bewältigt? Mir will scheinen, daß dem traurigsten Kapitel im Leben unseres Volkes in der Geschichtsschreibung und im

Bewußtsein der Menschen noch immer nicht der Stellenwert eingeräumt wird, der ihm zukommt. Vor den Ereignissen zwischen 1939 und 1945 wurde der Vorhang nie richtig weggezogen, obwohl sich in den letzten Jahren einiges gebessert hat. Wir wissen viel und schreiben ausführlich über die faschistische Verfolgung. Mit Recht! Wir verlieren aber nur wenige Worte oder Sätze über den Verrat Hitler-Deutschlands an Tirol. Und doch war der ganze faschistische Terror ein verhältnismäßig kleines Leid, gemessen an dem vom Großdeutschen Reich mitgetragenen Plan der Tilgung Südtirols von der Landkarte.

Als 1949 langsam die ersten Volkswagen wieder über den Brenner nach Südtirol rollten, kam mit einer größeren Reisegruppe einer der treuesten Freunde unseres Landes, der Kölner Professor Fritz Dörrenhaus, Vorstand der Gesellschaft für Erdkunde. Dörrenhaus hat in der Faschistenzeit mit seltenem Mut das an den Südtirolern begangene Unrecht gebrandmarkt. Einmal kam er nun nachmittags mit einem ganz ernsten Gesicht zu mir. Er sei, berichtete er, in einem Bozner Gasthof an einen Stammtisch geladen worden. In der Runde sei das Gespräch bald auf die Politik gekommen. Da habe einer die Bemerkung fallenlassen, Hitler sei aber schon doch ein großer Mann gewesen. Alle anderen hätten zustimmend genickt. Er sei zunächst sprachlos gewesen. Dann habe er lautstark entgegnet: »Was muß denn einer eigentlich noch anstellen, damit er kein großer Mensch mehr ist.« Daraufhin sei er aufgestanden und hätte die Stammgäste mit verdutzten Gesichtern allein gelassen.

Auch der FDP-Abgeordnete und spätere deutsche Minister Ewald Bucher war unangenehm überrascht von den »Relikten des Nazismus«, die er bei seinen Gesprächen mit Südtirolern in einzelnen wirren Köpfen habe feststellen müssen. Das italienische Tagblatt »Alto Adige« hatte frohlockend entdeckt, daß dieser Bucher einmal der Hitler-Jugend angehört hatte. Die Zeitung wollte ihn als Neonazi brandmarken. Unentwegte der früheren Zeit glaubten deshalb, in Bucher den geeigneten Gesprächspartner zu finden. Sie sollten sich aber bitter getäuscht haben. Der Minister las ihnen gründlich die Leviten.

Sicherlich stellen diese Ewiggestrigen nur einen winzigen Bruchteil der Menschen in unserem Lande dar. Aber *niemand* dürfte – von allen anderen Argumenten gegen den Nationalsozialismus abgesehen – seine Augen vor der ungeheuren Tragik verschließen, daß 8000

Südtiroler an den Fronten vom Eismeer bis zu den Sandwüsten Afrikas ihr Leben opferten oder opfern mußten für zwei Regime, die für Südtirol das Todesurteil gesprochen hatten. Wenn Hitler und Mussolini gesiegt hätten, gäbe es heute kein Südtirol mehr. Die Südtiroler wären, vielleicht auch geschlossen, in eine andere Gegend verpflanzt worden, wahrscheinlich in die Ostgebiete des Großdeutschen Reiches, in die Beskiden oder auf die Krim. Dort wäre ihnen die Rolle von Wehrbauern gegen die »Untermenschen« aus dem Osten übertragen worden.

Identität: ein sehr unschönes Wort, oft auch ein mißverstandenes Wort. Der größte deutsche Dichter, Johann Wolfgang von Goethe, gebrauchte dafür den Ausdruck »Dieselbigkeit«. Prägnanter könnte man es nicht ausdrücken. So merkwürdig es klingen mag, »Dieselbigkeit« war zur Zeit der faschistischen Diktatur für unsere Jugend leichter als für die heutige Generation. Damals stand der junge Südtiroler auf der einen Seite des Flusses und der Italiener auf der anderen. Zwischen den beiden gab es keine Brücken. Heute verschwinden die beiden Ufer im Nebel einer neuen Zeit.

Wir können nicht die Vergangenheit zurückrufen. Die Jugend muß sich nach neuen Leitlinien orientieren. Sie darf sich nicht in einer nihilistischen Wüste verirren. Gerade deshalb darf man nie vergessen, daß die Volkszugehörigkeit unser Dasein prägt und es prägen muß. Der junge Südtiroler muß er selbst bleiben. Sonst bliebe ein wurzelloser Mensch übrig. Ein Mensch ohne rechte Heimat, ohne eine Sprache, in der er zu Hause ist, wird zum seelischen Krüppel. Wer aber die eigene Bindung zum deutschen und ladinischen Volkstum bejaht, ist auch verpflichtet, die nationale Andersartigkeit der Italiener in Südtirol zu respektieren.

Die italienische junge Generation in Südtirol wird sich damit abfinden müssen, daß die Vorrechte, welche ihre Väter und Vorväter in diesem Lande genossen haben, gefallen sind. Und die Südtiroler müssen begreifen, daß der Proporz und die Zweisprachigkeit als Voraussetzung für Staatsstellen bei den Italienern einen Schock ausgelöst haben. Ihre politischen Vertreter hatten es versäumt, die Bevölkerung darauf vorzubereiten, daß mit den Bestimmungen des Pariser Vertrages einmal Ernst gemacht werden würde. Doch dürfen die italienischen Jugendlichen nicht übersehen, daß die Pflicht der Zweisprachigkeit auch für sie einen Vorteil bringt. Die der italienischen

Sprachgruppe zustehenden Staatsstellen in Südtirol können ihnen von Konkurrenten aus den anderen Provinzen nicht mehr streitig gemacht werden, weil kaum einer von ihnen über eine Zweisprachigkeitsbescheinigung verfügt.

Die Südtiroler müssen schließlich zur Kenntnis nehmen, daß für die hier ansässigen jungen Italiener Südtirol die Heimat ist wie für sie selber. Die neuen Generationen in Südtirol würden gut tun, nach dem Motto zu leben: nebeneinander, miteinander, füreinander – aber nicht durcheinander. Denn – wie schon gesagt – eine Volksgruppe, die ihre »Dieselbigkeit« einbüßt, verliert ihre Seele. Dies gilt für die italienische Jugend in Südtirol genauso wie für die jungen Südtiroler.

Wir Südtiroler müssen mehr als bisher versuchen, bei den Italienern das nötige Verständnis für unsere Ziele zu wecken. Wir müssen ihnen klarmachen, daß wir nicht eine Politik der Revanche für den Faschismus treiben wollen, daß es sich auch für sie lohnt, die tirolerische Realität dieses Landes anzuerkennen. Wir müssen ihnen nachweisen, daß die Autonomie nicht gegen ihre Volksgruppe gerichtet ist, daß sie ihnen in der öffentlichen Verwaltung, im sozialen Wohnbau und im Bereich der Kultur und Bildung weit mehr Möglichkeiten bietet, als sie in anderen Provinzen zur Verfügung hätten. Solcher Meinungsbildung müssen wir viel Kraft und Aufmerksamkeit widmen. Ich bin sicher, daß dann einmal der Zeitpunkt kommt, in welchem die jetzt schon seit Generationen in unserem Land ansässigen Italiener gemeinsam mit den Südtirolern die Autonomie gegen den Staatszentralismus verteidigen werden.

Der österreichische Bundeskanzler Fred Sinowatz mahnte im Jänner 1984 in Innsbruck: »Im Zusammenleben der Volksgruppen bedarf es eines sehr hohen Maßes an Großzügigkeit.« Die Großzügigkeit müssen natürlich beide Seiten walten lassen. Die manchmal gehörte Meinung, es gebe keine Minderheit, die, wenn sie Mehrheit geworden sei, nicht der neuen Minderheit das gleiche Unrecht antue, das sie vorher erlitten habe, kann man in Blickrichtung Südtirol nicht gelten lassen. Es würde ein verzerrtes Bild von den Verhältnissen in unserem Land entstehen. Dies soll nicht heißen, daß die Südtiroler im Zusammenleben mit den Italienern keine Fehler machen. Wir könnten und sollten den italienischen Mitbürgern auf Sachgebieten, in denen wir stark sind, auch dann Entgegenkommen zeigen, wenn es die Landesgesetze nicht genau vorschreiben. Wir könnten manchmal größere Toleranz an den Tag legen. Wir sollten nicht an jedes Problem den Millimeterstab anlegen. Wenn wir uns großzügig zeigen, dann können wir mit umsomehr Härte auch Großzügigkeit von den Römern verlangen.

Wir Südtiroler sollten nicht übersehen, daß sich die Haltung vieler Italiener uns und Österreich gegenüber gewandelt hat. Nicht wenige Italiener sehen in unserem Land eine kleine Wunderprovinz, um die sie uns beneiden und in der sie sich – wenn sie hier leben können – wohler fühlen. Auch das Österreich-Bild in Italien hat sich radikal verändert. Und zwar nicht nur etwa in Friaul, wo die Kaiserhymne und das Bild des Kaisers Franz Joseph Leute zu Begeisterungsstürmen hinreißen. Auch in der Lombardei weiß es die italienische Intelligenz immer mehr zu schätzen, wie ernst, einfach, effektiv und unparteiisch die alte österreichische Verwaltung gewesen ist. Diese uns wohlgesinnten Italiener erwarten sich natürlich von der Südtiroler Landesregierung eine ebenso einfache und unparteiische Verwaltung. Das veränderte Österreich-Bild bei vielen Italienern bedeutet für die Südtiroler Volkspartei also eine ernste Verpflichtung: Als Regierungspartei im Lande ist sie für alle Volksgruppen verantwortlich. Dieser Aufgabe müssen wir uns würdig erweisen.

Das Leben in einem mehrsprachigen Grenzgebiet bringt seine besonderen Mühsale, aber auch seine besonderen Genugtuungen und Chancen. Nach den nationalistischen Katastrophen der Weltkriege und Diktaturen müssen wir unserem Grenzdasein einen neuen Sinn geben. Wir müssen einen neuen politischen Stil entwickeln und unsere Vermittlerfunktion zwischen den Kulturkreisen – eine uralte Tiroler Aufgabe – wieder ernst nehmen.

Wir müssen natürlich auf der Hut bleiben. Es liegt in der Natur der Staatsregierungen und der Staatsbürokratie, daß sie immer wieder versuchen, die Rechte und Befugnisse der Selbstverwaltungen, der Autonomien, einzuschränken und zu beschneiden. Die politischen Vertreter Südtirols, in erster Linie die Parlamentarier in Rom, werden, wie es Senator Dr. Peter Brugger ausdrückte, »Wächter und Schützer sein müssen«, damit die schwer errungene Autonomie nicht langsam wieder ausgehöhlt wird. Aber wir können nicht ewig nur im Schützengraben sitzen und auf den Feind warten. Wir müssen aus der reinen Abwehrstellung heraus. Wir sollen die Aufgabe, unsere Heimat, die schon Dante Alighieri in seiner unsterblichen »Divina Commedia« mit dem Wort »Tiralli« bezeichnete, als einen Teil Tirols zu erhalten, nicht bloß als Last fühlen, sondern als Auftrag empfinden, Verbindungsglied in einem neuen Europa zu bilden.

Weltoffen und aufgeschlossen sollen wir unsere Kräfte mit denen der anderen Sprachgruppe messen. Unsere Devise für die Zukunft soll heißen: Selbstbewußtsein, Arbeit, Einsatz und nicht nur Selbstbemitleidung. Die Bitternis, die uns die Teilung Tirols gebracht hat, darf uns nicht den Glauben an die Zukunft unseres Landes nehmen. Gemeinsam können wir sie meistern. Ja mehr noch: Wir sollten uns in Tirol die Chance nicht entgehen lassen, im kleinen das Muster eines zukünftigen Europa zu bauen. Die beiden Landeshauptleute Eduard Wallnöfer und Silvius Magnago haben die Marksteine für diesen Weg gesetzt.

Der Diplomat aus den Bergen

Friedl Volgger im Gespräch mit Elisabeth Baumgartner:
Gedanken zur heutigen Situation Südtirols und aktuelle Präzisierungen zum Polit-Krimi Pariser Abkommen.

In der jüngeren Südtiroler Zeitgeschichte ist Friedl Volgger historisches Gedächtinis und mahnende Stimme. Der Paradezeitzeuge gilt als lebendes Lexikon. Er kann unbequem sein, wenn es gilt, Tatsachen zurechtzurücken. Zum Beispiel indem er Südtirols Verstrickung in die braune Diktatur nicht mit Schweigen übergeht, wenn die Unterdrückung der Südtiroler Minderheit unter dem Faschismus zur Sprache kommt. Volgger hat den Faschismus erlebt, aber auch den Fanatismus seiner eigenen Landsleute. Als Optionsgegner und führender Kopf des Südtiroler Widerstandes hat er Haß und Verfolgung am eigenen Leib zu spüren bekommen. Volgger war unter den ersten Opfern der Deportationen, die mit dem Einmarsch der deutschen Besatzer am 8. September 1943 auch in Südtirol eingesetzt hatten. Im politischen Wiederaufbau nach 1945 zählte der ehemalige KZ-Häftling dann zu den Schlüsselfiguren.
Seit dem Tod des ersten österreichischen Außenministers Karl Gruber ist Friedl Volgger der letzte Zeitzeuge, der das Tauziehen um das Pariser Abkommen vom 5. September 1946 als Beteiligter miterlebt hat. Südtirol dankt diesem Abkommen die internationale Grundlage seiner heutigen Autonomie. Vor allem England hatte sich dafür engagiert. Als Nicht-Mitglied der Pariser Friedenskonferenz war Österreich auf Fürsprecher und Verbündete angewiesen. Die nach Paris entsandten Südtiroler Vertreter Otto von Guggenberg und Friedl Volgger hatten Gruber dabei nach Kräften unterstützt. Hätte Volgger einen der politischen Sponsoren von damals zu Gast, was würde er ihm zeigen vom heutigen Südtirol? Den blühenden Wohlstand, dank Südtirols sehr gut dotiertem Landeshaushalt und Devisenbringern wie Fremdenverkehr, Wein- und Obstexport? Oder auch Kehrseiten wie die Bauexplosion, die Südtirols Landschaft und Dörfern arg zugesetzt hat?
Selbst im entlegenen Hochtal Ridnaun, der Heimat des Bauernbuben Friedl Volgger, mußten wir für Fernsehaufnahmen zu Volggers 80. Geburtstag lange nach einer der für Südtirol so typischen alten Bauernstuben suchen. Südtirol sei natürlich nicht mehr das Land Andreas Hofers, registriert der Realist Friedl Volgger den zeitbedingten Wandel. Bis hinauf in Extremlagen sind Südtirols Bauernhöfe nahezu ausnahmslos erschlossen. In dieses Zubringernetz hat die autonome Landesverwaltung viel Geld investiert. Tag für Tag fahren Scharen von motorisierten Arbeitspendlern talwärts in die Zentren. Dafür hat Südtirol heute praktisch Vollbeschäftigung aufzuweisen, während in den 50-er und 60-er Jahren tausende Südtiroler als Gastarbeiter nach Deutschland abwandern mußten. Den Sinn fürs Wesentliche traut Volgger seinen Tirolern trotz veränderter Lebensgestaltung weiterhin zu.
Und das Zusammenleben der Volksgruppen? Welche Berührungspunkte und Trennlinien würde er seinem imaginären Gast vor Augen führen? Deutsche und italienische Namen mischen sich inzwischen nicht nur in den typischen Bozner Neubauvierteln, sondern auch in gutsituierten Wohngegenden. Die Türschilder des Mehrfamilienhau-

ses an Volggers Bozner Wohnadresse machen da keine Ausnahme. Besteht zu den Italienerfamilien der gleiche Kontakt wie zwischen Südtirolern? Ausgeschlossen werden sie auf keinen Fall!, versichert Volgger. Zwei strikt getrennt Welten wie vor dreißig, vierzig oder fünfzig Jahren gebe es nicht mehr. Als Beispiel nennt Volgger die Museumsstraße im Herzen der Bozner Altstadt, also eine typische »Südtiroler« Straße. Heute »gehört« sie beiden Volksgruppen. Man treffe sich und grüße sich. Trotz unterschiedlicher Lebensschwerpunkte rücken sich die Sprachgruppen näher, gibt sich Volgger überzeugt.

SIE KÖNNEN SICH NICHT SCHEIDEN LASSEN

Wie hätte er reagiert, wenn eines seiner drei Kinder in eine typische Italienerfamilie eingeheiratet hätte? Wäre er da mit seinen liberalen Grundsätzen nicht doch in Konflikt gekommen? Den gefürchteten Kulturschock hält Volgger vor allem für eine Frage der Lebensumstände. Den Sprung nach Süditalien in eine vollkommen andere Welt verkraften die wenigsten, stützt sich Volgger auf Erfahrungsberichte junger Südtirolerinnen, die einen Carabiniere oder sonst einen von regelmäßigen Versetzungen betroffenen Staatsdiener geheiratet haben. Im Lande selbst funktionieren die Mischehen hingegen recht gut.
Und wie steht Volgger zur politischen Entsorgung des Siegesdenkmals, an dem sich die Emotionen bis heute scheiden? Die Vorschläge eines vom Land eingesetzten Komitees blieben bis heute in der Schublade. Während die militärischen Kranzniederlegungen zum Gefallenengedenken im November auf Südtiroler Seite die Gemüter erregen, provozierten die Südtiroler Schützen mit mehreren Protestmärschen zum Siegesdenkmal heftige Spannungen und Ausschreitungen italienischer Nationalisten. Für Friedl Volgger sind solche Rituale nicht neu. Er selbst hatte in den Sechzigerjahren einem Komitee der Stadt Bozen angehört, das die Gedenkveranstaltungen an die Befreiung von Faschismus und Nationalsozialismus vorbereiten sollte.
Mit seiner Forderung, als Akt der Befreiung das Siegesdenkmal zu schleifen, hatte Volgger damals einen Eklat provoziert. Weder der um Ausgleich bemühte Bozner Bürgermeister Lino Ziller noch die aufgebrachten Reaktionen des italienischen Rechtslagers hätten ihn jedoch abzuhalten vermocht, ein Zeichen des Protests zu setzen mit seinem Austritt aus dem Komitee. Den gereizten Reaktionen seines Landtagskollegen Andrea Mitolo, ein Gründervater der Bozner Neofaschisten, habe er den Wind aus den Segeln genommen mit seinem freimütigen Bekenntnis, ihm, Volgger, komme das Faschistenmonument höchst gelegen als Anschauungsbeispiel für Auslandsjournalisten, die sich den Faschismus nicht mehr vorstellen können. »Wenn ich sie dann zum Siegesdenkmal führe und die beleidigenden Inschriften vorlese, glauben sie mir aufs Wort, daß es den Faschismus in Südtirol noch immer gibt«.
Kann Südtirol denn sicher sein, daß sich das Rad der Geschichte nicht noch einmal zurückdreht? Zwar nennen sich die Neofaschisten inzwischen Alleanza Nazionale. Und die Rechtsregierung unter Ministerpräsident Silvio Berlusconi mit postfaschistischen Ministern blieb ein Intermezzo. Das politsich explovie Dauerchaos in Italien ist jedoch keineswegs gebannt. Was damit in Bewegung zu setzen ist, hat Lega-Chef Umberto Bossi mit der symbolischen Abspaltung Padaniens eindrucksvoll vor Au-

gen geführt. Seit dieser Roßkur ist im zentralistisch regierten Italien der Föderalismus in aller Munde. Die auf Provokation angelegte Sezessionsbewegung hat allerdings auch anarchistische Züge und läßt sich schwer einordnen. Dennoch glaubt Volgger nicht an eine Wiederkehr des Faschismus, genausowenig wie an eine Wiederkehr des Nationalsozialismus. Der Rechtstrend sei zwar nicht zu übersehen, räumt er ein. Im Kontext des heutigen Europa seien Alleingänge einzelner Staaten bis in die vollkommene Isolation aber kaum noch denkbar. Wenn das Pendel vorübergehend auch nach rechts ausschlägt, so liegt dies nach Meinung Volggers in der Natur einer funktionierenden Demokratie.

Und der neue Nationalismus in Südtirol? Die starken Sprüche in Politik und Medien, das permanente Mißtrauen, so daß bei noch so banalen Anlässen der Volksgruppenstreit neu aufflammt?! Dies sei vor allem ein Problem der total verschiedenen Charaktere, verweist Volgger auf die tieferen Ursachen. Das Gros der Bevölkerung werde entweder Südtiroler oder Italiener sein und bleiben. Die Angstvisionen der Volkstumspolitiker vor einem kulturellen »Mischmasch« teilt Volgger nicht. Alltagskonflikte gehören mit dazu, wo Volksgruppen mit so ausgeprägten Identitäten untereinander auskommen müssen. »Aber sie werden sich immer wieder zusammenraufen. Sie sind aufeinander angewiesen. Sie können sich nicht scheiden lassen!«

DER SPRUNG IN DIE AUTONOMIEPOLITISCHE POSTMODERNE

Und die Schattenseiten des Autonomiealltags – vom täglichen Kleinkrieg gegen zentralistische Staatsgesetze bis zum ethnischen Lobbying, wenn es gilt, öffentliche Stellen der eigenen Volksgruppe zuzuschanzen und Prestigeposten auf bestimmte Wunschkandidaten zurechtzutrimmen? Die Liste ließe sich verlängern: zweisprachige Beamte am Bahn- und Postschalter, bei Gericht und bei der Telefonauskunft sind noch immer keine Selbstverständlichkeit. Im Staatsdienst sind die Südtiroler nach wie vor unterrepräsentiert. Zwar hat sich der sogenannte ethnische Proporz, also der nach Volksgruppenstärke berechnete Aufteilungsschlüssel bewährt. Ihren Nachholbedarf haben die Deutschen und Ladiner aber noch immer nicht aufgeholt. Der Proporz kann nicht Schritt halten mit der Privatisierungswelle und entsprechenden Personaleinsparungen. Auch der zweite Eckpfeiler des Südtiroler Minderheitenschutzes, die bereits im Pariser Abkommen von 1946 verankerte Zweisprachigkeitspflicht, ist zumindest teilweise in Mitleidenschaft gezogen. Mit der Auslagerung wichtiger Ämter und Dienststellen in die Nachbarprovinzen erspart sich der Staat die Auszahlung der Zweisprachigkeitszulage. Trotz dieser Zulage steht der Durchschnitts-Italiener mit der deutschen Sprache aber meist noch immer auf Kriegsfuß.

Die Südtiroler machen von ihren Rechten zu wenig Gebrauch, wendet sich Friedl Volgger gegen einseitige Schuldzuweisungen. »Nicht immer nur den Italienern die Schuld geben!«, nimmt er seine Landsleute in die Pflicht. Wie sollen die Italiener die zweite Landessprache üben, wenn die Südtiroler aus alter Gewohnheit, aus Angst vor Nachteilen oder aus purer Bequemlichkeit automatisch italienisch reden, wann immer sie es mit Behördenvertretern zu tun haben. Wer ein Recht nie in Anspruch nimmt, dürfe sich nicht wundern, wenn er dieses Recht mit der Zeit verliert, wendet sich Volgger als Vertreter der Kämpfer-Generation an die Erben der Autonomie.

Einen Rückfall in die mit Verboten erzwungene Einsprachigkeit unter dem Faschismus hält Volgger für ausgeschlossen. Das kulturelle Phänomen Zweisprachigkeit ist längst schon Realität. »Beide Seiten sind entschlossen dazu. Immer mehr Italiener reden deutsch. Man spricht miteinander. So fern steht man sich nicht mehr!«
War es der richtige Zeitpunkt für den Schlußstrich unter den Paketstreit? Zur Erinnerung: Österreich hatte den Streitfall Südtirol 1959 erstmals vor die Vereinten Nationen gebracht. Die zwei Südtirolresolutionen der UN von 1960/61 waren hart erkämpft. Dann war Südtirol am Zug. Die Bomben der Sechzigerjahre hatten Rom zum Handeln gezwungen. Die Stimmung drohte zu kippen. Mit dem Autonomiestatut von 1972 gelang ein Neubeginn: in jahrzehntelangen Durchführungsverhandlungen wurde diese Autonomie für alle drei Volksgruppen zum vielbeneideten »Modell« ausgestaltet. Die Beendigung des internationalen Streits durch die Schutzmacht Österreich erfolgte mit breiter Südtiroler Zustimmung.
Doch als die Streitbeilegungserklärung im New Yorker Glaspalast am 11. Juni 1992 hinterlegt wurde, wurden in Südtirol nicht etwa Fahnen ausgehängt und auch keine Festreden geschwungen. Der brisante Zeithintergrund stimmte nachdenklich: Zerfall des Ostblocks nach dem Mauer-Fall, neue blutige Kriegsschauplätze vor allem im ehemaligen Jugoslawien, Italien im Sog der »Tangentopoli«-Lawine, Einsturz des seit 1945 in Rom herrschenden Parteiensystems. Das italienische Korruptionsdesaster hatte die traditionellen Ansprechpartner der Südtiroler Autonomiepolitik hinweggefegt, allen voran den siebenfachen Regierungschef und Südtirolfreund Giulio Andreotti. In rückblickend richtiger Einschätzung der innenpolitischen Entwicklung hatte die Südtiroler Führung in der ausgehenden Ära Andreotti die letzte Chance genützt, um den »Paket«-Abschluß gerade noch unter Dach und Fach zu bringen.
Ganz andere Auswirkungen hatten die außenpolitischen Ereignisse auf Südtirol. Die Identifikation mit der Autonomiepolitik ist zwar ungebrochen. Das sich parallel dazu formierende Protestpotential kommt hingegen aus einem bis vor kurzem noch als hoffnungslos anachronistisch verschrieenen Eck: die Selbstbestimmungsbefürworter haben sich mit einem Überraschungserfolg bei den Parlamentswahlen vom 21. April 1996 zurückgemeldet. Auch in der Südtiroler Sammelpartei spürt die gemäßigte Mehrheit den Druck des nationalen Lagers. Seitdem Lega-Chef Umberto Bossi mit seiner Krawall- und Brechstangenpolitik Schule gemacht hat, sind Rauhbeine und Populisten auch in Südtirol lauter geworden. Verharrt Südtirol zu sehr in der Haltung eines Musterschülers gegenüber Rom? Wird ein historischer Moment verschlafen? Hätte man besser daran getan, den »Paket«-Streit offen zu halten, wenn selbst Mini-Staaten im Osten unter ungleich schlechteren Voraussetzungen den Sprung in die Unabhängigkeit gewagt und zumindest teilweise auch geschafft haben?
Was den Zeitpunkt anlangt, kommt Volggers Antwort sehr dezidiert: Der »Paket«-Streit habe sich nach zwei Jahrzehnten »Paket«-Verhandlungen überlebt. Ein weiteres Offenhalten hätte nichts gebracht. Wohl aber ist der »Paket«-Abschluß nach Volggers Auffassung »kein definitiver Abschluß!« Auch wenn die »Paket«-Phase nunmehr abgeschlossen sei, behalte Südtirol das Recht, sich erneut an internationale Instanzen zu wenden, betont Volgger. Doch gerade da stellt sich die Frage: wie sicher ist die sogenannte internationale Absicherung? Gegen den Internationalen Gerichtshof als Schlichtungsorgan hatten sich die Südtiroler ja bereits im Vorfeld der UNO-Demarche heftigst gewehrt. Warum setzt man jetzt auf eben jenes juridische

Organ, von dem man schon damals fürchten mußte, daß es für Italien nur ein Mittel zum Zweck gewesen wäre, um das Südtirolproblem von der politischen Ebene der UNO wegzuholen?! Volgger stimmt zu: der IGH sei keine ideale Adresse für ein politisches Problem. Volggers Überlegung ist eine andere: seiner Meinung nach verspricht allein schon die theoretische Möglichkeit einer Einschaltung des IGH eine für Italien abschreckende, also stabilisierende Wirkung.

NICHT NOCH EINMAL VOR INTERNATIONALE INSTANZEN GEZERRT WERDEN

Warum haben dann aber so gut wie alle internationalen Instanzen die längste Weile im Bosnienkrieg kläglichst versagt? Sicher, bestätigt Volgger, diese Frage müssen sich heute alle Minderheiten stellen! Das sei anders gewesen, als das Südtirolproblem 1960 vor die Vereinten Nationen kam.

»Damals haben sich 44 Staaten zu Wort gemeldet! Dabei wußten die meisten ein Jahr vorher noch nicht einmal, wo Südtirol auf der Landkarte liegt!« Damals habe der internationale Druck Italien zum Einlenken bewogen, trotz seiner ungleich mächtigeren Position als NATO-Staat und Gründungsmitglied der Europäischen Gemeinschaft. »Die Italiener wollen international als vorbildlich gelten. Vor der Weltöffentlichkeit ein schlechtes Bild abzugeben, tut dem Nationalstolz weh. Da sind sie sehr, sehr sensibel...!«

Gravierende Autonomieverletzungen hält Volgger daher für unwahrscheinlich. Schon aus Imagegründen werde sich Italien hüten, noch einmal vor aller Welt an den Pranger gestellt zu werden, weil man einer kleinen Minderheit ihre Rechte nimmt, einer deutschen Minderheit noch dazu! Dann ists also letztlich ein geschichtlicher Glücksfall, daß Südtirol, wenn schon, einem Staat mit weltpolitischen Ambitionen zugeschlagen wurde und nicht einem Hexenkessel nationalistischer Emotionen wie zum Beispiel das ehemalige Jugoslawien? Gemessen am Pulverfaß Balkan sei Südtirol in einer weit besseren Lage, bestätigt Volgger. Nicht nur für die Südtiroler, auch für Italien war der Südtirolkonflikt ein schmerzhaftes Kapitel. »Sie wollen nicht noch einmal vor internationale Instanzen gezerrt werden!«

Im Verhältnis Bozen–Wien–Rom stehen inzwischen tatsächlich alle Zeichen auf Entspannung. Südtirol profitiert vom neuen Verhältnis zwischen Österreich und Italien nach dem österreichischen EU-Beitritt. Warum dann aber all die Widerstände gegen die geplante Europaregion Tirol oder das von Rom zunächst heftigst bekämpfte Nord-Südtiroler EU-Büro in Brüssel? Volgger hält sich an die Regel von Landeshauptmann Luis Durnwalder: Je weniger von der Europaregion geredet wird, desto schneller werde sie kommen. Für die römische Skepsis hat Volgger Verständnis. Die in der Verfassung verankerte Integrität des Staatsterritoriums ist ein hochsensibler Bereich. Das war schon immer so und gilt erst recht, seitdem Feuer am Dach ist, weil Lega-Chef Umberto Bossi mit seinen Sezessionismus-Aktionen vor keinem Tabu zurückschreckt.

Die Bedenken der Zentralregierungen in Rom und Wien richten sich jedoch nicht gegen mehr grenzüberschreitende Zusammenarbeit, sagt Volgger. Auch von italienischer Seite gebe es diesbezüglich keine Behinderungen. Allerdings ermahnt er die

Väter dieses in Tiroler Köpfen geborenen Geschöpfs zu etwas mehr Feingefühl. »Es müßte ja nicht unbedingt Europaregion Tirol heißen!« Sondern? »Zum Beispiel Alpen-Europaregion, das würde in italienischen Ohren schon wesentlich besser klingen!« Aber die Arge-Alp gibt's ja schon? Gemessen an den heutigen Möglichkeiten »war das eine schwache Geburt! Die Kooperation zwischen Nachbarräumen könnte man inzwischen bedeutend verstärken!«

Würde Volgger es seinen Südtirolern heute noch zutrauen, für die Rückkehr zu Österreich bis zu 155.000 Unterschriften zu sammeln oder Massenkundgebungen auf die Beine zu bringen wie 1946 und 1957 in Sigmundskron? Oder hat sich Rom die Südtiroler mit dem hochdotierten Landeshaushalt »gekauft«?! Volgger verweist auf das rückblickende Bekenntnis eines ehemaligen Mitstreiters: »Hätte Mussolini Geld nach Südtirol geschickt statt Schwarzhemden und Rizinusöl, dann hätten wir uns nach Kriegsende schwer getan mit dem Stimmensammeln für die Rückkehr zu Österreich!« Die damalige Not machte die Südtiroler kämpferisch. Der heutige Wohlstand bewirke das Gegenteil, weint der Volkstumspolitiker den harten Zeiten fast ein bißchen nach. Denn »so gut wie derzeit« sei es »den Tirolern in ihrer ganzen Geschichte nie gegangen!«

POLIT-KRIMI PARISER ABKOMMEN

Der Kameraschwenk über den weiten prunkvollen Saal des Palais Luxembourg fehlt in keiner historischen Südtiroldokumentation. Die Bilder von der Auffahrt der Staatschefs und des zur Pariser Friedenskonferenz versammelten hochkarätigen Forums gehören zum Standardrepertoire, wenn vom Pariser Abkommen die Rede ist. Die Optik täuscht. Im Ringen um die eruopäische Nachkriegsordnung war Südtirol ein Nebenproblem. Österreich war nicht Mitglied der Friedenskonferenz und habe alle seine Beziehungen spielen lassen müssen, um überhaupt angehört zu werden. Diese Schwierigkeiten seien der breiten Öffentlichkeit aber nie bewußt geworden, sagte der inzwischen verstorbene Außenminister Karl Gruber bei einem Diskussionsabend des Senders Bozen zum vierzigsten Jahrestag des Pariser Abkommens. Seit Grubers Tod ist Friedl Volgger der letzte überlebende Zeitzeuge.

Selbst nach fünfzig Jahren ist das Pariser Abkommen ein Polit-Krimi. Die sukzessive Aufhebung der Sperrfristen hat der Forschung neue Impulse verliehen. Die Materie sei jedoch ungemein komplex, meint der Innsbrucker Historiker Michael Gehler auf die Frage, warum dieses nur zwei Maschinschreibseiten umfassende Abkommen immer noch Fragezeichen aufwirft und zu Polemik Anlaß gibt. Neben den Staatsbürokratien hätten auch die Geheimdienste ihren Part gespielt, sagt Gehler, der eben diesen Spuren nachgegangen ist. Seine jüngsten Forschungsergebnisse publiziert er unter dem Titel »Verspielte Selbstbestimmung? Die Südtirolfrage 1945/46 aus amerikanischen Geheimdienstberichten und österreichischen Akten«.[1]

In den Diskussionen um das Pariser Abkommen hat der Zeitzeuge Friedl Volgger immer wieder seine Stimme erhoben. Als Gruber-Freund hat er die Polemik um das Abkommen mit ausgebadet. Als Direktbeteiligter nimmt er daher naturgemäß eher eine Verteidigungshaltung ein. In Südtirol wird ihm zudem übel genommen, daß er sich in der autonomiepolitisch enttäuschenden ersten Zeit über das Abkommen kei-

neswegs so positiv geäußert habe wie später, als die positiven Auswirkungen sichtbar wurden. Auf alle Fälle ist Volgger der letzte direkte Zeitzeuge und Parteiinsider mit entsprechendem Hintergrundwissen, der den Südtiroler Standpunkt bis in alle Einzelheiten kennt. Ausgerechnet aus dieser brisanten Ära fehlen nämlich schriftliche Unterlagen. Die Protokolle der Südtiroler Volkspartei sind nicht auffindbar. Nach Darstellung Volggers wurde das historische Parteiarchiv aus Sicherheitsgründen bei der Landesstelle für Südtirol in Innsbruck deponiert. Der ehemalige SVP-Exponent Franz Widmann besitzt sogar schriftliche Unterlagen der Partei, aus denen hervorgeht, daß die Protokolle vor der Sigmundskroner Kundgebung 1957 aus Sicherheitsgründen außer Landes gebracht wurden. Die langjährige Leiterin des Referats S der Tiroler Landesregierung Viktoria Stadlmayer versichert jedoch, die Unterlagen seien längst an Bozen zurückgegeben.
Der Bossi-Sezessionismus ist an Südtirol nicht spurlos vorübergegangen. Daher das neuerwachte Interesse am Historikerstreit, ob die Südtiroler 1946 ihre Selbstbestimmungslinie zu früh verlassen oder – nach Meinung der Zeitgeschichtler Rolf Steininger und Leopold Steurer – im Gegenteil zu spät auf gezielte Autonomieverhandlungen mit Italien umgestiegen sind. Während die Selbstbestimmungsbefürworter bis heute die »Kapitulation in Paris« anprangern, halten die Pragmatiker das Pariser Abkommen als »Magna Charta« der international verankerten Südtiroler Autonomie in Ehren. Lassen wir den Zeitzeugen Friedl Volgger also zu einigen aktuellen Streitpunkten und Details ergänzend zu seinen Memoiren nochmals zu Wort kommen.
Problemthema Nummer eins: die Selbstbestimmung. Die »Kapitulations«-These ist für Michael Gehler historisch nicht vertretbar. Quellenmäßig belegbar sei jedoch Grubers zum Teil eigenmächtiger Verhandlungsstil und damit zusammenhängende strategische Schwächen: Desinformation vor allem der Südtiroler, Verfechtung der Pustertaler Lösung gegen vehemente Südtiroler Widerstände, stillschweigendes Abrücken von der Selbstbestimmungsforderung, so daß Österreich das stärkste, weil für Italien bedrohlichste Druckmittel viel zu früh aus der Hand gegeben habe.
Die in Wellen wiederkehrende Kritik läßt Volgger nicht kalt. Das spürt man. Nachträglichen Theoriediskussionen, was gewesen wäre, wenn..., kann er wenig abgewinnen. Aber der Stachel bleibt. Kurze Pause, tiefes Durchatmen: »Gruber ist den einzig gangbaren Weg gegangen!« Die De-Facto-Entscheidung gegen die Volksabstimmung sei bereits auf der Londoner Außenministerkonferenz im September 1945 gefallen. Übrig geblieben sind sogenannte »kleinere Grenzberichtigungen«. Die hätten zumindest bewirkt, daß Südtirol international weiter auf dem Tapet blieb, rekapituliert Volgger Daten und Fakten. Mit dem eigentlichen Vorschlag, Österreich zum Grenzkonflikt mit Italien anzuhören, habe sich der amerikanische Außenminister James Byrnes in London nicht durchsetzen können: die Engländer dagegen, die Russen sowieso, die nicht sehr einflußreichen Franzosen zögern... »Das muß man sich vor Augen halten. Dann kann man nur staunen, was herausgekommen ist!«
Daß Österreich auf der Friedenskonferenz dann doch gehört wurde, dafür hätten sich die Briten eingesetzt. »Die waren jetzt die Treiber!« Beim Zustandekommen des Abkommens in Paris habe England die Fäden gezogen. Die empörten Reaktionen der britischen Öffentlichkeit auf die den Südtirolern verweigerte Selbstbestimmung habe London zum Handeln gezwungen und in Südtirol neue Hoffnung geweckt. In die Geheimdossiers der internationalen Südtiroldiplomatie hatte die Südtiroler Führung

damals natürlich keinen Einblick. Gerade aufgrund der inzwischen bekannt gewordenen Quellen erklärt sich Volgger jedoch überzeugt: die Würfel seien bereits in London gefallen, indem sich die Außenminister am 14. September 1945 für sogenannte »kleinere Grenzberichtigungen« entschieden. Genau mit dieser Formel habe die Pariser Konferenz Ende April 1946 eine Volksabstimmung abgelehnt, wobei Österreich überhaupt erst jetzt von den Londoner Beschlüssen offiziell informiert wurde.

Um so überraschender war die für damalige Verhältnisse gewaltige Selbstbestimmungskampagne, die am Vorabend der Londoner Konferenz mit der Großkundgebung vom 4. September 1945 ihren Auftakt genommen hatte. Bis zur Pariser Konferenz im April beherrschte das Thema Südtirol in Österreich die Straße. Südtirol stand indessen ganz im Zeichen der »Volkskundgebungen« und »Volkswallfahrten« im Andreas-Hofer-Stil. Die Südtiroler Tageszeitung berichtete aber auch, wie vehement die Italiener mit Straßenaufmärschen und Tricolore-Aktionen um Triest und Julisch Venetien kämpften. »Unsere Selbstbestimmungskampagne hat schon 1943 begonnen!«, unterstreicht Friedl Volgger das Südtiroler Primat. Er selbst hatte das von US-Präsident Roosevelt mit einem »Yes« versehene Selbstbestimmungs-Memorandum ja noch zu Kriegszeiten im Auftrag von Kanonikus Michael Gamper weitergeleitet.

Das eigentliche Meisterstück der Südtiroler Selbstbestimmungskampagne waren jene 155.000 Selbstbestimmungs-Unterschriften, die Bundeskanzler Leopold Figl am 22. April 1946 in Innsbruck feierlich überreicht wurden. Wie war ein solches Unterfangen organisatorisch zu bewältigen? Vorbilder und Anleitungen habe man keine gebraucht: »Die Leute waren alle einverstanden. Die haben unterschrieben, daß es a Freud war! Damals ist das wirklich von Herzen gekommen!« Förderer und Ansprechpartner in Innsbruck sei Prof. Franz Gschnitzer gewesen. In Südtirol sei die Kirche dahintergestanden, mit tatkräftiger Hilfe zahlreicher Pfarrer, bestätigt Volgger die heute kaum noch vorstellbare Interessensverquickung.

Für die eben erst gegründete Südtiroler Sammelpartei hatte die Unterschriftenaktion auch deshalb vitale Bedeutung, weil sie mit der Mitgliederwerbung gekoppelt war. Bis zu 50.000 seien der Südtiroler Volkspartei beigetreten, also jener Partei, die das Ziel Selbstbestimmung als ersten von nur drei Punkten in ihrem Programm hatte. So habe man sich in nur wenigen Monaten die notwendige Schlagkraft gesichert, verrät Volgger. Die Parteiführer im jeweiligen Bezirk hätten auch als logistische Basis der mit aller Vorsicht durchgeführten Unterschriftensammlung fungiert. »Von Haus zu Haus sind sie gegangen! Wären unsere Leute nicht in jedem Dorf von Haus zu Haus gegangen, hätten wir nie so viele Unterschriften zusammengebracht!«

155.000 UNTERSCHRIFTEN, GEHEIME KURIERE

Wie kamen die Unterschriftenpakete über den Brenner? Die Frage rührt an ein heikles Kapitel und bringt den damaligen Organisationsleiter der Sammelpartei Friedl Volgger etwas in Verlegenheit. Nach kurzem Zögern nennt er einen Namen, der bisher unter strenge Verschwiegenheit gefallen war: Robert von Habsburg, ein Sohn des letzten österreichischen Kaisers. Wie sich bei weiterer Recherche herausstellen sollte, ist die Geheimaktion damit freilich noch nicht restlos geklärt und wird es vielleicht nie sein. Die Hauptakteure leben nicht mehr. Robert von Habsburg ist am 7. Februar 1996 verstorben – eine schriftliche Rückfrage kam um wenige Tage zu spät. Eine detaillierte Schilderung hat hingegen der amerikanisch-britische Geheimdienstexponent Edgeworth Murray Leslie hinterlassen. Aus den privaten unveröffentlicht gebliebenen von Michael Gehler ausgewerteten Aufzeichnungen beschreibt Leslie den abenteuerlichen Unterschriftentransport über den Brenner in allen Details: er selbst habe die Unterschriften am Bozner SVP-Sitz aus der Hand von Guggenbergs entgegengenommen, in sein Auto gepackt und mithilfe des Pfarrers von Brenner, getarnten Kurieren und bestochenen italienischen Grenzbeamten über den Brenner geschafft.²

Leslies Schilderung erwähnt den Namen Habsburg nicht. Volgger umgekehrt bestreitet eine Unterschriftenübergabe an Leslie, den er als Vertrauensmann der Südtiroler Volkspartei bestens gekannt hat. Tatsache ist: die Brüder Otto und Robert von Habsburg hatten sich bereits zu Kriegszeiten für Südtirol international engagiert. Robert von Habsburg hatte in London mit der Liga »Justice for Southtyrol« einiges bewegt und war dann im französisch besetzten Tirol unter den treibenden Kräften für die Wiedervereinigung, wobei er dank seiner freundschaftlichen Kontakte zum Hochkommissar und Oberbefehlshaber der französischen Streitkräfte in Österreich General Marie-Emile Bethouart konkreten Handlungsspielraum hatte. Otto von Habsburg bestätigt die Mitwirkung seines Bruders beim Unterschriftentransport. Robert von Habsburg habe einen französischen Wagen zur Verfügung gehabt, so daß er die Grenze anstandslos passieren konnte.³

Der österreichische Südtirolexperte und ehemalige Widerständler Ludwig Steiner erklärt ebenfalls, Robert von Habsburg habe beim Unterschriftentransport eine aktive Rolle gespielt. Steiner war als erster Sekretär des Tiroler Landeshauptmannes und späteren Außenministers Karl Gruber bereits in der Stunde Null mit Südtirol intensiv befaßt. Das französische Militär habe die Selbstbestimmungsinitiativen gedeckt und mit Wohlwollen unterstützt, verweist Steiner auf einen noch während des Kriegs gefaßten Grundsatzbeschluß des damals in Algerien residierenden Befreiungskomitees unter General De Gaulle. Darin sei sogar von einer Grenzverschiebung nicht nur bis Salurn, sondern bis nach Trient die Rede gewesen.⁴

Höhepunkt der Selbstbestimmungskampagne war die Unterschriftenübergabe am Ostermontag 1946 in Innsbruck. Mittelpunkt im patriotischen Großereignis war Bundeskanzler Figl, und an dessen Seite Außenminister Gruber. Insgeheim habe Gruber die Selbstbestimmungsforderung aber bereits abgeschrieben, berufen sich die Kritiker auf inzwischen bekanntgewordene Dokumente.⁵ Wußte Gruber, daß die Selbstbestimmungs-Unterschriften nichts mehr ändern konnten am Nein zur Volksabstimmung auf der wenige Tage später beginnenden Pariser Außenministerkonferenz? »Vollkommen ahnungslos war Gruber sicher nicht«, räumt Volgger ein. Warum dann die Show? Als österreichischer Außenminister habe Gruber mit seiner demonstrativen Ahnungslosigkeit dem Westen ein Zeichen des Protests übermitteln wollen gegen Österreichs Desinformation. »Daß ein Nein zur Selbstbestimmung kommt, hat er gewußt. Aber was hätte er tun sollen! Es gab keine Alternative, als weiterzumachen und das Möglichste zu versuchen...«

GRUBERS »PUSTERTALLÖSUNG« SCHOCKT SÜDTIROL

Hat Außenminister Gruber die Südtiroler Führung in die Aussichtslosigkeit der Selbstbestimmungsforderung eingeweiht? »Das hat er gesagt, aber die Südtiroler haben es nicht geglaubt. Hierzulande war man voller Hoffnungen. Die Südtiroler haben bis zum Schluß geglaubt, daß noch was zu machen ist«. SVP-Obmann Erich Amonn und sein engster Kreis hätten sich natürlich keine Illusionen gemacht. Also gute Miene zum bösen Spiel? »Man mußte Hoffnung vermitteln!« Die Vorwürfe lauten aber: Gruber selbst habe die Selbstbestimmungslinie aufgeweicht, mit der sogenannten Pustertallösung.[6] In den Akten läßt sich nachweisen, daß Gruber über die dann so heftig umstrittene Pustertallösung bereits Gespräche führte, als er an der Seite Figls vom Balkon der Innsbrucker Hofburg Selbstbestimmungs-Ovationen entgegennahm. Hatte Gruber die Südtiroler Führung von diesem Umschwenk informiert?

»Das hat man in Südtirol nicht gewußt! Von den Verhandlungen über die Pustertallösung haben wir erst nach der Unterschriftenübergabe erfahren«. Warum so spät? Ein Informationstreffen mit Gruber habe es gegeben. In Erinnerung geblieben ist dieser Termin dem SVP-Exponenten Franz Widmann und späteren »Königsmacher« von Parteiobmann Silvius Magnago. Obwohl er eigentlich nur den Chaffeur gespielt hatte, wurde Widmann Zeuge der Auseinandersetzung zwischen Gruber und den Südtiroler Vertretern. Der 25-Jährige hatte seinen Vater Josef Widmann und Kanonikus Michael Gamper nach Innsbruck gefahren, wo SVP-Obmann Erich Amonn zu ihnen gestoßen sei. Für ihn sei dies die erste hautnahe Bekanntschaft mit der Politik gewesen, erinnert sich Widmann an die enttäuschten Südtiroler Reaktionen auf Grubers Alleingang bezüglich Pustertallösung. Die »Preisgabe Südtirols« sei Gruber vorgeworfen worden, auch von einer »Raffl-Linie« sei die Rede gewesen.[7]

Außenminister Gruber hatte die Vertreter der Tiroler Landesregierung und der Südtiroler Volkspartei bei jenem Innsbrucker Treffen am 10. Juni 1946 erst informiert, als schon Gerüchte durchgesickert waren.[8] Die Tageszeitung »Dolomiten« hatte bereits am 1. Juni 1946 auf Seite eins einen dramatischen Südtiroler Hilferuf veröffentlicht: »Glaubhaften Berichten zufolge hat die österreichische Regierung am 30. Mai die Angliederung eines Teiles von Südtirol, und zwar des oberen Eisacktales bis Brixen und des Pustertales verlangt… Die S.V.P., die über 70.000 Mitglieder zählt, und die Sozialistische Partei Südtirols, die zusammen die Gesamtheit der bodenständigen Bevölkerung unseres Landes vertreten, glauben mit Recht verlangen zu können, daß vor der endgültigen Entscheidung über die Südtirol Frage der einhellige Wunsch des Südtiroler Volkes gehört und berücksichtigt werden muß, der nach wie vor dahin geht, ihr die Ausübung des Selbstbestimmungsrechtes für ganz Südtirol vom Brenner bis Salurn zu gewähren…«[9]

Der Appell schloß mit der Bitte an die Großmächte, zum Thema Pustertal beim bevorstehenden Treffen in Paris auch Südtiroler Vertreter anzuhören. Dieser Bitte wurde nicht entsprochen. Gruber reiste allein. »Gruber war ein sehr selbstbewußter Herr!«, hat Vollger Grubers Redewendung noch im Ohr: »Das mach ich schon! Wenn schon, dann mach ich es!« Dennoch konnten die Südtiroler aufatmen. Die vier Außenminister haben die Pustertallösung am 24. Juni 1946 abgelehnt. Volgger bestätigt: »Besonders Kanonikus Gamper war absolut dagegen, ebenso die Parteiführung!« Selbst der sonst so konziliante Obmann Erich Amonn befürchtete eine nochmalige Auseinanderreißung des Landes.

Warum also Volggers abweichend positive Einstellung?[10] »Weil ich mir immer schon gedacht habe, daß Gruber nicht auf Südtirol verzichten wird. Das Ziel wäre gewesen, mit der Teil-Rückgliederung an Österreich ein Faustpfand in die Hand zu bekommen, einen ersten Anfang zu machen. Gruber hat den Alliierten gegenüber nie ein Hehl daraus gemacht, daß er weitermachen will. Aus diesem Grund ist die Pustertallösung ja abgelehnt worden, weil Gruber im Gegenzug keine Verzichtserklärung unterschrieben hat!« An die These des angeblichen taktischen Schachzugs wollte in Südtirol freilich kaum wer glauben. Die Befürchtung war vielmehr, Gruber würde sich mit einer Teilerfüllung der österreichischen Gebietsansprüche zufrieden geben und die »italienische« Hälfte Südtirols sich selbst überlassen, bestätigt Volgger das Wechselbad der Gefühle aus Hoffnung und Mißtrauen gegenüber dem österreichischen Außenminister.

AUTONOMIE – EIN »VERZICHT«?

Wie hat sich die Südtiroler Volkspartei nach Ablehnung der teilweisen Grenzänderung umgestellt auf die Forderung einer Autonomie? In der Stimmung, zu retten, was noch zu retten war, sei die Einladung Österreichs zur Pariser Friedenskonferenz der erste Lichtblick gewesen. »Wir Südtiroler haben uns gesagt, man muß etwas erreichen, damit wir nicht noch einmal ohne jeglichen Schutz Italien ausgeliefert sind!« Rom hatte bereits seit Kriegsende auf eine Autonomielösung gedrängt, wobei man von Anbeginn die dann so umstrittene Regionalautonomie mit dem Trentino im Hinterkopf hatte. Bei den Südtirolern hatten diese Avancen zunächst keinen Erfolg. Entsprechende Aufregung gab es, als die italienische Nachrichtenagentur ANSA im Juli 1946 plötzlich Siegesmeldungen verbreitete. Demnach berichtete Präfekt Silvio Innocenti dem Ministerpräsidenten De Gasperi von einem angeblich bereits »günstigen Urteil« der Südtiroler Führung über das »verwickelte Autonomieprojekt«.[11]
Die Behauptung stützte sich auf ein umstrittenes Geheimpapier, nach Innocentis Darstellung eine Südtiroler Verzichtserklärung auf Selbstbestimmung zugunsten einer Autonomie. SVP-Obmann Amonn und Generalsekretär Josef Raffeiner hätten sich demnach einverstanden erklärt, daß das Selbstbestimmungsrecht nach einer endgültigen Entscheidung über das Territorium seine praktische Bedeutung verlieren würde. Von der Erklärung gibt es offenbar kein Original mehr, sondern nur eine Kopie in englischer Übersetzung.[12] Im Wesentlichen hätten Amonn und Raffeiner damit zugesichert, daß sie die Entscheidung der Pariser Friedenskonferenz auf alle Fälle respektieren und – im negativen Fall, wenn die Konferenz einer Grenzänderung nicht zustimmt –, an einem Autonomieprojekt mitarbeiten würden. Der damalige britische Generalkonsul in Bozen Welbore Ker berichtet von einem ähnlichen Gespräch mit Amonn und Raffeiner, die Aufzeichnung des Diplomaten ist im Londoner Außenministerium archiviert.[13]
Von einer unterschriebenen Erklärung, wie Innocenti behauptet hatte, könne jedoch keine Rede sein, betont Volgger. Der mit Innocenti in Kontakt stehende britische Generalkonsul Ker habe die SVP aufmerksam gemacht, daß es dieses Schreiben gibt. »Da ist ihm aber etwas Peinliches passiert, dem Herrn Innocenti. Die Unterschriften unter der angeblichen Erklärung lauten nämlich »Erich Amonn« und »Giuseppe Raf-

303

feiner«. Raffeiner hat jedoch sein Leben lang nie mit »Giuseppe« unterschrieben, sondern immer mit »Josef«! Auf der Pariser Friedenskonferenz sei der Brief mit keinem Wort erwähnt worden, man habe nie mehr davon gehört. »Das war eine glatte Fälschung!«

DIE INSTRUKTIONEN DER SÜDTIROLER VOLKSPARTEI FÜR PARIS

Mit welchem konkreten Auftrag hat die Südtiroler Volkspartei dann also ihre beiden Vertrauensmänner Otto von Guggenberg und Friedl Volgger nach Paris entsandt? »Das war eigentlich kein formeller Beschluß im heutigen Sinn. Man hat nicht gesagt, das und das und das, sondern nur, daß wir auf alle Fälle eine internationale Garantie erreichen müssen für die Autonomie«. Der schon erwähnte Leslie schildert die von der Südtiroler Volkspartei am 7. August 1946 beschlossenen Instruktionen für Paris in einem amerikanischen Geheimdienstbericht bis ins Detail. Die Volksabstimmung war weiterhin oberstes Ziel. Dann sind drei Alternativen aufgelistet in der Reihenfolge: »Internationalisierung«, also eine Art Schwebezustand unter UNO-Überwachung nach dem Vorbild der Triest-Lösung; »Kondominiumslösung«, sprich: eine gemischt österreichisch-italienische Verwaltung für ganz Südtirol in Abwandlung der Pustertallösung; und als letzte Option: eine international garantierte Autonomie.[14] Volgger bestätigt: »Genau so hat unser Auftrag gelautet. Realistisch war allerdings nur der letzte Punkt ›Autonomie‹. Die vorhergehenden waren bereits vom Tisch…«
Wie hätte man sich eine »Internationalisierung« denn konkret vorgestellt? »Der Fall Südtirol sollte als ungelöste Frage bei der UNO hinterlegt werden. Die Vereinten Nationen waren damals fast ein bißchen wie die der liebe Gott. Diese Institution stand in höchstem Ansehen, daher die hohen Erwartungen. Südtirols künftiger Status sollte also in die Hände dieses internationalen Gremiums gelegt werden. Natürlich haben wir gehofft, daß die Entscheidung in unserem Sinne ausfällt«. Österreich rechnete damals mit seiner baldigen Aufnahme in die UNO, das hätte die Chancen erhöht, bestätigt Volgger. Rückblickend bleibt das ein frommer Wunsch. »Die Internationalisierung war aussichtslos!«
Und was sprach für ein österreichisch-italienisches Kondominium als zweitbeste Option? »Mit dieser Doppelverwaltung hätte Gruber Ähnliches angestrebt wie mit der Pustertallösung. Er wollte die italienische Fixation auf die sprichwörtlich heilige Brennergrenze aufweichen. Wenn einmal der Brenner weg ist, hat Gruber immer gesagt, wird Italien eher bereit sein zu Gesamtverhandlungen…« Warum Kondominium Ja und Pustertalerlösung Nein? »Weil die Südtiroler Befürchtung war, Gruber will nur das Pustertal für Österreich zurückhaben. Sie haben ihm nicht geglaubt, daß das nur der Anfang sein sollte«. Mit der an zweiter Stelle vorgeschlagenen Kondominiumsverwaltung hätte sich die Südtiroler Volkspartei also identifiziert? »Ja, natürlich. Die wäre immer noch besser gewesen als die dritte!«
Auf die zu Südtirols heutigem Markenzeichen gewordene Autonomie mußte die Tageszeitung »Dolomiten« die Südtiroler damals also noch mit aller Vorsicht einschwören. Die Devise »Sowohl als auch« steht für die Doppelstrategie, Selstbestimmung zu fordern, sich aber auf eine Autonomielösung einstellen zu müssen.[15] In einer erklärenden Stellungnahme präzisiert die Südtiroler Volkspartei: »… unter dem

Hinweis darauf, daß die Mehrheit des Südtiroler Volkes eine Autonomie, die sich bloß auf das Gebiet vom Brenner bis Salurn beschränkt, einer gemeinsamen Regionalautonomie mit dem Trentino vorzieht«, wenn auch nicht verkannt werde, »daß zwischen Südtirol und dem Trentino gewisse gemeinsame Interessen bestehen.«[16] Diese konziliante Formulierung überrascht. Stand die spätere Los-von-Trient-Politik doch ganz im Zeichen schwerer Enttäuschungen, nachdem Südtirol in der Region unter einer italienischen Trentiner Mehrheit kein bißchen von der erhofften Landesautonomie verwirklichen konnte. Diese tiefe Kluft habe anfangs nicht bestanden, betont Volgger. Es habe nahegelegen, daß De Gasperi alles tun würde, um auch den Trentinern eine Autonomie zu verschaffen. De Gasperis Christdemokraten standen unter dem Druck der Trentiner Autonomisten. »Die waren viel wildere Autonomisten als wir! Die Trentiner Autonomistenbewegung ASAR hat nach Kriegsende Großdemonstrationen veranstaltet, wie wir sie mit Ausnahme von Sigmundskron nie gemacht haben!«

DIE TRENTINER WAREN SCHLECHTE BUNDESGENOSSEN

Im Kampf gegen Rom und im Kampf gegen den italienischen Zuwanderungsdruck in Südtirol könnten die Trentiner unsere Bundesgenossen sein: mit dieser Meinung sei SVP-Obmann Amonn nicht alleine gestanden. Volgger bestätigt, was Außenminister Gruber zum 20. Jahrestag des Pariser Abkommens schreibt: »Was nun den am meisten umstrittenen Punkt – die Abgrenzung der Autonomie – betrifft, so muß dazu einiges festgestellt werden: Italiens Parlament – das ging nicht nur aus den Erklärungen seiner Unterhändler, sondern auch aus unseren Erhebungen in Rom hervor – hätte niemals für irgend etwas gestimmt, was als erster Schritt zur Loslösung Südtirols ausgelegt werden könnte; aber auch auf der Südtiroler Seite waren die maßgeblichen Führer der Meinung, daß es ihnen leichter sein würde, sich mit den Trentiner Altösterreichern als mit der römischen Bürokratie zu verständigen. Ein sehr maßgeblicher Südtiroler Politiker sagte mir, eine Autonomie für Bozen allein werde zehn Jahre nicht überleben, eine Autonomie für beide zusammen aber werde nicht mehr abzuschaffen sein.«[17] Letzteres traf zu, allerdings nach bitteren Enttäuschungen, die den Südtiroler Vertrauensbonus schwer belastet haben.
»Wäre der erste Präsident der Region Tullio Odorizzi kein solcher Nationalist gewesen, sondern hätte er das erste Autonomiestatut von 1948 mit der im Artikel 14 vorgesehenen Delegierung von Verwaltungszuständigkeiten durchgeführt, dann hätte es kein zweites Sigmundskron gegeben« – allerdings auch nicht Südtirols heutige weitreichende Autonomie. Als Beweis für die anfängliche Kooperationsbereitschaft nennt Volgger den einstigen Südtiroler Autonomieentwurf von Karl Tinzl mit bedeutend mehr gemeinsamen Gesetzgebungs- und Verwaltungszuständigkeiten als in der heutigen Rumpfregion. Dieses Autonomiekonzept hätte zwei Klein-Regionen vorgesehen, wie sie heute übrigens im Zuge der Südtiroler Föderalismusbestrebungen wieder diskutiert werden. Damals sind nach Meinung Volggers wertvolle Chancen verspielt worden. Rom sei mit anderen Sorgen beschäftigt gewesen und habe das Experiment dieser zweisprachigen Region Trentino Südtirol seinem Schicksal überlassen.
»Schuld am Scheitern der ersten Autonomie von 1948 waren nicht ›die Italiener‹ und

auch nicht ›die Trentiner‹, sondern der Starrsinn einer kleinen Trentiner Clique, die nicht begreifen wollte, daß man wenigstens dieses bescheidene Autonomiestatut hätte durchführen müssen. Da liegt das Versagen!«, sagt Volgger.
»Die Beratungen in Paris« – betonte Gruber rückblickend – »standen unter der Fallfrist des Konferenzendes, einer Konferenz, die für Jahrzehnte die letzte Möglichkeit war, eine wahre Internationalisierung der Südtirolfrage zu erreichen...«[18] Daß Gruber die internationale Ebene so konsequent ansteuerte, war nicht zuletzt eine indirekt glückliche Folge seiner irrigen Annahme, den österreichischen Staatsvertrag in Jahresfrist erreichen zu können. Gruber habe sich auf Zusicherungen von US-Außenminister James Byrnes gestützt, erläutert Volgger Grubers Plan, mit dem Staatsvertrag in der Tasche unter vollkommen neuen Voraussetzungen für Südtirol aktiv zu werden. So hingegen hatte sich Gruber mit seinem erst auf längere Sicht erkennbaren Verdienst um Südtirols Autonomie vor allem Undank eingehandelt.

DER MUT ZUR UNVOLLKOMMENHEIT

Hätte Gruber die Konferenz unter lautstarkem Protest mit leeren Händen verlassen, hätte er den Beifall auf seiner Seite gehabt – Südtirol hingegen wäre seinem Schicksal hilflos preisgegeben worden. Nur weil Gruber »den Mut hatte, ein unvollkommenes Abkommen zu unterschreiben«, sei es anders gekommen. Die Zustimmung De Gasperis zum Einschluß des Pariser Abkommens in den italienischen Friedensvertrag war nach Meinung Volggers keineswegs selbstverständlich, sondern vor allem bedingt durch De Gasperis Autonomie-Ambitionen für das Trentino. Auch auf italienischer Seite könne er sich keinen anderen Regierungschef als Signatar des Pariser Abkommens vorstellen. »Niemand hätte De Gasperi dazu zwingen können...«, betont Volgger.
Die Aufnahme in den italienischen Friedensvertrag war eine Zitterpartie. Außer Parteiobmann Erich Amonn hätten nur wenige Politiker in Südtirol verstanden, daß dies der entscheidende Punkt war, dem die Südtiroler Autonomie heute ihre internationale Absicherung verdankt. Umgekehrt kommen die aus Aufzeichnungen zumindest andeutungsweise überlieferten Differenzen zwischen Gruber und den Südtirolern in Paris in Volggers Erzählungen nicht vor. Das Entscheidende für den Politiker Friedl Volgger war die Lebensbasis der Südtiroler Volksgruppe. Und die wurde erreicht durch die Revision der Optionen von 1939 und durch die Aufnahme des Pariser Abkommens in den italienischen Friedensvertrag. »Wir können zufrieden sein, sag' ich!«
Zum Ausklang nicht der übliche Ausblick, sondern eine Frage an den Südtirolpolitiker und Menschen, der fast ein Jahrhundert mit persönlichen Höhen und Tiefen erlebt und mitgestaltet hat: was waren die Stärken und Schwächen des Friedl Volgger? Die erste Reaktion, eher verlegen: »Das müssen andere beurteilen!« Gibts denn nichts, wo er sich sagt, hätte ich nur dies oder jenes getan? »Zu bereuen hab' ich nichts. Vielleicht habe ich Fehler gemacht, sicher sogar. Aber ich habe es nicht so empfunden. Ich bin sehr dankbar und zufrieden mit meinem Leben. Wir haben einiges für Südtirol erreicht. Ich bin froh, daß ich mithelfen konnte. Ich habe die Erfahrung gemacht, daß die Tiroler überall einen guten Namen haben...« Sogar in Dachau,

fügt er lachend hinzu.»Da haben die Häftlinge oft gestritten – die Kommunisten, die Christlichsozialen, die Heimwehr ... die waren nicht nur ein Herz und eine Seele! Aber die Südtiroler haben sie eigentlich alle gern gehabt. Wie kann er sich das erklären? »Weil's einfach ein besonderer Menschenschlag ist, eine besondere Spezies. Südtiroler sein, ist was Besonders...«
Sitzt er da nicht einem Klischee auf? Dem Klischee vom angeblich immer netten, immer ehrlichen, immer mitleidswürdigen Südtiroler? »Na ja, es mag Übertreibungen geben. In der Vergangenheit ist es den Südtirolern sehr zugute gekommen, daß sie sich wehren mußten. Unter dem Faschismus, in der Nazizeit. Dadurch sind sie Leute geblieben und keine Allerweltsmenschen geworden«. Aber der Preis war hoch? Allein der Optionsstreit mit Verfolgung und Denunziation? »Vielleicht gehören Auswüchse dazu, wenn zwei Seiten aus voller Überzeugung kontroverse Auffassungen vertreten. Das war damals ja wie Himmel und Hölle!« Der Revanchismus habe sich in Südtirol aber glücklicherweise in Grenzen gehalten. Die Bereitschaft zur Aussöhnung war stärker. Fast ein Symbol in Volggers Leben ist der Abschied vom KZ, als er seinem Mithäftling, dem späteren österreichischen Bundeskanzler Gorbach in die Hand versprochen hat: keine Vergeltung, keine Rache. »Ich habe mich daran gehalten«. Überall nur Feinde und Verfolger zu sehen, belastet. »Ich bin sehr froh, daß ich in Dachau war. Wirkliches Christentum habe ich dort kennengelernt. So viel Hilfsbereitschaft gibt es in der freien Welt nie. Nie! Heldentum habe ich dort kennengelernt, wirkliches Heldentum!«

ANMERKUNGEN

1 Michael GEHLER (Hrsg.), Verspielte Selbstbestimmung? Die Südtirolfrage 1945/46 in US-Geheimdienstberichten und österreichischen Akten. Eine Dokumentation (Schlernschriften 302) Innsbruck, 1996.

2 GEHLER, Verspielte Selbstbestimmung..., S. 43; Friedl VOLGGER bestreitet jedoch die Darstellung Leslies, mit dem er bestens bekannt gewesen sei. Leslie habe zwar für die Südtiroler Volkspartei häufig Dokumente über die Grenze geschmuggelt. Der Unterschriftentransport sei Leslie hingegen nicht anvertraut worden, weil dies nach Rücksprache mit den Innsbrucker Verbündeten als zu riskant befunden wurde, sagt Volgger.

3 Otto von HABSBURG, Interview zum Tode seines Bruders Robert, RAI Sender Bozen, 11. 3. 96, darin u.a.: Mit Absicht habe sein Bruder die Aktion nicht in französischer Uniform abgewickelt, sondern in einer uniformähnlichen Bekleidung. Lorenz von HABSBURG schreibt der Autorin nach dem Tode seines Vaters Robert von Habsburg: Aus dessen Erzählungen wisse er, sein Vater habe den Brenner in französischer Uniform passiert. Keine hundertprozentige Bestätigung habe er hingegen für die Beteiligung am Unterschriftentransport.

4 Ludwig STEINER, »Südtirol: Abschluß des ›Autonomie-Paketes‹«, in: »Österreichisches Jahrbuch für Politik«, 1992, S. 787–788

5 Norbert BISCHOFF, Dokument von 10. 4. 46 »Streng vertraulich«, in: Helmut GOLOWITSCH, Walter FIERLINGER, »Kapitulation in Paris«, Schriftenreihe zur Zeitgeschichte Tirols Band 7, Nürnberg, »Buchdienst Südtirol« und Graz, »Aula«, 1989, S. 183; William Henry B. MACK, Übermittlung eines österreichischen »Memorandums« nach London am 12. 4. 46, in: EBD. Rolf Steininger, Los von Rom? Die Südtirolfrage 1945/46 und das Gruber-De Gespari-Abkommen (Innsbrucker Forschungen zur Zeitgeschichte 2), Jbk 1987, S. 64 ff; GEHLER, Verspielte Selbstbestimmung?, S. 66f.

6 GEHLER, Verspielte Selbstbestimmung, S. 31f., 44, 57-61, 561ff.

7 Franz WIDMANN will seine Erinnerungen und seine nahezu lückenlose Sammlung historischer SVP-Protokolle und Dokumente demnächst publizieren.

8 siehe: TIROLER TAGESZEITUNG, 12. 6. 46

9 DOLOMITEN, 1. 6. 46

10 Friedl VOLGGER, »Südtirol nach dem zweiten Weltkrieg«, in: Toni EBNER (Hrsg.), »Südtirol in Not und Bewährung. Festschrift Michael Gamper.«, Bozen, 1955, S 222; vgl. Friedl VOLGGER, Südtirol am Scheideweg..., S. 157

11 DOLOMITEN, 20. 7. 46

12 Geheimer Bericht des obersten Verbindungsoffiziers der Alliierten Kommisssion in Bozen, in: Helmut GOLOWITSCH und Walter FIERLINGER, Kapitulation..., S. 393 und 795: Begleitschreiben und »Declaration of the Suedtiroler Volkspartei over the signatures of their President and Sectretary General« in englischer Sprache, Foreign Office, London.

13 Welbore KER, britischer Generalkonsul in Bozen, Bericht an die britische Botschaft in Rom vom 9. 7. 46, EBD., S. 389–391, 793-794; Steininger, Los von Rom?,

14 vgl. Helmut GOLOWITSCH und Walter FIERLINGER, Kapitulation..., S. 440

15 vgl. DOLOMITEN, 24.7. 46: »Südtirol befindet sich gegenwärtig in einer analogen Lage wie Italien selbst, das trotz der Vorentscheidung der Außenministerkonferenz in Paris weiterhin Triest aus ethnischen Gründen für sich beansprucht, sich aber gleichzeitig bereit erklärt hat, eine Kommission nach Paris zu entsenden, mit der Aufgabe, Vorschläge zu dem in Ausarbeitung begriffenen Internationalisierungsstatut für Triest der Friedenskonferenz zu unterbreiten.«

16 EBD

17 Karl GRUBER, »Die Südtirol-Verhandlungen in Paris 1946, Erinnerungen aus Anlaß einer historischen Katzenmusik«, in: »DIE PRESSE«, Wien, 20. 8. 66

18 EBD

Zeittafel zum Leben und Wirken von Dr. Friedl Volgger

1914 *(Juli) Ausbruch des Ersten Weltkriegs*
 (September) Friedl Volgger in Ridnaun/Tirol geboren
1915 *(Mai) Italien erklärt Österreich den Krieg*
1918 *(November) Kriegsende*
1919 *(September) Österreich muß mit dem Staatsvertrag von Saint Germain Südtirol an Italien abtreten*
1920–1925 Volksschulbesuch in Ridnaun, im Sommer Hütertätigkeit
1922/23 *Machtergreifung Mussolinis und Beginn der faschistischen Entnationalisierungspolitik in Südtirol, u. a. Einführung der italienischen Unterrichtssprache und italienischer Ortsnamen, Vereinsverbote usw.*
1925 Eintritt ins Bischöfliche Knabenseminar und Gymnasium Vinzentinum in Brixen
1931 Übersiedlung ins Brixner St.-Josefs-Missionshaus
1932 Beginn des Philosophiestudiums am Brixner Priesterseminar
1933 *Machtergreifung Hitlers in Deutschland; in Österreich wird das Parlament ausgeschaltet*
1934/35 Theologiestudium in Mill Hill in England
1935–1937 Theologe am Priesterseminar in Brixen; erste Kontakte mit dem Völkischen Kampfring Südtirols (VKS)
1935–1939 Einsatz für den deutschen Geheimunterricht im Bezirk Sterzing
1936 Unterschriftenaktion für die Erlaubnis deutscher Sprachkurse, deshalb kurze Polizeihaft
1937 Ausscheiden aus dem Priesterseminar und Beginn des Geschichte- und Deutschstudiums an der Universität Innsbruck
1938 *(März) Anschluß Österreichs an Hitler-Deutschland*
 (Sommer) Erstmals in der Redaktion der »Dolomiten«
 (Herbst) Fortsetzung des Studiums in Innsbruck
1939 *Umsiedlungsabkommen zwischen Hitler und Mussolini und Einsetzen massiver Propaganda für die »Option« zugunsten Deutschlands; Beginn des Zweiten Weltkriegs*
1939 (Juni) Abschluß der Studien in Innsbruck, Promotion zum Doktor der Philosophie
1939–1943 Redakteur der »Dolomiten«
1939 (Herbst) Als Mitarbeiter des Kreises um Kanonikus Michael Gamper intensiver Einsatz gegen die Option; Fahrten durch das ganze Land
 (November) Erster Obmann des von jungen »Dableibern« gegründeten »Andreas-Hofer-Bundes«
1940 *Beginn der Umsiedlung*
1940/41 Bemühungen zur Unterstützung von Dableiber-Familien und Freistellung von Wehrpflichtigen nach Eintritt Italiens in den Weltkrieg

1942 (Frühjahr) Reise nach Rom zur Überreichung einer Eingabe an Papst Pius XII. und Mussolini

1943 (März) Treffen in Rom mit Monsignore Hugh O'Flaherty, dem eine Südtirol-Denkschrift für Präsident Roosevelt zur Weiterleitung übergeben wird

1943 *(Juli–September) Sturz Mussolinis und Besetzung Italiens durch die Deutsche Wehrmacht; Südtirol wird Teil der deutschen »Operationszone Alpenvorland«*

1943 (September–Dezember) Haft in Bruneck und Bozen, Überstellung nach Innsbruck

1944 (Jänner–März) Haft im Innsbrucker Polizeigefängnis und im Lager Reichenau, Überstellung nach Dachau

1944/45 (bis Ende April) Haft im KZ Dachau

1945 *(April/Mai) Kriegsende, Wiedererstehen Österreichs, in Bozen Gründung der Südtiroler Volkspartei, Forderung nach Selbstbestimmung für Südtirol und Wiedervereinigung mit Österreich*

1945 (Mai/Juni) Entlassung aus Dachau, Rückkehr nach Südtirol und Beginn der Mitarbeit in der Führung der SVP; Organisierung und Mitgliederwerbung
(August) Romfahrt zu Kanonikus Gamper und politische Kontaktgespräche
(September) Reise nach Jugoslawien, Besuch von Freunden und Bemühungen um die Freilassung der Südtiroler Kriegsgefangenen
(November) Erste Wien-Reise zu Kontakten mit österreichischen Politikern und Persönlichkeiten der Alliierten
(Dezember) Übergabe der Verwaltung Südtirols von den Alliierten an die Italiener

1945–1948 Chefredakteur der Wochenzeitung »Volksbote«

1946 (März) Wien-Fahrt zur Besprechung mit österreichischen Politikern
(April) Zweite Jugoslawien-Reise zur Heimholung der Kriegsgefangenen; Begegnung mit Marschall Tito
(April/Mai) Als Redner bei verschiedenen Kundgebungen gegen die gerade bekanntgewordene Verweigerung des Selbstbestimmungsrechtes durch die Außenminister der Großmächte
(August/September) Als einer der beiden Vertreter Südtirols mit Österreichs Außenminister Karl Gruber bei der Pariser Friedenskonferenz; Verhandlungen um einen internationalen Schutzvertrag, der am 5. September als »Gruber-Degasperi-Abkommen« unterzeichnet wird

1947 (April) Mitglied einer Südtiroler Delegation, die zu Gesprächen mit Ministerpräsident Degasperi nach Rom fährt
(August) Reise nach Jugoslawien und Rückkehr mit Südtiroler Gefangenentransport

1947/48 Parteiobmannstellvertreter der SVP

1948 (Jänner) Mit Südtiroler Delegation in Rom: Verhandlungen über Autonomiestatut
(Frühjahr) Im Einsatz zur Vorbereitung der ersten Parlamentswahlen im April
(September) Weitere Jugoslawienreise und Heirat mit Anna Pranter

1948–1953 Abgeordneter im römischen Parlament

1953 Wiedereintritt in die Redaktion der »Dolomiten«

1953/54 Parteiobmannstellvertreter der SVP
1953 (November) Mit Kanonikus Gamper nach Wien zu Gesprächen mit österreichischen Politikern und Beamten
1955 *(Mai) Unterzeichnung des österreichischen Staatsvertrages*
1956 *Regierungsumbildung in Wien; Beginn eines schärferen Kurses gegenüber Italien: Erfüllung des Pariser Abkommens wird eingefordert*
1956–1961 Verantwortlicher Schriftleiter der »Dolomiten«
1957 (Februar–April) Haft in Bozen und Trient wegen angeblicher Beteiligung an Sprengstoffanschlägen; internationale Proteste und völlige Rehabilitierung
 (Mai) Bei »Palastrevolution« in der SVP in die neue Führungsgarnitur gewählt, die eine härtere Haltung gegenüber Rom garantieren soll
 (November) Kundgebung auf Sigmundskron: »Los von Trient«
1957–1969 Parteiobmannstellvertreter der SVP
1958 Auszeichnung durch den deutschen Joseph-Drexel-Preis für journalistische Leistungen
1959 (Jänner) Kündigung der Zusammenarbeit in der Regionalregierung; mit einer Parteidelegation bei Bundeskanzler Raab in Wien
 (September) Als Südtiroler Vertreter nach New York, wo Österreichs Außenminister Kreisky erstmals das Südtirol-Problem vor die Weltöffentlichkeit bringt
1960 (September/Oktober) Zweiter Aufenthalt in New York: große Südtirol-Debatte vor der UNO
1960–1968 Abgeordneter zum Südtiroler Landtag
1961 Als Beobachter und Experte bei den ergebnislosen österreichisch-italienischen Verhandlungen in Mailand, Klagenfurt und Zürich
1961 *Serie von Sprengstoffattentaten (»Feuernacht«), Verhaftungen, Folterungen; 19er-Kommission zum Studium der Autonomiefrage beginnt ihre Arbeit*
 (August) Ausscheiden aus den »Dolomiten« im Zusammenhang mit der SVP-internen »Aufbau-Affäre« (September und Oktober)
1961 (November) Wieder bei der UNO-Vollversammlung
1961–1968 Redakteur des politischen Teils des »Volksboten«
1963 (September/Oktober) In New York: Südtirol neuerlich vor der UNO
1964 Als Zeuge der Verteidigung beim Mailänder Prozeß gegen die Sprengstoffattentäter
1964–1969 Bei diversen Verhandlungen und Gesprächen über Form und Absicherung der neuen Autonomie (»Paket« und »Operationskalender«)
1968–1973 Präsident der Föderalistischen Union Europäischer Volksgruppen (FUEV)
1968–1972 Senator im römischen Parlament
1969 Bemühungen um die Annahme des »Pakets« im Parteiausschuß und in der Landesversammlung der SVP
1970–1972 Parlamentsarbeit zur Beschlußfassung des neuen Autonomiestatuts und der ersten Gesetze zu dessen Durchführung
1972–heute Redakteur des politischen Teils des »Volksboten«
1973–1982 Bezirksobmann der SVP von Sterzing, als solcher Mitglied des Parteivorstandes

1983 Übernahme der Präsidentschaft des Vereins »La strada – Der Weg« zur Bekämpfung der Drogensucht; Vortragstätigkeit
1984 Lebenserinnerungen erscheinen als Buch und erleben noch im selben Jahr eine zweite Auflage.

Bildnachweis

Archive und Besitzer:

Bildarchiv der SVP, Bozen: 13, 39, 40, 41
Bildarchiv der Wochenzeitung »präsent«, Innsbruck: 11, 17–19, 24, 34, 36, 37, 42, 44, 45, 47, 59
Bildarchiv des Südtirol-Referates der Tiroler Landesregierung, Innsbruck: 8, 28, 29, 32, 38
Archiv Haymon-Verlag, Innsbruck: 16, 27, 31, 46, 60, 62

Alle übrigen Bilder stellte der Autor zur Verfügung

Fotografen bzw. Agenturen (soweit bekannt):

Bilderdienst der »Nürnberger Nachrichten«: 55
Feller Franz, Graz: 17
Focher Michael, Innsbruck: 60, 62
Fotodienst des ORF, Wien: 24
Keystone, London: 37
Pfaundler Wolfgang, Innsbruck: 1, 3, 36, 52, 53, 59
Photo Kretz, Bozen: 32
Photopress, Zürich: 47
Photo Ratschiller, Meran: 58
Photo Winkl

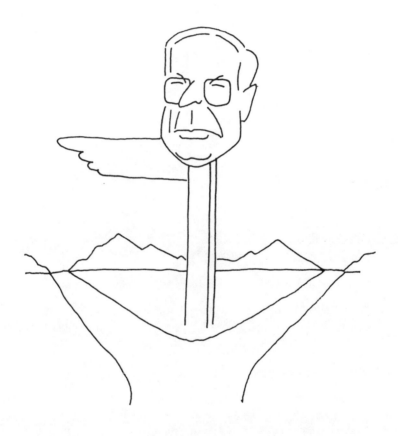

*Karikatur von Peppi Tischler zum Erscheinen von
Friedl Volggers Erinnerungswerk*

Lesen Sie zur weiteren Information:

MICHAEL FORCHER

TIROLS GESCHICHTE IN WORT UND BILD

20 x 23,5 cm, gebunden, 288 Seiten mit 270 teilweise farbigen Abbildungen und vier historischen Karten. Vierte, aktualisierte Neuauflage
ISBN 3-85218-129-1

Eine geglückte Mischung von Bild und Text zeichnet diese populäre und dennoch wissenschaftlich exakte Zusammenfassung der Tiroler Geschichte aus. Neben politischen Ereignissen und Zusammenhängen werden auch die wirtschaftlichen Hintergründe, die sozialen Verhältnisse sowie die Kulturgeschichte dargestellt.

Besonderes Augenmerk gilt dem Südtirolproblem von der Teilung des Landes über die Unterdrückungsmaßnahmen der faschistischen Diktatur bis zu den Bombenanschlägen der sechziger Jahre und der erlangten Autonomie.